U0605978

我国人口城镇化与土地城镇化协调性研究

Woguo Renkou Chengzhenhua Yu Tudi Chengzhenhua Xietiaoxing Yanjiu

梁振民　著

人民出版社

目　　录

绪　论

一、研究背景与研究意义

（一）研究背景

城镇化发展水平是一个国家或地区社会进步的重要标志之一，中国经历了快速的城镇化进程，改变了城乡发展面貌，提高了人民生活水平，在改革开放的40多年间，中国城镇化水平翻了1.5倍。在1978年末我国城镇常住人口仅有1.7亿元，城镇化率仅为17.92%，到2017年末全国城镇常住人口已经达8.1亿元，比1978年增加6.4亿人，常住人口城镇化率达到58.52%，比1978年城镇化水平增加40.6个百分点，年均提高1.04个百分点。随着城镇化进程的加速，带动城市空间范围迅速扩张，在1981—2018年中国城市建成区面积由7438平方公里增加到58455平方公里，比1981年增加51917平方公里，年均增长18.38%。通过分析可知土地城镇化明显快于人口城镇化，由此出现了诸多问题：首先，城市扩张占用大量耕地，使得耕地数量和质量在不断下降，威胁粮食安全；其次，由于城市建成区面积数量持续增加，后期基础设施建设滞后，导致城市功能弱化；再次，随着征地数量增加，大量农民成为失地人口，由于缺乏生存技能，给社会稳定带来了一定威胁；最后，由于城市土地无序蔓延，严重破坏生态环境。从以上分析可知，我国土地城镇化快于人口城镇化，引发部分地区城镇空间分布与资源环境承载力不匹配的现象较为普遍，即人口城镇化与土地城镇化（以下简称“两化”）的非协调性耦合态势。

从世界城镇化发展规律看，在城镇化快速发展阶段，土地城镇化快于人口城镇化是正常现象，主要是在经济社会发展过程中，城镇化伴随着人口增长与城市扩张两大主线，受国家政策、资源禀赋差异和产业基础等多项因素的影响，带动人口城镇化快于土地城镇化发展进程，或者带动城市扩张型土地城镇化快于人口城镇化速度，出现了人口城镇化与土地城镇化不相匹配，直接的结果是“两化”的非协调性耦合。所谓的“两化”非协调性耦合是人口城镇化与土地城镇化的发展速度、耦合协调特征、协调类型、区域演变趋势呈现出非良性互动，是人地关系视角下的城镇化发展阶段性特征，具有一定必然性。鉴于此，本书从人地关系协调发展的角度，总结和提炼人口与土地城镇化的基本内涵、价值取向和实践路径，分析我国人口城镇化与土地城镇化非协调的表现，对我国人口城镇化与土地城镇化非协调耦合进行充分识别，分析非协调耦合的形成原因，据此提出实现人口城镇化与土地城镇化良性互动对策与建议，旨在为我国各级政府制定城镇化发展战略和促进城镇化高质量发展提供理论参考。

（二）研究意义

一是理论意义。首先，城镇化是一个古老而又新兴的学科，经过对比和研究可知，在经历了传统城镇化以后，开启了新型城镇化进程，由此笔者对新型城镇化的科学内涵、基本特征、发展取向等理论进行界定，构建人口城镇化与土地城镇化耦合协调发展理论，为新型城镇化背景下人口城镇化与土地城镇化由非良性互动向良性互动迈进奠定理论基础。其次，采用定量与定性分析相结合的研究范式，利用数理统计模型，构建指标体系，从全国、省区、各类城市的不同层面对人口城镇化与土地城镇化耦合协调性进行综合测度，根据结果划分耦合协调度和耦合协调类型。最后，探讨“两化”非协调耦合的形成机制，为全面认识区域人口城镇化与土地城镇化协调发展提供理论依据，具有重要的理论意义。

二是实践价值。在我国新型城镇化道路上,促进人口城镇化与土地城镇化良性互动具有重要的实践价值。首先,从城镇化可持续发展的角度,以人口关系协调为主线,提炼和总结人口城镇化与土地城镇化非协调的表现和产生的后果,为各级政府制定"两化"良性互动策略提供智力参考;其次,面对我国人口城镇化与土地城镇化不匹配的现状,从制度设计的角度构建良性互动机制,旨在为农村人口向城镇人口健康有序转移和土地集约利用、城镇化高质量发展提供更多智力参考。

二、国外文献综述

(一)城镇化基本内涵研究

一是关于城镇化基本内涵。18 世纪末,空想社会主义学家欧文、傅立叶和圣西门追求理想的城市发展状态,包括乌托邦、太阳城和协和村等①;19 世纪 50 年代《共产党宣言》中提出将工业与农业进行充分结合,消除城乡对立,改善城乡之间的消极局面;在 19 世纪 60 年代,西班牙规划师 A.塞尔达利用"Urbanization",表征城市化②,这也是城市化研究的开端;美国经济地理学家 Ray.M.Northam(1979)提出城市化"S"型曲线,当城市化水平低于 30%时,是城市化的起步阶段,当城镇化率介于 30%—70%时,城镇化进入快速发展阶段,城镇化率超过 70%时,趋于缓慢增长状态,会出现"逆城市化"③;Maxim Shoshany、Naftaly、Goldshleger(2002)将我国城镇化称之为城市化(Urbanization),从人口与土地两个维度来表征城镇化,他们认为发达人口密度较高的地区,带动建成区面积在不断增加,说明城镇常住人口数量可代表人

① Thomas More.*Utopia*,Peking:Foreign Language Teaching and Research Press,1998,p.12.

② 顾朝林、汤培源:《城市化》,科学出版社 2010 年版。

③ Ray.M.Northam.*Urban Geography*,New York:Wiley,1979,pp.252-255.

口城镇化,城市建成区可代表土地城镇化①;Stark 和 Taylor(2000)在分析城市化外部性时发现,随着工资水平的增加,将会吸引更多人口进入城市工作,带动地区人口收入的增加②;Dutt 等人(2004)指出,在城镇化进程中,随着经济结构的不断完善,导致农村劳动力不断减少,带动城镇人口数量的增加③。

(二)农村人口迁移的研究

英国经济学家刘易斯(Lewis,1954)经过实践调研形成流动人口的二元理论模型,核心思想是城乡二元结构导致收入差距,部分人口为了获取更多收入,加速城乡人口流动,形成"城乡二元经济结构";在此之后美国经济学家费景汉和拉尼斯(John C.H.Fei 和 Gustav Ranis,1961)针对刘易斯模型进行补充和修正,对二元结构进行系统化分析,将其细化为三个发展阶段:劳动力无限供给阶段、伪装失业者被工业吸收阶段、现代化发展阶段;美国经济学家托达罗(Michacl P.Todaro,1970)提出经济预期发展理论,将农户有效转移获得经济效益做了假说,核心是农户转移到城市会获得较好预期收入差异反应;美国地理学家伯利(1976)指出西方国家城市化在发展到一定程度以后,由于人口增多、环境污染、住房紧张、交通拥堵和犯罪人数增多等问题的困扰,人口开始向农村转移,形成"逆城市化"现象;James C.Davis 和 J.Henderson(2003)指出城镇化对农业部门的转化,政府应该聚集资源和加大基础设施的投入,有效地促进人口分散和转移④;Muller 和 Kiichler(2010)认为以牺牲生态环境为代价

① Maxim Shoshany, Naftaly Goldshleger. " Land - use and population density changes in Israel-1950 to 1990: analysis of regional and local trends", *Land Use Policy*, Vol. 20, No. 2(February 2002), pp.175-182.

② Stark, O.and J.E.Taylor."Migration Incentives, Types: The Role of Relative Deprivation", *The Economic Journal*, Vol. 10, No 48(September 2000), pp.63-78.

③ Dutt A K, Noble A G, Venugopal C, et al. *Challenges to Asian Urbanization in century*, Berlin: Springer nether lands, 2004, p.6.

④ James C.Davis, J.Vernon Henderson. "Evidence on the political economy of the urbanization process", *Journal of Urban Economics*, Vol. 22, No1(January 2003), pp.55-65.

实现城市增长，欧洲城市增长是以消耗农地为代价，带动城市化水平提高①；Qadeer（2000）在研究乡村人口迁移时，将城镇人口总数占城镇人口比重作为地区城镇化发展标志，说明城镇化是农户向城市转移的过程，对城市空间扩张与土地合理利用与优化起到了很多的促进②；Martin Ravallion 等人（2007）解析城市化内涵时，认为贫困地区人口城镇化速度较快，在地区总人口中呈现出明显的差异。由此说明城市化有助于促进经济增长和降低贫困人口数量③。

（三）城市空间扩张的研究

一是早期城市空间扩张的思想。在 20 世纪初期，英国学者霍华德（Ebenezer Howard，1898）提出“田园城市”的说法，构建田园城市主要提升城市居民的幸福感，将和谐城市环境和美丽乡村环境进行充分结合，打造健康、布局协调和交通顺畅的城市④；苏格兰人文主义规划大师帕特里克·盖迪斯（Patrick Geddes，1915）指出城市必须经历扩散与聚集这一过程，才能扩展和发展新的城市空间⑤；埃列尔·萨里宁（Eliel Saarinen）研究城市聚集和扩散运动，认为需要促进区域发展单一中心向多中心转化，构建起城市网络系统，这一思想得到各国的认可，形成了有机疏散理论⑥；到 20 世纪 90 年代美国由于油价的低廉和交通方式的改善，带动人口开始由城市向郊区扩展，使得城市形成了郊区

① Muller，K C，Kiichler.“Urban growth along motorways in Switzerland”，*Landscape and Urban Planning*，Vol. 25，No. 8（August 2010），pp.3-12.

② Qadeer M A.“Ruralopolises：The Spatial Organization and Residential Land Economy of High-density Rural Regions in South Asia”，*Urban Studies*，Vol. 37，No. 9（September 2000），pp. 1583-1603.

③ Martin Ravallion，ShaohuaChen，Prem Sangraula.“New Evidence on the urbanization of Global Poverty”，*Population and Development Review*，Vol. 9，No. 4（April 2007），pp.20-40.

④ Ebenezer Howard.*Garden Cities of Tomorrow*，London：Faber and Faber，1946，pp.13-15.

⑤ Geddes Patrick.*City in Evolution*，Williams & Norgate，1915，pp.13-15.

⑥ Eliel Saarinen.*The City，Its Growth，Its Decay，Its Future*，M.I.T.Press，1965，p.78.

化趋势，带来各种不利因素的同时，开始仿照欧洲城市规划的做法，提供土地混合利用的精明增长理论①。

二是城市空间扩张的概念。Kent P.Schwiria 和 Jhon W.Prehn（1962）认为城镇空间扩张可以定义为城市中心逐渐向外围地域扩散的过程②；Burchell（2003）认为城市土地扩张加速城市建成区向外延伸，带动城市空间形成跳跃性与低密度的发展模式，为城市提供更多居住空间③；Ridder（2008）指出土地扩张不仅是城市中心的扩张，还能导致城市自然景观的转型④。

三是城市土地扩张的影响因素。Friedmann（1978）分析城市扩张时提出核心—边缘理论，核心要义是城市边缘区依存于城市核心区，将会依据核心区域方向而发展⑤；Xiangzheng Deng 等人（2003）建立评价模型，分析我国1980—2000 年城市空间扩张的影响因素，认为地区财政收入增长有效地带动了我国城市空间的扩张⑥；Glaeser（2003）实证分析美国城市空间扩张的主要因素，主要是因为普及汽车等交通工具，带动居民生活方式改变，致使城市的规模经济效益低效发展⑦；Brueckner 等人（1983）在研究城市土地空间扩张的主要影响因素时，实证结果表明人口因素、收入因素、交通成本因素、地租，对于城市土地扩张产生较大的影响⑧；Henderson（2007）认为国家政

① 周国艳、于立:《西方现代城市规划理论概论》，东南大学出版社 2010 年版。

② Kent P.Schwirian, Jhon W.Prehn. "An Axiomatic Theory of Urbanization", *American Sociological Review*, Vol. 7, No.6(April 1962), pp.8-12.

③ Burchell R.W, Cally. "Projecting incidence and costs of sprawl in the United States", *Transportation Research Record*, Vol. 18, No. 31(July 2003), pp.150-157.

④ Ridder K.D. "Lefebre, Simulating the impact of urban sprawl on air quality and population exposure in the German Ruhr area Part2: Development and evaluation of an urban growth scenario", *Atmospheric Environment*, Vol. 28, No. 42(June 2008), pp.7070-7077.

⑤ Friedman J.*Regional Development Policy: A Case Study of Venezuela*, Cambridge: Press, 2008, pp.13-15.

⑥ Xiangzheng Deng, Jikun Huang. "Growth, Population and Industrialization, and Urban Land Expansion of China", *Journal of Urban Economics*, Vol. 63, No. 1(January 2008), pp.1-41.

⑦ Glaeser E L, Kahn M E.*Sprawl and Urban Growth*. NBER Working Paper, 2003.

⑧ Brueckner J.K, Fansler D A. "The Economics of Urban Sprawl: Theory and Evidence on the Spatial Sizes of Cities", *The Review of Economics and Statistics*, Vol. 63, No. 1(January 2008), pp.1-41.

策影响城镇化进程，比政府推出的资助政策更加有效①；Miceli（2007）认为城市土地扩张受到不同利益诉求者的影响，包括拆迁补偿、土地价格、后期发展等因素②。

（四）城镇化协调发展的研究

Smith Kuznets（2010）在研究现代经济时发现，在工业化后期城镇的劳动力由第二产业向第三产业转移，实现工业化与城镇化协调发展③；Machey（2008）指出在城镇化进程中，促进城乡之间相互促进和相互影响，实现城乡之间要素合理分配，为区域经济发展保驾护航④；Euijune Kim 和 Geoffrey Hewings（2013）以韩国首尔为研究对象，分析城市人口增加对国民经济的影响，设立动态区域计算均衡模型，认为地区工业增加值和消费者价格能够影响人口增长⑤；David A.Wood（2016）利用数学领域的 8 种 MCDM 评价方法，构建了指标体系测度城镇化耦合协调度⑥；Henderson（2007）指出城乡之间协调发展，政府出台政策会影响生产要素的流动，改变地区经济结构，促进城乡之间协调发展⑦；Kolko（2010）认为城镇化与服务业之间具有正相关性，两大系统之间建

---

① HendersonJV. *Urbanizationin Developing Countries*. World Bank Research Observer, Vol. 17, No. 1(January 2010), pp.89-112.

② Miceli T.J., Sirmans C.F. "The holdout problem, urban sprawl, and eminent domain", *Journal of Housing Economics*, Vol. 21, No. 16(September 2007), pp.309-319.

③ Smith Kuznets. "Modern economic growth: findings and reflections", *The American Economic Review*, Vol. 63, No. 3(March 2010), pp.246-256.

④ Machey. "The Governance of Global Value Chains", *Review of International Political*, Vol. 12, No. 2(February 2008), pp.81-100.

⑤ Euijune Kim, Geoffrey Hewings, Kyung-Min Nam. "Optimal Urban Population Size: Nationals Local Economic Efficiency", *Urban Studies*, Vol. 51, No. 2(February 2014), pp.428-445.

⑥ David A.Wood. "Supplier selection for development of petroleum industry facilities, applying mufti-criteria decision making techniques including fuzzy and intuition fuzzy TOPSIS with flexible entropy weighting", *Journal of Natural Gas Science and Engineering*, Vol. 28, No. 2(February 2016), pp. 594-612.

⑦ Henderson J.V, "Urbanization and city growth: The role of institution", *Regional Science and Urban Economics*, Vol. 10, No. 37(September 2007), pp.283-313.

立协调发展的关系,吸引乡村人口进入城市工作,实现城市产业结构的升级①;Robert J.Lucas(1988)在研究发展中国家城市化时发现,人口城镇化带动城乡人力资源转型,该现象将会影响地区城镇化水平和产业结构变化②。

三、国内文献综述

进入21世纪以后,国内开始研究人口与土地城镇化耦合协调的问题,从中国知网(Cnki)以城镇化与土地城镇化为关键词,能够查询到151篇文章。笔者通过研读和查阅各类文献,认为国内学者关于城镇化的研究主要是基于以下几方面的研究,经过泛阅取优,对各类文献进行以下综述。

(一)城镇化内涵解析

一是城市化的内涵综述。在改革开放以后,吴友仁(1979)发表《关于我国社会化城市化问题》一文,随着我国学界和政界开始重视城市化的研究和应用③,为我国城市化的定义进行初步界定。"城镇化"要比"城市化"出现得稍晚,辜胜阻(1990)提出城镇化这一名词,这是我国学者提出的新词汇,多数学者都认为使用"城镇化"这一词语来表达中国城市化更为切合实际。同时他还认为城镇化是相对于发展中国家或者欠发达地区,是农村人口不断向城镇转移,农业产业开始在空间上逐渐向非农产业转移和聚集,形成工业园区和城市居住区,促进城市规模逐渐扩张④;在经历快速城镇化进程以后,进入21世纪以后,多位学者正式提出应该实现城镇化由数量向质量迈进,陆大道(2013)认为城镇化发展质量是城镇人口就业、社会保障、教育医疗、环境设

---

① Kolko."Rethinking and rebuilding urban development", *Sustainable Development law&policy*, Vol. 11, No. 1(January 2010), pp.51-60.

② Robert J, Lucas E."On the mechanics of economic development", *Journal of Monetary Economics*, Vol. 12, No. 1(January 1988), pp.3-42.

③ 吴友仁:《关于我国社会主义城市化问题》,《城市规划》1979年第5期。

④ 辜胜阻:《非农化与城镇化研究》,浙江人民出版社1990年版。

施、产业结构的不断完善形成高品质的城镇化①;叶裕民(2000)指出城镇化质量分为:城市发展质量,即城市现代化质量;城镇化的域面载体—城区的发展质量,即城乡一体化的质量②。

二是人口与土地城镇化内涵界定。蔡卫红(2013)指出人口城镇化是城镇人口的聚集水平,土地城镇化是城镇化的空间表现,专指城镇土地外延扩张进度③;陈凤桂(2001)认为城镇化的核心是"人",只有将人的问题妥善解决,才能增加城市人口数量;土地作为城镇化的发展载体,本质是城镇化建成区面积的增加④;吕萍(2007)指出土地城镇化是土地由农村形态向城市形态转化的过程⑤;刘潇(2015)认为土地城镇化是由农业土地转化为城市用地以后,终点是促进城市建设用地集约利用,人口城镇化是农业人口向城镇转化的过程,终点是成为城市常住人口⑥;李子联(2013)分析人口城镇化滞后于土地城镇化的原因,认为工业化带动城市建设用地快速增加,但对人口吸纳的能力比较有限,因此,人口城镇化滞后于土地城镇化进程;王兴芬(2017)认为土地城镇化是土地条件由乡村形态向城镇形态转化的过程,人口城镇化是在人口由乡村城镇化转化过程中,带动人口素质和物质实体不断提高和完善的过程⑦。

(二)人口城镇化与土地城镇化耦合协调基础分析

陆大道(2007)在分析我国城镇化进程中重点指出,我国的城镇化进程违

---

① 陆大道:《地理学关于城镇化领域的研究内容框架》,《地理科学》2013 年第 8 期。

② 叶裕民:《中国城市化质量研究》,《中国软科学》2001 年第 7 期。

③ 蔡卫红:《福建省土地城镇化快于人口城镇化的现状及成因分析》,《福建论坛》2013 年第 7 期。

④ 陈凤桂:《我国人口城镇化与土地城镇化协调发展研究》,《人文地理》2010 年第 5 期。

⑤ 吕萍、周滔:《土地城市化与价格机制研究》,中国人民大学出版社 2007 年版。

⑥ 刘潇:《河南省土地城镇化与人口城镇化协调发展研究》,郑州大学,2015 年。

⑦ 王兴芬:《中国土地城镇化与人口城镇化协调发展的实证研究——基于协调发展模型》,《技术经济与管理》2017 年第 1 期。

反了循序渐进的原则，具有“冒进式”城镇化风险，使得大量耕地资源被占用，必须遏制城镇化快速增长的势头①；管清友（2012）认为在推进城镇化进程中，应该优化各项制度，使得农村居民向社区集中，大力推进进城务工人员尽早融入城镇，人口城镇化应该优先于土地城镇化的发展②；石忆邵（2015）在分析我国“两化”演进关系时指出，我国出现过度土地城镇化的风险，而人口城镇化受到土地城镇化的影响具有“半城市化”现象③；王丽艳（2014）指出虽然土地城镇化增长速度较快，但是土地城镇化发展质量较低。因此，我国在提升人口城镇化水平的同时，应该进一步提升土地利用效率，促进“两化”形成良性互动关系④；范进（2012）指出人口城镇化与土地城镇化不协调的影响因素外在制度，是人口与土地制度导致的不协调现象，内在制度是投资驱动型的增长模式，要求维护资本的边际收益，是“两化”不协调的深层次原因⑤；邓天慈（2017）认为土地城镇化是人口城镇化的载体，附加人口价值取向、生活水平和人口素质等多个方面，从广义上衡量人口城镇化，而土地城镇化的核心以人为本的城镇化，土地由乡村用地转化为城市用地，增加土地收益，为第二、三产业提供更多服务载体，提升人口的收入水平⑥。

（三）人口城镇化与土地城镇化耦合协调实证分析

关于人口城镇化与土地城镇化耦合协调测度，一是关于测度模型的构建，多数学者都是以熵权值法和物理学耦合测度模型对“两化”协调性进行综合测度。张轩（2015）从人口发展和土地利用等维度，测度“两化”耦合协调度，

---

① 陆大道：《基于我国国情的城镇化过程综合分析》，《经济地理》2007 年第 6 期。

② 管清友：《人口城镇化应优先于土地城镇化》，《经济参考报》2010 年 12 月 3 日第 2 版。

③ 石忆邵：《辩证审视土地城镇化与人口城镇化之间的关系》，《上海国土资源》2015 年第 2 期。

④ 王丽艳：《土地城镇化与人口城镇化之间协调性测定及其影响因素》，《经济学家》2012 年第 5 期。

⑤ 范进：《实现人口城镇化与土地城镇化之间的关系》，《当代经济研究》2014 年第 12 期。

⑥ 邓天慈：《辽宁省人口城镇化与土地城镇化协调关系研究》，东北财经大学，2016 年。

结果显示辽宁省耦合协调度具有层级递减的特征①；孙平军(2012)利用熵权值法计算“两化”之间的综合水平，利用物理学中耦合协调测度模型，以北京市为研究对象，对1990年以来人口、经济、空间的城镇化水平的耦合协调性进行了综合测度②。二是测度指标选择与构建，多数学者从综合角度选取多项目指标，对“两化”耦合协调性进行评价。郭付友(2015)用非农业人口、城市人口密度、非农业就业方面表征人口城镇化指标，利用城市建设面积、道路面积、绿地面积表征土地城镇化指标，测度与评价东北地区“两化”耦合协调性③；杨丽霞(2013)利用城镇人口占总人口的比重来代表人口城镇化，城市建成区面积占城区面积的比率来表征土地城镇化，以浙江省69个县级市为研究对象，分析了“两化”协调发展的时空演变规律④。三是关于人口城镇化与土地城镇化耦合协调发展评价标准。刘娟(2012)借鉴以往结果将“两化”的耦合协调度标准三大类10个小类，对重庆市城镇化协调性进行研究⑤；马文博(2020)利用变异系数和耦合协调度模型，对中原地区多个城市进行综合测度，研究结果显示人口城镇化与土地城市化的耦合关系具有一定空间差异性，应该提升土地合理利用效率，控制土地资源浪费⑥；刘健(2020)实证分析了河南省人口—土地城镇化协调性时空变化特征，结果显示土地城镇快于人口城镇化，没有实现协调发展的目的⑦。

---

① 张轩：《辽宁省人口城镇化与土地城镇化耦合协调发展评价研究》，《统计与信息论坛》2015年第10期。

② 孙平军：《北京市人口—经济—空间城市化耦合协调性分析》，《城市规划》2012年第5期。

③ 郭付友：《2003年以来东北地区人口城镇化与土地城镇化时空耦合特征》，《经济地理》2015年第9期。

④ 杨丽霞：《人口城镇化与土地城镇化协调发展的空间差异研究》，《中国土地科学》2013年第11期。

⑤ 刘娟：《重庆市人口城镇化与土地城镇化协调发展评价》，《西南师范大学学报》2012年第9期。

⑥ 马文博：《人口城镇化与土地城镇化的耦合协调关系及空间差异》，《统计与决策》2020年第12期。

⑦ 刘健：《河南省人口—地—经济城镇化协调发展时空格局研究》，中国地质大学，2020年。

（四）人口城镇化与土地城镇化耦合协调发展策略

陶然（2008）分析了人口城镇化与土地城镇化的不匹配原因，建议以土地征用体制市场化为突破口，利用开征土地财产税和资产增值税为地方政府开拓新税源，让财政制度、土地制度和户籍制度形成联动效应，是解决我国"两化"不匹配的有效途径①；蔡美香（2014）认为人口城镇化与土地城镇化两者之间存在偏差，若想实现两者协调发展，亟须改革现行户籍制度和土地制度，完善地方与中央之间的财政分配机制，发展非农产业，提供更多就业岗位，为"两化"的协调发展提供基础保障②；张占斌（2014）指出城镇化在加速发展时期，必然导致"城市病"的出现，必须重视提升人口城镇化与土地城镇化的发展质量，从"四化"同步到"五化"协调，实现我国新型城镇化道路③；张梦妍（2020）针对京津冀地区城镇化协调状况，认为需要提高土地利用率、完善户籍制度、人口迁移制度和调整产业结构，促进人口城镇化与土地城镇化协调发展④；杨佩仪（2016）认为不仅应从土地、户籍、提高承载力方面给予政策支持促进"两化"协调，还应该增加城市内生动力、需要提高利用效率和增加进城人口就业的"双赢"⑤。

（五）文献述评

上文对人口与土地城镇化相关文献进行了综述，笔者有几点体会：一是国外关于城市化的研究早于我国，国外主要集中城市化发展理论的研究，探讨了

① 陶然：《"空间城镇化"、"人口城镇化"的不匹配与政策组合应对》，《改革》2008 年第 10 期。

② 蔡美香：《我国人口城镇化与土地城镇化失调与影响因素分析》，《西北人文社会科学评论》2014 年第 1 期。

③ 张占斌：《中国新型城镇化健康发展报告》，社会科学文献出版社 2014 年版。

④ 张梦妍：《京津冀土地城镇化与人口城镇化协调发展研究》，河北大学，2020 年。

⑤ 杨佩仪：《人口—土地城镇化协调发展阶段及其影响因素研究》，中南财经大学，2016 年。

人口与城市空间协调等内容，由于世界各国的发展道路的差异，我国在探索人口与土地城镇化的协调问题时，在研读国外研究成果以后，将其作为发展经验和指导理论，在坚持理论自信和道路自信的背景下，依据我国国情进行具体分析；二是关于人口城镇化与土地城镇化的研究，涉及城市规划、经济学、社会学和农业经济等多个领域，多位专家学者针对人口城镇化与土地城镇化耦合协调展开研究，都从不同的角度论述了土地城镇化快于人口城镇化的危害和调控对策，结论莫衷一是；三是从研究内容看上，多数文献是选取指标数据进行综合测度，仅是就结果论结果，对于非协调性测度和形成原因分析不甚全面具体；四是从研究尺度上看，多数文献是从全国、区域的角度来研究"两化"协调性，研究层级和持续性还需进一步扩展。鉴于此，笔者在前人研究的基础上，根据当前的实际情况，分别从全国、省区市、各类城市不同层面分析"两化"耦合协调性，目的是进一步丰富和拓展城镇化相关理论。

四、研究内容

本书除了附录和参考文献以外，共分为9章，每章具体内容如下：

绪论部分属于全文的统领性解说，主要阐述选题背景和研究价值，述评国内外各类文献，阐述研究方法和技术路线，提炼创新点和存在的不足。

第一章为研究基础理论部分。其一是对城市、城镇化、城镇化协调发展等相关概念进行重新界定；其二是阐述了人地关系理论、可持续发展理论、耦合共生理论、精明增长理论的内涵，讨论对"两化"耦合协调研究的启示。

第二章为人口城镇化与土地城镇化协调机制。分析"两化"协调发展的内涵、相互作用机制和良性互动机制实现途径的基础理论。

第三章为中国人口城镇化与土地城镇化非良性互动具体表现。阐述了"两化"发展现状、非协良性互动的具体表现、非良性互动产生的后果。

第四章为中国人口城镇化与土地城镇化耦合协调度。本章构建指标体系和数理统计模型，测度和分析中国"两化"的协调发展水平，识别耦合协调类型。

第五章为基于省域视角下的人口城镇化与土地城镇化耦合协调测度，构建指标体系，测度和分析全国31个省区市的“两化”耦合协调度，从全国四个区域的视角，判定分析耦合协调演变趋势。

第六章为不同城市类型视角下人口城镇化与土地城镇化协调性。选取不同的城市，设立不同的指标体系，测度我国副省级城市、地级市和县级市人口城镇化与土地城镇化耦合协调度，对其差距进行深入分析。

第七章为中国人口城镇化与土地城镇化非良性互动的形成原因部分。从国家战略、地方政府行为、人口与土地相关政策的角度，分析了“两化”非良性互动形成的原因。

第八章为中国人口城镇化与土地城镇化良性互动机制的构建。结合上文测度结果和“两化”非良性互动形成原因，提出“两化”良性互动的对策与建议。

五、研究方法与技术路线

（一）研究方法

一是文献分析法。首先，在开展研究以前，研读相关研究文献和会议文件，结合相关网络资源，利用理论逻辑推理方法，研究各类文献，提炼城镇化的耦合协调性的内涵，构建城镇化非协调性耦合识别体系，深入了解城镇化的深刻内涵和发展趋势；其次，经过文献研读以后，深入分析各类文献和调研资料，探索人口与土地城镇化非协调性的理论基础，进而实现理论上的升华。

二是定性与定量分析法。利用统计学和模糊数学领域的熵权值法和均方差赋权法，确定指标权重测度城镇化综合分值，依据物理学中“耦合协调模型”，测度“两化”的耦合协调度，更加深入了解我国人口城镇化与土地城镇化发展态势。

三是实地访谈法。在研究过程中制订调研计划，对国内东部、中部、东北地区和西部地区的多个城市群等进行观摩与调研。对国土资源局、发展改革委、工业园区管委会负责人和居民进行访谈,获取一手资料,分析各地区人口与土地城镇化非良性互动的具体表现和产生的不利影响,根据访谈内容总结“两化”非良性互动产生的原因,据此提出“两化”良性互动的对策与建议。

(二)技术路线

在研究过程中,首先是根据研究背景提出研究问题,其次是对城镇化协调发展理论进行理论综述,实证分析人口与土地城镇化协调度,提出人口与土地城镇化良性互动的政策建议的研究思路,具体研究技术路线见图 0-1。

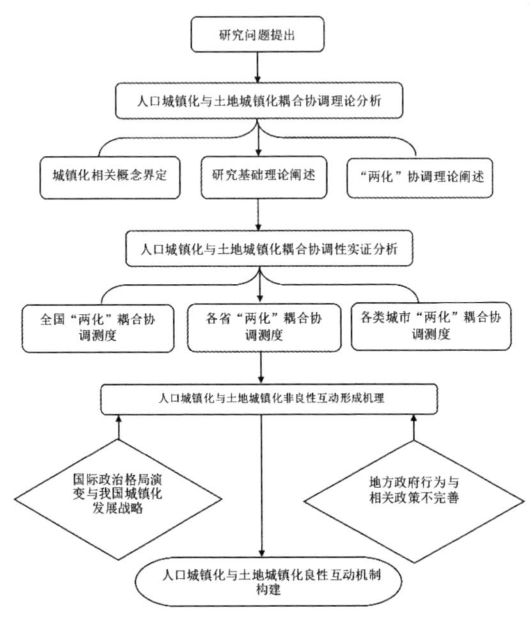

图 0-1　技术路线图

六、创新与不足

(一)主要创新点

一是学术观点的创新。根据世界城镇化发展经验可知,在城镇化快速发展阶段，土地城镇化优先于人口城镇化属于一种正常现象，得到多国政府的认可。本书在研究过程中，在理论层面解析人口城镇化与土地城镇化非协调耦合的产生不利的影响，从实证分析的角度对全国、省区、各类城市“两化”耦合协调性展开深入讨论，识别“两化”非协调性耦合的非良性互动形成机理，并提出相关建议与对策，突破以往关于土地城镇化优先于人口城镇化单一结论。

二是研究视角的创新。在本书研究过程中，笔者从“逆向思维”研究思路，分析全国“两化”非协调性耦合的发展特征和形成机理，总结出城镇化领域人口与土地两大系统的协调发展的一般性规律，进而判定城镇化发展质量的发展态势，为城镇化高质量协调发展提出良性互动策略。

三是研究方法的融合。本书在研究城镇化耦合协调性时，突破以往区域经济领域采用传统要素分析和理论模型的研究范式，为了进一步深入研究人口城镇化与土地城镇化耦合协调性，结合区域经济学和经济地理学要素分析空间变化的基本情况，实现理论模型的计量分析和实践调研的研究方法相结合，促进理论解析和实践联系更加紧密。由此笔者利用人文地理学的实地调研，结合区域经济学理论模型的测度结果，充分解析“两化”耦合协调度的时空演变趋势，实现城镇化理论与实践研究方面的拓宽与升华。

（二）存在的不足

一是基础理论分析尚待深入。在研究过程中，受到学术研究能力的限制，在分析我国人口城镇化与土地城镇化耦合协调性时，未能将基础理论与实证研究进行充分结合。因此，在未来研究过程中，笔者将继续跟进关于城镇化理论和实证方面的研究，丰富和拓展城镇化理论。

二是实证结果解释不够充分。在分析我国城镇化耦合协调性时，构建指标体系和利用各类数理统计模型，根据测度结果分析“两化”耦合协调度和判定耦合协调类型。限于学术水平和知识积累的不足，在分析“两化”耦合协调度的一般性特征时，仅从宏观角度总结出一般性规律，未对影响人口城镇化与土地城镇化耦合协调的各项因素进行深入分析。因此,在以后研究过程中,需要结合实证结果和区域经济发展理论,深入分析人口城镇化与土地城镇化的耦合协调度。

第一章　人口城镇化与土地城镇化耦合协调研究基础

第一节　城市相关概念的界定

一、城市的定义

关于城市的定义有以下几种,其一,在汉语词典里“城市”可以解释为人口高度集中、工商业高度发达聚集地区;其二,在城市规划标准术语里将城市定义为以非农人口聚集为主要特征的聚集点;其三,在地理学科里将城市定义为地处交通便捷、有一定覆盖面积的人群和房屋的集合体;其四,在经济学领域,将城市定义为资本、劳动力、土地等要素形成相互交织的系统;其五,在社会学领域将城市定义为集中更多人口、居住比较稠密的社会组织;其六,在发生学领域认为城市是社会大分工的结果,构建城垣作为保护人类安全的防御物的聚落。综合以上定义,笔者认为城市是在一定区域内规模不断扩大和功能不断完善,以土地为载体,以发展经济活动为动力,以人口为主体的地域综合体。

二、城市的特征

一是城市是文明的象征。从最初的聚落,到后期的城市,占据整个地球的面积比重较低,但是聚落集聚着大量的人口和财富,是人类物质财富和精神财富的集聚和扩散中心,更是人类文明的外在象征。据不完全统计,如我国部分城市建成区约占国土面积的0.2%,容纳了大约16%的人口,50%的零售业和运输业,60%的用电量,70%的工业产值。因此,城市是高度文明的象征。

二是城市是人工打造的景观。在聚落发展到一定阶段以后,需要对聚落进行修建和装饰。经过不断探索可知,城市是建立在乡村的基础上,经过科学规划,改变了以往乡村小尺度的地形、地貌和生态系统,是经过人类改造,具有人文要素的城市景观。综上所述,城市经过不断发展,是经过人工建设的生存发展空间,形成了以人文要素为基础的一种地理环境。

三是城市属于脆弱地域。城市具有居住、交通、工作、娱乐等多重功能,与外界形成了纵横交错和复杂多变的关系。维持生态系统能量依靠外界输入,消费者产生的废弃物输送到系统之外。一旦发生自然灾害,受到伤害最大的是城市生态系统。因此,城市是一个脆弱和复杂的地域系统。

四是城市是一个多个子系统形成的巨系统。城市以一个复杂和处于动态变化的巨大系统(见图1-1),在推动城市发展变化的因素中,来自于自然界气候、水文、天文、生态环境等多项要素,来自人文领域的历史、社会、经济、历史、民族和艺术等要素,在各个要素的共同交织和互相作用下,每个城市既有共性又有个性。因此,把握城市巨系统的这一特性,要求城市管理当局以大数据为支撑,规划、管理、决策城市的发展战略。

三、城市的功能与特征

一是城市功能的定义。周一星(1999)认为城市功能就是城市职能,城市内部结构决定城市职能,城市内部各项活动有促进社会进步、制度创新和人口繁衍的作用①。美国社会哲学家刘易斯·芒福德(Lewis Mumford)教授指出,

---

① 周一星:《城市地理学》,商务印书馆1999年版。

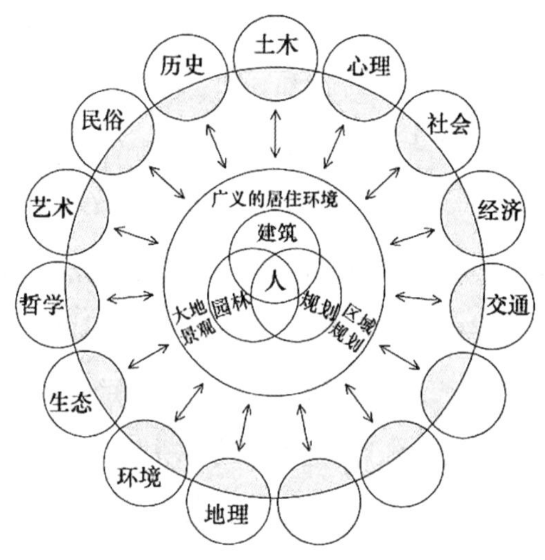

图 1-1　城市复杂巨系统(百度)

城市功能是在化力为形、化能量为文化、化生物繁衍为社会创新的过程中,所要发挥的实际作用。在 1933 年《雅典宪章》中指出城市承担着工作功能、居住功能、交通功能和游憩功能,在 1977 年《马丘比丘宪章》中指出人类对城市"宜人化"的生产空间的追求,依据公共交通导向,建设紧凑型城市,降低对自然资源的消耗。1999 年发表《北京宪章》,主张用系统的思维来考虑城市功能,提出重视城市人居环境的营造,实现城市环境可持续发展。经过总结和提炼以上城市功能定义,本书认为城市功能是城市发展的一种活力表现,是经过不断完善和演变背景下,承载着人口、经济、社会关系和文化传播等各项职能。

二是城市功能特征。城市功能随着时代的演变不断完善,城市功能特征如下:1. 整体性,从系统论的角度看,城市的各种功能是相互作用而形成的有机整体,而不是各种功能的简单叠加。城市的每种功能都列为城市整体功能的一个分支,是按照城市整体性来发挥各自的作用。因此,每个功能的活动受到整体功能制约,在考虑城市功能过程中必须强调城市功能的整体性,否则城市功能将会失去原有的作用和功效。2. 结构性,城市功能是由内部结构决定的,每个城市的内部结构与系统整体的实施相互作用,才能形成城市整体结构。3. 层级性，在城市功能不断完善过程中，以不同层级差异的系统组成的巨系统，由巨系统联合子系统。由此在不同层级的城市功能之间，既有共同的运行规律，又有特殊的运行规律，带动城市功能之间形成相互依存、相互作用，又相互区别和相互制约的复杂关系。4. 开放性，在城市各功能之间具有一定的地域范围，随着城市经济的发展，在区域范围内将会带动区域以外的人流、物流、资金流和信息流，通过各种经济活动，利用各种交通工具形成经济地域运动，最后汇聚在城市范围产生聚集效应和放大效应，以此来不断完善城市功能。

第二节　城镇化相关概念的界定

城镇化是中国学者提出的新名词，20 世纪 90 年代我国著名经济学家辜胜阻初次使用“城镇化”这一词汇①，在后续的研究中利用“城镇化”的相关概念，经常使用“城镇化”一词。基于以上分析，笔者认为城市化通常用于经济相对发达地区，城镇化用于经济相对落后地区。因此，经过查阅文献和结合实际情况，由于我国正处于发展中国家行列，在本书中使用“城镇化”一词比较合适。城镇化通常情况按发展主体可以分为“人口城镇化”与“土地城镇化”，按着时序可分为“传统城镇化”与“新型城镇化”，因此，本书对传统城镇化、新型城镇化、人口城镇化与土地城镇化的概念进行界定。

一、传统城镇化

首先，R.M.诺瑟姆认为城市化发展过程形似一条“S”型曲线（见图 1-2）。1. 当城市化水平小于 30%时属于城市化缓慢发展阶段；2. 当城市化水平处于 30%—70%时，属于城市化加速发展阶段；3. 当城市化水平超过 70%时，属于缓慢发展阶段，城市化速度开始放缓；Kent Schwirian 和 Jhon W.Prehn（1962）

① 辜胜阻：《非农化与城镇化研究》，浙江人民出版社 1990 年版。

认为城镇化是向城市中心区向外围地域扩散的动态变化过程,其二是城市的行为模式向外围转移和辐射,其三,城市化是城市人口不断增加的过程①。

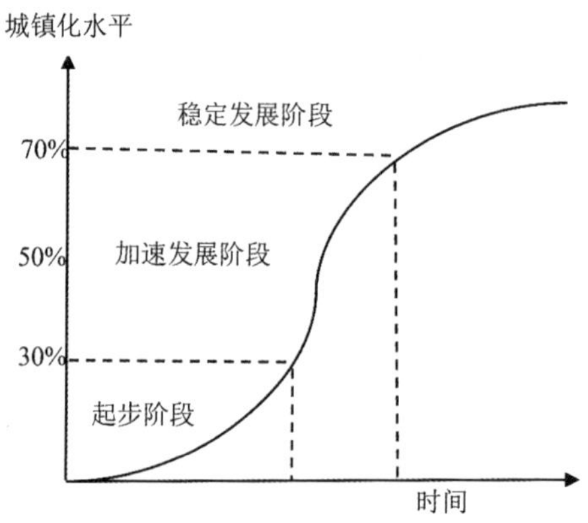

图 1-2　城镇化 S 型曲线图(自绘)

其次,叶裕民和张可云(2006)从城乡统筹发展的角度,她们认为城镇化由传统的农业社会过渡到现代城市社会的发展过程②③;王耕源(2007)从土地转化的角度对城镇化进行定义,他认为土地是城镇化的载体,由农业用地转化为城市用地的过程④;费孝通(1990)提出乡村城市化,将城市扩散到乡村地域,其中核心观点是“工业下乡”,将农村剩余的劳动力就地城市化,强调乡村实现城市化⑤。

最后,陈明星(2011)认为健康城镇化是在一定范围内⑥,在城镇化进程中土地由农业用地向非农用地转化和农村人口向城市迁移需要协调发展,实现乡村人口到城市就业、生活质量的提升、生态环境的可持续发展,即自然资源的数量和质量一定适应城镇化的需要。最近又提出“全域城市化”概念,笔者

---

① Kent P.Schwirian.*Contemporary Topics in Urban Sociology*.General Leaning Press,1962,p.16.
② 叶裕民:《中国城市化与可持续发展》,科学出版社 2006 年版。
③ 张可云:《中国新型工业化与城市化的互动机制》,2006 年。
④ 王耕源:《城市化背景下的土地政策研究》,长安大学,2007 年。
⑤ 费孝通:《乡土中国》,人民出版社 2006 年版。
⑥ 陈明星:《健康城市化:新的发展理念及其政策含义》,《人文地理》2013 年第 1 期。

认为“全域城市化”以“四化”为基础，即景观的差异化、要素流动平等化、资源利用的高效化，公共服务的同质化。全域城市化区别于传统城市化主要是经济社会发展水平相对较高的区域，以全域为基础，统筹配置各项资源要素，让城乡人口享受同质化的公共服务，实现城乡共同富裕的目标。

二、新型城镇化

新型城镇化在坚持“以人为本”的前提下，以新型工业化和土地集约利用为基本动力，以城乡统筹为主线，实现城市绿色低碳、人口安居乐业，社会和谐稳定为基本目标，构建城乡基础一体化、城市功能完善、各类城市与区域联动的新型城镇化发展模式①。新型城镇化重在“新”上下功夫，摒弃以往片面追求城市无序空间扩张、基础设施建设滞后和区域发展固化等弊端。追求较高品质的宜居和游憩空间，将城市功能逐渐向农村延伸，实现城乡一体化，改变传统城镇化的被动局面，进一步提升城镇化发展质量（见表 1-1）。

表 1-1　传统城镇化与新型城镇化对比

内容	新型城镇化	传统城镇化
发展目标	新型城镇化是以城乡社会、经济、环境协调发展	传统城镇化坚持以城为本，偏重经济发展，忽略社会和文化的全面发展
内容方面	强调以人为本	强调土地扩张为主
动力方面	新型城镇化促进工业化、农业现代化、信息化协调发展	传统城镇化更加偏向于外向型工业和重工业来带动
产城关系	产城融合	产城分离
可持续发展	新型城镇化能满足城市与乡村发展需求，协调社会、环境与人之间的关系，促进城乡一体化	传统城镇化仅关注经济发展，不注重环境与其他方面的协调发展
产业发展	新型城镇化、工业化、信息化和农业现代化协调发展	以传统工业化带动城镇化

资料来源：根据相关资料整理。

① 新玉言：《新型城镇化理论发展与前景透析》，国家行政学院出版社 2014 年版。

三、人口城镇化

人口城镇化的基本含义是人口由乡村地域向城镇转移的过程。随着农村生产力的提高,解放出更多的富余劳动力进入城市参与非农业产业生产,带动城市人口增加,通常城镇化水平以城镇常住总人口占全市人口比重来表征。

四、土地城镇化

土地资源是保障人类发展的载体,属于经济发展中的重要元素。吕萍(2007)认为土地城镇化是土地资源由农村向城镇转化的过程,是衡量地区城镇化水平高低的指标①。笔者认为土地作为人口城镇化的载体,须将土地资源作为基本的先决条件。王洋(2014)提出以城市建设用地/城区面积的比重来衡量土地城镇化,即 $LUR=(UCA/UA)\times100\%$②。由于受到统计尺度差异的影响,笔者认为以城市建成区面积占城区面积的比重来衡量土地城镇化水平比较恰当。

五、城镇化耦合协调

一是协调是某个组织为了完成既定的目标,利用各类方法和措施来构建和平衡各种关系,为这一组织的目标正常实现,创造良好的条件和环境③。协调性(Coordination)是指事物发展的各个环节上数量、品种、进度和投入产出等要素,形成紧密衔接和相互配合的关系。

二是耦合是物理学领域的专有名词,是两个系统在输入与输出过程中产生的相互影响与相互作用的现象。耦合度(Coupling)亦称耦合性,是模块之间关联程度量,如果各个模块之间的关系越紧密,说明耦合性的强度就越大,

① 吕萍、周滔:《土地城市化与价格机制研究》,中国人民大学出版社 2007 年版。
② 王洋:《中国土地城市化水平与进程的空间评价对》,《地理研究》2014 年第 12 期。
③ 赛云秀:《项目协调技术研究》,《现代管理科学》2019 年第 3 期。

相对的模式之间关系越分散，说明耦合性的强度就越小。

三是城镇化的耦合与协调。城镇化涉及人口、空间、经济等多个维度，城镇化高质量发展结合人口—经济—空间等子系统，形成紧密配合、相互衔接的关系，建立城市有机综合体，让城镇化得以正常运行，促进城镇化的耦合协调发展。人口是城镇化的主体，在城镇化进程中，“人”为了获得更高的经济收入和高质量的生活环境，由农村向城镇转移，促进城市住房面积的扩大，创造更多的就业岗位，打造和谐宜人的居住环境。空间是城镇化的载体，土地由农地不断问城市用地转换，为人类发展提供载体。如果空间载体过度发展，超越人口发展的实际需要，将会出现城市规模无序蔓延和土地利用效率低下等现象，这与我国“人多地少”的国情发展相悖。因此，在新型城镇化道路上，必须促进“两化”耦合协调，实现城市人口规模和城市空间（基础设施）建设相匹配，在推进人口城镇化与土地城镇化过程中，建立互相协调和共同促进的发展态势。

第三节　研究的理论基础

一、人地关系理论

（一）人地关系产生的背景

首先，史前阶段是文化落后的时代，虽然没有文字记载，还是能追寻到原始朴素自然观的痕迹。在古代利用自然崇拜和占卜等技术，让初民臣服于大自然和尊重自然规律，不要与大自然作斗争，人类在生产生活中的失败一切都归因于自然或者超自然的力量，但是人类不甘于做大自然的奴隶，还是超脱了大自然的束缚。其次，到了农业文明时代，人类开始摆脱自然界束缚，逐渐掌握改造大自然的能力，随着社会生产力的不断增强和科学技术水平的不断提高，使得人类克服地理环境束缚，让自然界的资源和环境为人类服务。虽然人类能破除自然界束缚，但是人类利用和开发自然资源的能力还是受制于自然界之内，使得地理环境对历史事件和历史时期仍能产生决定性的影响。再次，近代工业文明时期，地理大发现带动人类不断探索更多陌生领域，带动整个世界成为一个整体，促进人地关系上升到一个新的发展阶段。从此以后，人类用300多年时间历经多次社会变革和观念更新，进而产生工业革命，人类自认为摆脱了自然束缚，进而沉醉于征服自然的胜利。在随后的200多年的时间里，新的科技革命带动社会生产力的飞速发展，从表面上看人类具有控制自然的能力，部分人不自觉地认为“人类就是应该为所欲为”。最后，当“第三次浪潮”来临时，带给人类切肤之痛的是人地关系危机，使人类重新审视人与自然和谐的自然观。因此，虽然近代工业革命给人类带来了巨大的财富，但引起人口数量的激增、资源环境的破坏，人类反思以后得到的结论是：人类终于形成共同的声音——“我们只有一个地球，人类必须依靠地球”①。

（二）国内外人地关系理论的发展

一是关于国内人地关系产生的背景。关于人地协调发展和因地制宜的思想在周朝时期就开始出现，在春秋战国时期管仲（？—前645）提出“地者政之本也，辨于土而可富民”的思想，主要意思是指导人类要顺应和合理利用自然资源的思想，虽然土地是国家政治的根本，必须合理利用土地。中国古代思想家、哲学家老聃指出“人法地，地法天，天法道，道法自然”，核心要义是指人在天地之间，必须遵守大地万物的生长作息的规则，大地成天，一切生物的繁衍和迁徙是依据自然气候的变化而开展，气象变化要遵从宇宙间的“大道”运行。著名思想家荀况指出“天有其时，地有其财，人有其治，夫是之谓能参”，重点强调依靠人的实践来证实自然规律。通过以上论述可知，在我国古代哲学思想中，人类具有“人和自然和谐”和“人与人和谐”的思想。孔子、荀子、刘

① 赵荣：《人文地理学》，高等教育出版社2006年版。

禹锡等思想家始终倡导“天人合一”思想，或倡导“自然界与精神的统一”，反对人与自然的分割和对立，促进天道和人道的一致性。综上所述，从古至今东方文明主要考虑在自然环境领域尽量少取能源，维持人类生产和生活的各类资源留给子孙后代，这是我国古代人地关系理论长兴不衰的原因。

二是国外关于人地关系理论的发展。西方国家学者对人地关系进行系统地探究，古希腊哲学家希波克拉底（前460—前377）在经历多次考察以后，在他的专著《论空气、水和地方》中指出人不能破坏生态环境，要与自然环境和谐相处；色诺芬（约前430—前377）在研究过程中，重点讨论了人地平衡关系和人口与土地的协调发展模式；柏拉图（前428—前348）提出“理想国”假想，他指出一个理想的国家，人口规模为5040人比较合理；亚里士多德（前384—前322）认为维持人口数量不能超过一定限度，才能建成最美丽和最理想的国家，国家的人口规模和土地一定要相匹配，才能促进人与土地和谐。伟大的思想家恩格斯曾经指出，“人类陶醉于征服大自然的胜利，相对每一次取得的胜利，大自然都对人类进行报复”①。

（三）人地关系基本内涵

人地关系泛指人与自然的关系（man-nature relationship），实质是人类在自然界里通过劳动与自然界实现物质变换的关系，包括人和土地两大要素。人作为主体，土地作为客体。张文奎（1995）认为人地关系（People and Land relationship）是指直接关系人类如何利用土地，间接关系怎样构建土地分配或土地管理制度②，以上两种人地关系具有多层次和多元结构的特征，通常包括三个层次的实质内容：一是在基本层次上是人口数量和土地面积的关系；中间层次是人口与资源、人口与食物的关系（土地承载力），最高的层次是包括人口、资源环境与社会经济可持续发展的关系。本书认同以往专家学者提出的相关

① Engels. *Dialectics of Nature*, Moscow: Foreign Languages Publishing House, 1954, p.23.

② 张文奎：《人文地理学》，东北师范大学出版社1995年版。

概念，在宏观层次达到人与大自然和谐相处，不能超越自然的承载力来促进经济社会发展；在中观层次实现人口容量与土地资源相匹配，如果过度利用土地资源将会破坏生产资料，不能实现可持续发展；在微观层次实现人与人和谐发展，促进人口素质不断提高，使得人与人之间自觉形成和谐共生理念，构建生命共同体，实现人地关系协调发展目标。

（四）人地关系理论对城镇化的研究启示

通过上文讨论可知，人地关系理论的核心内容就是达到人与自然环境协调发展，从农耕时代到工业化时代，再到知识经济时代带动人地关系发生了重大的转变。随着人类对资源的过度利用，导致生态环境承载力不断下降，呈现出环境污染和资源枯竭，严重影响了人类的生活品质。鉴于此，如何在有限的资源下维持城镇化高质量发展，成为当前各级政府必须关注的问题之一。鉴于此，在研究人口城镇化与土地城镇化耦合协调发展过程中，促进人地关系协调，减少资源浪费，践行“青山绿水就是金山银山”的理念，实现人口城镇化与土地城镇化在健康、有序、高质量发展的基本目标显得非常重要。

二、共生耦合理论

（一）共生理论产生的背景

1879 年德国学者德贝里首次指出“共生”属于自然现象，各生物体之间为了生存而在一起聚集（living together），形成了相互作用和相互依存的协同发展态势。随后德贝里又指出很多社会多个事物现象可以理解成共生，包括共存、寄生和腐生。日本建筑大师黑川纪章（Kisho Kurokawa）将共生理论的核心思想运用城市规划领域，认为城市是内部与外部、人与自然、技术和异质文化的共生，出现了城市功能秩序的“多元共生”现象。如城镇化涉及人口生活方式、价值观念、居住方式转换等多项内容，主要涉及人口和土地的两大系统，人口是城镇化的主体,土地城镇化的载体,只有两者共生协同发展才能形成良性互动机制,促进城市社会和谐发展。

生命共同体专指生命与生命之间相互之间依存的利害关系,以及生命与其他存在之间相互依存而产生的利害关系,这个"其他存在"将会包含精神和物质两个方面。生命共同体主要包括以下几点:首先,生态环境之中的生命共同体,包括种群、族群、氏族、民族和国家等,在生态领域按着"物竞天择、适者生存"的原理,说明人类要与其他生命和平共处,促进动物、植物、人类形成"同呼吸、共命运"的有机整体。如在城市发展过程中,以往高耗能和高污染企业排放污染物,导致污染现象非常严重,给城市周边地区的生物、动物、植物、水源、土壤和大气带来严重的污染以后,最终遭受污染后果是全体生命。

(二)耦合理论发展背景

首先,耦合(Coupling)理论最早出现在物理学领域,现将耦合协调理论引入区域经济地理学领域,需要从生物和环境两大系统来讨论。在实践中自从地球上具有生命以后,环境与生物两大系统协调发展,经过时代演变,人类活动对生态环境的影响日益严重,主要是人类活动破坏了地表,使大气环境的改变和生物资源的锐减。在此背景基础上形成一种新的科学理念:人类—地球耦合系统脱颖而出,带动人类维持地球上生物平衡,构建大生物圈计划,生物圈参与地表、水域和大气圈中所有循环过程,人类是生物圈的重要组成部分。因此,充分认识人类与地球的耦合,研究人类与环境耦合协同发展显得尤为重要。

(三)人地共生耦合系统的概念

一是人地共生耦合系统概念。人地耦合系统包括人口、经济和环境的耦合,属于一个嵌套层次的综合概念,是人类活动与生态环境两大系统之间,在相互作用和相互影响下形成的整合系统。人地耦合系统连接人类与生态环境系统,是在某个尺度内形成相互影响组织,在空间上、时间上、系统之间构建多维度的耦合,说明人地耦合系统具有综合性和复杂性等特性。如果在人地耦合系统某个环节上出现问题,导致人地耦合系统出现崩溃或混沌,呈现出比较明显的脆弱性。因此,在维持生态平衡时,必须注重自然生态系统、社会组织、经济组织对人地耦合系统的影响。

二是人地共生耦合系统特征:①系统性,人地耦合系统涉及社会活动、经济活动、生态环保等多个领域,这是人地耦合系统的首要特征,在人类繁衍生息过程中,生态系统为人类提供生产生活的能源和资源,也是人类活动的载体。人类带动科技水平的进步,以此来促进人类社会不断探索和了解大自然和宇宙的奥秘,形成一个巨大系统工程;②综合性,在区域人地耦合系统内部,在某个特定空间尺度内或者跨尺度之外,涉及国家、省区、城市、农村、镇乡街等多个尺度,要素方面涉及自然环境承载力和人文社会环境、公共设施和人口密度、人口教育文化水平、住户收入状况,将以上因素进行集合,形成人地耦合系统;③区域性,在区域尺度内人地耦合系统具有与其他地区不一样的特征,作为一个区域人地耦合系统,受到资源禀赋、历史过程和外界干扰,导致地域内部有着巨大差异性,如我国分为南方、华北、东北、西南、西北和青藏高原等区域,在西北地区与其他具有不一样的人地耦合系统,主要是干旱区、沙地、戈壁和绿洲并存,人口以农耕和游牧为主,需要减少人口数量和保护生态环境才能维持人地耦合系统平衡;④脆弱性,脆弱性是在一定地域范围内形成多个脆弱性要素综合表现,人地耦合系统脆弱性的指标表现类型是干旱少雨、洪涝灾害、水土流失、水源污染、风沙侵蚀和植被覆盖率下降等多项显性脆弱要素,还有更多隐性脆弱性要素,包括能源危机、地下水超采、海平面上升、人口疾病等多项因素困扰,给人地耦合系统健康持续发展带来巨大的挑战。

(四)共生耦合理论对研究城镇化的启示

城镇化是农村人口向城镇不断转移的过程,涉及人口生活方式、价值观念、居住方式转换等多项内容，主要涉及人口和土地两大系统。2014 年国务院发布《国家新型城镇化发展规划 2014—2020》，在“传统城镇化”的基础上，新型城镇化是以“民生问题、生态低碳、促进可持续发展”为基本内容，目标是实现平等、绿色、健康和集约的城镇化，实现区域协调、低碳绿色、集约高效和产业转型为核心内容的新型城镇化。以人口和土地两大系统为主线，实现新型城镇化的基本战略必须在城市中构建人与自然资源环境、农村文化与城市文化、新兴产业与传统产业的共生关系，使得城市内部各种要素之间、城市与农村之间建立共生关系。在新型城镇化道路上，促进城镇化的健康发展。因此，在人口城镇化道路方面，发展劳动密集型行业，增加就业岗位，提升城乡居民收入水平，完善社会保障制度；土地城镇化方面需要加大城市居住、医疗、教育、文化、交通和生态环境的基础设施建设力度，提高土地利用效率。以增加居民幸福感为主线，促进“两化”共生共荣，提高城镇化发展质量。

三、精明增长理论

（一）精明增长理论产生的背景

在 20 世纪 80 年代，由于美国交通工具的发达和汽车污染环境税征税税率较低，导致美国出现了郊区化现象，带动新建工厂和办公园区向郊区迁移，出现了人口向郊区迁移，城市中心衰退、城镇化用地不断扩张等现象。由于城市化处于失控状态，带动城区面积出现无序蔓延的现象，形成了城市蔓延（Urban Sprawl）。城市蔓延不同于一般的郊区化，将会占用大量耕地资源，带动城市面积越来越大，让上班族消耗掉过多能量和花费大量时间等“城市病”接踵而至。鉴于此，Burchell 等学者将城市蔓延（Urban Sprawl）归纳为 8 个方面：其一是土地在开发时低效利用；其二是土地利用方式比较单一，居民生活区与工作地点分离性较大，其三是城市扩张以“蛙跳式”模式发展；其四是由于居民出行过度依赖小汽车交通方式，带动城市蔓延向郊区化发展；其五是在开发过程中,城市管理者不能充分利用城市中心,逐渐向城市边缘区拓展;其六是由于城市蔓延带动就业岗位分散;其七是农业用地和开敞空间消失;其八是带状商业开发。在此背景下,美国政府为了阻止城市蔓延,效仿欧洲的发展模式,选择"精明增长"发展模式。由此正式提出"精明增长"理论。精明增长理论初衷是指导城市开发,随后精明增长理论作为城市空间开发的指导思想,逐渐在美国推广起来,并得到了公众的响应。

(二)精明增长理论内涵

精明增长的目标是让每个人都能共享城市发展的利益,促进新城区与旧城区持有公平的投资机会,实现共同发展的目标。D.Gregg Doyle 根据精明增长管理目标对其分类,形成了"4C"原则①,其一是超越地方范围的范畴给予区域性协调(Coordination),要找到措施进行解决;其二是以限制(Containment)服务区范围,主要为了加强能源综合利用和提高市政设施的利用率;其三是保护(Containment)城市边缘区、附近的开敞空间和其他资源;其四是城市社区(Community)的经济活动的开发与城市形态和生活质量等。梁鹤年(2005)指出精明增长理念②,主要得益于新城市主义,包括混合式土地利用、紧凑式土地设计、能在尺寸格局上满足不同需求层次的住房需要;建设步行式社区和提供个性化的住所;增加交通工具种类,加强保护风景区和生态敏感区保护;Downs 和 Costa(2005)认为精明增长是指规划师不想见到由于城市蔓延带来不良后果构想,城市蔓延形成了无约束的、低密度、跳跃式扩张,带动开敞空间和生态敏感地区不断城市用地转移,需要采取缩小空间距离来实现土地混合利用③;Chinitz(1990)认为精明增长城市空间扩张与生态环境保护

① 陈贞:《美国的密集化和中产阶级化发展——"精明增长"纲领与旧城倡议者的结合》,《国外城市规划》2013 年第 7 期。

② 梁鹤年:《精明增长》,《城市规划》2005 年第 10 期。

③ Downs, A, Costa, F. "Smart Growth Comment: An Ambitious Movement and Its Prospects for Success", *Journal of the American Planning Association*, Vol. 71, No. 4(April 2005), pp.367-378.

同时进行，主要任务是城市空间扩张、基础设施、公共服务达到供需平衡，实现不同社会阶层的共同进步①。根据以上学者对于“精明增长”内涵的解释，笔者认为“精明增长”是以土地混合利用为前提，利用轻便交通工具或步行达到各个居住地点、商业地点、教育医疗和娱乐场所，加强各个社区基础设施的改造，增加土地利用率。

（三）精明增长的实践措施

城市精明增长的目标基本途径是利用价格机制引导、税收手段和规划手段实现达到土地控制作用的目标。精明增长的本意是以科学精准规划，来协调资源保护与开发之间的关系。

一是制定城市增长区，主要在城市规划中进行区域界定，划定城镇增长的区域，所有的增长都在增长的界限之内，在划定界限之外，只能允许发展农林产业。由此表明城市增长区属于控制城市建设用地的方法，根据规划期限的20年之内对土地需求量和开发强度进行预测，以确定城市建设用地总需求面积为基础，对需求量进行精准定位以后，划定城市增长区域，随时依据不同的情况和市场监测信息对城市增长界限进行调整。

二是实施填充式和再开发战略，填充式开发是对市内空闲用地的有效利用，再开发是指对当前土地利用结构的再利用，是对利用土地的开发，遏制和改善城市无序扩张，导致低密度用地格局。再开发不是“见缝插针”式开发，而是以科学规划为引导，开发的土地既能用于城市建设用地，又能用于绿地和开敞空间，主要目的是改善居民生活质量。

三是断面分析。在面对传统的区划条例时和细分规划，使各地形成分散的土地利用格局，与传统排他性分区不同，断面规划将规划视为由乡村向城镇逐步过渡的连续统一体。根据城市化水平以及环境和各类景观，在将规划区

---

① Chinitz，B.“Growth Management：Good for the Town，Bad for the Nation”，*Journal of American Planning Association*，Vol. 56，No. 1（January 1990），pp.3-9.

分为各种生态带，在不同生态带内合理安排土地利用结构。

四是发展转移权。通常对限制开发区需要划定保护的农地和生态区，以上划定土地不能进行开发，仅允许发展权的转移。在鼓励开发区内，对各类基础设施和中心城镇，加大对开发区投资力度，对基础设施进行不断完善。发展权转移计划重点考虑土地所有者利益，既实现了保护农地和自然资源的目的，又能削弱由市场力量对城市无序蔓延的利益诱导。

（四）精明增长理论对城镇化发展的启示

目前，我国正处于城镇化加速发展阶段，随着全国多个城市蔓延的出现“空城”现象，反映出城市土地利用效率低下。精明增长的发展理念是促进土地混合利用，对于指导我国城市发展和更新具有重要是启示与经验借鉴。

一是务实。在对城市进行科学规划时，需要坚持问题导向，要加以分析城市土地利用结构，充分考虑限制开发区和鼓励开发区的不同需要，来优化城市土地利用结构。

二是多视角。精明增长理论将城市视为具有经济实体、社会组织、公共管理、生态环境的城市，构建人口、资源、环境“三位一体”的公平均衡发展模式①。在新型城镇化进程中，借鉴国外精明增长发展经验，重点是加强修复和改建社区功能，减少交通依赖和降低能源需求。

三是土地资源混合利用。精明增长的原则是土地混合利用，空间紧凑发展，公共交通和阻止城市蔓延，值得我国多个城市借鉴。在我国城镇化进程中，部分城市的郊区化现象非常严重，以牺牲中心城来发展城市副中心，土地资源浪费现象较为严重。针对以上问题，我国多个地区可以依据“精明增长”理论对城市土地功能混合和紧凑发展，充分利用原有设施和改造城市老旧社区等，进行土地功能置换和优化土地利用结构。

---

① 关静：《关于精明增长的研究述评》，《财经问题研究》2013 年第 3 期。

四、可持续发展理论

（一）可持续理论产生的背景

在第二次世界大战结束以后随着各国经济的发展，到 20 世纪 50 年代以后，由于经济发展导致各类污染事件层出不穷。全球各国在面对严重环境的问题时开始思考经济发展带来环境污染，从个人的争论，到团体的认可，最后成为联合国的议题。1962 年美国学者卡逊发表《寂静的春天》，呼吁人类对环境所有袭击，最终会给大气、土地、河流带来严重污染，这些污染物不但进入生命赖以生存的世界，而且进入生物组织。到 1968 年成立罗马俱乐部，分析当今世界环境污染问题，在 1972 年罗马俱乐部在研究报告——《增长的极限》中指出，地球的承载力将会有人口增长和环境污染等不利因素在不久的将来达到极限，导致经济发生衰退。在 1972 年联合国召开人类环境大会发表《人类环境宣言》，呼吁保护和改善环境是全球人类和世界各国政府的责任和义务。在 1983 年联合国大会决定成立世界环境与发展委员会（WCED），指定挪威工党最高领导布伦特兰夫人任主席；1987 年发表《我们共同的未来》①，包括共同的问题、共同的挑战、共同的努力。1992 年联合国环境与发展大会（UNCED）签署了《气候变化框架公约》；在 2002 年联合国发展高峰会议分析了以可持续发展理念为指导，世界各国环境资源发展现象。随后我国在党的重要会议上提到可持续发展，并且在党的十七大上将可持续发展写入党章。

（二）可持续发展的定义

可持续发展是在人口、资源、环境协同发展的基础上，形成的经济社会发展理念。世界环境委员会认为，在经济社会发展过程中，不仅满足了当代的资源需求，更不能牺牲后代人的利益，给子孙后代留下足够的资源的发展模式；

① 世界环境与发展委员会：《我们共同的未来》，吉林人民出版社 1997 年版。

爱德华·巴比尔认为，可持续发展在经济净收益增长的同时，保持资源的数量能为子孙后代获得最大的边际效应；江泽民同志认为，考虑当今社会发展的基本需求，又要充分考虑子孙后代发展需要，即可持续发展。综上所述，可持续发展是在人地关系协调的发展背景下，形成的经济社会发展理念。

（三）可持续发展的内涵

一是经济可持续发展，在国家或者地方发展产业和构建住房时，能以牺牲环境为代价，换取经济的收益和地区经济的增长。因此，在可持续发展理念的带动下，建议全球各国摈弃“高耗能、高污染”的发展方式，采取清洁生产技术，倡导文明消费，目的是提高经济效益、节约资源，尽可能减少废物排放。

二是生态可持续是不能超出生态环境承载力，促进经济社会发展与生态环境协调发展，尽可能保护和改善地球环境，减少自然资源的使用数量，减少环境成本的投入，保证人类的发展不能超越地球承载力。因此，生态可持续发展的核心意图是在有限的范围促进经济发展，超越生态承载力的发展是不可持续。

三是社会可持续是指在全球各国发展过程中，共同目标是提高人类福祉，在保障人类具有充分生存权和发展权的基础，为人类营造公平与自由的发展环境，即在可持续发展系统中，经济可持续发展促进全人类科技进步和生存安全的动力，生态可持续发展是为人类社会营造了良好的环境，社会可持续发展是人类发展的最高目标，构建自然—经济—社会“三位一体”有机统一体，实现健康持续发展的目标（见图 1-3）。

（四）可持续发展的原则

在社会与经济发展过程中，世界多个国家以可持续发展理念为指导，从源头上体现在经济生活和社会生活中去，实现可持续发展需要坚持公平性原则、

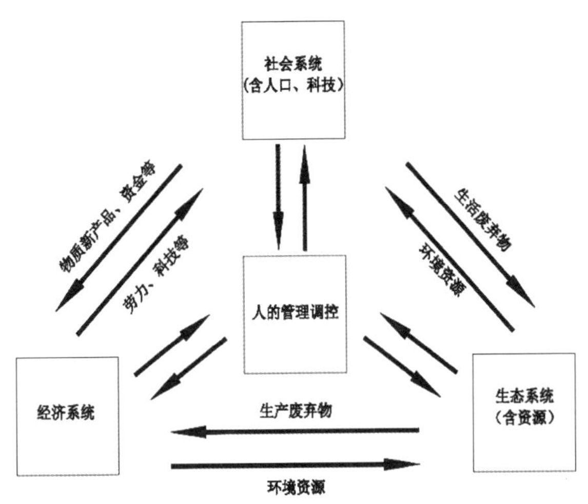

图 1-3　可持续发展的内涵

持续性原则、共同性原则。

一是公平性原则(Fairness),主要强调“权利”,包括共享资源和生态环境。在时序方面,当代人之间、代际之间要实现公平分配,在空间方面人类与生物群之间、国与国之间,部门与部门之间,任何一方都不能对资源和环境处于绝对支配地位。

二是持续性原则(Sustainability),专指人类发展的项目,在健康有序的发展引领下,在项目建设过程是不能超出自然生态的承载力,注重人与自然和谐发展。任何事物和项目离开了资源环境,就不能谈生存与发展。因此,人类发展需要根据持续性原则,不能过度消费和掠夺,需要坚持持续性原则,实现人口与自然协调发展。

三是共同性原则(Common),由于各国经济社会发展水平具有较大的差异,但是每个国家的发展目标都是为人类谋福利,为了维护我国共同的家园——地球,教育全人类在头脑中树立“地球家园”整体性的发展理念,促进人类与自然和谐发展,构建互惠互利的关系,实现人类共同的目标。

（五）可持续发展对我国城镇化发展的启示

一是人口压力大。我国是世界上人口最多的国家，受到资源和环境污染的诸多不利因素的影响，需要利用可持续发展理念来指导经济社会发展。首先，在我国人口压力较大，到2019年末达到140005万人，人口增速较快（见图1-4），中国用7%的耕地养活了世界上22%的人口，1份世界平均财富养活6倍的人口，1/4的新增产值用来养活新增的人口。在可持续发展理论指导下，中国每年需要向城镇转移将近1000万人口，增加城镇人口数量，减少乡村人口压力，对于乡村地区生态环境保护和控制污染起到一定的作用，要采取合理的速度转移乡村人口，让进入城市享受城镇化发展红利。

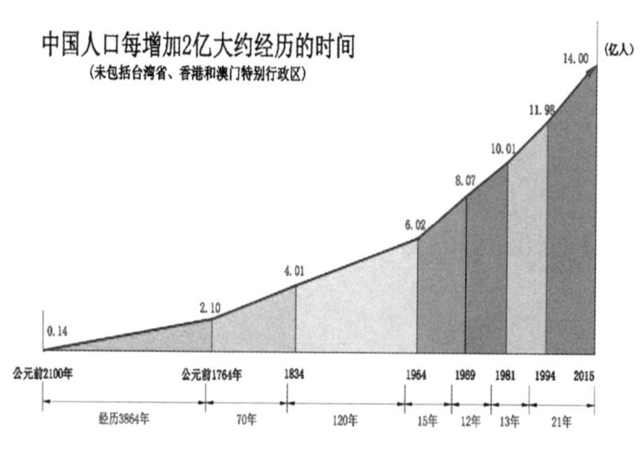

图1-4　中国人口增长情况

其次，资源相对短缺。通过一组数据可知中国自然总量较大（见表1-2），但是平均以后所占分量将会下降，我国土地资源总量在世界各国排名为第三，人均占有量占世界人均值的30%，还有耕地面积总量在世界各国中排名第四，但是人均耕地面积占世界人均值的1/3。原因是中国需要用更多的粮食来养活14亿人，只有维持粮食安全才能解决更多人的温饱问题，粮食安全的前提是确保耕地资源的充足。目前，我国在保持18亿亩耕地红线，虽然耕地数量有所增加，各地政府在征用土地以后，以“征优补劣”的方式补充耕地资源数量，导致优质土地数量逐渐减少，严重影响我国粮食安全。

表 1-2　中国自然资源情况与世界比较

自然资源	总量在世界排名	人均占有量占世界人均值的比例
土地资源	3	1/3
矿产资源	3	3/5
耕地面积	4	1/3
江河径流量	6	1/4
森林面积	6	1/5

资料来源：根据国家统计局网站整理。

最后，环境污染严重。一方面我国在发展经济过程中，采取粗放型发展模式，城市工业和乡镇企业产生的“三废”问题向农村蔓延势头较为强劲，尤其是重金属污染，导致国内有 16%的土壤受到重金属污染，利用污水浇灌耕地和农田，对于地下水和河流也带来一定污染。因此，需要控制城市污染。另一方面，生态迫害范围在不断扩张，城市建设打破原有的生态平衡。因此，需要在推进城镇化进程中，加强污染和生态迫害的治理，促进资源环境与经济发展协调发展。

二是方创琳（2008）研究经济—生态耦合协调性时指出①，在可持续发展理论指导下，为了实现资源环境达到效用最大化，不能从国家宏观层面限制城市空间规模扩张，促进城镇化优先发展有助于加速经济水平的增长，但是会增加城市污染物的排放。相比之下，优先保障生态环境将会对城市人口带来限制，不利于城镇化水平的提升。因此，为了实现生态环境与城市化“双赢”，需提供足够的政策支持与技术支持，而不是一味限制城市化发展，更不能过分限制城市人口和经济增长，主要是利用政策支持和技术支持，抵消城镇化负面影响。因此，如果城市发展政策支持和规划合理，是统筹二者之间的契合的最佳状态。

① 方创琳、鲍超、乔标：《城市化过程与生态环境效应》，科学出版社 2008 年版。

本章小结

一是分析了城市、城市功能、传统城镇化、新型城镇化等概念。其一，城市与城市功能方面。城市是交通比较便捷和具有一定覆盖面积的人群和建筑物的地域综合体，经过不断地建设，带动城市规模逐渐增加，肩负着工作、交通、居住和游憩等四大功能，具有系统性、开放性、层次性等特征。其二，从时间跨度上讲，新型城镇化核心坚持“以人为本”，实现人的城镇化，促进城镇化与经济、社会、环境协调发展；从研究主体上讲，土地城镇化是载体，人口城镇化是主体，只有将“两化”协调发展带动城镇化高质量发展。

二是讨论了城镇化研究理论基础。本书以人地关系、耦合共生论、精明增长和可持续发展等相关理论为基础，讨论各个理论产生的背景，理论定义和内涵，对城镇化研究的启示。其一，在人地关系理论的指导，发展任何项目都不能超越大自然资源承载力，促进土地集约利用，促进乡村人口向城镇有序转移，实现城市人口增长与城市空间规模扩张和谐发展。其二，耦合共生理论是促进人口城镇化与土地城镇化具有重要的指导意义，如果乡镇人口被过度城镇化，城市建设和基础设施建设滞后，那样将会超前发展形成拉丁美洲式的贫民窟式城镇化。如果土地城镇化过快增长，城市规模过快增长，将会出现鬼城和空间，只有两大系统实现高度耦合，形成品质型城镇化。其三，精明增长理论提出土地混合利用，促进城市空间合理利用，增加人口福利。其四，可持续发展理论在坚持公平性和持续性的原则下，不能限制城镇化的发展，在可持续发展理念的指导下，利用政策支持到位和规划合理促进地区经济社会耦合协调发展。

第二章 人口城镇化与土地城镇化耦合协调发展机制分析

第一节 人口城镇化与土地城镇化互动关系基础

一、人口城镇化是核心

新型城镇化坚持“以人为本”，是区别于传统城镇化的不同之处。在推进新型城镇化进程中，主要是“人”的城镇化。因此，在每个环节都要贯穿人本思想，通过城镇化为人类发展架构发展进步的阶梯。

一是在户籍管理上我国应该逐渐取消城乡二元户籍限制，将城乡人口统一到居民管理制度之中，在社保、医疗、教育、就业和其他事项像城市居民一样来享受城镇化发展的成果，不能再以城乡二元户籍限制各类群体享受公共服务。同时有序推进农村人口城市化，在条件允许的范围之内，统筹城乡就业、教育、住房、医疗、养老等问题，实现居住地点由农村到城市，职业由农业向非农业，身份上由农户到市民的“三维”转化，让更多的农村人口在城市实现安居乐业。

二是实现基本公共服务均等化，保障以人为本的城镇化。公共服务均衡发展是加快推进城乡发展一体化的重要保障，在推进新型城镇化进程中，让公共财政的红利惠及城乡居民，将城市基础设施向农村延伸，带动城镇一体化进程①。

三是打造生态宜居环境。农民进入城市的主要目的就是改善生活条件，因此，城市发展目标是在不断完善城乡基础设施的基础上，其一是治理环境污染、“城市病”等问题；其二是增加城市绿化面积，为居民提供舒适的工作和居住环境；其三是完善污染物处理设施，带动城镇垃圾分类和无害化处理；其四是教育和引领市民增加保护环境的意识，打造温馨的生活环境。

四是增加城市的归属感。首先，在农户转化为市民以后，不能说住上高楼大厦就算实现城镇化，而是要创造更多方便条件，增加市民归属感。其次，在进入新时代以后，政府提出了“让群众少跑路、让数据多跑路”的发展理念，建议设置更多自助设备方便群众办事。再次，政府为了缓解市民出行难的问题，在城市社区建设过程中，不断优化交通线路布局，解决出行“最后一公里”的问题。最后，以人民为中心是在城市空间上更加合理布局，使得生活设施更加方便群众，在居住区附近构建社区养老托幼中心、购物中心、社交中心和文化活动室等，让“城市生活更美好”的目标得以实现。综上所述，在推进新型城镇化进程中，完善城市功能和提升现代化水平是我国新型城镇化发展的主要方向。

二、土地城镇化是载体

首先，英国古典政治经济学之父威廉·配第（William Petty）指出“土地是财富之母”，土地是人类赖以生存的基础，没有土地没有农业生产和工业生产，何谈人类幸福？因此，土地资源是人类开展经济社会活动的载体，为人类的发展提供各种各样的服务。进一步讲，土地资源为人口城镇化提供了更多空间和载体，如果没有土地资源的保障，何谈城市规模的扩张，如何安置进城人口的生活居所、生产厂房、娱乐场地、教育医疗设施、城市道路。因此，土地

① 保罗·萨缪尔森：《西方经济学》，中国人民大学出版社2000年版。

是一切财富的源泉。

其次，在土地城镇化进程中，土地是生活居住用地、交通用地、厂房用地的基础。以往我国城市无序扩张侵占乡村耕地，土地资源浪费非常严重。在我国高质量发展过程中，要求各级政府不断优化城市布局与形态，构建由特大城市—区域性中心城市—中小城市—重点镇组建规划合理、功能完善和层级有序的城镇体系①。

最后，在推进城镇化进程中，土地是城镇化的关键要素，要求农地权属转化、用途转化、形态转化等，需要农户、政府、市场之间构建起"三位一体"的管理体系，为了促进土地利用效率最大化，需要加强土地资源的合理利用。为保障农村居民的土地资源使用权，我国多个地区推进土地流转，城市建设用地采取科学的规划理念，为村民、居民、生产企业构建起科学规划的城乡综合体，打造更加适合城乡发展、产城融合、人地和谐的发展关系，破解"两化"非协调现状，促进我国城镇化均衡协调发展，是亟待考虑的关键问题。

三、人口城镇化与土地城镇化的互动关系演进

在世界城市发展史上，人口与土地城镇化是一对相互伴随的两大系统，人口是土地城镇化的主体，土地是人口城镇化的载体，两大系统相互影响和相互制约。从历史的进程看，随着生产力的不断进步，促进"两化"协调发展，具有一定的必然性。

一是从劳动地域分工的角度看，在早期人类社会，是以农牧产业为主，城市规模增加速度较为缓慢，城市人口数量较低，在 1800 年全球城市人口总数占总人口的 3%②。在工业革命以后，社会分工逐渐细化。在较为成熟的社会分工背景下，带动农业生产技术不断提高，农业剩余产品的出现和解放出更多

① 沈茂英：《常住人口变动的区域特点与人口城镇化政策选择》，《四川省委党校学报》2013 年第 5 期。

② 顾朝林、汤培源：《城市化》，科学出版社 2010 年版。

农业生产力进入城市参与工业和服务业的生产。随着社会分工不断深化，工业化吸引更多人口进入城市参与生产活动，直接表现是城市总人口数量逐渐增加，城市空间面积扩张速度在不断加快，农村人口数量在不断降低，将农业用地转化城市建设用地，带动人口城镇化与土地城镇化两大系统相互伴影响和相互伴随。如果人口进城速度过快，超越城市建成区的承载力，将会"人口超前型城镇化"现象。如果进城人口速度较慢和数量较少，城市建成区和住房超越人口的实际需求数量，即"土地超前型城镇化"。为了避免出现"土地超前型城镇化"和"人口滞后型城镇化"，只有科学规划城市建设，有序转移乡村人口，提高城镇化发展质量，构建起"两化"协同发展机制，实现城镇化的发展目的。

二是从商品交易的角度看，在实现专业化的社会分工以后，农村地区产生了大量农业剩余产品，而城市人口参与手工业产品和工业制成品以后，在城乡之间的形成贸易互补，通过交换获得经济效益。原始社会在中心地点进行零散的交易，当人类进行频繁的、多次的、大量的交易以后，开始寻求固定的交易场所，由此诞生市场交易地点。通常市场交易地点都布局在聚落中心，这一交易中心吸引更多人口来此居住，形成以"城市商业中心"为核心的城市圈，随着城市圈不断向外围扩散，构建了以城镇的聚集为交易中心、居住中心、活动中心、文化中心。乡村人口为了交易便利和居住方便，在经济实力较强时，离开农村进入城市生活，带动城市人口增加和城镇规模的扩张。通过以上分析表明，商品交易促进了人口城镇化与土地城镇化的相伴而生。

三是从城市发展的起源看，首先，全球最先构建城市的地方是中东地区，距今有 10000 年的历史。当时是以游牧为主，在人类进入农耕时代以后，人类开始确定居住空间，随着农业生产水平不断提高和居民食品来源途径的增加，进入城市参与发明和创造，促进城市崛起和传播城市文明。其次，到了中世纪的欧洲城市的发展相对缓慢，因为周围的乡村没有提供更多农产品，封闭的封建社会制度，城市与其他农村构成一个小的地区单元，城市工商业不太发达，阻碍城市规模的扩张。相比之下，位于世界东半球的唐朝长安城等多个城市成为交通要地，带动城市面积在不断增加。最后，到19世纪工业革命，带动城市获得前所未有的发展，工业生产厂家布局在大都市附近，吸引农民不断涌入城市。到第一次世界大战以后，英国、美国、法国成为工业强国，带动各国城镇化水平领先于世界各国。到二战时世界多个国家受到战争的干扰，大量城市人口流向乡村，导致乡村人口开始不断上升。在二战以后，多数人口开始回流到城市，使得城市人口不断增加，降低了乡村人口数量，城市空间面积与副城市中心对接，带动城市规模逐渐增加，形成了集中连片的城市群。

综上所述，城市的发展是以人口、土地、资本、商业、社会活动为支撑，在社会分工专业化、商品交易规模化、城市发展集中化的带动下，以土地为城市发展的载体，以人口为城市发展的核心的重要议题开始逐渐明显。

第二节　人口城镇化与土地城镇化的协调发展内涵

一、协调内涵解析

一是协调的定义。协调(Coordinate)一词出现经济学、管理学、社会学、系统科学领域，由于使用角度和出发点不同，尚未有公认的概念。首先，从词语属性上看，协调作为名词定义为配合得当，作为动词可以理解为使配合得当。其次，在《东周列国志》中对协调进行具体的定义，组织为了完成既定目标，需要不断处理好内部和外部关系的过程。最后，在管理学领域，“协调”是指组织领导者为了实现既定的目标，利用各个途径、方法、技巧，对影响因素和相互关系进行合理配置和调整，促进每个环节、每个层次、每个方面都能行动一致，形成密切配合关系，获得最佳的整体效益①。

① 周三多：《管理学》，高等教育出版社2010年版。

二是协调的分类。首先,从组织角度讲,协调分为内部协调和外部协调,组织内部协调分为纵向协调和横向协调。其次,从工作协调角度讲,一是目标协调,包括确立目标、知晓目标、实现目标、再立目标等。二是时间协调,包括短期与长期协调。三是环境协调,包括内部和外部环境协调。四是人际关系协调,主要是指个人或群体为促进个体和群体的共同利益,利用沟通等方式相互满足心理需求的过程。

三是协调的特征。一是协调的非独立性,协调需要双方在做出让步的基础上,涉及两方或者两方以上的主体,只有一方的独立协调属于单边主义,这不是协调而是独自超越。二是协调的保证性,协调和协调工作是组织管理目标中得以顺利实现的重要保证,随着复杂的社会化分工,各个组织之间的关系依存度越来越紧密,形成各种纵横交错的配置关系。因此,利用协调手段来确定科学发展目标,保证组织的正常运转。三是协调的变通性,是在处理各种事务时需要灵活性和原则性辩证统一,是工作创新的具体表现,协调的原则是对于危害全局或者影响整体进程的不正确思想和言行给予矫正。四是协调的灵活性,在保证组织目标正常完成的前提下,在条件允许的范围内,有关各方作出让步,满足一部分人的利益,促进全局性问题得以顺利解决。

四是协调的目的。协调的反义词是“失调”或者“不协调”。协调对各种不协调的事物加以矫正或改革,促进事物向协调的方向发展。进一步讲,协调的目标是促进和谐和降低内耗,达到利益最大化。

二、发展内涵解析

发展(Development)属于哲学范畴的词汇,是某一个事物由小到大的运动变化过程。从辩证唯物主义角度看,物质是运动着的物质,运动属于物质的根本属性,是向前和上升的,进步的运动被理解为发展。发展根源性在于事物在发展过程中出现的内部矛盾,催生事物不断向前发展。笔者认为发展的历程涉及事物的一生,涉及多个领域,不仅是事物向前推进的过程,更是事物衰退消亡的过程。进一步讲,发展可被定义为“事物从出生开始连续不断变化的过程”,既有量的变化,又有质的变化。在事物变化过程中,发展的反义词“负发展、零发展、逆发展”。发展是促进事物由无序向有序发展的过程,零发展是为了规避一些矛盾而不去发展,负发展是不发展,反而使事物回到原始落后状态,逆发展是指与现在发展相悖的发展模式。

三、协调发展内涵解析

首先,协调发展是协调(Coordinate)和发展(Development)是一对交集体,是在主体之间随着进程的不断推进构建起良好的关系、稳定的发展态势、生动活泼的发展氛围。在系统内部构建起和谐一致和良性循环,形成了低级向高级、从无序到有序的演化过程。部分专家学者认为协调发展是在整体状态下发展,不能在单独状态下发展,也不是单一要素的增加和发展,是在多个系统互动,或者在协调的状态下发展。其次,从实践的视角的讲,协调发展是在经济—社会—人口—生态协调发展,促进地区构建起可持续发展模式,实现资源可持续发展。

四、人口城镇化与土地城镇化协调发展

人口城镇化与土地城镇化协调发展的含义是在“两化”之间按着适当的比例①,来推进各地区城镇化健康有序发展,助力城市建设质量和人口素质的提升。尤其是“两化”协调发展并不是要求两大速度完全一致,允许存在一定的差距,但是这个差距在不同的国家和地区判定标准不同,得到评价结果也不尽一致。

一是人口城镇化与土地城镇化协调发展,属于城镇化发展的一种状态。

---

① 城镇用地增长弹性系数是国际公认的协调性指标,该指标利用城镇用地增长率与城镇化人口增长率的两个指标的比值。该指标为1—1.2为合理范围,如果两大系统的比值超越0.12列为合理范围。

从纵向上看,人口城镇化与土地城镇化协调可分为协调发展和非协调发展。城镇化协调发展是城市人口增长与空间扩张的增速相对一致,不能脱离实际。非协调发展是属于城镇化领域的人口与土地两大系统中,不是人口增长过快,就是城市空间增长过快,处于失调发展态势。因此,在观察城镇化的发展状态时,需要从纵向上来分析“两化”的协调发展态势。

二是人口城镇化与土地城镇化协调发展属于城镇化发展的一种方式。协调发展是在促进“两化”向理想状态发展,必须采取各种手段,如调配城市用地,增加或减少城市人口,创造更多就业岗位,尽量满足人口发展的需要,还要保证土地资源合理化利用,人口与土地两大系统之间构建共荣共生关系,才是理想化的城镇化。如果城镇化离开人口,即使建造起宽敞明亮的城市,处于无人居住和无人管理的状态,这属于“空城”或“鬼城”,如果城市建设缺乏有效的载体,城市人口发展将会导致资源短缺,只有实现“两化”配合得当,采取有效手段促进“两化”协调发展,促进城镇化质量不断提升,加强土地综合利用,才是理想化的城镇化。

三是促进人口城镇化与土地城镇化耦合协调发展,是城镇化发展的主要方向。根据国外发展经验和我国发展政策可知,城乡统筹发展是促进经济社会发展的导向。因此,人口城镇化与土地城镇化协调发展是国家或地区发展的导向,作为制定政策和地区发展战略的重要依据。要想实现区域城镇化协调发展,需要各级政府尽量考虑人地协调关系,实现“以人为本”的城镇化,对城乡之间的土地利用科学规划,实现“代际协调发展、代内协调发展”。

第三节　人口城镇化与土地城镇化的互动机制

一、人口城镇化对土地城镇化的作用机理

在古代游牧和农耕时代,城市作为行政中心和商品交易中心,仅有一部分

作为管理人员在城市居住。在工业革命以后,促进工业大生产进程不断加速,需要更多的人口进城参与生产,吸引更多乡村劳动力向城市转移,城市常住人口急剧增加,成为城市规模扩张和空间增加的基本动力(见图 2-1)。

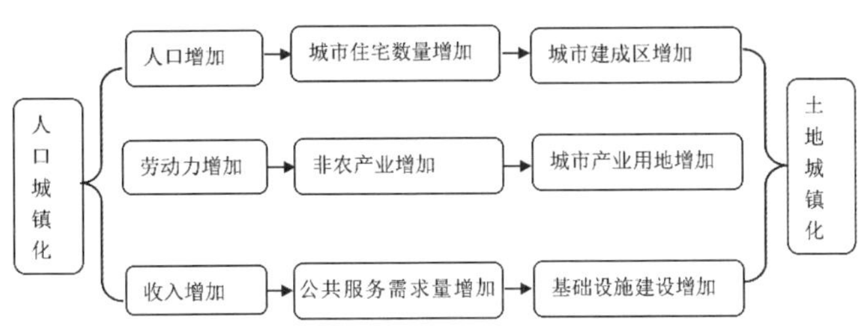

图 2-1　人口城镇化作用机理(自绘)

首先,在人口城镇化进程中,由农村向城市转移大量人口,带动城市人口数量在不断增加,有益于提高人均产出水平,促进农业农村发展的同时,更有利于提高人口素质和经济发展质量。随着人口向城镇聚集数量的不断增加,需要不断增加城市住宅数量和公共服务设施数量。保证居民有稳定的居所,一方面通过拆迁等方式获得城市住房,需要不断扩大城市面积,或直接购买商品房来满足住房需求,还有一部分通过租房满足住房需求。依据中国国际交流中心特邀研究员范必的估算,我国城市人口每增加一万人将会占有 0.7 平方公里的城市建设用地,在 2011—2020 年的 10 年时间里,我国城市人口增加 1.8 亿,至少需要新增 126 万公顷城镇建设用地。表明城镇人口数量增加,为了满足城市人口的住房需求,不断加速土地城镇化进程。

其次,随着农村劳动力向城市转移,主要是在工业革命以后,在城市布局传统手工业。到信息时代以后,新型工业化得到了快速发展,带动社会劳动生产率和社会物质财富的不断增加,地方政府将招商引资和加速建设各类产业园区来提升新型工业化水平,由此带动城市产业园区占地比重在逐渐增加,解决工业用地主要来源是占用耕地,近年我国工业用地面积占城市总用地面积一半以上,而国际平均占比为 10%—15%,说明我国农村人口进入城镇促进工业用地的增加。

最后，在农民进入到城市工作和生活以后，随着住所和就业的稳定，提升了城市居民经济收入水平，吸引各类人群生产和消费活动向城镇聚集，对城市基本公共服务空间和基础设施产生巨大的需求①，这就需要更多耕地资源转化为城市公共服务建设用地，投入更多的资本满足城市运转。同时城市聚集着大量的人口拉动城市消费数量的增加，利用生产和消费不可分割性，来促进城市面积的扩张。

二、土地城镇化对人口城镇化的作用机理

在分析土地城镇化的概念可知，土地作为稀缺资源，是一切财富之母。在推进人口城镇化进程中，一是在农地转化为城市建设用地以后，为人口提供住宅用地，打造舒适的居住环境；二是为企业提供更多厂房用地，形成规模经济为社会增加财富；三是在农地转化为城市建设用地以后，提升土地增值效益（见图 2-2）。

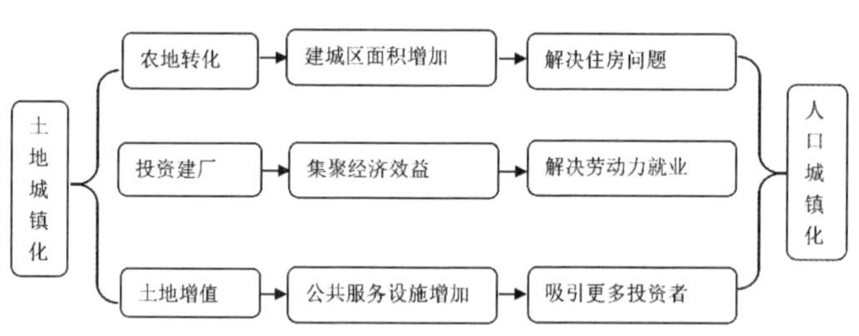

图 2-2　土地城镇化作用机理（自绘）

一是土城由农业用地转化城市建设用地以后，为进城人口提供了更多建设用地，在人均用地数量维持现状的背景下，不断增加城市规模和建成区面积，可以为进城人口解决住房需求用地，在具备了稳定和舒适的住房条件以

① 史育龙：《把新型城镇化的作用充分发挥出来》，《人民日报》2019 年 4 月 16 日。

后，才能吸引更多农民进入城市参与劳动和生产①。在亲缘关系和地缘关系的带动下，吸引更多农村人口进入城市生活与就业。因此，土地城镇化为人口发展和企业生产提供了最基本的投入要素，保证企业发展和居住具有充足的土地资源。

二是在采取适度开发的土地城镇化的战略背景下，带动经济发挥聚集经济效益，主要是在农地转化为城市建设用地以后，带动工业用地面积的增加，吸引更多企业来此投资建厂，通过完善链条，打造方圆五公里之内的产业集群，形成规模经济②，解决更多人口就业和增加居民可支配收入，为进城人口创造更多发展机会。

三是土地城镇化带动城市规模扩张的同时，带动土地直接和间接投资效益增值、市场供求性增值、土地用途转变增值。主要得益于在改变土地用途以后，用于城市道路、绿化、环保、文化娱乐设施等用地，不仅为城市居民提供了舒适和宜居的发展环境，还能吸引投资者来此投资建厂，为当地居民创造新的就业机会，吸引更多农民进入城市，带动人口城镇化水平不断提升。

三、人口城镇化与土地城镇化协调发展形成机制

在物理学领域较早地解释“互动”的概念，是指物体或系统之间的作用和影响。随着社会交往程度的加深，人们交往的手段发生了较大的变化，带动人际之间和事物之间相互影响，是在广度和深度上都能上升到新的发展阶段。因此，在社会学领域利用物理学领域“互动”概念来解释社会现象，学者们认为“互”是交替和相互，“动”是作用和变化，使得物体在性质上发生变化。“互动”可以概括为一对个体形成一种相互促使彼此发生作用和变化的过程，在这一过程中产生的结果部分是积极的，部分是消极的。如果在发展过程中，结

① 王兴芬：《中国人口城镇化与土地城镇化协调发展研究》，中国社会科学出版社 2019 年版。

② 高辉娜：《工业用地增长与工业经济增长的关系》，《城市问题》2014 年第 7 期。

果是积极良性互动,促进项目向良性互动发展;如果结果是消极或者片面的,形成恶性循环状态。人口城镇化是以农业为主的传统乡村空间向城市空间逐渐转型的历史过程,是现代化的必由之路。经过实践证明,人口城镇化与土地城镇化双向促进,人口城镇化是土地城镇化的核心,土地城镇化为人口城镇化提供载体,只有“两化”形成良性互动关系,不断推进土地资源集中和有效利用,促进乡村人口进入城镇安居乐业,进而实现城镇化高质量发展。

一是人口与土地城镇化互动产生的原因。根据马斯洛需求层次理论可知,地区人口在满足基本生理需求以后,主要提高农业生产技术,带动农业土地产出比达到一定水平以后,使得耕地资源在满足粮食生产的基础上,解放出更多农业剩余劳动力进入城市发展,城市建成区面积是成为一个必需品,导致粮食生产与城市建设形成一对不可调和的矛盾主体,即粮食是满足城乡人口基本需求的主要因素,住房需求也是城市人口生存需求。进一步讲既要满足人口的粮食需求,又要保障城市住房需求,在有限的土地空间内,实现耕地资源有效转化。如果城市人口增加,住房用地面积增加,将会导致农业耕地的减少,威胁粮食的安全,由此表明人口城镇化与土体城镇化既是一对相互矛盾,又是共同发展的共同体。因此,在促进城镇化高质量发展的背景下,只有引导“两化”互动发展,阻止土地资源的浪费,提升城镇化的发展质量,在耕地逐渐缩小的背景下,提高农业生产率为粮食安全做好保障。因此,需要不断促进人口城镇化与土地城镇化协同发展,平衡城乡之间人口数量,科学规划土地资源,实现人口城镇化与土地城镇化良性互动,不失为一条促进城镇化高质量发展的有效途径。

二是人口城镇化与土地城镇化良性互动表现。在城镇化进程中,人口与土地作为城镇化的两个维度,“两化”相互影响和相互制约。其一是土地城镇化是人口城镇化的载体,城市建成区面积的增加可以为城市人家提供更多的住房、教育、医疗、服务设施用地;其二,增加人口城镇化水平又会给土地供给和生态环境带来胁迫效应,需要不断加强科学规划促进土地资源合理利用,促进人口城镇化与土地城镇化形成良性互动(见图 2-3)。

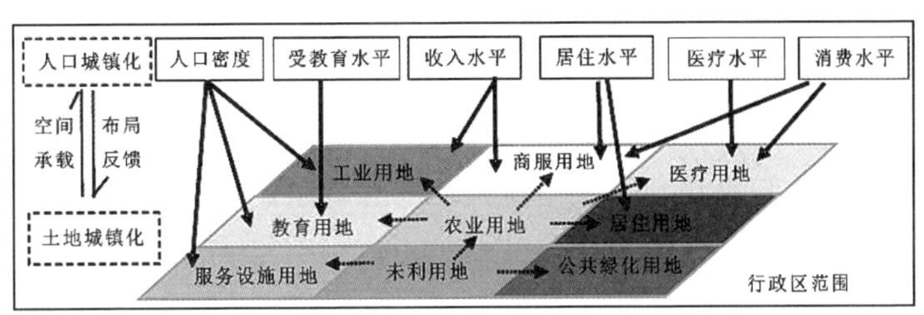

图 2-3　人口城镇化与土地城镇化互动机制①

首先,城镇人口数量增加促进城镇建成区面积的扩张,带动土地城镇化水平的不断提高,城市的发展需要人口的聚集,人作为城镇化的核心,城镇化不能离开人。在工业化水平的提高和城镇公共服务设施不断完善的背景下,带动人口数量不断增加,需要提供土地资源来满足城市建设用地的需求。因此,农村人口向城市人口转化过程中需要增加建设用地。在人口数量增加和土地聚集效益溢出的背景下,带动生产厂商不断扩大生产规模,政府为了推动经济的发展和解决更多劳动力就业,科学配置城乡土地资源,为城市建设增添更多的土地资源。因此,人口城镇化与土地城镇化互动是基于城乡土地资源和各种设施不断完善的基础上实现的互动。

其次,人口城镇化与土地城镇化良性互动,可以促进城市空间结构不断优化。在城镇化的初级阶段,乡村人口逐渐向城市转移,城市的基础设施不完善、住房紧张、服务设施短缺。鉴于人口城镇化水平不断提高,需要为城市提供更多的土地资源来满足城市发展的需要,利用科学规划手段来促进城市空间更加优化,集约利用土地面积,促进城市发展走向科学化、集约化、绿色低碳化。

最后,根据马斯洛需求层次理论可知,人口城镇化带动城市居民收入逐渐

① 吕添贵:《人口城镇化与土地城镇化协调性测度及优化》,《地理科学》2016 年第 2 期。

提高，解决基本生存需要以后，还要建设更多的公共服务设施，对城镇用地数量和利用结构提出更高的要求，促进城镇土地资源合理利用。进一步讲，土地城镇化满足城镇人口用地需求以后，更好地发挥集聚经济效应，提升土地增值效益。

综上所述，人口城镇化与土地城镇化的互动是处于不断变化、发展过程中的良性互动。无论是处于城镇化的哪个发展阶段，人口城镇化与土地城镇化良性互动结果是实现人口、资源、环境协调发展，降低人口城镇化与土地城镇化非良性互动耦合程度，防止出现“滞后型”和“超前型”城镇化。

三是人口城镇化与土地城镇化非良性互动变现。在推进人口城镇化与土地城镇化过程中，是相互促进和同向同行，并没有产生排斥行为。换句话讲，随着城镇化水平不断提升，城市容纳外来人口的能力和消化能力也在不同程度地增加，城市人口数量增加，一方面是为城市带来充足的劳动力资源，另一方面可以吸纳外来资本进入城市，通过集聚效应促进土地效益增值。但是在实践过程，由于部分国家地区实施政策不同，导致人口城镇化与土地城镇化出现严重的排斥反应，一方面在土地城镇化水平不断提升，但是城市没有接纳更多人口，使得人口城镇化的进程较为缓慢；另一方面在人口城镇化提高的同时，城市建成区面积没有得到相应的增加，基础设施严重滞后于城镇人口增长速度，形成了人口与基础设施建设偏差。邓天慈（2017）从人口城镇化与土地城镇化偏差分离设定理论模型，在图 2-4 中用城镇化人口增加代表人口城镇化水平，利用城市用地增加表征土地城镇化水平，L_1代表城市空间扩张时，城市人口增长率和城市用地增加的合理比例，L_3代表城市用地规模相对于城市人口增长偏高的状态，L_2代表城市人口数量偏高于城市用地规模的状态，即“过度型城镇化”，AB 代表在既定的城市用地水平下的城镇化率不足。

首先，当斜线 L_1 向 L_2偏离时，出现的结果是人口增长速度在不断增加，城市基础设施不能满足人口增长的需要，导致“城市贫民窟”的出现。从世界城镇化发展经验可知，在初级阶段出现“城市贫民窟”的现象是不可避免的，原因是农民以较低的成本来分享城市发展的成果，必然有一部分市民要遭遇城镇化带来的贫民窟厄运。由此表明当人口城镇化与土地城镇化处于该阶段时，属于“人口超前型城镇化”，直接的后果是城市公共服务设施供应不足导致人口聚集在贫民窟，随着城市贫困人口数量的增加，犯罪率增高和城市生态环境恶化等现象的蔓延。

其次，当斜线 L_1 向 L_3 偏斜时，说明城市土地扩张速度加快，但是城市人口进入城镇的速度较为缓慢，带动城区面积不断增加，带动城市呈现出“摊大饼”式蔓延，城市住房空置率高。虽然城市通过集聚土地和资本，促进城市规模不断扩张，形成资本密集型城镇化，带动城市 GDP 大幅度提升，由于人口稀少，会浪费大量的土地资源，衍生出大量的“空城”。因此，在人口增速和城市用地出现非协调时，会出现“土地超前型”城镇化。

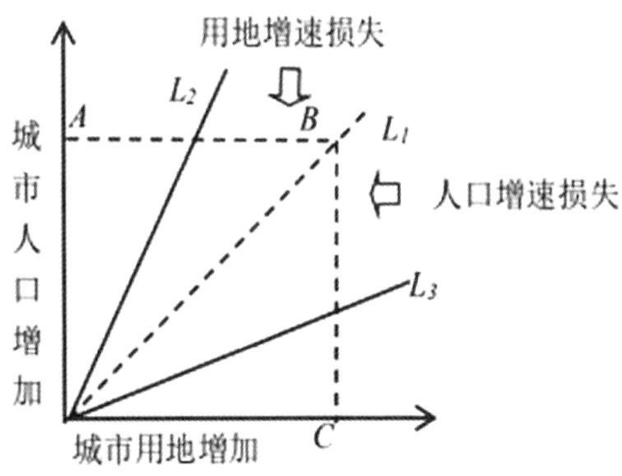

图 2-4　城市人口与土地增加的比例

四、人口城镇化与土地城镇化协调发展影响因素

一是国家实施的政策。城镇化发展和人口数量的增加，跟国家实施的政策紧密相关。首先，在我国实行城乡二元户籍制度时，由于户籍制度限制，限制了乡村人口进入城市发展。在我国逐步对户籍制度改革以后，乡村人口大量涌入城市定居，进入城市第二产业和服务业等领域就业，增加可支配收入，

部分地区的各级政府为了吸引乡村人口进入城市，对进城购买房产的用户给予优先落户的政策，带动城市人口数量的增加。其次，我国实施土地“招拍挂”政策，在土地出让给予政策支持，尤其是贫困地区在国家相关政策和法律法规允许的范围内，政府以低于市场价来转让土地，目的是招商引资和扩大生产规模，带动地方经济发展。

二是经济发展水平。首先，经济发展水平对“两化”耦合协调发展产生较大的影响，城镇化发展质量是一个地区经济社会发展直接表现。根据经济地域运动理论的思想，人口、资源、资本向经济发展水平较高的地区的转移，在经济资源丰富、区位优势较为明显、信息技术水平较高的地区，带动经济发展水平较高，吸纳更多农村富余劳动力进入城市就业，为城市经济的发展提供了劳动力要素。随着经济水平的不断提升，带动城市住房、交通、教育、医疗、文化等公共服务设施的逐渐完善，农村人口为了享受更好的公共服务，逐渐向城市转移。其次，随着城市经济的快速发展，带动城市建成区面积在不断增加，需要乡村用地转化为城市建设用地，来弥补城市居住用地、工业用地、城市公共服务设施用地的需求，但是土地资源有限，必须集约化利用土地，提高农业现代化水平和提高土地单位产出比，促进人口城镇化与土地城镇化的协调发展。

三是地区产业结构。首先，在工业化进程中，有效地促进城市建设用地不同程度的扩张，在土地出让市场的主导下，政府为了增加财政税收，采取低于市场价格和土地划拨等方式，吸引更多开发商来此投资。受到环保、污染、地价、交通等多方面因素的影响，工业用地都位于城市近郊，工业用地的增加将导致农村用地的减少。其次，在快速推进工业化进程中，城市服务业得到快速发展，由于第三产业既能解决进城人口的就业，还有用地数量相对较少，却能带动土地利用方式的转化和土地集约化程度的提高。

四是城乡收入差距。由于城乡二元结构长期存在，城乡收入差距在不断加大。随着经济发展水平的不断提高和城镇化进程的不断推进，吸引一部分人涌入小城镇进入非农产业就业，还有一部分富裕人口进入大城市定居，参与城市经济活动,流向城市的农村富余劳动力和部分高校毕业学被第二、第三产业所吸纳,为工业和服务业提供充足的人力资源,增加了城市空间面积和催生城镇生活设施需求数量的提升,促进城镇化向协调方向发展。

第四节　人口城镇化与土地城镇化良性互动机制构建路径

根据世界城镇化发展经验可知,在经济发展初级阶段,时有出现人口城镇化与土地城镇化非良性互动现象,如巴西人口“人口过度型城镇化”,美国出现的“土地郊区化现象”,更多的专家学者经过实地考察以后,建议城镇化走精明增长路线,促进人口城镇化与土地城镇化形成良性互动,而构建“两化”良性互动机制需要政府的政策调控,制定科学的规划体系,不断健全的市场机制,构建起“三位一体”的实现路径(见图 2-5),不断促进人口城镇化与土地城镇化实现良性互动,促进“两化”协调发展上升到一个新的发展阶段,促进城镇化发展质量的全面提升。

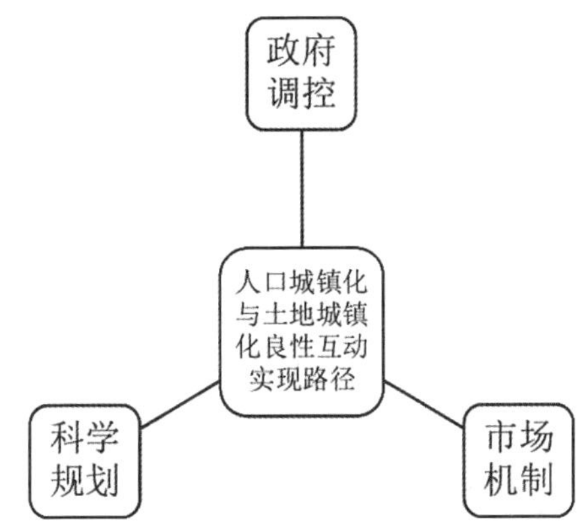

图 2-5　人口与土地城镇化良性互动实现路径

一、加强户籍与土地使用制度的改革

在人口城镇化与土地城镇化形成良性互动机制过程中，需要政府调控现有户籍制度和土地使用制度。

一是改革现有户籍和促进城乡人口合理流动。首先，到2019年我国人口城镇化水平已经达到为60.60%，户籍人口城镇化率为44.38%，全国人户分离的人口达到2.80亿人，其中流动人口2.36亿人①。从以上数据可知，取消户籍分类登记分类方式，摒弃农业与非农业户口的登记模式。允许部分乡村人口保留宅基地，鼓励进城落户，但不能以各种理由限制农户进城落户，那样会影响到人口城镇化的持续稳定性。另一方面，合理规划人口容量，目前我国是土地城镇化快于人口城镇化进程，多个地方都是出现房屋空置率高和有城无人的现象，在引导农村人口进城工作、生活和居住时，不能强制乡村人口城市化和农民被动进城。其次，在推行新型城镇化进程中，全面放开建制镇和小城镇的落户限制，在城市安置率允许的前提下，放开中小城市户籍制度限制，合理规划大城市人口标准，实现农村转移人口在城镇落户，并享有与城镇居民同等的权益和福利待遇。最后，在改革现有城乡户籍制度的基础上，剥离现有附着在户籍制度上的社会福利，缩小或抹平城乡二元户籍制度，导致城乡福利待遇差距，让社会福利、义务教育、公共医疗、社会保障等多项公共服务制度实现公平化。

二是不断推动土地制度改革，强化土地监管力度。首先，以改革城乡二元土地制度入手，重点是加强农村集体物权制度的改革，促进城乡二元土地价格并轨，加强农村土地制度流转，将土地增值税引入城市土地制度改革序列。其次，地方政府在使用土地方面，以市场化手段来出让土地，不能以低价转让和政策倾斜等方式转让各类土地资源，提高征地补偿标准，为农户后续生计问题

① 国家统计局：《中国统计年鉴》，中国统计出版社2020年版。

提供更多出路,加强对失地农户的社保体系的完善和各种社会福利的跟进。最后,在保护我国现有耕地面积的基础上,以“基本农田保护制度”为引领,收缩农村耕地和宅基地的控制权,限制地方政府滥用耕地的行为,摒弃“土地财政”的发展理念,加强农村耕地资源的保护。

二、加强科学规划促进人地关系协调

一是加强政府的引导。在城镇化进程中,政府起主导作用,科学规划作为地方发展的顶层设计,吸取以往城市规划的经验,分析成功之处和失败原因,对于各种问题需要及时修正。首先,把握城镇化规划的前瞻性和公开性,坚决抵制城市建筑贪大求洋,不能盲目扩大城市面积,要求集约利用土地。其次,在进行城市规划时,依据法律法规来支持城市治理,不能再搞大拆大建,保护历史文化建筑和古文化街道。再次,在推进城镇化进程中,城市面积在不断扩大,城市公共服务设施严重不足,集中表现就是城市交通拥堵、环境污染、生活服务设施网点不均衡,导致各类“城市病”等情况不断出现,需要加强城市基础设施的补给,尤其是城市给水排水设施和交通设施。最后,遏制城市无序蔓延,科学规划城市新区和高新技术开发区。

二是促进区域协调发展,加强顶层设计。人口城镇化与土地城镇化是区域协调发展的主线,既要考虑区域的整体性,又要考虑经济协调发展的区域性。首先,区域性是在整个区域内要充分考虑区域差异性和不平衡性,在充分考虑这些因素以后,对于地区人口迁移、产业转移和资本流动都要由发达地区向发展中地区转移,实现区域统筹兼顾。其次,在考虑整体性方面,以大城市为引领,与地级市、县级市、区县和乡镇构建起的上下联动的城镇发展体系,将大城市的人口和产业向周边地区转移和疏散,缓解大城市的人口压力,与周边城市和下级城市构建起同城化或一体化的发展战略,充分发挥大城市辐射带动效应。

三是科学规划特色小镇,不断提升宜居环境。首先,在推进人口城镇化进程中，为了实现就地城镇化战略，减少大城市的人口压力，科学规划小城镇，找准小城镇经济发展着力点，完善城镇基础设施，发展小城镇优势产业，以此作为城镇发展基底，重点是规划旅游休闲小镇、汽车工业小镇、产业加工小镇、文化影视小镇，依据国际化标准打造特色城镇，吸引更多人口回到小城镇进行休闲娱乐。其次，在小城镇建设过程中，不断引入产业，规划各类产业园区，促进产城融合，在园区内部发展循环经济，完善上下游产业链条，加强资源回收再利用，促进小城镇成为大中城市的后花园，逐渐提升小城镇发展质量。

三、健全市场体系与政府干预充分结合

一是促进市场机制与政府调控。在城镇化进程中，由于土地资源的转化和人口的自由流动，市场调节起到了巨大的促进作用，利用市场机制发挥极化和涓滴作用，即在经济发展初级阶段，在竞争机制和价格高涨的吸引下，人口流动和土地转化向投资回报率高的区域集聚，此时将会出现极化效应，带动城市人口增加和城市规模不断扩张。当市场机制成熟时，过度的极化效应将会产生负面效应，增加交易成本，产生涓滴效应，城市规模扩张开始放缓，到了一定阶段会出现萎缩。但是市场并不是具有全能功能，由于外部性和公共资源的垄断，出现市场失灵。因此，在推进人口城镇化与土地城镇化互动关系时，在政府出台政策时必须进行正确干预，纠正市场失灵和指导城市发展的价值取向，为推进城镇化高质量发展营造良好的外部环境。肖周燕（2016）①认为促进人口城镇化与土地城镇化形成良性互动关系，需要采取市场机制和政府干预相结合的手段，只有两大系统进行相互配合，才能促进人口城镇化与土地城镇化形成良性互动关系。

二是在党的十八届三中全会报告中指出“建设统一开放、竞争有序的市场体系”，主要是建立现代市场体系，主要包括商品市场、金融市场、劳动力市

① 肖周燕：《政府调控、市场机制与城市发展》，《中国人口·资源环境》2016 年第 4 期。

场、土地市场。当前我国主要是以城市土地市场为主,农村土地市场尚未得到法律确认,在快速城镇化进程中,使得农村用地与城市建设用地矛盾较为紧张,第一矛盾是城市土地资源配置比重较低,但是地方政府具有强烈的用地需求。第二个矛盾是农村征地没有得到合理补偿,农村土地承包经营权还未市场化,土地流转渠道单一。因此,党的十八届三中全会宣布到 2022 年我国开始建成城乡建设用地市场,到 2035 年构建起全面城乡统一建设用地市场,落实新《土地管理法》,盘活农村建设用地资源,提高农民土地增值收益,实现城乡土地要素自由流通,准许农村经营性建设用地转让、租赁、入股,与国有土地同等入市。利用城乡统一建设用地市场来平衡城乡建设用地矛盾,缓解城市紧张的局面,盘活农村闲置土地资源。

本章小结

本章论述了人口城镇化与土地城镇化相互作用、协调发展、良性互动实现路径等理论基础,现将总结如下:

(1)人口城镇化与土地城镇化协调发展基础。首先,人口城镇化是城镇人口占总人口比重,是农村人口(包括农民工和农村灵活就业人员)转化为城市人口的过程;土地城镇化是城市建成区占城区面积的比重,是农村用地转化为城市用地的过程,在城镇化进程中,两大系统相伴而生和耦合共生,形成"以人民为中心"和"以地为根"的健康城镇化发展模式。

(2)人口城镇化与土地城镇化协调内涵。人口城镇化作为土地城镇化的核心,土地城镇化作为人口城镇化的载体,在进城人口增长速度超越城市空间扩张速度时,由于基础设施数量缺乏,在城市内部将会出现贫民窟。如果城镇建成区面积增长速度超越城镇人口增长速度,导致城市空间扩张呈现出"摊大饼"式蔓延,将会浪费到土地资源。由此表明,只有促进人口城镇化与土地城镇化协调发展,才是维持健康城镇化的有效路径之一。

（3）人口城镇化与土地城镇化良性互动方面。首先，随着农业生产技术的提升，农村解放出更多劳动力进入城市，带动城镇人口增加，导致住房面积、公共服务设施数量和教育医疗用地数量的增加，使得乡村用地与城市建设用地出现了非良性互动，导致各种不协调现象时有发生。

（4）人口城镇化与土地城镇化良性互动实现路径方面。首先，政府改革户籍制度和土地使用制度，需要依据新型城镇化发展战略，促进城镇人口有序增长和推进速度适中的土地城镇化模式；其次，加强科学规划促进人地关系协调，使得土地资源使用和人口数量尽量吻合；最后，需要实现政府引导和市场竞争两者的结合，构建起城乡用地统一市场，为城市建设用地增加更多份额，为"两化"良性互动打造更好的基础。

第三章　我国人口城镇化与土地城镇化非协调发展表现

1949年中华人民共和国成立后，开始了城镇化发展进程，1949—1957年属于城镇化启动阶段，1958—1965年属于城镇化的波动阶段，在1966—1976年属于“文化大革命”阶段，是城镇化停滞阶段。到1978年以后进入城镇化快速发展阶段，到2011年城镇化水平达到51.27%。人口城镇化率首次超过50%。在1949年我国城镇化水平仅为10.49%，到1978年我国城镇化水平为17.92%，1996年我国城镇化水平为30.4%，2019年我国城镇化水平为60.2%，根据城镇化“S”型曲线，属于城镇化快速增长期，中国仅用23年，同样英国用了100年，美国用了80年，日本用了40年。说明我国城镇化增长速度是世界上较为罕见的。鉴于此，本章分析“两化”非协调性的具体表现，为后续识别“两化”非协调性耦合识别做好铺垫。

第一节　中国人口城镇化发展现状

一、常住人口城镇化发展现状

一是城镇化起步阶段（1949—1978）。首先，在1949年常住人口城镇化率是10.64%。在经历三年恢复时期和“一五”阶段平稳发展，随后我国经济发展进入“大跃进”①，到1966年支援“三线”建设，带动大量人口由城市流向农村，城镇化进程出现停滞②。其次，从人口变化程度看，在1949年我国总人口仅为54167万人，到1978年全国人口总数为96259万人，增长约1.77倍；1949年我国城市常住人口总数达到5765万人，到1978年城市常住人口为17245万人。在1949年常住人口城镇化率为10.64%，到1978年人口城镇化率为17.92%，增长约为7.28%，年均增长为0.25个百分点，人口城镇化增长速度较为缓慢③（见表3-1和图3-1）。最后，在经历了“一五”时期的平稳发展，随后大跃进，带动城市规模和常住人口快速增长，带动住房和市政公用设施紧张，征用大量的土地，城市空间面积扩张速度较快。

表3-1 中国常住人口城镇化水平（1949—2019） （单位：万人，%）

年份	总人口	城镇人口	城镇化率	年份	总人口	城镇人口	城镇化率
1949	54167	5765	10.64	1985	105851	25094	23.71
1950	55196	6169	11.18	1986	107507	26366	24.52
1951	56300	6632	11.78	1987	109300	27674	25.32
1952	57482	7163	12.46	1988	111026	28661	25.81
1953	58796	7826	13.31	1989	112704	29540	26.21
1954	60266	8249	13.69	1990	114333	30195	26.41
1955	61465	8285	13.48	1991	115823	31203	26.94
1956	62828	9185	14.62	1992	117171	32175	27.46
1957	64653	9949	15.39	1993	118517	33173	27.99
1958	65994	10721	16.25	1994	119850	34169	28.51
1959	67207	12371	18.41	1995	121121	35174	29.04
1960	66207	13073	19.75	1996	122389	37304	30.48
1961	65859	12707	19.29	1997	123626	39449	31.91
1962	67296	11659	17.32	1998	124761	41608	33.35

① 刘勇：《中国城镇化发展历程和未来战略构想》，https://www.sohu.com。

② 王凯、陈明：《中国城镇化的速度与质量》，中国建筑工业出版社2013年版。

③ 李铁林：《中国农村城市化的成长机制及政策选择》，河北农业大学，2004年。

续表

年份	总人口	城镇人口	城镇化率	年份	总人口	城镇人口	城镇化率
1963	69172	11646	16. 84	1999	125786	43748	34. 78
1964	70499	12950	18. 37	2000	126743	45906	36. 22
1965	72538	13045	17. 98	2001	127627	48064	37. 66
1966	74542	13313	17. 86	2002	128453	50212	39. 09
1967	76368	13548	17. 74	2003	129227	52376	40. 53
1968	78534	13838	17. 62	2004	129988	54283	41. 76
1969	80671	14117	17. 50	2005	130756	56212	42. 99
1970	82992	14424	17. 38	2006	131448	58288	44. 34
1971	85229	14711	17. 26	2007	132129	60633	45. 89
1972	87177	14935	17. 13	2008	132802	62403	46. 99
1973	89211	15345	17. 20	2009	133450	64512	48. 34
1974	90859	15595	17. 16	2010	134091	66978	49. 95
1975	92420	16030	17. 34	2011	134735	69079	51. 27
1976	93717	16341	17. 44	2012	135404	71182	52. 57
1977	94974	16669	17. 55	2013	136072	73111	53. 73
1978	96259	17245	17. 92	2014	136782	74916	54. 77
1979	97542	18495	18. 96	2015	137462	77116	56. 10
1980	98705	19140	19. 39	2016	138271	79298	57. 35
1981	100072	20171	20. 16	2017	139008	81347	58. 52
1982	101654	21480	21. 13	2018	139538	83137	59. 58
1983	103008	22274	21. 62	2019	140005	84843	60. 60
1984	104357	24017	23. 01				

资料来源:根据国家统计年鉴整理。

二是城镇化快速增长阶段(1978—2000)。在 1978 年我国正式推出改革开放战略,在 1978—2000 年中国城镇化经历了返城时期、乡镇企业时期、工业园区和民工潮等时期。到 1996 年常住人口城镇化率达到 30. 48%,进入城镇化快速发展阶段(见图 3-2)。在 1978 年全国总人口由 97542 万人增长到 2000 年的 126743 万人,增长 30484 万人。人口城镇化水平由 17. 92%增长到

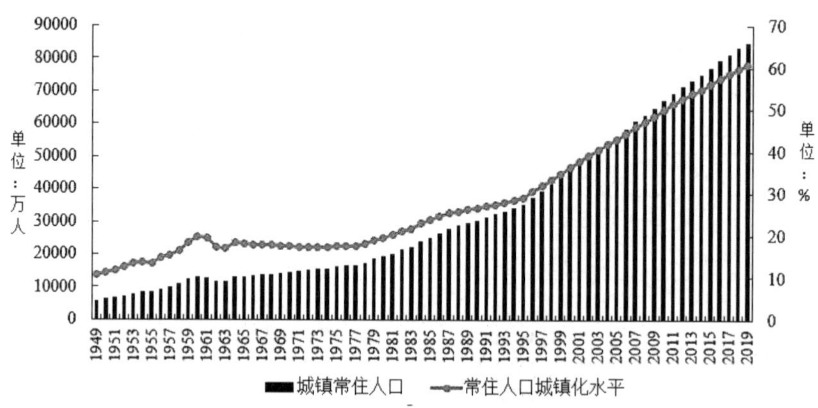

图 3-1　中国人口城镇化发展进程

资料来源:根据国家统计年鉴整理。

36.33%,增长 18.3%,年均增长 0.83%,城市数量也由 193 个增加到了 663 个,建制镇由 2173 个增加到 20312 个,城市规模在不断扩张①。

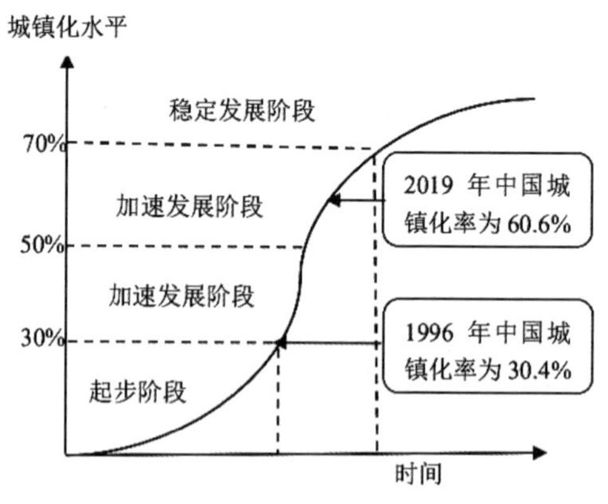

图 3-2　城镇化"S"型曲线

三是城镇化快速发展阶段(2001 年至现在)。首先,在 2001 年我国开始步入新世纪,制定了城镇化快速发展的总体战略,实施大、中、小城市和小城镇

① 肖金成:《国外城镇化的经验与启示》,《时事报告》2013 年第 4 期。

协同发展战略,经历了区域性中心城镇、城市群的发展阶段①。在 2001 年人口城镇化水平为 37. 66%,到 2010 年人口城镇化率为 49. 95%,增长 12. 19 个百分点,年均增长 1. 2 个百分点,说明人口城镇化速度在加速发展。

其次,在 2011 年我国人口城镇化率达到了 51. 27%,城市人口首次超过农村人口,在全国总人口中超过 50%的人口工作和生活在城市。从 2012—2019 年人口城镇化增长速度相比 2001—2010 年开始放缓,但是持续上升的趋势依然不变(见图 3-3)。在 9 年时间内全国总人口增加 5270 万人,城镇常住人口增加 15764 万人,全国人口城镇化率增长 9. 33 个百分点,年均增长 0. 98 个百分点。

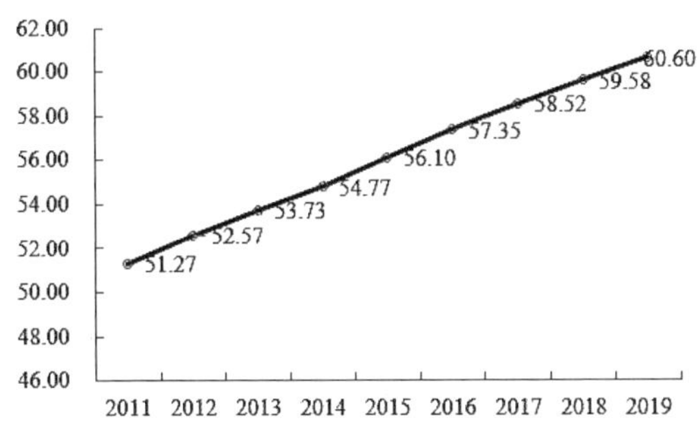

图 3-3　2011—2019 年人口城镇化水平

资料来源:根据国家统计年鉴整理。

二、户籍人口城镇化发展现状

在统计城镇化水平时,受城乡人口流动的影响,可分为城镇常住人口和户籍人口,衍生出城镇常住人口城镇化和户籍人口城镇化两个统计口径。常住城镇化是国际通用指标,中国以城镇常住人口占全国总人口的数量比重代表人口城镇化水平。笔者认为在分析常住人口城镇化水平时,非常有必要讨论户籍人口城镇化水平,主要考虑我国更多人口生活在城市,但他们还是保留农

① 方创琳:《中国城市群可持续发展理论与实践》,科学出版社 2010 年版。

村户籍,出现了人口住址与户籍分离现象。

首先,在2001年全国常住人口城镇化水平是37.66%,户籍人口城镇化水平是26.66%,两者相差11%,到2019年全国常住人口城镇化水平为60.6%,而全国户籍城镇化水平为44.38%,两者相差16.22%。国内"人户分离"的人口数量达到为2.8亿人,流动人口达到2.36亿人,占总人口的近17%。尤其是在2011年以后,中国户籍城镇化水平得到快速发展(见图3-4),在2011—2019年户籍城镇化水平增长8.8个百分点,年均增长0.97个百分点。在对比常住人口城镇化率和户籍人口城镇化率两项指标可知,国务院本意是放缓常住人口城镇化速度,户籍人口城镇化率适当提速。

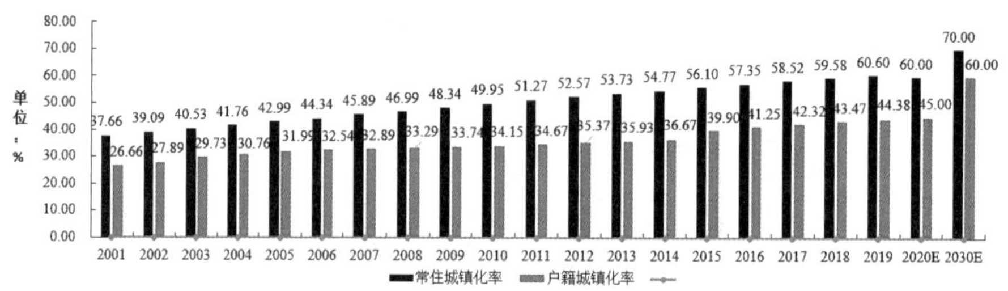

图3-4 中国户籍城镇化水平

资料来源:根据2019年中国人口统计资料整理。

其次,户籍人口城镇化水平是户籍人口在行政辖区内城镇人口占总人口的比重,常住人口城镇化是居住在城镇内超过6个月以上的人口占总人口的比重。在推进城镇化进程中,中国人口城镇化与户籍城镇化还是存在一定的差距(见图3-5)。2001—2019年全国常住人口城镇化水平与全国户籍人口城镇化水平两者之间,还存在一定差距,差距范围介于11%—18.1%之间。差距年份最高年份出现在2001年、2004年、2005年,2014年常住人口城镇化水平与户籍人口城镇化水平差距达到18%,说明常住人口城镇化增速高于户籍人口城镇化增速,到2020年常住人口城镇化与户籍人口城镇化水平差距维持在15%左右,到2030年收缩至10%,预计每年常住人口城镇化增长0.92个百分点，意味着每年将会有1亿人由农村转移到城市工作和生活。计划到2030年我国常住人口城镇化率达到70%，户籍人口城镇化率达到60%。在中国城镇化步入缓慢增长阶段以后，迎来人口总量下降，以及老龄化时代的到来。

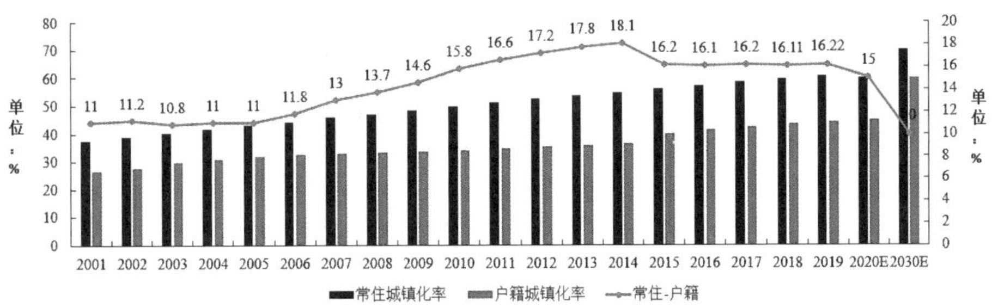

图3-5　中国常住城镇化与户籍城镇化差距

资料来源：根据中国产业信息网资料整理。

三、城市人口密度发展现状

城市人口密度是表征地区人口变化的重要指标之一，利用城区人口总数与城区面积比值来表征。从图3-6可知，在1990—2005年我国城区人口密度介于279—870人/平方公里，到2006年开始上升到2238人/平方公里，随后开始增长缓慢，尚未出现持续增长的状态，处于忽高忽低的增长趋势，到2019年达到2613人/平方公里。

四、我国各区域人口城镇化发展现状

一是各个区域的城镇化水平总体情况分析。国家统计局将全国31个省份划分成东部、中部、西部、东北等四大区域①。在2000以前中部地区和西部

① 北京、天津、河北、上海、江苏、浙江、福建、山东、广东和海南等10个省份（直辖市）为东部地区，山西、安徽、江西、河南、湖北、湖南等6个省份为中部地区，内蒙古、广西、重庆、四川、贵州、云南、西藏、陕西、甘肃、青海、宁夏和新疆等12个省份为西部地区，辽宁、吉林和黑龙江等3个省份为东北地区。

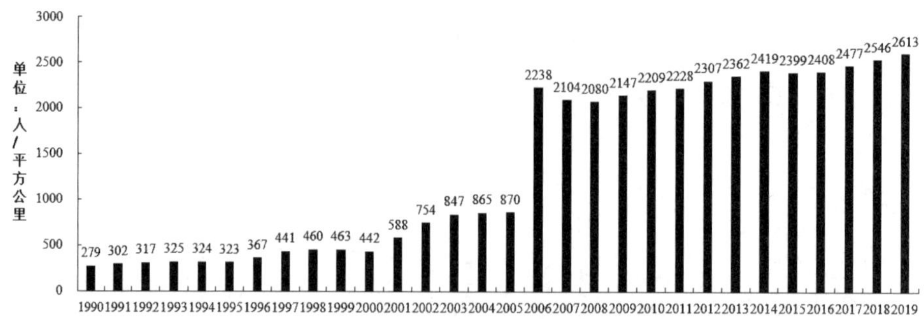

图 3-6　中国城市人口密度

资料来源：根据《中国城市建设统计年鉴》整理。

地区的城镇化率低于 30%，东北地区保持在 50%左右，东部地区介于 45.48%—53.22%之间，形成了东部地区>东北地区>中西部地区的空间差异。在 2000 年之后中国进入城镇化加速发展阶段，带动城镇化水平不断提高，尤其中西部地区城镇化开始出现快速增长（见图 3-7）。

表 3-2　中国各区域人口城镇化水平（1993—2019）　　（单位：%）

年份	东部	中部	西部	东北	年份	东部	中部	西部	东北
1993	45.48	25.70	25.40	50.12	2007	60.87	40.27	37.31	55.42
1994	47.04	26.94	26.38	50.83	2008	61.65	41.73	35.53	56.22
1995	47.95	27.91	27.04	51.12	2009	62.48	43.03	39.61	56.39
1996	49.31	28.76	27.68	51.38	2010	64.43	44.44	41.45	57.04
1997	50.17	29.42	28.27	51.45	2011	65.19	46.28	42.81	57.98
1998	50.71	29.80	28.67	51.72	2012	66.11	47.98	44.26	58.75
1999	51.65	30.26	29.14	51.77	2013	66.92	49.26	45.43	59.35
2000	53.22	30.75	29.63	51.92	2014	67.62	50.55	46.89	59.96
2001	54.41	32.05	30.69	52.49	2015	68.38	51.96	48.25	60.49
2002	55.61	33.38	31.78	53.07	2016	69.40	53.44	49.68	60.85
2003	56.82	34.75	32.90	56.34	2017	70.22	54.92	51.11	61.18

续表

年份	东部	中部	西部	东北	年份	东部	中部	西部	东北
2004	58.02	36.15	34.03	54.21	2018	70.95	56.19	52.27	61.91
2005	59.23	37.58	35.18	54.77	2019	71.53	57.37	53.31	62.43
2006	60.15	38.96	36.15	55.15	平均	57.78	39.99	37.44	55.72

资料来源:1993—2000 年源自周一星《城市地理学》,2001—2019 年源自国家统计年鉴。

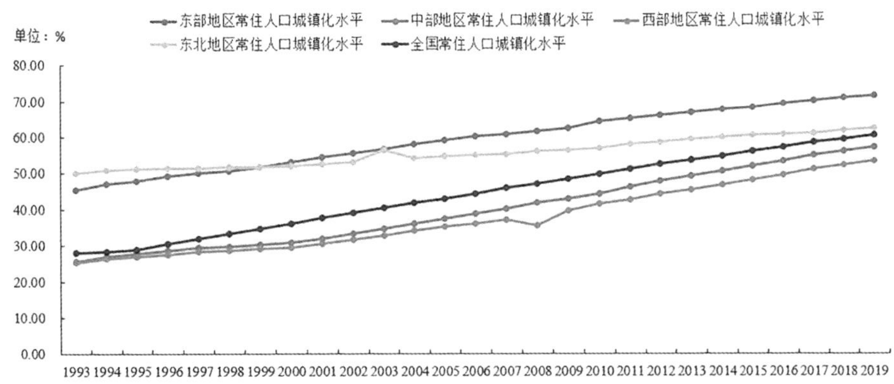

图 3-7　全国与各区域常住人口城镇化水平变化趋势

资料来源:1993—2000 年数据源自周一星《城市地理学》,2001—2019 年源自国家统计年鉴。

首先,东部地区的人口城镇化水平。国家实施改革开放,在国家政策、区位优势、技术信息水平等各项因素的带动下,东部地区人口城镇化水平增长较快,在 1998 年东部地区人口城镇化水平低于东北地区人口城镇化水平,在 1999—2019 年 10 年内,东部地区在全国处于领先地位。

其次,东北地区人口城镇化水平。东北地区作为共和国长子,城市建设和常住人口城镇化水平始终超过全国城镇化平均值①。从图 3-7 中可知,在 1998 年以前在全国四大区域中始终处于领先地位,在 1999 年人口城镇化水

① 李汝资、宋玉祥:《东北地区可持续发展及其对策研究》,《资源开发与市场》2014 年第 7 期。

平为 51. 77%,到 2019 年人口城镇化水平为 62. 43%,增长了 10. 66 个百分点,年均增长 0. 53 个百分点。由此表明东北地区人口城镇化进程开始持续放缓,受到东北老工业基地经济衰退的影响,人口逐渐向外转移,导致地区人口在总量上持续降低,不利于城镇化可持续发展。因此,在推进新型城镇化进程中,重振东北老工业基地,增加更多就业岗位,吸引更多农村人口进入城市就业,维护东北地区城镇化正常发展秩序。

再次,中部地区的人口城镇化水平。中部地区地处祖国中部,在 1993 年人口城镇化水平为 25. 70%,到 1999 年人口城镇化水平为 30. 26%,到 2019 年人口城镇化水平为 57. 37%,在此期间中部地区城镇化水平增加 27. 11 个百分点,年均增长 1. 35 个百分点,城镇化增长速度超过国家城镇化增长速度。在中部崛起政策的带动下,中部六省加速建设基础设施,城市建设区面积逐渐增加,吸引更多人口进入城市发展。中部六省城镇化水平得到快速发展,但是城镇化水平低于全国平均水平。

最后,西部地区的人口城镇化水平。在西部地区 12 个省份中,在 1993 年人口城镇化水平为 25. 40%,与东北地区人口城镇化水平相差近 25 个百分点,与东部地区相差近 20 个百分点,与中部地区持平。在 2000 年国家实施西部大开发战略,西部地区人口城镇化水平增长较快,到 2019 年人口城镇化水平达到 53. 31%,与东部地区 2000 年人口城镇化水平(53. 22%)持平①,说明我国西部地区城镇化水平滞后东部地区城镇化水平 20 年。其次,在 1993 年城镇化率仅为 25. 40%,到 2001 年人口城镇化水平为 30. 69%,进入城镇化快速增长阶段,在 2001—2019 年期间西部地区城镇化水平增加 21. 26 个百分点,年均增长 1. 118 个百分点。

二是人口城镇化的空间差异比较。首先,通过比较中国四大区域人口城镇化水平可知(见图 3-8),在区域之间具有较大的差异,在 2011—2019 年东

① 何立峰:《国家新型城镇化报告(2019)》,人民出版社 2020 年版。

部地区与西部地区差距分别为 22. 38 个百分点、21. 85 个百分点、21. 49 个百分点、20. 73 个百分点、20. 13 个百分点、19. 72 个百分点、19. 11 个百分点、18. 68 个百分点、18. 22 个百分点，两大区域差距在 20 个百分点之间，说明西部地区相比东部地区落后 20 年；其次，在 2011—2019 年东部地区与东北地区之间差距在 8 个百分点左右，主要原因是东北地区人口城镇化增长趋势开始放缓，东部沿海地区城镇化发展水平开始发力；再次，中部地区与东部地区差距在 2011 年为 18. 91 个百分点，到 2019 年有所下降，两地差距是 14. 16 个百分点，以东部沿海地区城镇化为参照，中部地区提升城镇化质量还任重而道远；最后，中部地区与西部地区两大区域在 1993 年常住人口城镇化水平差距很小，但是中部地区还是高于西部地区，平均差距为 3. 77 个百分点，说明中西部地区仍是我国各级政府需要关注的地区。

综上所述，中国四大区域人口城镇化都有不同程度增长，东部沿海省份的人口城镇化水平最高，东北地区人口城镇化其次，中部地区位列第三，西部地区最后。通过分析建议，国内还是要重点关注西部地区城镇化发展，西部地区城镇化水平明显落后于东部地区城镇化水平 20 年，两大区域的差距达到 20 个百分点。因此，我国各级政府重要任务在高质量发展城镇化的同时，缩小地区之间城镇化质量的差距，促进“两化”协调发展，是未来政府和学界重点关注的内容。

第二节　中国土地城镇化发展现状

土地城镇化是将农业用地通过征地方式，转化为城市建设用地的过程。目前尚未形成统一的标准，笔者利用城区面积、城市建成区面积和城市建设用地的变化情况，分析中国土地城镇化的发展现状。

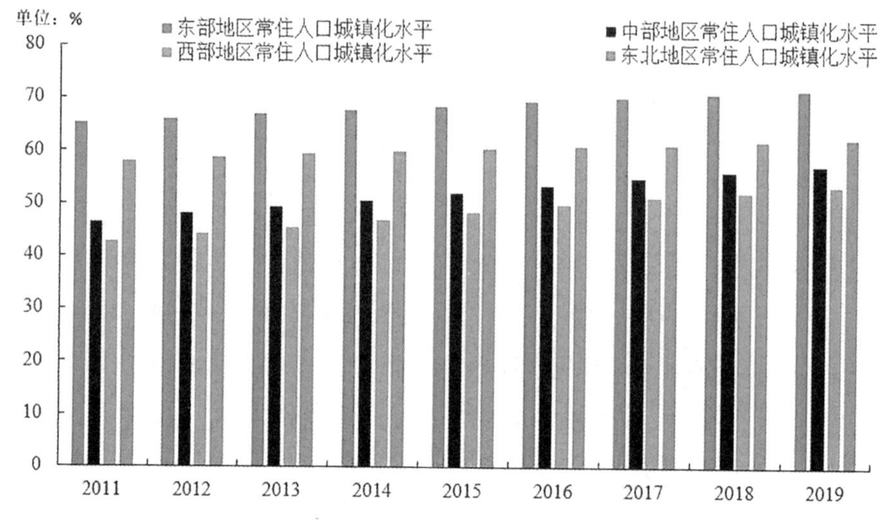

图 3-8　中国四大区域常住人口城镇化水平

资料来源：根据国家统计年鉴整理。

一、中国城区面积发展现状

首先，通常城区面积等于市辖区面积，在从 1990 年到 2019 年的 30 年内，我国城区面积总体上处于波动态势（见表 3-3）。在 1990 年中国城区总面积为 116.60 万平方公里，到 2019 年中国城区总面积为 20.06 万平方公里。由于我国城区面积调整和统计口径变化，处于忽高忽低的发展态势；其次，在 2006 年以后，随着我国城镇化水平增速加快，城区面积在不断扩张（见图 3-9）。在 2006 年城区面积为 16.65 万平方公里，城市建成区面积占城区面积的 20.21%，城市建设用地占城区面积的 20.52%，除 2009 年略有下降以外，其他年份都在增加，到 2019 年全国城区面积为 20.06 万平方公里，相比 2006 年增加 3.4 万平方公里，年均增加 0.2618 万平方公里，城市建成区面积占城区面积的 30.07%，城镇建设用地占城区面积达到 31.11%。

表 3-3　中国城市建设情况　　（单位：万平方公里）

年份	城区面积（1）	城市建成区面积（2）	（2）/（1）比重	城市建设用地（3）	（3）/（1）比重	年份	城区面积（1）	城市建成区面积（2）	（2）/（1）比重	城市建设用地	（3）/（1）比重
1990	116.6	1.29	1.10%	1.16	1.00%	2005	41.28	3.25	7.88%	2.96	7.18%
1991	98.07	1.40	1.43%	1.29	1.32%	2006	16.65	3.37	20.21%	3.42	20.52%
1992	96.97	1.50	1.54%	1.39	1.44%	2007	17.61	3.55	20.15%	3.64	20.65%
1993	103.8	1.66	1.60%	1.54	1.49%	2008	17.81	3.63	20.38%	3.91	21.98%
1994	110.4	1.79	1.62%	2.08	1.88%	2009	17.55	3.81	21.72%	3.87	22.07%
1995	117.2	1.93	1.64%	2.21	1.88%	2010	17.87	4.01	22.42%	3.98	22.25%
1996	98.71	2.02	2.05%	1.90	1.93%	2011	18.36	4.36	23.75%	4.18	22.77%
1997	83.58	2.08	2.49%	1.95	2.33%	2012	18.30	4.56	24.89%	4.58	25.00%
1998	81.36	2.14	2.63%	2.05	2.52%	2013	18.34	4.79	26.09%	4.71	25.68%
1999	81.28	2.15	2.65%	2.09	2.57%	2014	18.41	4.98	27.04%	5.00	27.15%
2000	87.80	2.24	2.56%	2.21	2.52%	2015	19.18	5.21	27.17%	5.16	26.90%
2001	60.76	2.40	3.95%	2.42	3.98%	2016	19.82	5.43	27.42%	5.28	26.62%
2002	46.74	2.60	5.56%	2.68	5.74%	2017	19.84	5.62	28.35%	5.52	27.81%
2003	39.92	2.83	7.09%	2.90	7.26%	2018	20.09	5.85	29.10%	5.61	27.91%
2004	39.47	3.04	7.70%	3.08	7.80%	2019	20.06	6.03	30.07%	6.24	31.11%

资料来源：《中国城市建设统计年鉴》。

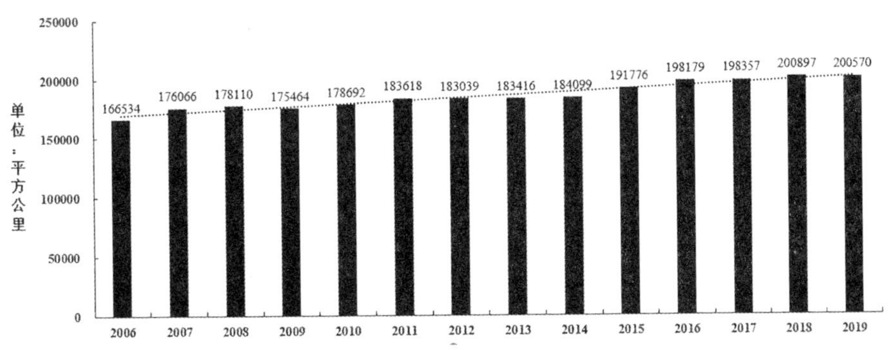

图 3-9　中国城区面积扩张情况

资料来源：根据中国城市建设统计年鉴整理。

二、中国城市建成区情况

在1990年我国城市建成区面积为1.29万平方公里，到2000年为2.24万平方公里，增加0.9583万平方公里，年均增长958.3平方公里。在2000年以后我国城市建成区面积处于快速增长状态，在2001年为2.40万平方公里，到2019年为6.03万平方公里，增加3.66万平方公里，年均增长1909.7平方公里。从2000年至2019年城市建成区增长速度，相比1990年至2000年的年均增长速度超过2倍，说明我国城市建设步伐在不断加快(见表3-3)。

三、中国城市建设用地发展现状

城市建设需要大量的农村用地，城市建设用地的增加，需要农村用地转化城市建设用地，导致农村耕地资源的减少。由于城市人口数量加速增长，促进城市公共服务设施数量在不断增加，驱动城市建设用地在持续增加。在1990年城市建设用地为11608平方公里，到2000年增加到22114平方公里，增加近一倍。到2019年城市建设用地为62400平方公里，相比1990年增加5倍，相比2000年增加近3倍，说明城市建成区增长速度较快(见表3-3)。

四、中国征地面积情况

城市建设过程中征用土地来补充建设用地，城市空间面积的扩张导致农村耕地面积的减少，征地面积的大小反映出土地城镇化发展态势。首先，在1996年中国征地面积为1018.6平方公里，在2002年为2880平方公里，在2012年为2161平方公里，处于忽高忽低的发展状态，说明我国城市建设征地面积受到市场和利益分配机制的影响，具有较大的波动性(见图3-10)。

其次，在1996—2000年之间征地数量较低，到2000年以后中国征地面积开始逐渐增加，在2004年国务院规定地方政府以合法的手段征用土地，可以实施“招拍挂”的方式来征用土地，地方政府征地速度开始“冒进式”增长，以

图 3-10　我国征地面积变化情况

资料来源：根据中国城市建设统计年鉴整理。

名目繁多的项目实施“圈地”运动，各类开发区、城市新区和新市镇等逐渐建成，形成了不健康的城镇化发展模式，不利于城镇化的可持续发展，对我国粮食安全和生态环境带来较大的威胁。因此，需要控制征地面积和保护耕地资源，为人口城镇化与土地城镇化良性互动奠定基础。

第三节　中国人口城镇化与土地城镇化非协调的具体表现

一、土地城镇化快于人口城镇化增长速度

一是土地城镇化与人口城镇化的比较。在我国城镇化进程中，地方政府将城市建设等同于土地城镇化，过度的城镇化导致城市空间无序扩张，忽视农村人口转化为城镇人口社会保障的落实，直接表现是城市空间面积扩张速度快于城镇人口增长速度。为了反映“两化”非良性互动的具体表现，笔者对人口城镇化增长率和城市建成区增长率进行对比（见图 3-11）。

首先，城市建成区增长率方面。在 1990—1993 年我国土地城镇化呈现上升的态势，年均增长率达到 10.9%，在 1994—1999 年城市建成区面积增长率持续下降，到 1999 年城市建成区增长率为 5.5%。在 2000—2003 年处于上升

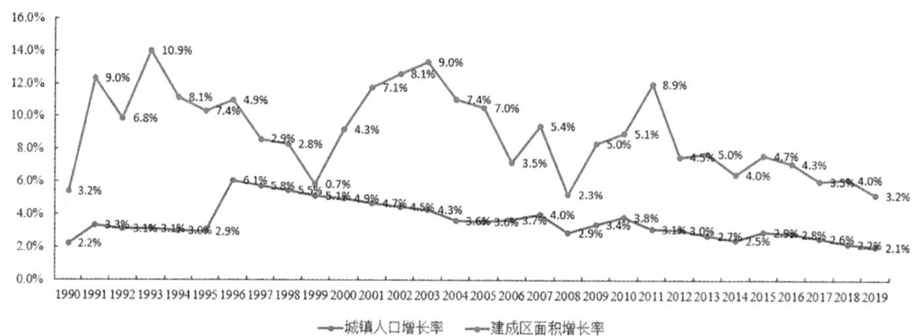

图 3-11　中国城镇人口与建成面积增长率

资料来源:根据国家统计年鉴整理计算。

态势,2004—2019 年处于下降态势,仅在 2011 年城市建成区增长率达到最高,达到了 8.9%,其余年份均都小于等于 5%,但是从总体上高于城镇人口增长速度。

其次,人口城镇化增长方面,在 1990—1995 年中国城镇人口增长率始终徘徊在 3.0%左右,到 1996 年达到了顶峰,城镇人口增长率为 6.1%。在 2014 年以后,城镇人口增长率维持在 3.0%以下,到 2019 年城镇人口增长率仅为 2.1%,说明城市人口增长开始放缓。

最后,城镇人口增长率和城市建成区增长率比较。在 1990—1999 年土地城镇化年均增长率为 5.66%,人口城镇化年均增长率为 4.01%,土地城镇化增速高于人口城镇化增速 1.65%。在 2000—2009 年之间土地城镇化年均增长率为 5.89%,人口城镇化年均增长率为 3.93%,土地城镇化增速高于人口城镇化增速 1.96%。在 2011—2019 年土地城镇化年均增长率为 4.19%,人口城镇化年均增长率为 2.39%,土地城镇化高于人口城镇化 1.89%。相比上一个阶段两大系统的差距在缩小,总之,土地城镇化增长速度明显快于人口城镇化增长速度。

二、城市用地规模弹性系数不合理

城镇用地增长弹性系数是城市建成区面积增长率与城镇人口增长率的比值①,城市用地规模弹性系数为 1. 12 较为合理②,利用上一节城镇人口增长率和建成区增长率,得到我国历年城市用地规模弹性系数(见图 3-12)。

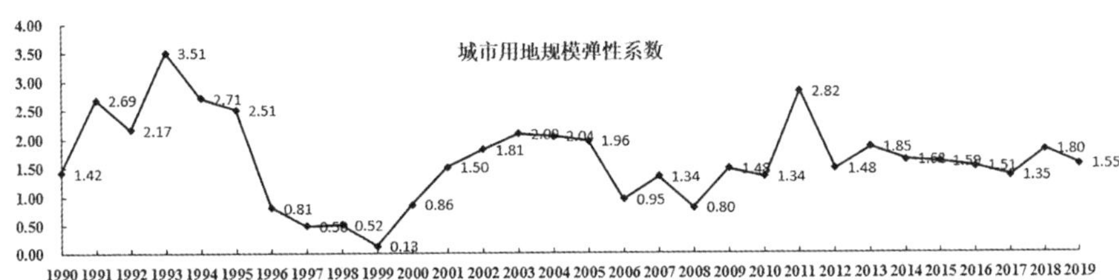

图 3-12　中国城市用地规模弹性系数

资料来源:根据计算结果整理。

首先,参照城市用地规模弹性系数 1. 12 的标准可知,在 1990—1999 年中国城市用地规模弹性系数都高于 1. 12,1993 年城市用地规模弹性系数为 3. 51,远远高于合理的城市用地规模增长弹性系数 1. 12。在 1996—1999 年城市用地规模弹性系数有所下降,但不接近于 1. 12,城镇人口增长速度较快,导致城市用地规模弹性系数在不断缩小。其次,在 2000—2009 年中国土地城镇化加速增长,带动全国城市建成区面积数量在不断提高。到 2003—2004 年两年时间里,城市用地规模弹性系数高于 2. 0,说明城镇占用土地的增长速度明显高于城镇人口增长速度。最后,在 2010—2019 年,除 2011 年城市用地规模弹性系数为 2. 82,其余年份城市用地规模弹性系数都介于 1. 34—1. 85 之间,高于理想城市用地规模弹性系数 1. 12,虽然近期情况有所好转,但是城镇建设土地增速高于人口城镇化增速,影响“两化”良性互动。

① 林琼华:《城乡规划中土地节约与集约利用研究》,中南大学,2008 年。

② 杨钢桥:《城镇用地扩张的影响分析》,《中国人口资源环境》2004 年第 4 期。

三、城市建成区人口密度下降

从人口城镇化发展趋势看,我国城镇常住人口在持续增加,而建成区面积也在快速增加,导致我国城市建成区人口密度在不断下降,笔者以城镇常住人口与建成区面积的比值,分析城市建成区人口密度(见图 3-12 和表 3-4)。首先,在 1990—1995 年城市建成区人口密度呈现出下降的趋势,在 2000 年时为 20457. 9 人/平方公里,到 2010 年城市建成区人口密度为 16720. 3 人/平方公里,相比 2000 年下降 3737. 60 人/平方公里。到 2019 年城市建成区人口密度为 14067. 3 人/平方公里,相比 2000 年下降 6390. 51 人/平方公里。经过对比分析可知,城市建成区面积的增加,但是建成区人口密度是在下降,说明我国在农地转化为城市用地以后,土地利用效率较低,城市建设呈现出"摊大饼"式向外蔓延,形成了"土地吸收快和人口进入慢"的非良性互动模式。因此,在未来推进城镇化进程中,一定要提高土地利用效率,提升城镇化发展质量。

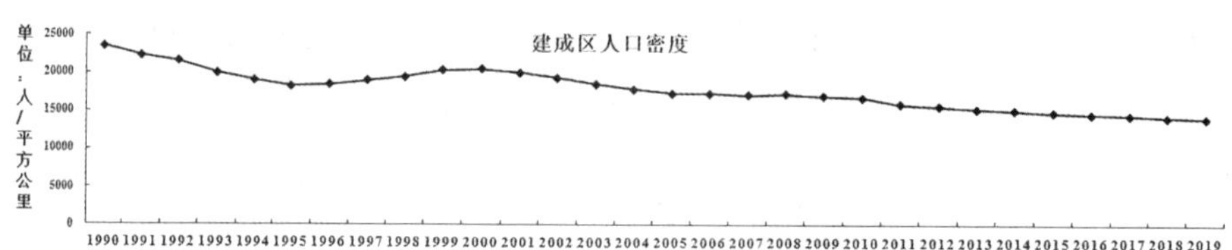

图 3-13　中国建成区人口密度

资料来源:根据国家统计年鉴整理。

表 3-4　中国城市建成区人口密度

年份	城镇常住人口(万人)	城市建成区面积(平方公里)	建成区人口密度(人/平方公里)	年份	城镇常住人口(万人)	城市建成区面积(平方公里)	建成区人口密度(人/平方公里)
1990	30195	12856	23487. 1	2005	56212	32521	17285. 0
1991	31203	14011	22270. 2	2006	58288	33660	17316. 8

续表

年份	城镇常住人口（万人）	城市建成区面积（平方公里）	建成区人口密度（人/平方公里）	年份	城镇常住人口（万人）	城市建成区面积（平方公里）	建成区人口密度（人/平方公里）
1992	32175	14959	21509.2	2007	60633	35470	17094.3
1993	33173	16588	19997.8	2008	62403	36295	17193.1
1994	34169	17940	19046.8	2009	64512	38107	16929.0
1995	35174	19264	18258.7	2010	66978	40058	16720.3
1996	37304	20214	18454.4	2011	69079	43603	15842.7
1997	39449	20791	18973.8	2012	71182	45565	15622.1
1998	41608	21380	19461.5	2013	73111	47855	15277.6
1999	43748	21525	20324.7	2014	74916	49772	15051.8
2000	45906	22439	20457.9	2015	77116	52102	14801.0
2001	48064	24027	20004.5	2016	79298	54312	14600.6
2002	50212	25973	19332.7	2017	81347	56225	14468.1
2003	52376	28308	18502.2	2018	83137	58456	14222.1
2004	54283	30406	17852.6	2019	84843	60312	14067.3

资料来源：根据中国统计年鉴整理。

四、土地城镇化呈现出蔓延式发展特征

城市建设需要征用大量土地资源，以此补充城市建设用地，带动城市面积扩张，受到地方政府攀比和“圈地”运动的影响，使得我国城市空间面积呈现出蔓延式扩张的发展特征，导致土地资源粗放式利用，土地资源集约化程度较低（见表3-5）。在1990—2019年之间城镇征用土地面积累计达到37419.48平方公里，新增建成区面积累计达到47849.5平方公里，征用土地面积与新增建成区之比为82.6%。在1990—2019年中国征用土地面积在不断增加，在部分年份新增建成区面积相对较低，相比之下征地面积是新增建成区面积的几倍，如在1996年征地面积与新增建成区的比值达到107.2%，说明城市空间粗放式扩张现象非常严重。

表 3-5　中国城市征用土地与新增建设用地　（单位：平方公里）

年份	征用土地面积	新增建成区面积	征用/新增之比(%)	年份	征用土地面积	新增建成区面积	征用/新增之比(%)
1990	133.3	393.5	33.9	2005	1263.5	2114.5	59.8
1991	125.8	1155.1	10.9	2006	1396.5	1139.1	122.6
1992	219.7	947.6	23.2	2007	1216.0	1809.9	67.2
1993	271.0	1629.6	16.6	2008	1344.6	825.6	162.9
1994	494.3	1351.2	36.6	2009	1504.7	1812.0	83.0
1995	430.9	1324.7	32.5	2010	1641.6	1950.7	84.2
1996	1018.1	950.0	107.2	2011	1841.7	3545.0	52.0
1997	519.4	577.1	90.0	2012	2161.5	1962.0	110.2
1998	519.4	588.3	88.3	2013	1931.6	2290.0	84.3
1999	340.5	144.9	235.0	2014	1475.9	1917.0	77.0
2000	447.3	914.8	48.9	2015	1548.5	2330.0	66.5
2001	1812.2	1587.3	114.2	2016	1713.6	2209.5	77.6
2002	2879.9	1946.0	148.0	2017	1934.4	1913.5	101.1
2003	1605.6	2335.4	68.8	2018	2003.7	2231.0	89.8
2004	1612.6	2098.2	76.9	2019	2012.0	1856.0	108.4

资料来源：根据中国统计年鉴原始数据计算得到。

五、土地城镇化进程中占用耕地现象较为严重

城镇建设用地是依靠土地转让和征地获得，在1999—2015年经过国土资源部调查，因为城市建设征用土地，生态环境破坏，自然灾害等各个原因，导致农业用地累计减少135339平方千米，而城市建设占用耕地面积累计达到34924平方千米。从历年建设占用耕地面积与年内减少耕地面积比值可知（见表3-6），在2006年和2014年建设占用耕地面积超过年内减少耕地面积的40%，在2009年和2015年建设占用耕地面积超过年内减少耕地面积的50%。在2012年和2013年达到60%，在2007年和2008年城市建设占用耕地占用年内耕地减少面积的70%，表明我国建设用地占用较多耕地，在城市面积扩张的同时，给我国粮食生产带来较大的威胁，增加失地人口给社会和谐

带来较大的隐患。

表 3-6　中国建设用地占用耕地面积　　（单位：平方千米）

年份	年内减少耕地面积（1）	建设占用耕地面积（2）	建设占用耕地面积/年内减少耕地面积（3）=（2）÷（1）×100
1999	8417	2054	24. 4%
2000	15660	1633	10. 4%
2001	8963	1637	18. 3%
2002	20274	1966	9. 7%
2003	28809	2292	8. 0%
2004	11460	2929	25. 6%
2005	5949	2122	35. 7%
2006	5828	2587	44. 4%
2007	2365	1884	79. 7%
2008	2489	1917	77. 0%
2009	2320	1262	54. 4%
2010	4290	2119	49. 4%
2011	4068	2530	62. 2%
2012	4020	2594	64. 5%
2013	3547	2196	61. 9%
2014	3880	1608	41. 4%
2015	3000	1594	53. 1%
合计/均值	135339（合计）	34924（合计）	42. 4%（均值）

资料来源：根据相关资料整理。

第四节　中国人口城镇化与土地城镇化非协调发展产生的后果

一、城市住房空置率高

随着我国城镇化水平的不断提升，带动城市建成区面积不断扩大，也带动房地产数量供给大于需求，导致房屋空置率较高，影响土地城镇化与人口城镇化的良性互动。

一是房屋空置率的总体情况。根据西南财经大学家庭金融调查与研究中心对房屋空置率的调查，在 2011 年住房空置率为 18. 4%，到 2017 年达到了 21. 4%。2017 年全国城镇地空置住房数量达到 6500 万套，国际房屋空置率维持在 10%代表房屋供求平衡。房屋空置率介于 10%—15%之间，属于危险区间，步入国际警戒线。国际房屋空置率达到 20%，属于房屋库存积压严重①，通过以上调查结果可知，中国房屋空置率较高，库存积压现象较为严重（见表 3-7）。

表 3-7　中国城镇住房空置情况

年份	空置率	来自单套房家庭	来自多套房家庭	空置房屋数量（万套）
2011	18. 4%	4. 0%	14. 4%	4200
2013	19. 5%	3. 6%	15. 9%	4750
2015	20. 6%	3. 7%	16. 9%	5600
2017	21. 4%	3. 4%	18. 0%	6500

资料来源：据西南财经大学 2018 年甘犁教授课题组调研资料整理。

二是中国一、二、三线城市住房情况。在 2017 年全国一线城市的房屋空置率为 16. 8%，全国二线城市房屋空置率为 22. 2%，全国三线城市房屋空置率为 21. 8%。通过比较一、二、三线城市房屋空置率可知，所有城市的房屋空置率都超过国际标准。从年度变化趋势看，在中国二、三线城市住房空置率较为严峻，空置率明显高于一线城市（见表 3-8），在 2015—2017 年之间中国一线城市的住房空置率在下降，二、三线城市空置率具有上升的趋势，二线城市由 20. 3%上升为 22. 2%，三线城市由 21. 3%上升为 21. 8%。说明我国二线、三线城市住房用地较为宽松，外加棚户区改造和拆迁比例高于一线城市。由

① 陈迅：《商品房空置率国际警戒线质疑》，《经济问题》2014 年第 7 期。

于二线、三线城市住房空置率较为严重，达到国际警戒线标准，去库存压力较大。

表 3-8 中国一二三城市住房空置情况

年份	2011 年	2013 年	2015 年	2017 年
一线城市	17.9%	17.9%	17.4%	16.8%
二线城市	17.8%	19.6%	20.3%	22.2%
三线城市	19.0%	19.7%	21.3%	21.8%

资料来源：据西南财经大学 2018 年甘犁教授课题组调研资料整理。

三是空置住房包括房地产开发的商品房、政府推出经济适用房、房改房、集资房、拆迁换房等，在 2013 年以上六类住房的空置率依次为 22.3%、19.9%、10.6%、9.9%、11.4%和 14.2%，到 2017 年上述六类住房的空置率分别为 22.3%、19.9%、10.6%、9.9%、11.4%和 14.2%。由此可见我国商品房和经济适用房的空置率较高(见表 3-9)，而集资房和自建房空置率较低。从变化趋势看，自建房空置率为下降趋势，其他房型空置率都呈现出上升的趋势。

表 3-9 中国一二三线城市住房空置情况

类型	2013 年	2015 年	2017 年
商品房	22.3%	22.8%	26.6%
经适房	19.9%	17.7%	22.2%
房改房	10.6%	11.7%	14.5%
集资房	9.9%	11.2%	13.6%
自建房	11.4%	14.3%	10.9%
拆迁换房	14.2%	16.4%	19.7%
其他	32.5%	18.2%	20.5%

资料来源：据西南财经大学 2018 年甘犁教授课题组调研资料整理。

四是中国城市住房空置率国际比较。城市住房空置率是反映城市土地供需状况的主要指标，说明城市人口增长与住房保有量之间的供求关系。中国在与世界其他国家比较时可知，中国城市住房空置率（21.5%）高过多数国家，城市住房空置率处于较高水平（见图3-14）。

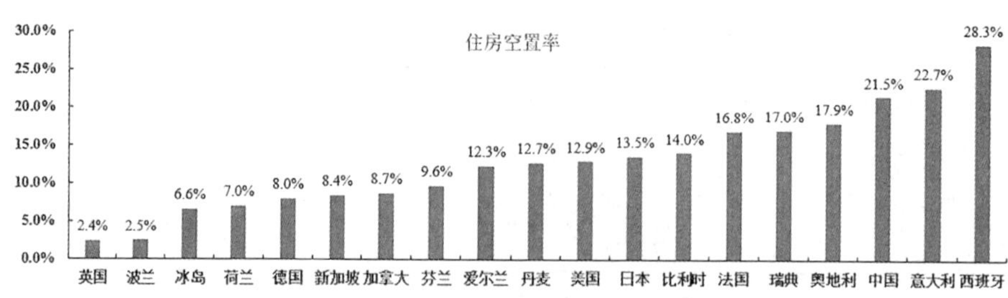

图3-14　世界各国城市住房空置率①

资料来源：据西南财经大学2018年甘犁教授课题组调研资料整理。

二、土地城镇化快速发展出现“空城”现象

首先，在快速的城镇化进程中，在国内多个城市被赋予“空城”的称呼，经过调查以后可知，“空城”是由于城镇建成区面积大，但是产业规模小，农村人口在迁入城市以后，不能提供就业岗位，人口逐渐离开城市，导致“空城”现象较为普遍和土地资源浪费。因此，需要放慢土地城镇化进程，加强产业扶持和解决就业问题，留住更多人口，增加城市人气②。

其次，利用城区人口和建成区面积的比重来表示“空城”指数，该指数低于0.5的新城和新市镇被称为“空城”，该指数越低说明城市土地扩张速度越快，成为“空城”的危险系数越高，而“空城”指数越趋近于1，成为“空城”的危险系数越低③。在计算“空城”指数时，以住建部的占地标准为每平方公里建成区可容纳1万人为标准。如果城区人口与建成区面积比值低于0.5为基准

---

① 除爱尔兰、英国、德国以外，其他欧盟国家都是住房空置率均为2011年数据，德国为2014年普查数据，爱尔兰为2016年数据，英国为2016年政府数据，加拿大为2016年人口普查数据，日本为2013年日本总务统计数据，新加坡为2016年统计局数据，澳大利亚数据来源于SQM研究机构，美国为2015年联邦普查局调查数据。

② 段禄峰：《新型城镇化背景下规划型“空城”现象解析》，《生态经济》2017年第10期。

③ 向亚临：《城镇化中城郊农村养老服务困境及治理》，对外经济贸易大学，2015年。

来判定城市“空城”危险指数。

最后，笔者以 2017 年我国 658 个城市的城区人口与建成区面积之比为例，计算出各城市“空城”指数（见表 3-10），共有 104 个城市“空城”指数低于 0.5，说明新城区已经由省会城市向地级、县级城市全面蔓延，在 104 个城市中由有 63 个地级市，41 个县市级，前 10 名为霍尔果斯、阿拉山口、二连浩特、双河、北屯、香格里拉、山南、图木舒克、东莞、德令哈等，“空城”指数介于 0.1093—0.2186 之间，说明每平方公里仅有 1000—2000 人。以上 104 个城市的城市人口共计 3434.34 万人，建成区共计达到 8518.53 平方公里，按着每平方公里安置 10000 人的标准，共需要 3434.34 平方公里与现有人均基本吻合，当前城市建成区面积超出 5084.19 平方公里，相当于湖南省湘潭市（5019 平方公里）的面积。预想达到人口数量与建成区面积吻合，破解“空城”现象，还需向城市转移 5000 万人，才能达到城市规划的预期效果。综上所述，我国有将近 1/6 的城市土地城镇化快于人口城镇化，主要是基于三线城市或者县级市，土地资源浪费较为严重，在这些城市中更应该放慢土地城镇化，发展各类产业，增加就业岗位，争取留住人口，突破“空城”现象。

表 3-10　2017 年中国城市“空城”指数

序号	省份	城市	“空城”指数	序号	省份	城市	“空城”指数
1	新疆	霍尔果斯	0.1093	53	江苏	常熟	0.4200
2	新疆	阿拉山口	0.1106	54	四川	崇州	0.4207
3	内蒙古	二连浩特	0.1122	55	宁夏	固原	0.4210
4	新疆	双河	0.1471	56	新疆	阿勒泰	0.4219
5	新疆	北屯	0.1798	57	宁夏	灵武	0.4221
6	云南	香格里拉	0.2000	58	宁夏	吴忠	0.4226
7	西藏	山南	0.2046	59	宁夏	青铜峡	0.4258
8	新疆	图木舒克	0.2048	60	辽宁	盘锦	0.4264
9	广东	东莞	0.2096	61	内蒙古	乌兰察布	0.4278

续表

序号	省份	城市	“空城”指数	序号	省份	城市	“空城”指数
10	青海	德令哈	0.2186	62	广东	鹤山	0.4346
11	新疆	昆玉	0.2247	63	内蒙古	霍林郭勒	0.4359
12	黑龙江	绥芬河	0.2347	64	云南	丽江	0.4371
13	西藏	日喀则	0.2428	65	新疆	库尔勒	0.4408
14	云南	瑞丽	0.2546	66	宁夏	石嘴山	0.4416
15	内蒙古	鄂尔多斯	0.2581	67	浙江	义乌	0.4434
16	江苏	江阴	0.2746	68	河南	许昌	0.4451
17	甘肃	嘉峪关	0.2916	69	安徽	滁州	0.4472
18	内蒙古	阿尔山	0.2921	70	吉林	舒兰	0.4484
19	青海	格尔木	0.2989	71	辽宁	营口	0.4540
20	河北	白沟新城	0.3011	72	河北	承德	0.4547
21	广东	中山	0.3136	73	山西	榆林	0.4562
22	江西	井冈山	0.3258	74	贵州	福泉	0.4571
23	新疆	铁门关	0.3380	75	浙江	丽水	0.4579
24	新疆	乌苏	0.3392	76	浙江	永康	0.4582
25	浙江	海宁	0.3422	77	山东	烟台	0.4584
26	西藏	林芝	0.3440	78	安徽	合肥	0.4588
27	内蒙古	额尔古纳	0.3526	79	贵州	六盘水	0.4626
28	河南	济源	0.3534	80	广东	恩平	0.4634
29	江西	共青城	0.3560	81	黑龙江	大庆	0.4647
30	新疆	喀什	0.3560	82	江苏	连云港	0.4673
31	新疆	阜康	0.3602	83	海南	三亚	0.4678
32	广西	钦州	0.3638	84	浙江	桐乡	0.4680
33	甘肃	金昌	0.3696	85	海南	东方	0.4732
34	云南	景洪	0.3708	86	甘肃	合作	0.4745
35	内蒙古	根河	0.3743	87	山东	东营	0.4750
36	甘肃	张掖	0.3768	88	福建	泉州	0.4752
37	内蒙古	锡林浩特	0.3772	89	山东	乳山	0.4754

续表

序号	省份	城市	“空城”指数	序号	省份	城市	“空城”指数
38	江西	贵溪	0.3812	90	江西	景德镇	0.4766
39	福建	石狮	0.3819	91	内蒙古	牙克石	0.4787
40	新疆	克拉玛依	0.3873	92	安徽	宣城	0.4809
41	新疆	昌吉	0.3914	93	黑龙江	伊春	0.4827
42	浙江	嘉兴	0.3919	94	浙江	绍兴	0.4832
43	新疆	吐鲁番	0.3945	95	安徽	天长	0.4869
44	广东	惠州	0.4012	96	甘肃	酒泉	0.4871
45	河北	黄骅	0.4014	97	广西	北海	0.4876
46	江苏	太仓	0.4021	98	福建	邵武	0.4928
47	海南	三沙	0.4063	99	广东	肇庆	0.4973
48	广西	防城港	0.4095	100	河南	周口	0.4980
49	山东	威海	0.4116	101	安徽	亳州	0.4981
50	浙江	衢州	0.4174	102	山东	青岛	0.4988
51	广西	百色	0.4187	103	山东	莱芜	0.4992
52	新疆	五家渠	0.4188	104	新疆	阿拉尔	0.4996

资料来源：根据2018年中国城乡建设统计年鉴整理计算。

三、全国耕地数量和品质下降威胁粮食安全

一是中国耕地总体情况。从建国到改革开放，我国耕地面积经历了几轮波动，到1998年我国保有耕地面积为19.45万亩，随后逐年减少（见图3-15）。根据2007年国土资源部公布的调查结果，到2006年10月31日全国耕地面积为18.27亿亩，比上年末净减少460.2万亩，全国人均耕地面积为1.39亩。鉴于耕地面积减少，在2006年十届全国人大四次会议通过的《国民经济和社会发展第十一个五年规划纲要》提出，维护中国“18亿亩耕地”是具有法律效力的约束性指标，成为各地政府“不可逾越的一道红线”。在2008年党的十七届三中全会上提出“划定永久基本农田”战略。从2009年3月至11月

国土资源部决定开展“保增长、保红线”行动的“双保行动”，从2010年起实施保经济发展、保耕地红线工程的“双保工程”。2011年行动主题为“惠民生促进科学发展，守红线坚持数量和质量并重”；2012年行动主题“节约集约保发展，严格规范守红线”。到2013年6月我国坚持土地管理制度改革，要按照“保障经济社会发展、保护耕地资源、保障土地权益”的“三保”原则。鉴于以上行动和保障措施出台以后，在2002—2008年我国耕地面积逼近18亿亩红线，到2009年增加到20.31万亩，到2019年我国耕地面积始终维持在20亿亩左右。

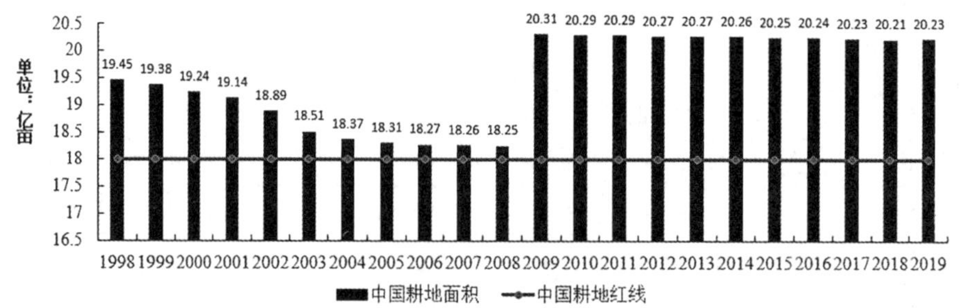

图3-15　中国耕地面积变化情况（1998—2019）

资料来源：根据国土资源部网站资料整理。

二是城镇化导致耕地面积减少。在新中国成立以后我国经历了快速的人口城镇化进程，一方面是城市人口数量的增加，带动农业用地非农化过快增长，使得耕地数量减少和质量的降低，严重影响粮食总产量和单产量提升。因为保障粮食安全的关键在于“藏粮于地、藏粮于技”，我国农业生产技术在不断提升，但是耕地数量减少和耕地质量得不到保障，何谈维护粮食安全。鉴于此，国内学者开始对城镇化与耕地增长关系展开实证分析，认为城镇化与保护耕地关系是对立统一的关系，两者之间呈现出负相关关系（见图3-16），城镇化对耕地质量和数量都产生了严重的影响，即城镇化水平的增加，导致耕地面积的下降，黄忠华（2009）研究时发现，城镇化率每增加1个百分点，耕地面积将会减少 0.05 个百分点①，由此表明，城镇化严重影响了耕地数量，必须集约化使用土地，促进城镇建设与耕地之间形成和谐发展的关系。

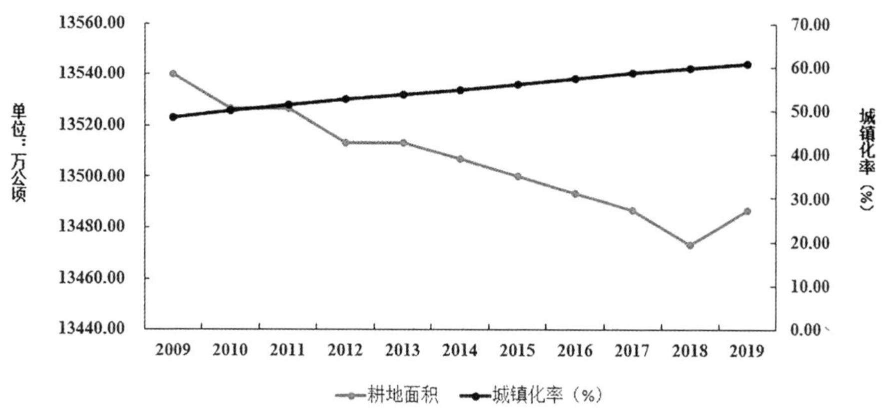

图 3-16　中国城镇化进程与耕地变化情况（2009—2019 年）

资料来源：中国统计年鉴。

三是耕地数量减少降低了粮食产量。城镇建设占用耕地，耕地面积减少影响粮食的产量。耕地面积减少的原因是建设用地占用耕地，生态推进还林、还草、还湖，灾害损毁、农业结构调整等。在国家大力推进土地城镇化进程中，建设用地占用大量耕地，导致耕地面积减少，在 1999—2017 年的建设用地占用耕地的比重在不断增加（见表 3-11）。在 2006 年以后建设用地占耕地比重超过 40%，尤其在 2007 年、2008 年、2016 年和 2018 年占比分别为 79.66%、77.02%、73.54%、82.48%，说明中国城市建设占用了耕地面积，影响了粮食产量。根据西南大学谢德体教授长期跟踪研究，他指出中国近 10 年因建设占用补充耕地达到 6000 多万亩，导致粮食生产能力的损失达到 240 亿斤以上。笔者利用 1999—2017 年之间建设占用耕地数量乘以粮食面积产量，在 18 年内我国粮食共计减产 6562.34 万吨。

① 黄忠华：《我国耕地变化与社会经济因素的实证分析》，《自然资源学报》2009 年第 2 期。

表 3-11　耕地减少与粮食减产量　（单位：万公顷）

年份	年内减少耕地面积(1)	建设占用耕地面积(2)	建设用地占耕地面积比重(3)=(2)÷(1)	粮食单位面积产量(吨/公顷)	粮食减产数量(万吨)
1999	84.17	20.54	24.40%	4.49	378.14
2000	156.60	16.33	10.43%	4.26	667.30
2001	89.33	16.37	18.33%	4.27	381.17
2002	202.74	19.66	9.70%	4.40	891.93
2003	288.90	22.92	7.93%	4.33	1251.66
2004	114.60	29.29	25.56%	4.62	529.51
2005	59.49	21.22	35.67%	4.64	276.13
2006	58.28	25.87	44.39%	4.75	276.55
2007	23.65	18.84	79.66%	4.75	112.30
2008	24.89	19.17	77.02%	4.95	123.23
2009	23.20	12.62	54.40%	4.87	113.00
2010	42.90	21.19	49.39%	4.97	213.37
2011	40.68	25.30	62.19%	5.17	210.15
2012	40.20	25.94	64.53%	5.30	213.13
2013	35.47	21.96	61.91%	5.38	190.71
2014	38.80	16.08	41.44%	5.39	208.94
2015	30.17	15.94	52.83%	5.48	165.42
2016	34.50	25.37	73.54%	5.45	188.09
2017	30.61	25.25	82.48%	5.61	171.64

资料来源：年内减少耕地面积源于中国国土资源统计年鉴，建设用地占用耕地面积数据来源于国土资源公报，粮食单位面积产量来源于前瞻数据库。

四是耕地质量下降影响粮食单位面积产量提升。随着工业化和城镇化进程的加速，导致耕地质量下降。主要原因是占优补劣和自然灾害，多数地区对耕地"占优补劣"，交通条件较为便利、土壤肥沃和区位条件好的优质耕地被大量占用，补偿的区位条件偏远、耕地产出水平差的耕地，耕地质量下降较为明显。

首先，根据《2019 年全国耕地质量等别更新评价结果数据成果》可知，到

2018 年末全国耕地质量等别评定为 15 个等级,1 等最好,15 等最差,全国平均耕地质量等别为 9. 96 等,与平均等相比,高于平均等的 1—9 等的耕地占全国耕地评定面积的 38. 89%,低于平均等的 10—15 等评定耕地面积占 60. 11%(见表 3-12),说明中国耕地主要是 9—12 等的中等地为主,而优质级(1—4 等)耕地面积较低。

表 3-12　2018 年全国耕地质量等别面积比例　（单位:万公顷)

等别	面积	比例	等别	面积	比例
1	44. 33	0. 33%	9	1400. 19	10. 40%
2	59. 27	0. 44%	10	1773. 99	13. 18%
3	114. 08	0. 85%	11	2023. 52	15. 03%
4	172. 24	1. 28%	12	1890. 79	14. 04%
5	366. 41	2. 72%	13	1126. 75	8. 37%
6	886. 55	6. 59%	14	766. 91	5. 70%
7	1142. 73	8. 49%	15	501. 77	3. 73%
8	1183. 88	8. 79%	合计	13462. 40	100%

资料来源:2019 年全国耕地质量等别更新评价结果数据成果。

其次,全国耕地按照 1—4 等、5—8 等、9—12 等、13—15 等划分为优等地、高等地、中等地和低等地等 4 个级别,以 2009 年、2015 年和 2019 年耕地等别面积为例(见图 3-17),在三个时点上优等地比重占 3%,高等地所占比重占 30%,即优等地和高等地占全国耕地面积的 1/3,相比之下中等地和低等地的比重占到全国耕地面积的 2/3。另外根据农业农村部的统计资料,中国耕地中低产田面积超过 70%①。同时从三个时段数据变动趋势看,高等地在 2015 年和 2019 年相比 2009 年都减少 3. 45%和 2. 39%,中等地在 2015 年和 2019 年相比 2009 年分别增加了 2. 2%和 2. 08%,低等地分别增加 0. 98%和 1. 08%。说明高等地面积在减少,中等地和低等地的面积略有增加。

① 陈印军:《中国耕地质量状况分析》,《中国农业科学》2011 年第 1 期。

通过以上分析可知，由于耕地质量下降和耕地结构中的中低等耕地所占比重较高，耕地质量总体偏低，但是随着我国农业生产技术的提升和国家对耕地的治理投入的增加，在理论上说明我国粮食单位面积产量应该不断提升。相反在城镇化进程中，由于“占优补劣”的征地模式，占良田补次地，占水田补旱地，占平地补山地，地方政府认为耕地数量没有变化，能保证地方土地在册数量，不管耕地质量优劣。由此导致粮食单产数量增长缓慢（见图 3-18），在1999 年我国粮食单位面积产量 4. 49 万吨/公顷，到 2020 年为 5. 73 万吨/公顷，在 20 年时间内粮食单位面积产量年均增速为 1. 26%，甚至部分年份由于自然灾害出现负增长。由于粮食单位面积产量增长较低，导致我国粮食总产量增长速度较慢，在 1999—2012 年每年粮食产量低于 5000 万—6000 万吨之间，到 2012 年以后粮食产量超过 6000 万吨，呈现出连续增长的态势，但是粮食产量增长速度较为缓慢（见图 3-19）。

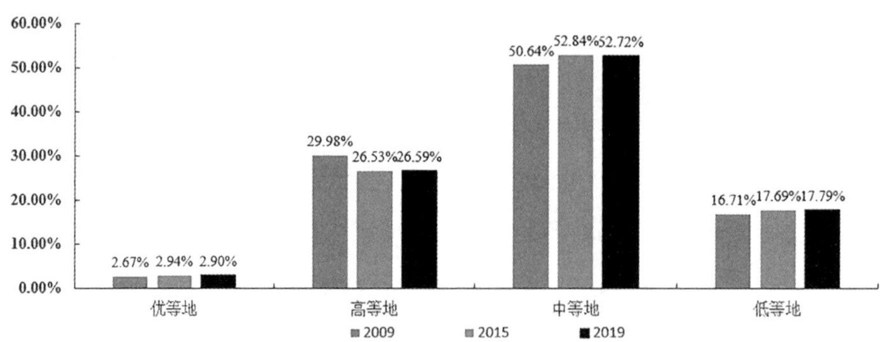

图 3-17　全国优高中低等土地面积比重

资料来源：根据国土资源公报整理。

四、城市空间扩张导致生态环境恶化

一是生活垃圾数量的增加。随着城市人口数量的增加和城乡一体化进程的不断加速，带动城市生活环境发生变化，伴随而来的是产生较多生活垃圾、建筑垃圾、电子垃圾、粪便和污泥，“垃圾围城”现象骤然增加，比雾霾污染影

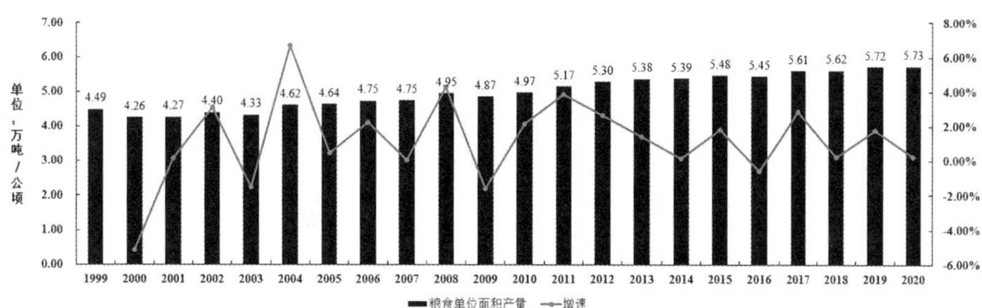

图 3-18　全国粮食单位面积产量与增速

资料来源：前瞻数据库。

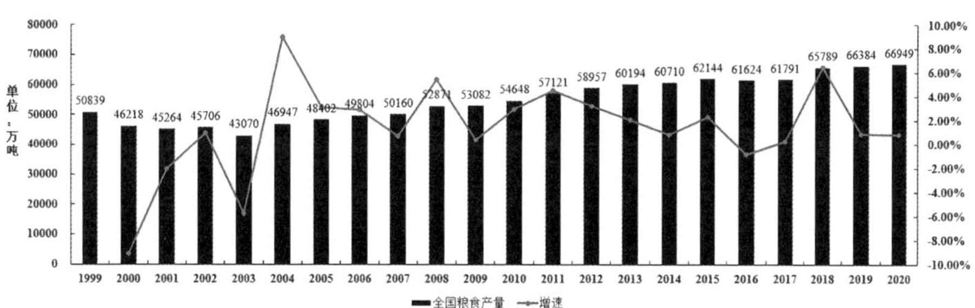

图 3-19　全国粮食产量(1999—2020)

资料来源：根据国家统计年鉴整理。

响范围更广、更严重、更持久。根据国家统计局发布的数据(见图 3-20)，在 2008 年我国生活垃圾清运量为 1.54 亿吨，到 2019 年到 2.42 亿吨，增长 56.4%。随着城镇化进程不断加速和人民生活水平的提高，我国年度生活垃圾还会进一步增加，大量垃圾导致“垃圾围城”，是我国城市光鲜外表下很难治愈的“隐痛”，主要是我国垃圾处理方式是填埋和焚烧，其中填埋是最主要的处理方式，多数地区尚未实现垃圾资源化和无害化处理。

二是导致水土流失现象较为严重。首先，我国是全球各国中水土流失最为严重的国家，城市开发导致开山造地，乱砍滥伐，正常的生态地表水土流失较为严重。从 1949 年到 2018 年，经过相关部门统计，全国水土流失面积

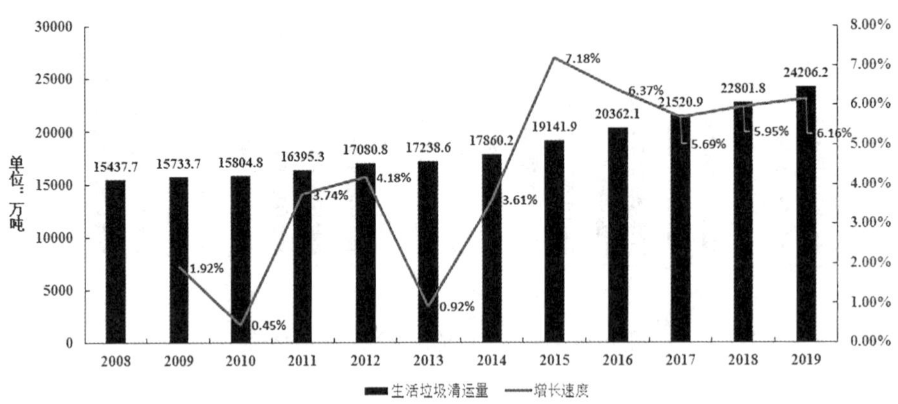

图 3-20　中国生活垃圾清运量

资料来源：根据中国统计年鉴整理。

达到 0.0367 亿平方公里，每年地表流失总量为 50 亿吨，由于水土流失导致经济损失为 100 亿元人民币。根据 2018 年水利部发布的全国水土流失监测结果，到 2018 年末我国现有水土流失面积为 273 万平方公里，占全国国土面积的 28.6%，相比 2011 年降低 21.23 万平方公里。按着水土流失强度，可以划分为 5 个等级，包括轻度、中度、强烈、极强烈、剧烈侵蚀。在 2018 年主要以轻度水土流失为主，占总水土流失面积的 61.5%，中度及以上的水土流失面积达到 38.5%。与 2000 年第一次监测结果相比，情况有所好转。在 2000 年轻度水土流失占总水土流失面积的 45.9%，中度以及以上的水土流失面积占 54.1%。虽然数据向好发展，中国仍有大于国土面积的 1/4 的水土流失面积，具有面积大、分布广、治理难度大的困难。尤其是在中西部地区由于部分城市进入城镇化的加速发展阶段，资源开发强度大，水土资源保护压力大，在东北黑土区、黄土高原、长江经济带、云贵高原的石漠化等区域水土流失问题较为严峻，贫困地区小流域综合治理亟待解决。

其次，在城镇化进程中，由于城市开发建设引发的人为水土流失面积不断加剧，主要是大规模的房地产开发和开山修路，兴建市政设施等开发建设行为，破坏原有地貌，损害植被，产生大量的废土弃渣，是城市水土流失的主要源头。城市水土流失导致市政排水管道堵塞，使得排水不畅，形成内涝，淤积水库，影响水库水质，给城市居民饮用水安全带来较大的隐患，还有淤积河道造成臭气熏天，影响周边居民生活。

三是水质污染。在城市空间规模不断扩张的情况下，虽然提高了城市居民生活质量，但水质污染现象较为严重，原因是工业废水、生活污水、养殖业排放和农药化肥残留导致水质富营养化，其中危害最大的工业废水，部分企业偷排污水，导致城市取水口需要逐年转移，对地表水水质产生了较大的影响。在 2012 年上半年对全国主要河流的监测，V 类和劣 V 类水质断面占比分别为 7.9%和 15.5%，结果表明在上半年全国地表水环境质量总体上具有是轻度污染（见图 3-21），主要污染指标是化学需氧量、总磷和氨氮等污染物质。

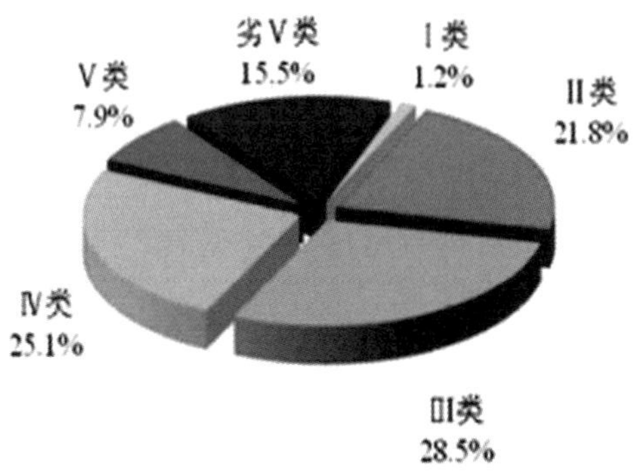

图 3-21　2012 年全国地表水水质类别占比

四是城市噪声污染。首先，由于城市建筑施工、道路上的刹车声和喇叭声，室外广场舞乐曲扰民现象屡见不鲜。国家环保部公布《2017 年中国环境噪声污染防治报告》，在 2016 年监测的 31 个省会城市中，仅有西藏拉萨市噪音达到为Ⅰ级环境质量，其他城市噪音属于Ⅱ级和Ⅲ级环境质量，尤其是在夜间噪声污染有 40%的城市夜间噪声超标。其次，从噪声污染投诉次数占比看

(见图 3-22),其中建筑施工噪声投诉最为严重,占到 50.10%,主要是城市建筑为了赶工期,采取昼夜施工的办法,给城市居民带来较多噪音污染。因此,加强城市噪音治理,需要引起各级部门的足够重视。

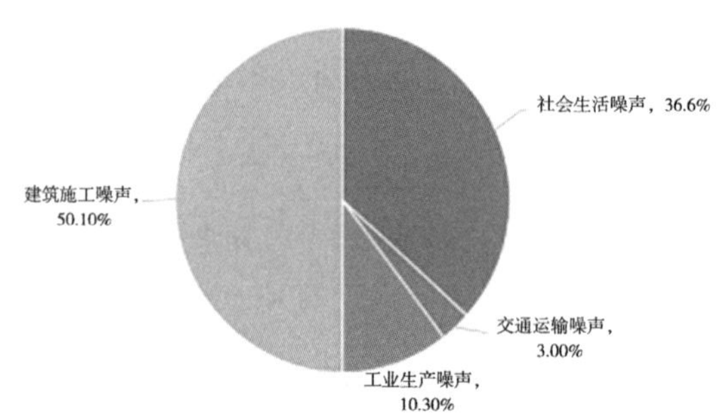

图 3-22　2016 年噪声污染投诉比例

五是大气环境污染。首先,为了推动城市发展和壮大经济实力,各地都积极主张发展工业,虽然工业化推动城镇化进程,但是以传统工业为主,依靠石油、煤炭等传统能源为工业基础原料,未采取相应的新技术治理能源污染,城市污染物严重超标,主要污染二氧化硫、PM2.5、一氧化碳和氮氧化物等。导致城市空气质量指数(AQI)出现严重污染①,主要污染物是 PM2.5、PM10,在 2013 年部分城市的空气质量指数超过 500(见表 3-13),在 2013 年 1 月份中国 27 个主要城市中污染物是 PM2.5,污染程度属于严重污染,给城市居民健康产生严重危害,影响呼吸道和肺部健康,对植物抗病能力和动物抗病能力都产生较大危害。

① 空气污染指数 AQI 分为五级,其中Ⅰ级为 1—50,属于优级,可正常活动;Ⅱ级为 51—100,属于良好,不影响出行;Ⅲ级为 101—200,属于轻度污染,易感人群症状有轻度表现,健康人群出现刺激症状;Ⅳ级为 201—300,属于中度污染,心脏病和肺病患者症状显著加剧;Ⅴ级>300 属于重度污染,导致健康人群运动耐受力降低,有明显的强烈症状,只能留在室内,通常不适宜户外活动。

表 3-13 我国部分城市环境质量指数(2013 年 1 月 14 日)

城市	AQI	空气质量级别	首要污染物	城市	AQI	空气质量级别	首要污染物
北京	500	严重污染	PM10;PM2.5	长春	385	严重污染	PM2.5
石家庄	500	严重污染	PM10;PM2.5	武汉	438	严重污染	PM2.5
天津	500	严重污染	PM2.5	青岛	379	严重污染	PM2.5
邯郸	500	严重污染	PM2.5	成都	368	严重污染	PM2.5
邢台	500	严重污染	PM10;PM2.5	济南	345	严重污染	PM2.5
保定	500	严重污染	PM10;PM2.5	郑州	500	严重污染	PM2.5
衡水	500	严重污染	PM2.5	长沙	337	严重污染	PM2.5
廊坊	500	严重污染	PM2.5	南京	335	严重污染	PM2.5
唐山	500	严重污染	PM10;PM2.5	大连	333	严重污染	PM2.5
无锡	500	严重污染	PM2.5	沈阳	330	严重污染	PM2.5
南通	500	严重污染	PM2.5	西安	323	严重污染	PM2.5
盐城	500	严重污染	PM2.5	合肥	311	严重污染	PM2.5
乌鲁木齐	341	严重污染	PM2.5	贵阳	500	严重污染	PM10;PM2.5
哈尔滨	390	严重污染	PM2.5				

资料来源:https://hn.newhouse.fang.com/loupan/。

五、失地人口引发社会问题

据国土资源部门统计,在 1987—2001 年之间全国非农建设占用耕地 3394.6 万亩,在 2003—2006 年每年实际新增建设用地规模控制在 600 万亩左右,在改革开放以后出现三次“圈地”高潮,根据温铁军等学者的统计,在 2005 年末我国失地或者部分失地的人口达到 4000 万—5000 万人,随着征地规模的增加,失地农民的数量每年将会以 200 万—300 万的速度递增,持续 20 年中国失地农户将会增至 1 亿人以上。根据《全国土地利用总体规划纲要(2006—2020 年)》可知,截至 2020 年新增建设占用耕地的控制面积为 4500 万亩,按照每征收 1 亩土地会产生 1.5 个失地农民计算,届时将会有 6750 万名失地农民,由于失地农民数量的增加,多次引发了上访事件,居民没有生存技能和获得充分社会保障,成为社会不稳定因素之一。

一是由于农民在失去土地以后需要获得一定的补偿,引发了上访、冲突和群体性事件有增无减,国家信访局的统计资料显示,60%的群体性上访事件与土地征用和拆迁补偿有关,每年因为拆迁补偿带来的纠纷在400万件左右,如此多的纠纷和上访事件,对于社会和谐稳定产生了严重的影响。

二是在征地过程中农民获得一次性补偿款以后,由于投资经营不善、参与赌博和其他不良嗜好,补偿款很快耗费殆尽。在国内多个地区失地农民成为“种田无地、上班无岗、社保无份”的“三无”人员,有些人进入城市,虽然户籍是城市人口,但是没有获得真正的城市居民身份,为了维持生计,有部分失地农民利用土地补偿款发展个体经营活动,具有相对稳定的收入;有一部分人只能在城市从事体力劳动,靠打零工来维持生计;最为严重的部分年老体弱的人群,没有就业能力,未来生计堪忧。同时失地农民成为“似农非农”的特殊人群,那些与耕地相关的惠农政策与他们无关,与市民相对应的社会保障和公共服务也不能享受,成为现行体制下的边缘群体。

三是由于失地农民数量的增加。部分人口在本地不能获得更多的收入,需要涌向大城市,成为我国最大社会流动群体—农民工(见图3-23和表3-14)。在2008年我国进城务工人员的数量达2.25亿人,占全国总人口的16.97%,到2018年农民工数量达到2.88亿人,占全国总人口的20.67%。如此庞大的农民工群体,导致我国城乡二元结构演变成具有特殊性质的三元社会结构,引发的社会潜在的问题越来越突出,如果不能及时解决和干预,导致更多社会问题出现,原因如下:

其一,在我国城镇化进程中,由于各种原因被迫进入城市务工,主要是农民工教育文化水平低,缺乏专业技能,进城务工人员仅能在工业生产和建筑类的劳动密集型行业就业,以及城市居民不愿意从事的“脏活累活”,是城市建设的主力军,更是城市建设者。相对来讲,城市对务工人员是“经济吸纳、社会拒入”。虽然他们对城市建设贡献最大,但是他们在城市生活反而受到歧视,甚至还被视为“社会治安、卫生和交通恶化的制造者”。因此,呼吁城市管理者和城市居民更应该尊重务工人员。其二,从收入水平看,2018 年务工人员月均收入 3721 元,相比前期略有提高。但是务工人员赚的是血汗钱,国家三令五申不准拖欠务工人员工资,但是务工人员讨薪成为一大难点,引发更多群体性上访、流血事件等,给社会和谐稳定带来了较大隐患。其三,务工人员由于教育文化水平低,尤其在失地村民中具有初中及以下文化程度人口占到 70%,高中文化程度占 29%,部分失地村民以完整的务工身份进入城市,在找工作时由于歧视和偏见导致务工人员心态失衡,容易滋生反社会情绪。

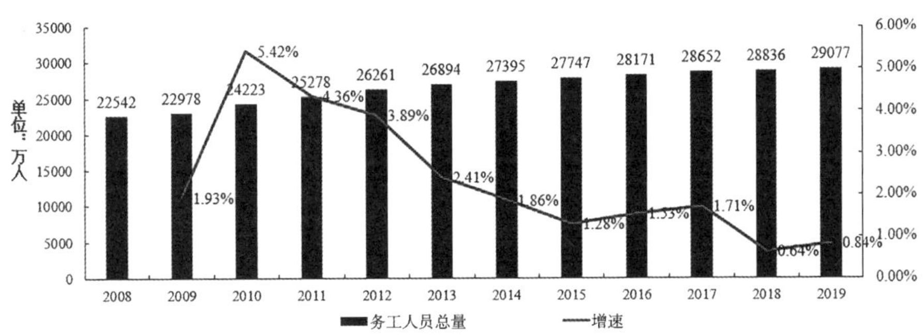

图 3-23　中国外出务工人员数量变化情况

资料来源:根据国家统计局资料整理。

表 3-14　我国务工人员数量流动和收入　　（单位:万人）

年份	总数	占全国人口比重	外出务工人员①			本地务工人员	务工人员月收入（元/人）
				省内流动	跨省流动		
2008	22542	16. 97%	14041	—	—	8501	1340
2009	22978	17. 22%	14533	7092	7441	8445	1417
2010	24223	18. 06%	15335	7618	7717	8888	1690
2011	25278	18. 76%	15863	8390	7473	9415	2049
2012	26261	19. 39%	16336	8689	7647	9925	2290

① 外出务工人员是指离开本市和州以外的地区务工,包括本省内流动和跨省区流动。

续表

年份	总数	占全国人口比重	外出务工人员			本地务工人员	务工人员月收入（元/人）
				省内流动	跨省流动		
2013	26894	19.76%	16610	8871	7739	10284	2609
2014	27395	20.03%	16821	8954	7867	10574	2864
2015	27747	20.19%	16884	9139	7745	10863	3072
2016	28171	20.37%	16934	9268	7666	11237	3275
2017	28652	20.61%	17185	9510	7675	11467	3485
2018	28836	20.67%	17266	9672	7594	11570	3721

资料来源:根据《中国住户调查年鉴2019》整理。

本章小结

本章主要讨论了人口城镇化与土地城镇化非良性互动的具体表现,分析了人口城镇化与土地城镇化的发展现状,人口城镇化与土地城镇化非良性互动的具体表现,以及产生的各种不良后果。

(1)人口城镇化方面。首先,我国人口城镇化经历了起步发展阶段、城镇化的停滞阶段和快速增长阶段。在2000年以后城镇化速度开始出现了快速增长,到2019年城镇化水平达到60.6%,但是户籍人口城镇化水平仅为43.7%,出现人户分离现象较为严重。其次,从我国四大区域看,东部地区城镇化水平处于领先地位,东北地区位列其次,中部和西部地区最低。

(2)土地城镇化方面。由于土地城镇化尚未有统一衡量标准,笔者选用城区面积、建成区面积、城市建设用地、征用土地面积来表征。从新中国成立以后我国城区面积得到了快速增长,伴随而来的是城市建成区面积增加,需要征用大量耕地来补充城市建设用地,带动征地面积出现了"冒进式"增长,这种城镇化不利于经济社会的可持续发展。

（3）人口城镇化与土地城镇化非良性互动土地表现。在推进城镇化进程中，土地城镇化增长速度一直高于人口城镇化增长速度，随着城市建成区面积的不断扩张，城市规模用地弹性系数不合理，城市呈现无序蔓延态势，城市建设用地占用大量耕地现象较为严重。由于进入城市人口数量有限，导致城市建成区人口密度不断下降。

（4）人口城镇化与土地城镇化非良性互动产生的危害后果。第一，随着土地城镇化速度的不断加速，导致二、三线城市房屋空置率较高，严重浪费土地资源和人力资本；第二，由于建成区数量与人口数量不匹配，在 2017 年国内二线城市和县级城市中共有 104 个城市属于“空城”；第三，在城市建设过程中，占用大量耕地，由于“占优补劣”的土地转化模式，导致耕地质量下降，使得粮食的单位面积产量增长速度较为缓慢，威胁我国粮食安全；第四，随着城镇化进程的加速，导致城市垃圾围城、噪声污染、水土流失、水质污染和大气污染事件屡见不鲜；第五，随着失地农民数量的增加，给社会稳定发展带来较大的隐患。

第四章　全国尺度下人口城镇化与土地城镇化耦合协调测度

人口城镇化与土地城镇化的耦合协调性是促进城镇化高质量发展的基础，由于人口作为城镇化的主体，土地城镇化作为载体，如果人口城镇化快于土地城镇化，将会出现“拉美式过度城镇化”，超越城镇承载力。如果土地城镇化快于人口城镇化，导致城市面积出现“摊大饼式”增长，城市规模和城市面积无序扩张，各地会出现土地资源浪费现象，生态环境遭到严重破坏。由此说明人口城镇化与土地城镇化的非协调发展，严重威胁着我国新型城镇化的高质量发展。因此，本章从全国时序变化的角度，利用耦合协调度模型来判定人口城镇化与土地城镇化的耦合协调性，对人口城镇化与土地城镇化耦合协调性进行识别。

第一节　研究总体框架

一、研究对象

首先，在20世纪90年代初期，在党的十四大召开以后，开始不断加速城镇化进程。到了21世纪以后，在2002年7月国土资源部发布第11号令《招标拍卖挂牌转让国有土地使用权规定》，规定国有建设用地需要通过协议转让等方式出让，带动城市面积快速增长，到2008年国务院开始不断重视城镇化的“冒进式”增长，开始控制土地城镇化发展速度，从保护生态环境，优化城市大气空气质量等方面，不断提升城镇发展质量。

其次，到了20世纪90年代初期，我国正式进入社会主义市场经济发展阶段，带动东部沿海地区大型企业不断发展壮大，地方政府开始加大招商引资力度，兴办乡镇企业，吸引更多人口来到城镇安家落户，带动城镇人口数量不断增加，尤其是东部沿海地区和国内多个大型城市成为人口“净流入区”。在城市人口增加的过程中，需要住房、教育资源、医疗设施、文化机构等基础设施来满足进城人口的需要，打造宜居环境，给城市人口带来更多获得感和幸福感。

最后，人口城镇化与土地城镇化等两大系统具有辩证统一的关系，人口城镇化可以从城镇常住人口、教育医疗条件、居民生活水平等维度来选取指标。土地城镇化可以从建成区面积、征用土地面积、城镇绿化面积、城市污染控制等角度来表征，考察两大系统之间形成耦合协调关系。但是在国家和地区发展的初级阶段，人口城镇化与土地城镇化都会经历由非协调性耦合向协调耦合状态转化。鉴于此，本章将构建评价指标体系，利用数理统计模型判定人口城镇化与土地城镇化的耦合协调性，旨在为我国城镇化高质量发展提供理论参考。

二、指标体系

国内外关于人口城镇化与土地城镇化评价指标体系，目前还没有相关的统一标准。选取的指标体系也是从国家、区域、省级、地级市和县级市等多重层级来逐级选取，在人口城镇化和土地城镇化两个维度来选取（见表4-1），才能客观准确地评价人口城镇化与土地城镇化的耦合协调性。

表 4-1　我国人口城镇化与土地城镇化指标体系

目标层	一级指标	二级指标	单位	方向
人口城镇化	人口就业	城镇常住人口占总人口比重	%	正向
		非农业就业水平	%	正向
	教育医疗	初中升学率	%	正向
		每千人医疗卫生技术人员	名/千人	正向
	生活质量	城镇人均可支配收入	元	正向
		城镇居民恩格尔系数	%	负向
土地城镇化	土地利用结构	建成区面积	平方公里	正向
		征地面积	平方公里	正向
	城市景观建设	建成区绿化覆盖率	%	正向
		人均公共绿地面积	平方米/人	正向
	城市基础设施	城镇燃气普及率	%	正向
		人均城市道路面积	平方米/人	正向

资料来源:根据相关资料整理。

一是人口城镇化指标。人口城镇化是指城镇人口占总人口的比重来表征,但是这一指标比较单一。笔者为了客观评价人口城镇化水平,需要从城镇人口数量、就业水平、教育水平、医疗水平、生活质量等多方维度来选取二级指标体系。首先,人口城镇化直接表现就是城镇常住人口数量的增加,让大城市的人口逐渐向中小城市转移,带动中小城市人口不断提升,在快速城镇化进程中使得地方人口数量和城市规模的扩张相匹配,让进城人口能有稳定的就业岗位,获得更多经济收入,才能促进城镇化发展质量的提升。其次,在教育医疗方面,良好的教育资源集聚于城市,带动城镇的教育水平和教育质量都在不断提升,带动我国九年义务教育提质增量。因此,本书选取是初中升学率反映城市的教育质量。医疗方面在新中国成立以后我国人口平均寿命都在不断提升,主要得益于医疗卫生技术人员数量的增加和医疗床位硬件设施的增加,有效地提升了全社会的医疗质量和城乡人口的健康水平。笔者为了保持指标的连续性,选取每千人医疗卫生技术人员作为评价指标。最后,城市人口生活质量的提高是一个国家城镇化水平和经济发展水平的直接反映,具有极大的相关性,地区交通区位、经济发展、信息经济条件都能综合带动城市人口收入的增加,直接的表现就是城镇人均可支配收入的增加,让进城人口能够在进城以后过上幸福的生活,促进城镇人口安居乐业,这也符合马克思主义城镇化的目标是提升城市人口幸福水平的基本目的,本节选取城镇人口可支配收入和城镇居民恩格尔系数来反映城镇人口生活质量。

二是土地城镇化指标。在构建土地城镇化指标体系时,笔者综合以往研究成果,从综合的角度认知土地城镇化的内涵,笔者认为城镇化进程不是简单的城市建设,快速增加城市建成区面积,在城市建成以后,还是逐渐打造优越的生活环境,满足进城人口生活基础设施,促进人口城镇化与土地城镇化协调发展。首先,本书选取建成区和征地面积来反映土地利用状况,由于建成区面积变化情况直接反映土地城镇化水平,征地面积是在维护城市建设和农户耕地之间的平衡,征地面积增加需要补充耕地来维护农村耕地面积的平衡。其次,城市景观绿化方面选取建成区绿化覆盖率和人均公园绿地面积,建成区绿化覆盖率是指建成区绿地面积占建成区总面积的比重,人均公园绿地面积是城市公园绿地占市辖区面积的比重,主要用于城市绿地建设,维护城市大气环境和打造城市绿色景观等用途,进一步反映土地城镇化发展质量与绿色建设的关系。最后,在推进土地城镇化进程中,需要在城市建设更加完善的基础设施,用于维护城市的运营,本章节选取人均城市道路面积来和城市燃气普及率来表征。

三、数据来源

一是原始指标数据来源。本书原始指标数据均来自 1991—2020 年《中国统计年鉴》《中国城市建设统计年鉴》《中国城市统计年鉴》。其中 1991 年至

1993年征地面积指标数据尚未在国家相关统计年鉴找到，根据当年耕地减少面积和实际增加土地面积对比以后得到，其余年份根据《中国城市统计年鉴》整理以后得到。城镇常住人口是以国家统计局公布数据为主，历年建成区面积根据国家统计局发布数据整理获得，其余数据均来源于《中国统计年鉴》，需要说明城市居民恩格尔系数是利用家庭食物总支出占总消费支出比值来表示，恩格尔系数越高代表居民越贫穷，反之亦然，说明城市居民恩格尔系数负向指标，其余数据指标体系属于正向指标。

二是数据标准化处理方法。在附录中列出了人口城镇化指标体系的原始数据，其中常住人口比重、二三产就业比重、初中升学率、每千人拥有卫生人员数量、城镇居民家庭人均可支配收入和城市居民恩格尔系数分别用 X_1、X_2、X_3、X_4、X_5、X_6来表示。在附录1中表示土地城镇化指标原始数据和标准化数据，其中建成区面积、征地面积、人均公园绿地面积、建成区绿化覆盖率、人均道路面积和城市燃气普及率分别用 X_7、X_8、X_9、X_{10}、X_{11}、X_{12}来表示。

四、评价方法

一是评价方法。本书为了消除数据之间的量纲差异，采用数量极化处理模型对数据进行无量纲处理①，利用熵权值法计算人口城镇化与土地城镇化质指标权重，利用权重值与标准化数据的乘积，计算出人口城镇化与土地城镇化综合分值，利用物理学耦合协调度模型来测度人口城镇化与土地城镇化耦合协调度②，具体方法如下：

(1)指标数据标准化处理

$$Z_{ij} = (X_{ij} - X_{jmin})/(X_{jmax} - X_{jmin})\text{（正向指标）} \tag{4.1}$$

$$Z_{ij} = (X_{jmax} - X_{jmin})/(X_{jmax} - X_{jmin})\text{（负向指标）}$$

---

① 梁振民：《东北地区城市化发展质量综合测度与层级特征研究》，《地理科学》2013年第8期。

② Valerie Illing worth, Penguin Dictionary of Physics, Penguin UK, 2011, p.25.

（2）利用标准化值计算指标信息熵：

$$p_{ij} = Z_{ij} / \sum_{i=1}^{m} Z_{ij} \tag{4.2}$$

式中 P_{ij} 为信息熵，z_{ij} 为标准化值。

（3）依据信息熵 P_{ij} 计算信息熵 e_j

$$e_j = -1\mathrm{n}(n)^{-1} \sum_{i=1}^{n} p_{ij} \mathrm{Ln} p_{ij}$$

当 $P_{ij}=0$ 时，令 $\lim\limits_{p_{ij}\to 0} \mathrm{p}_{ij} \mathrm{Lnp}_{ij} - 0$ （4.3）

（4）利用信息熵 e_j 计算出指标权重 λ_j：

$$\lambda_j = \frac{1 - e_j}{\sum\limits_{i=1}^{n} 1 - e_j} \tag{4.4}$$

（5）计算人口城镇化（PU）与土地城镇化（LU）综合得分：

$$PU_j = \lambda_j z_j \qquad LU_j = \lambda_j z_j \tag{4.5}$$

由于耦合是表征两个或多个系统相互作用和彼此影响，经过长期实践已形成交互耦合的时空函数关系，在此本书利用耦合协调度模型来测度人口城镇化与土地城镇化耦合协调度。

（6）本书利用物理学中的容量耦合（Capacitive coupling）系数模型①，计算出人口城镇化与土地城镇化的耦合协调度②：

$$C = \left[\frac{(PU \times LU)}{\Pi(PU + LU)} \right]^{1/2} \tag{4.6}$$

通常耦合度 C 介于 0—1 之间，当 C 越大（趋接于 1）时，两大系统之间越接近有序状态。

（7）由于耦合度 C 是表征人口城镇化与土地城镇化的时序状态，但在部分时段不能反映人口城镇化与土地城镇化的协同效应，对指导人口城镇化与

---

① 刘耀彬：《城市化与生态环境耦合机制及调控路径》，经济科学出版社 2007 年版。

② 梁振民：《辽宁省城市化与生态环境非协调性耦合关系研究》，《内蒙古财经大学学报》2018 年第 2 期。

土地城镇化的协同发展，还需进一步引用耦合协调度模型来测度人口城镇化与土地城镇化耦合协调度：计算模型如下：

$$D = (C \times T)^{1/2} T = \alpha PU + \beta LU \quad (4.7)$$

式 4.7 中 D 为耦合协调度，T 为人口城镇化与土地城镇化耦合调和指数，反映两大系统对整体系统的贡献度，α、β 为待定系数，由于人口城镇化与土地城镇化两大系统同等重要，分别令 α、β 等于 0.5①。

二是评价标准。首先，将协调耦合度划分为十大类型②（见表 4-2）：（$0.00<D\leqslant0.09$）为极度失调；（$0.10<D\leqslant0.19$）为重度失调；（$0.20<D\leqslant0.29$）为中度失调；（$0.30<D\leqslant0.39$）为轻度失调；（$0.40<D\leqslant0.49$）为濒临失调；（$0.50<D\leqslant0.59$）为勉强协调；（$0.60<D\leqslant0.69$）为初级协调；（$0.70<D\leqslant0.79$）为良好协调；（$0.80<D\leqslant0.89$）为高度协调；（$0.90<D\leqslant1.0$）为优质协调。

表 4-2　人口与土地城镇化协调发展类型

序号	协调耦合度	协调发展类型	大类	变化情况	协调发展类型
1	(0.00—0.09)	极度失调衰退类	失调类		
2	(0.10—0.19)	重度失调衰退类			
3	(0.20—0.29)	中度失调衰退类			
4	(0.30—0.39)	轻度失调衰退类		$PUQ>LUQ$	土地城镇化滞后型
5	(0.40—0.49)	濒临失调衰退类		$PUQ=LUQ$	“两化”同步型
6	(0.50—0.59)	勉强协调发展类	协调类	$PUQ<LUQ$	人口城镇化滞后型
7	(0.60—0.69)	初级协调发展类			
8	(0.70—0.79)	良好协调发展类			
9	(0.80—0.89)	高度协调发展类			
10	(0.90—1.00)	优质协调发展类			

① 梁振民、陈才：《辽宁省城市化与生态环境非协调性耦合关系研究》，《安徽大学学报（自然科学版）》2019 年第 1 期。

② 廖重斌：《环境与经济协调发展的定量评判及其分类体系——以珠江三角洲城市群为例》，《广东环境科学》1996 年第 1 期。

第二节　人口城镇化与土地城镇化耦合协调测度结果

一、数据标准化

本节利用上文公式 4. 1 对表 4-1 中的 12 项指标进行标准化处理,其中正向指标处理模型 $Z_{ij}=(X_{ij}-X_{jmin})/(X_{jmax}-X_{jmin})$;负向指标处理模型为 $Z_{ij}=(X_{jmax}-X_{jmin})/(X_{jmax}-X_{jmin})$①,被标准化处理的数据见附录 1。

二、指标权重确定

通过熵权值法确定人口城镇化与土地城镇化指标权重,用公式(4. 2)—公式(4. 4)计算出人口城镇化与土地城镇化各项指标权重(见表 4-3)。

表 4-3　熵权值法确定指标权重

目标层	一级指标	二级指标	单位	代码	方向	权重
人口城镇化	人口就业	城镇常住人口占总人口比重	%	X_1	正向	0. 1573
		非农业就业水平	%	X_2	正向	0. 1279
	教育医疗	初中升学率	%	X_3	正向	0. 1577
		每千人医疗卫生技术人员	人/千人	X_4	正向	0. 2182
	生活质量	城镇人均可支配收入	元	X_5	正向	0. 2334
		城镇居民恩格尔系数	%	X_6	负向	0. 1054

① 刘贺贺:《东北地区城镇化与生态环境的脱钩分析》,《地理科学》2016 年第 12 期。

续表

目标层	一级指标	二级指标	单位	代码	方向	权重
土地城镇化	土地利用结构	建成区面积	平方公里	X_7	正向	0.1318
		征地面积	平方公里	X_8	正向	0.1211
	城市景观建设	建成区绿化覆盖率	%	X_9	正向	0.1689
		人均公共绿地面积	%	X_{10}	正向	0.1762
	城市基础设施	城镇燃气普及率	%	X_{11}	正向	0.2306
		人均城市道路面积	平方米	X_{12}	正向	0.1714

一是人口城镇化指标权重确定。利用熵权值法计算出指标权重,按着各指标权重确定每项权重在人口城镇化中的贡献度(见图 4-1),其中城镇人均可支配收入权重(0.2324)位列第一,对于人口城镇化综合质量贡献度最高,说明提高人口收入水平,让城镇居民更有幸福感。每千人医疗卫生技术人员的指标权重(0.2182)位列第二,说明国家为了提高医疗水平,持续增加医疗资源的投入,促进居民平均寿命得以延长,提高居民身体素质和健康水平。初中升学率和城镇常住人口占总人口比例指标权重位列第三、第四,说明城镇人口人数增加的同时,带动教育水平和教育质量也在不断提升,为我国经济建设和城市发展提供了大量的人才。城市非就业比重(0.1279)位列第五。相比之下,我国在推进城镇化进程中,为进城人口提供更多就业岗位,带动就业水平不断增加,发展第三产业,让更多的人口进入服务领域就业,但是我国在推进人口城镇化过程中,按着发达国家或地区在第三产业就业人口的比重应为60%以上,到 2019 年全国人口在第三产业就业比重仅为 47.4%①,说明我国还需提高第三产业就业水平,解决人口就业才能促进城乡社会稳定。城市居民恩格尔系数权重(0.1714)排名最后,由于城市居民恩格尔系数属于负向指标,不是越大越好。需要在城市化进程中逐年降低,通过确定权重可知,还是

① 肖兴志:《产业经济学》,中国人民大学出版社 2015 年版。

占有一定比例,说明城镇居民的家庭生活水平较低。

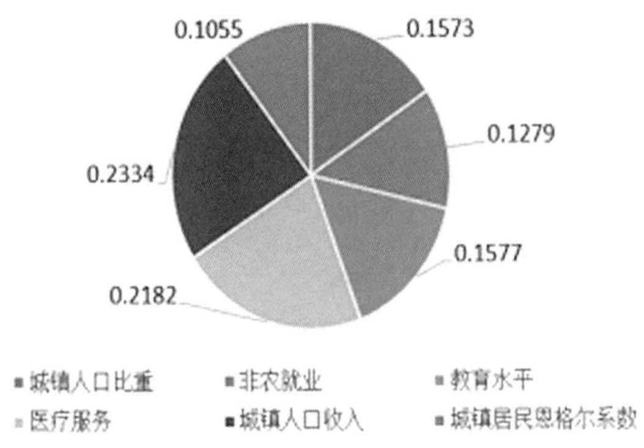

图 4-1　人口城镇化权重所占比重

二是在确定土地城镇化指标权重时,利用熵权值法测定土地城镇化各项指标权重(见图 4-2),其中城镇燃气普及率权重系数(0.2306)最高,人均公共绿地面积权重系数(0.1762)位列其次,随后是人均城市道路面积(0.1714)、建成区绿化覆盖率(0.1689)和建成区面积(0.1318),征地面积的权重系数(0.1211)最低。从以上指标权重系数可知,城市燃气普及率最高,对于土地城镇化质量的提升贡献最大,而建成区面积、征地面积的权重系数最低,由此表明我国城镇化进程中大搞“造城运动”,使得土地城镇化快于人口城镇化,形成了众多“空城”“鬼城”,使得土地城镇化的冒进倾向比较严重,虽然城市规模在不断扩大,但是户籍改革、产业支撑和配套基础设施要不断跟进,才能实现高质量城镇化。相比之下,城市燃气普及率、人均城市道路面积是城市建成区配套基础设施,两项指标对土地城镇化的贡献度较大,从侧面印证了城镇化不是简单地建成区面积扩张,而是要更加关注公共服务和城镇承载力的问题。

三、人口城镇化与土地城镇化综合得分

根据上文熵权值法确定权重以后,利用公式 4.5 计算出 1990—2019 年人

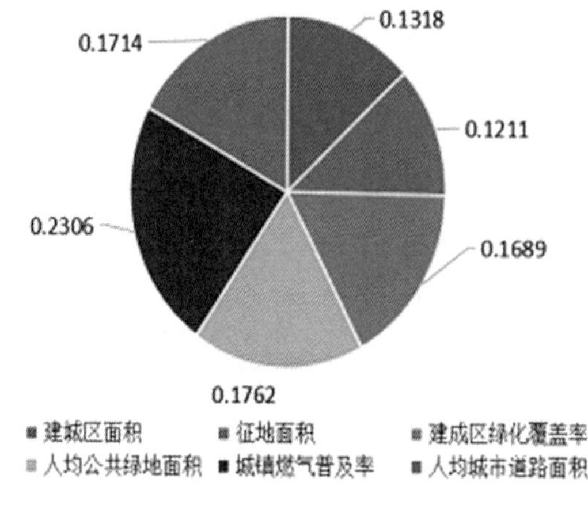

图 4-2　土地城镇化权重所占比

口城镇化综合得分和土地城镇化综合得分(表 4-4)。

表 4-4　人口城镇化与土地城镇化综合分值

年份	*PU*	*LU*	年份	*PU*	*LU*
1990	0. 0004	0. 0002	2005	0. 2012	0. 2782
1991	0. 0061	0. 0139	2006	0. 2261	0. 2933
1992	0. 0140	0. 0261	2007	0. 2497	0. 3094
1993	0. 0267	0. 0335	2008	0. 2628	0. 3351
1994	0. 0417	0. 0482	2009	0. 2870	0. 3576
1995	0. 0530	0. 0656	2010	0. 3097	0. 3725
1996	0. 0703	0. 0928	2011	0. 3288	0. 3932
1997	0. 0857	0. 0922	2012	0. 3503	0. 4135
1998	0. 1057	0. 1034	2013	0. 3793	0. 4197
1999	0. 1128	0. 1111	2014	0. 4131	0. 4215
2000	0. 1234	0. 1217	2015	0. 4315	0. 4306
2001	0. 1324	0. 1840	2016	0. 4455	0. 4425
2002	0. 1432	0. 2356	2017	0. 4669	0. 4570
2003	0. 1526	0. 2463	2018	0. 4818	0. 4689
2004	0. 1684	0. 2708	2019	0. 4989	0. 4809

注：*PU*、*LU* 分别为人口城镇化、土地城镇化。

第三节 人口城镇化与土地城镇化综合分值结果分析

一、人口城镇化综合分值分析

首先,通过表4-4和图4-3可知,在1990—2019年30年时间内,在1990年基期我国人口城镇化综合得分(*PU*)为0.0004,到2019年达到0.4989,呈现出快速增长的趋势。从我国城镇化进程看,在2000年以前我国人口城镇化综合指数介于0.0004—0.1128之间,2000年中国人口城镇化综合指数为0.1234,到2019年达到0.4989,增长近4倍。在2000年时我国人口城镇化水平为36.2%,到2019年中国人口城镇化水平为60.6%,增长24个百分点,年均增长1.1个百分点,每年需要向城镇转移1300万人口,安置这些人口带动城镇住房的面积不断扩张,需要不断增加就业岗位,补充教育和医疗资源,以此来增加城镇人口的幸福感和获得感。

二、人口城镇化子系统结构分析

人口城镇化子系统影响人口城镇化综合水平的提升,从各个子系统的权重贡献度可知,教育医疗对于人口城镇化贡献度较高,生活质量位列其次,人口规模和就业水平对于人口城镇化贡献度较低。从得分情况看,在1990—2019年30年时间里,我国城镇人口占总人口比重与非农业就业综合比重得分均低于0.2,表明在推进人口城镇化中,人口数量增加对于城镇化质量发挥的作用很低,未来还是要解决就业问题,让城镇居民增加经济收入,降低贫困水平,增加教育和医疗等基本公共服务资源,满足进城人口的公共服务需求,不失为提升人口城镇化质量主要途径之一。

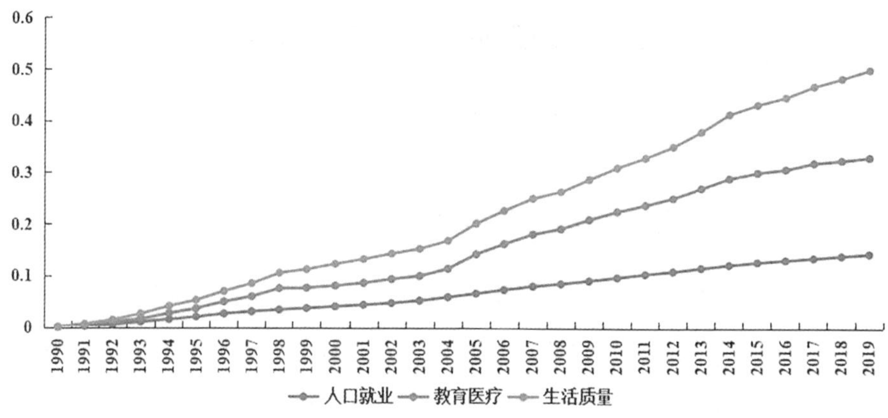

图 4-3　中国人口城镇化贡献程度

三、土地城镇化综合分值分析

首先,从表 4-4 可知,在 1990—2019 年中国土地城镇化综合指数(*LU*)呈现出快速增长的趋势。在 1990 年我国土地城镇化综合指数为 0.0002,经过 30 年的发展,我国土地城镇化质量得分均是呈现出增长的态势,到 2019 年土地城镇化质量综合指数为 0.4809。尤其是在 2000—2013 年土地城镇化综合指数始终高于人口城镇化综合指数,我国在进入新世纪以后,全国多个省份开始大搞城市建设,带动城市规模扩张速度较快。在 2000 年建成区面积为 22439.3 平方公里,占城区面积的 2.55%,到 2019 年达到 60312 平方公里,占城区面积的 27.41%,增加近 20 倍。说明我国征地面积在持续增加,推动城市规模不断扩张。

其次,相比人口城镇化综合分值,土地城镇化综合分值在 2000—2014 年始终高于人口城镇化水平,印证了我国在"十五"时期、"十一五"时期、"十二五"时期,多个地方扩大了城市建设面积,城市扩张和建设带动土地城镇化质量逐渐增长。尤其是在"十二五"期间,全国城镇建设用地增加约 20%,高于同期城镇人口 11% 的增幅,城镇建设用地增长速度是同期城镇人口增幅的

180%。截至 2016 年 5 月全国县以上的新城新区超过 3500 个[1],在这 3500 多个新城中,其中国家级新区达到了 17 个,各类国家级经济技术开发区、高新区、综合保税区、边境经济合作区、出口加工区、旅游度假区达到 500 个,各类省级产业园区 1600 多个,较大规模的市级产业园达到 1000 个。规划的各类新城新区,可以安置 34 亿人口,足以安置全球约一半的人口,显然这类城镇化不是一种可持续发展的城镇化。

四、土地城镇化子系统结构分析

从图 4-4 可知,我国土地城镇化质量得到了快速增加,在 1990—2004 年这段时间内,我国尚未实施土地招拍挂制度,城市建成区综合指数是介于 0. 002—0. 0571 之间,到 2004 年 8 月 31 日我国开始土地招拍挂制度,所有经营性土地实施公开竞价出让,实现土地供给主体的多元化,改变以往由政府垄断市场的格局,带动建成区和征地面积呈现出快速增长的特征。通过测度可知,建成区和征地面积测算的得分明显低于城市绿化和城市基础建设得分,说明建成区对于土地城镇化质量提升的发挥的作用较低。相比之下,城市绿化得分处于建成区和基础设施之间。在党的十八大以后,践行党中央提出“绿水青山就是金山银山”的发展理念,全国各地都在加强城市污染治理和增加城市绿地面积,带动城市大气环境质量逐渐改善,增加游憩空间。最后,我国城市基础设施得分高于城市建成区和城市绿化的综合得分,说明在城市规模扩张不是主要目的,重要的是完善城市道路、教育医疗、供水设施、燃气清洁能源输送管道、垃圾无害化处理等基础设施,从综合的角度来提升土地城镇化质量。

① 冯奎:《中国新城新区发展报告》,企业管理出版社 2017 年版。

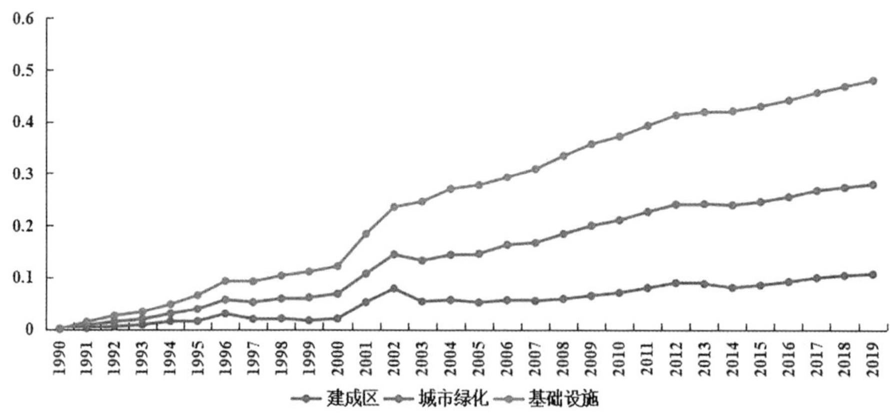

图 4-4　中国土地城镇化贡献程度

第四节　人口城镇化与土地城镇化耦合协调度结果分析

利用公式 4.7 计算出我国人口城镇化与土地城镇化耦合协调度(见表 4-5),笔者根据上文判定标准,对我国人口城镇化与土地城镇化耦合协调度进行划分①,在 1990—2019 年“两化”耦合协调度为极度失调、重度失调、中度失调、轻度失调、濒临失调(见图 4-5)。从人口城镇化与土地城镇化的“两化”耦合协调性看,总体上土地城镇化快于人口城镇化,现将结果进行分析②。

① 刘贺贺:《城市化与生态环境耦合过程、格局与机理研究》,经济与管理出版社 2020 年版。

② 王兴芬:《中国人口城镇化与土地城镇化协调发展研究》,中国社会科学出版社 2019 年版。

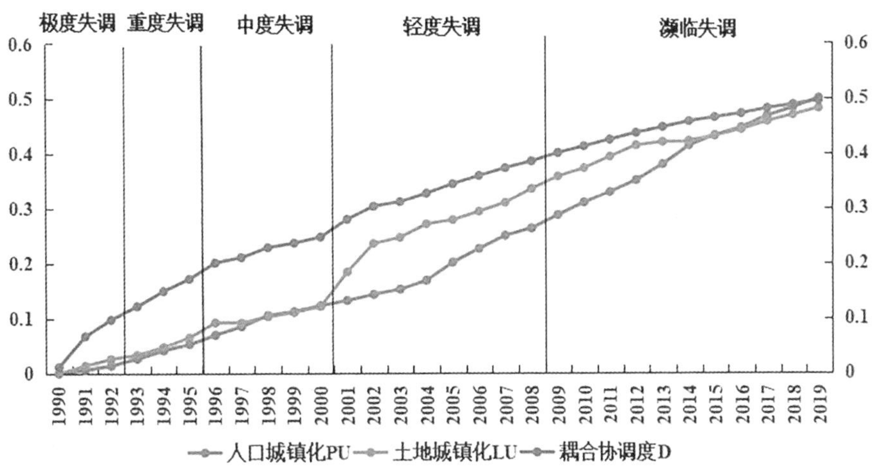

图 4-5　中国人口城镇化与土地城镇化耦合协调曲线

表 4-5　中国人口城镇化与土地城镇化耦合协调度

年份	协调度 *D*	协调发展状态	*PU-LU*	协调发展类型	年份	调度 *D*	协调发展状态	*PU-LU*	协调发展类型
1990	0. 0115	极度失调	0. 0003	*PU*	2005	0. 3439	轻度失调	-0. 0770	*LU*
1991	0. 0680	极度失调	-0. 0078	*LU*	2006	0. 3588	轻度失调	-0. 0672	*LU*
1992	0. 0978	极度失调	-0. 0120	*LU*	2007	0. 3728	轻度失调	-0. 0596	*LU*
1993	0. 1223	重度失调	-0. 0068	*LU*	2008	0. 3852	轻度失调	-0. 0723	*LU*
1994	0. 1497	重度失调	-0. 0065	*LU*	2009	0. 4002	濒临失调	-0. 0706	*LU*
1995	0. 1717	重度失调	-0. 0126	*LU*	2010	0. 4121	濒临失调	-0. 0628	*LU*
1996	0. 2010	中度失调	-0. 0225	*LU*	2011	0. 4240	濒临失调	-0. 0643	*LU*
1997	0. 2108	中度失调	-0. 0066	*LU*	2012	0. 4362	濒临失调	-0. 0632	*LU*
1998	0. 2286	中度失调	0. 0023	*PU*	2013	0. 4466	濒临失调	-0. 0404	*LU*
1999	0. 2366	中度失调	0. 0017	*PU*	2014	0. 4568	濒临失调	-0. 0084	*PU*
2000	0. 2475	中度失调	0. 0017	*PU*	2015	0. 4642	濒临失调	0. 0009	*PU*
2001	0. 2794	中度失调	-0. 0516	*LU*	2016	0. 4712	濒临失调	0. 0030	*PU*
2002	0. 3030	轻度失调	-0. 0924	*LU*	2017	0. 4806	濒临失调	0. 0099	*PU*
2003	0. 3114	轻度失调	-0. 0937	*LU*	2018	0. 4875	濒临失调	0. 0130	*PU*
2004	0. 3268	轻度失调	-0. 1024	*LU*	2019	0. 4949	濒临失调	0. 0180	*PU*

一、人口城镇化与土地城镇化重度失调状态(1990—1995)

首先,在我国“八五”阶段,在1990—1992年我国人口城镇化与土地城镇化的耦合协调度低于0.1,“两化”耦合协调度处于极度失调衰退状态。在1978年实施改革开放,到1992年我国正式推行社会主义市场经济制度,在此期间我国进入到城市化快速发展阶段,乡镇企业和民营经济得到快速发展,吸引乡村人口不断涌向城市,但是城市建设、绿化面积、基础设施等尚未建设,使得多数人口在进入城市以后,还是往返于城乡之间,使得人口城镇化与土地城镇化协调性较低。在1993—1995年我国人口城镇化与土地城镇化的耦合协调度介于0.1—0.199之间,属于重度失调发展阶段,相比上一个阶段“两化”的耦合协调水平逐渐提高,但是还是处于重度失调状态,促进人口城镇化与土地城镇化向耦合协调方向发展还任重而道远。

其次,从人口城镇化与土地城镇化协调类型看,在1990年人口城镇化与土地城镇化质量处于持平状态,在1991年和1992年的两年时间里是人口城镇化综合指数高于土地城镇化综合指数,属于土地城镇化滞后型,说明此时乡村生产力逐渐提高,解放出更多参与农业的人口逐渐向城镇转移,带动城市人口数量不断增加。到1993—1995年人口城镇化综合分值低于土地城镇化分值,属于人口城镇化滞后型。在1995年我国人口城市化率为29.5%。按着城市化的“S”型发展曲线,低于30%属于城镇化起步阶段,但在此时我国各地开始加速城市建设,带动建成区面积在不断扩张,建成区面积达到19264.2平方公里。

二、人口城镇化与土地城镇化中度失调状态(1996—2001)

首先,在1996—2001年是我国“九五”时期,我国城镇化开始进入加速发展阶段,人口城镇化与土地城镇化耦合协调度介于0.200—0.299之间,“两化”耦合协调度处于中度失调状态,说明在步入社会主义市场经济发展阶段以后，随着乡镇企业和民营经济兴起发展，带动更多人口进入城市参与经济发展，使得我国城镇建设面积和各项基础设施面积不断扩张，在此阶段是以牺牲耕地面积，带动城市像“摊大饼”一样向外扩张。

其次，关于人口城镇化与土地城镇化耦合协调类型方面。在1996年、1997年、2001年属于人口城镇化滞后型，在1998—2000年三年内属于土地城镇化滞后型。从总体上看属于人口城镇化滞后型，主要是在改革开放以后，我国农业生产技术得到了快速提高，解放出更多的农业人口不断涌向城市，但是由于户籍制度像一堵墙一样将城市人口和农村人口隔开，影响了人口进入城市的效率和速度。到20世纪90年代末期，对户籍制度改革的呼声日渐增强，催生多个省份进行户籍改革试点①，预示在市场经济的发展道路上，要冲破传统计划经济的户籍制度，新的户籍制度保证城乡人口的平等性和自由流动性，吸引更多人口进入城市生产、居住，享受到更好地教育、医疗、文化资源。相比之下，我国在此阶段尚未推出土地“招拍挂”制度，城市建设都是采取政府征地的办法，在1996—2001年国家征地总面积达到4656.69平方公里，是1990—1995年征地面积的3倍，说明在此阶段我国城市规模和城市空间在不断扩张，带动我国土地城镇化在不断加速。

三、人口城镇化与土地城镇化轻度失调状态（2002—2008）

首先，在2002—2008年是正值我国“十五”时期，人口城镇化与土地城镇化耦合协调度 D 介于0.30—0.399之间，“两化”耦合协调度处于轻度失调状态，轻度失调说明“两化”相互颉颃发展②，由不协调向协调发展阶段过渡，由此表明我国城镇化发展质量逐渐提高。在2004年中国实施土地“招拍挂”制

① 李文：《近半个世纪以来中国城市化进程的总结与评价》，《当代中国史研究》2012年第5期。

② 杨震：《内蒙古人口城镇化与土地城镇化耦合协调性研究》，《内蒙古财经大学学报》2017年第1期。

度,一方面是利用土地招拍挂制度,带动征地面积和商业用地数量在不断增加。另一方面是推进城市棚户区改造,多个地区扩大了城市新区和新市镇面积,导致城市建成区面积在不断扩大,在六年时间内我国建成区面积增量达到260739.6平方公里,征地面积11318.61平方公里。由此中科院地理所以陆大道院士为首,对全国各地的"冒进式"城镇化的咨询调研报告提交到国务院,获得时任国务院副总理李克强批示,从此以后我国城镇化由速度型向品质型转化。

其次,人口城镇化与土地城镇化协调类型方面。在此阶段人口城镇化滞后于土地城镇化,主要是在此阶段我国城市大搞房地产建设,楼盘数量和房产库存供给大于需求,但是我国进城人口受到户籍、就业、教育水平等影响,一部分人即使进入城市工作,没有实力在城市安居乐业。另一方面全国各地为加快城市建设,部分地区出现了强制人口上楼,出现农民"被动上楼式"城镇化,农村人口被统计为城镇人口,农户从根本上还未纯粹转化为市民,导致人口城镇化出现"虚高"现象。

四、人口城镇化与土地城镇化濒临失调状态(2009—2019)

首先,在2009—2019年经历了我国"十一五""十二五""十三五"规划时期,人口城镇化与土地城镇化耦合协调度介于0.400—0.499之间,"两化"耦合协调度处于濒临失调衰退状态。从数据上可知,"两化"的耦合协调度逐渐向好。在我国进入经济发展的新常态以后,城镇化建设由以往的数量追求向质量提升方向转型,带动城市教育、医疗、供水、绿化、垃圾处理等基础设施在不断完善。国务院要求各地不准在搞楼堂馆所建设,各地开始加强环境污染治理,使得城市大气质量得到了不断改善。虽然人口城镇化与土地城镇化的耦合协调度逐渐向好,但是还未进入协调发展阶段,处于非协调耦合发展阶段,相信到2035年中国城镇化实现高质量发展态势,促进"两化"达到高度耦合协调态势。

其次,在人口城镇化与土地城镇化协调类型方面。在2009—2013年属于人口城镇化滞后型,在2008年经历国际金融危机,我国开始调拨4万亿元资金,用于基础设施建设,带动国内多个地区城市面积、城市道路、基础设施数量显著增加,但是人口在城市就业和安居数量相对滞后,出现了土地城镇化质量高于人口城镇化。在2014—2019年属于土地城镇化滞后型,在我国“十三五”期间,我国逐渐放慢城市规模扩张,使得人口城镇化质量高于土地城镇化质量,导致土地城镇化滞后。原因是我国加强户籍制度改革,并且取得了显著的成效,在2013年我国户籍城镇化率为35.9%,到2019年为44.38%,有1亿人彻底成为城市人口,带动城市就业质量在不断提升。在物流业、电子商务和旅游行业等服务行业的就业质量不断提升,带动城市人口的经济收入大幅度提升。在此基础上我国增加了基本公共服务,实现城乡教育和医疗均衡分配,构建服务城乡的公共文化服务体系。逐渐补齐县域城镇化的短板,促进城乡融合水平不断提升。

本章小结

本章从人口城镇化与土地城镇化两个角度来选取城镇化指标,构建评价指标体系,利用熵权值法和耦合协调评价法,对中国人口城镇化与土地城镇化耦合协调度进行测度,具体结果如下:

首先,经过测度结果可知,人口城镇化综合质量呈现出快速提高的趋势。在人口城镇化进程中,城镇人口数量和非农产业就业对人口城镇化的贡献较低,因此,在未来城镇化进程中,需要关注城镇人口就业,带动收入水平的增加,降低贫困率,逐渐提升人口素质。

其次,土地城镇化综合指数也有所增长,尤其是在2002年和2014年土地城镇化综合得分高于人口城镇化综合得分,耦合协调主导类型属于人口城镇化滞后型,但是这不是一种健康的城镇化,使得城市面积呈现出“摊大饼式”

扩张,导致我国农业耕地面积和土地粗放式经营现象比较严重。从选取的指标贡献度可知,建成区面积和征地面积对于土地城镇化质量的贡献度较低,更进一步印证土地城镇化紧靠城镇空间无序扩张是不可持续的城镇化,只有合理扩张城市规模,完善公共服务、城市基础设施和改善大气环境质量,打造宜居城市,这才是完美的城镇化。

最后,人口城镇化与土地城镇化耦合协调度在30年内经历了极度重度失调阶段、中度失调阶段、轻度失调阶段和濒临失调阶段,相信在经过国家战略的不断调整正由失调阶段逐渐向协调阶段迈进。在30年时间里仅有9年属于土地城镇化滞后型,其余21年都是人口城镇化滞后型,主要原因是我国在改革开放以后,受到户籍制度限制给城乡人口自由流动制造了无法逾越的障碍,随着我国户籍制度的改革,每年有1000万人口有序转为城市人口。因此,在推进新型城镇化进程中,应该不断增加公共服务设施,改善地区基础设施,提高城镇化质量,增加城市居民的幸福感。

第五章　省域尺度下人口城镇化与土地城镇化耦合协调测度

在第四章中从宏观层面判定中国人口城镇化与土地城镇化耦合协调性，结果上显示人口城镇化与土地城镇化处于濒临失调态势，耦合协调类型属于人口城镇化滞后型。为了更加深入地了解人口城镇化与土地城镇化的协调度，有必要从中观层面测度人口城镇化与土地城镇化耦合协调性。鉴于此，本章以全国 31 个省份（不包括港澳台地区）的“两化”耦合协调性为研究对象，构建测度指标体系，利用耦合协调度模型判定人口城镇化与土地城镇化的耦合协调性，从区域的角度对人口城镇化与土地城镇化协调性进行横向比较。根据人口城镇化与土地城镇化协调度类型划分 4 种象限类型，并提出“两化”协调发展的路径。

第一节　研究总体框架

一、研究对象

在上一章中以中国 1990—2019 年人口城镇化与土地城镇化耦合协调性为研究对象，对全国 31 个省份“两化”耦合协调性进行测度与分析。在此基础上，本章以中国 31 个省份（不包括港澳台）为研究对象，以 2002 年、2010

年、2015 年、2019 年为研究截面,构建指标体系,利用熵权值法确定指标权重,计算“两化”耦合协度,依据耦合协调度进行象限划分[①],判定人口城镇化与土地城镇化的耦合协调类型,对每个象限类型展开分析[②]。利用的测度方法、指标权重确定、耦合协调判定标准同第四章一致,在此不再赘述。

二、指标体系

鉴于数据的可得性和各省份数据的统计口径的一致性,人口城镇化和土地城镇化两大系统,分别选取具有代表性的 6 项目指标来表征[③](见表 5-1)。首先,在人口城镇化方面,城市人口与就业选取人口城镇化率、城镇就业人数比重;教育和医疗方面选取每千人拥有卫生技术人员和每十万人在校学生数来表征;城市人口生活水平选取城镇居民可支配收入和农村人口消费支出表征。需要说明的是,城镇就业人数包括城镇国有单位和城镇私营单位两部分人数与全省总就业人数之比。农民人口消费支出是城市商品销售的数量反映城市工厂销售收入[④]。其次,在土地城镇化方面,土地利用结构选取建成区面积、年度征地面积来表征,城市基础设施选取燃气普及率和人均城市道路面积来表征,城市绿化选取人均公园绿地面积和城市建成区覆盖率来表征[⑤]。

---

① 张荣天:《中国省际城镇化与生态环境的耦合协调与优化探讨》,《干旱区资源与环境》2015 年第 7 期。

② 张中举:《土地城镇化与人口城镇化的协调发展研究——以京津冀为例》,天津大学,2018 年。

③ 林爱文:《湖北省人口城镇化与土地城镇化协调发展分析》,《地域研究与开发》2015 年第 6 期。

④ 沈彦:《新型城镇化视角下的湖南省土地城镇化与人口城镇化协调发展研究》,《中国人口·资源与环境》2015 年第 S1 期。

⑤ 郭付友:《2003 年以来东北地区人口城镇化与土地城镇化时空耦合特征》,《经济地理》2015 年第 9 期。

表 5-1　省级单位城镇化指标体系

目标层	一级指标	二级指标	单位	方向
人口城镇化	人口就业	人口城镇化水平	%	正向
		城镇人口就业比重	%	正向
	教育医疗	每千人卫生技术人员	名/千人	正向
		每万人平均在校学生	人/万人	正向
	生活质量	城镇人均可支配收入	元	正向
		农村人口平均消费支出	元	正向
土地城镇化	土地利用结构	建成区面积	平方公里	正向
		年度征地面积	平方公里	正向
	城市景观绿化	建成区绿化覆盖率	%	正向
		人均公共绿地面积	平方米/人	正向
	城市基础设施	城镇燃气普及率	%	正向
		人均城市道路面积	平方米	正向

三、数据来源

在测度省级人口城镇化与土地城镇化耦合协调度时，在表 5-1 中的人口城镇化水平和城镇就业比重、每千医疗卫生技术人员、每万人平均在校学生数、城镇人均可支配收入、农村人口平均消费支出原始数据源于《中国统计年鉴》，其中每万人平均在校学生数包括小学、初中、高中（职高）、高校在校学生。土地城镇化中城市建成区面积、年度征地面积、建成区绿化覆盖率、人均公共绿地面积、城镇燃气普及率和人均道路面积的数据，均来源于《中国城乡建设统计年鉴》。本章研究范围主要涉及 31 个省区市，大陆与港澳台是一个中国，由于统计口径差异，数据获得难度较大，不作为本书研究对象，特此说明。

第二节　省级人口城镇化与土地城镇化协调度测度结果

一、省级人口城镇化与土地城镇化指标权重确定

根据第四章列出的公式 4.1 对表 4-1 中的指标数据进行标准化处理以后，计算出指标标准值（见附录 2），利用公式 4.2—4.4 确定四个时点指标权重（见表 5-2）。

表 5-2　省级单位城镇化指标体系

目标层	一级指标	二级指标	代码	权重			
				2002	2010	2015	2019
人口城镇化	人口就业	城镇常住人口占总人口比重	X_1	0.1126	0.0847	0.0799	0.0503
		城镇就业比重	X_2	0.2052	0.2133	0.2239	0.3295
	教育医疗	每千人医疗卫生技术人员	X_3	0.1249	0.1017	0.1494	0.1332
		每万人在校平均在校学生数	X_4	0.0652	0.1298	0.1175	0.0956
	生活质量	城镇人均可支配收入	X_5	0.3128	0.2515	0.2602	0.2583
		农村人均消费支出	X_6	0.1793	0.2190	0.1692	0.1330
土地城镇化	土地利用结构	建成区面积	X_7	0.1175	0.2565	0.2615	0.2284
		年度征地面积	X_8	0.6206	0.3219	0.3515	0.4158
	城市景观建设	建成区绿化覆盖率	X_9	0.0651	0.1213	0.1185	0.1328
		人均公共绿地面积	X_{10}	0.0231	0.0977	0.0913	0.1205
	城市基础设施	城镇燃气普及率	X_{11}	0.0860	0.1064	0.0861	0.0332
		人均城市道路面积	X_{12}	0.0877	0.0961	0.0911	0.0693

二、各省人口城镇化与土地城镇化综合分值

利用公式 4. 5 计算出 2002 年、2010 年、2015 年、2019 年国内 31 个省份人口城镇化综合分值（*PU*）与土地城镇化综合分值（*LU*）（见表 5-3 和表 5-4）。

表 5-3　各省市区人口城镇化综合分值

省区市	2002	2010	2015	2019	省区市	2002	2010	2015	2019
北京	0. 8436	0. 5154	0. 8580	0. 9143	湖北	0. 2297	0. 1831	0. 2947	0. 2303
天津	0. 5467	0. 3086	0. 4709	0. 3483	湖南	0. 1763	0. 1716	0. 2961	0. 2168
河北	0. 1732	0. 1595	0. 2413	0. 1779	广东	0. 5107	0. 4128	0. 5089	0. 5046
山西	0. 2103	0. 2072	0. 2475	0. 1845	广西	0. 1673	0. 1784	0. 2276	0. 1969
内蒙古	0. 2158	0. 1862	0. 3514	0. 2712	海南	0. 2539	0. 1969	0. 3357	0. 2574
辽宁	0. 3124	0. 1849	0. 3075	0. 2102	重庆	0. 1678	0. 2067	0. 3284	0. 3427
吉林	0. 2515	0. 1270	0. 2462	0. 1435	四川	0. 1238	0. 1513	0. 2420	0. 1834
黑龙江	0. 2538	0. 1128	0. 1907	0. 0983	贵州	0. 0621	0. 1475	0. 2347	0. 1654
上海	0. 8588	0. 7029	0. 7352	0. 7865	云南	0. 1336	0. 1600	0. 1936	0. 1655
江苏	0. 3085	0. 3354	0. 5080	0. 4770	西藏	0. 1657	0. 0939	0. 2019	0. 1553
浙江	0. 5067	0. 4870	0. 6461	0. 5729	陕西	0. 2126	0. 1922	0. 2679	0. 2188
安徽	0. 1138	0. 1644	0. 2228	0. 2127	甘肃	0. 1265	0. 1246	0. 1437	0. 1248
福建	0. 3552	0. 3110	0. 4397	0. 4265	青海	0. 1660	0. 1546	0. 3492	0. 1767
江西	0. 1505	0. 2077	0. 2847	0. 2281	宁夏	0. 1817	0. 2325	0. 2891	0. 1730
山东	0. 2426	0. 2395	0. 2935	0. 2374	新疆	0. 3082	0. 1556	0. 3429	0. 2292
河南	0. 1295	0. 2217	0. 2734	0. 2213					

表 5-4　各省区市土地城镇化综合分值

省区市	2002	2010	2015	2019	省区市	2002	2010	2015	2019
北京	0. 2808	0. 4245	0. 3461	0. 6370	湖北	0. 2782	0. 4525	0. 4895	0. 3111
天津	0. 1912	0. 3318	0. 2751	0. 1313	湖南	0. 1702	0. 3421	0. 3632	0. 2712
河北	0. 2551	0. 4959	0. 4371	0. 3672	广东	0. 3353	0. 7087	0. 8795	0. 6407
山西	0. 1196	0. 2746	0. 3042	0. 2244	广西	0. 1325	0. 4384	0. 4289	0. 3399

续表

省区市	2002	2010	2015	2019	省区市	2002	2010	2015	2019
内蒙古	0.1404	0.2797	0.3952	0.3264	海南	0.2299	0.2432	0.2427	0.1758
辽宁	0.2405	0.5685	0.4689	0.2650	重庆	0.0752	0.3836	0.5122	0.3361
吉林	0.1548	0.3531	0.3174	0.2224	四川	0.1077	0.4285	0.4017	0.4410
黑龙江	0.1994	0.3242	0.2502	0.1976	贵州	0.0934	0.0803	0.2123	0.2267
上海	0.2319	0.2460	0.2198	0.6315	云南	0.7605	0.3311	0.1879	0.1964
江苏	0.4226	0.8572	0.8483	0.5854	西藏	0.1121	0.0890	0.2032	0.0739
浙江	0.4332	0.5806	0.6144	0.4152	陕西	0.1163	0.3420	0.3294	0.2172
安徽	0.1848	0.5093	0.6276	0.4633	甘肃	0.0590	0.1643	0.2305	0.1860
福建	0.1760	0.3711	0.5462	0.3443	青海	0.1066	0.1642	0.0966	0.1086
江西	0.1710	0.3912	0.4324	0.3590	宁夏	0.0846	0.3428	0.2794	0.3051
山东	0.2731	0.7475	0.7576	0.5620	新疆	0.2084	0.2930	0.3450	0.2574
河南	0.1833	0.3478	0.3520	0.3108					

三、省级人口城镇化与土地城镇化耦合协调度测度结果

在计算中国各省的人口城镇化与土地城镇化耦合协调性时，笔者认为人口城镇化与土地城镇化同等重要，在计算调节系数 T，分别令 α、β 各取值 0.5，通过公式（4.6）和公式（4.7），计算出全国 31 个省（自治区、直辖市）人口城镇化与土地城镇化的耦合协调度 D（见表 5-5）。

表 5-5　各省人口城镇化与土地城镇化耦合协调度

省份	2002D	2010D	2015D	2019D	省份	2002D	2010D	2015D	2019D
北京	0.4933	0.4836	0.5220	0.6177	湖北	0.3555	0.3793	0.4358	0.3658
天津	0.4020	0.4000	0.4242	0.3270	湖南	0.2943	0.3481	0.4049	0.3482
河北	0.3242	0.3750	0.4030	0.3575	广东	0.4549	0.5200	0.5784	0.5332
山西	0.2816	0.3453	0.3704	0.3190	广西	0.2728	0.3739	0.3952	0.3596
内蒙古	0.2950	0.3378	0.4317	0.3857	海南	0.3476	0.3308	0.3778	0.3261
辽宁	0.3702	0.4026	0.4357	0.3435	重庆	0.2370	0.3752	0.4528	0.4119

续表

省份	2002*D*	2010*D*	2015*D*	2019*D*	省份	2002*D*	2010*D*	2015*D*	2019*D*
吉林	0.3141	0.3254	0.3738	0.2989	四川	0.2403	0.3568	0.3948	0.3771
黑龙江	0.3354	0.3092	0.3305	0.2640	贵州	0.1951	0.2333	0.3341	0.3112
上海	0.4724	0.4560	0.4483	0.5936	云南	0.3993	0.3392	0.3088	0.3002
江苏	0.4249	0.5178	0.5729	0.5140	西藏	0.2610	0.2138	0.3183	0.2315
浙江	0.4840	0.5156	0.5613	0.4938	陕西	0.2804	0.3580	0.3854	0.3302
安徽	0.2693	0.3804	0.4324	0.3962	甘肃	0.2079	0.2675	0.3016	0.2760
福建	0.3536	0.4122	0.4950	0.4377	青海	0.2579	0.2823	0.3030	0.2632
江西	0.2832	0.3775	0.4188	0.3783	宁夏	0.2489	0.3757	0.3770	0.3389
山东	0.3588	0.4599	0.4856	0.4274	新疆	0.3560	0.3267	0.4147	0.3485
河南	0.2776	0.3726	0.3938	0.3621	平均	0.3274	0.3726	0.4156	0.3754

第三节　省级人口城镇化与土地城镇化协调度结果分析

笔者对2002年、2010年、2015年和2019年四个时段，按照第四章对人口城镇化与土地城镇化协调度划分标准的划分中10种类型，按照国家统计局的四大区域划分标准，将全国划分为四大区域，按着东部、中部、西部、东北等四大区域进行对比分析。

一、东部地区人口城镇化与土地城镇化耦合协调测度结果

在表5-6中列出了中国东部地区10个省份的人口城镇化与土地城镇化的耦合协调度状态，在2002年东部地区耦合协调度介于0.3242—0.4933之间，除了河北、山东、福建、海南的人口城镇化与土地城镇化属于轻度失调，其余6个省市区处于濒临失调阶段，总体上属于濒临失调阶段。在2010年东部地区整体耦合协调度介于0.3308—0.5178之间，人口城镇化与土地城镇化的

耦合协调度开始向好，河北和海南属于轻度失调，江苏和浙江两省的耦合协调度分别为0.5178和0.5156，步入勉强协调阶段，其余6个省份属于濒临失调阶段，总体上呈现出濒临失调阶段；到2015年东部地区人口城镇化与土地城镇化耦合协调度介于0.3778—0.5729之间，其中海南依然处于轻度失调阶段，北京、江苏、浙江、广东处于勉强协调阶段，其余5个省份处于濒临失调阶段，总体上属于濒临失调阶段。到2019年东部地区人口城镇化与土地城镇化耦合协调度介于0.3261—0.6177之间，北京市开始步入初级协调阶段，天津由濒临失调退回到轻度失调状态，海南省依然是处于轻度失调阶段，江苏、上海和广东属于勉强协调阶段，其余4个省份处于濒临失调阶段，总体上呈现濒临失调状态。在我国城镇化进程中，东部地区受到国家政策、区位优势、产业基础雄厚和优先利用外资等多项优势，带动人口城镇化与土地城镇化协调性较高。

表5-6　东部地区10省市耦合协调度

省份	2002	2010	2015	2019
北京	濒临失调	濒临失调	勉强协调	初级协调
天津	濒临失调	濒临失调	濒临失调	轻度失调
河北	轻度失调	轻度失调	濒临失调	轻度失调
山东	轻度失调	濒临失调	濒临失调	濒临失调
江苏	濒临失调	勉强协调	勉强协调	勉强协调
上海	濒临失调	濒临失调	濒临失调	勉强协调
浙江	濒临失调	勉强协调	勉强协调	濒临失调
福建	轻度失调	濒临失调	濒临失调	濒临失调
广东	濒临失调	勉强协调	勉强协调	勉强协调
海南	轻度失调	轻度失调	轻度失调	轻度失调
东部地区	濒临失调	濒临失调	濒临失调	濒临失调

资料来源：根据表5-3计算结果整理。

二、中部地区人口城镇化与土地城镇化耦合协调测度结果

在表5-7中列出了中部6省的人口城镇化与土地城镇化耦合协调度。在2002年中部6省人口城镇化与土地城镇化耦合协调度介于0.2832—0.3555之间，中部地区总体上属于轻度失调状态。其中湖北省人口城镇化与土地城镇化耦合协调度为0.3555，属于轻度失调状态，其余5个省份都属于中度失调状态。在2010年0.3453—0.3804之间，处于轻度失调状态。到2015年中部地区耦合协调度介于0.3704—0.4324之间，总体上呈现为濒临失调状态，其中安徽、江西、湖北、湖南等4省的耦合协调度分别为0.4324、0.4188、0.4358、0.4049，属于濒临失调阶段，山西和河南的人口城镇化与土地城镇化耦合协调度分别为0.3704和0.3938，属于轻度失调阶段，总体上向好。到2019年中部地区人口城镇化与土地城镇化耦合协调度介于0.319—0.3962之间，中部6省的人口城镇化与土地城镇化耦合协调度为轻度失调状态，尤其是安徽、江西、湖北、湖南人口城镇化与土地城镇化耦合协调度由濒临失调跌入轻度失调。在我国进入经济发展的新常态以后，中部地区城市扩张不能在以城市面积的快速扩张为主，但是人口城镇化综合分值较低，导致人口城镇化与土地城镇化耦合协调度逐渐降低。

表5-7　中部地区6省耦合协调度

省份	2002	2010	2015	2019
山西	中度失调	轻度失调	轻度失调	轻度失调
安徽	中度失调	轻度失调	濒临失调	轻度失调
江西	中度失调	轻度失调	濒临失调	轻度失调
河南	中度失调	轻度失调	轻度失调	轻度失调
湖北	轻度失调	轻度失调	濒临失调	轻度失调
湖南	中度失调	轻度失调	濒临失调	轻度失调
中部地区	中度失调	轻度失调	濒临失调	轻度失调

资料来源：根据表5-3计算结果整理。

三、西部地区人口城镇化与土地城镇化耦合协调测度结果

在表 5-8 中列出了西部地区 12 个省份人口城镇化与土地城镇化耦合协调度。在 2002 年在西部地区人口城镇化与土地城镇化耦合协调度介于 0. 1951—0. 3993 之间,贵州人口城镇化与土地城镇化耦合协调度为 0. 1951,属于重度失调,云南和新疆人口城镇化与土地城镇化耦合协调度分别为 0. 3993 和 0. 3560,属于轻度失调,其余 9 个省份人口城镇化与土地城镇化耦合协调度介于 0. 200—0. 2999 之间,属于中度失调阶段,占到西部地区的 75%,西部地区总体上呈现出中度失调状态。到 2010 年西部地区人口城镇化与土地城镇化耦合协调度介于 0. 2138—0. 3757 之间,其中贵州、西藏、甘肃、青海等 4 个省份的人口城镇化与土地城镇化耦合协调度分别为 0. 2333、0. 2138、0. 2675 和 0. 2823,属于中度失调状态,其余 8 个省份耦合协调度介于 0. 300—0. 399 之间,属于轻度失调阶段,占到西部全部省份 66. 67%,西部地区从总体上呈现出轻度失调阶段。到 2015 年西部地区 12 个省份的人口城镇化与土地城镇化耦合协调度介于 0. 4528—0. 3030 之间,其中内蒙古、重庆和新疆的人口城镇化与土地城镇化耦合协调度分别为 0. 4317、0. 4528 和 0. 4117,重庆市作为中国最年轻的直辖市,地处长江上游经济带核心位置,城镇人口和建成区面积在不断提升,促进人口城镇化与土地城镇化耦合度由中度失调上升为轻度失调和濒临失调状态,但是相比四大直辖市城镇化发展质量还有待提升。内蒙古和新疆作为我国北方两大生态屏障,由于地域面积较为广泛,内蒙古人口城镇化水平较高,城市扩张面积较快,新疆在国家"一带一路"建设中,借助国家与国家对外开放的各项战略,带动城镇化水平在不断提升。其余 8 个省份人口城镇化水平依然处于轻度失调状态,表明西部地区在总体上呈现出轻度失调状态。到 2019 年西部 12 省区市人口城镇化与土地城镇化耦合协调度介于 0. 2632—0. 4119 之间,重庆市人口城镇化与土地城镇化耦合协调度属于濒临失调阶段,甘肃和青海人口城镇化与土地城镇化耦合

协调度分别为 0. 276、0. 2632，属于中度失调，其余 9 个省份属于轻度失调状态。尤其是新疆和内蒙古重新回到轻度失调状态，耦合协调度分值有所下降，主要是党中央提出“绿水青山就是金山银山”的发展理念以后，开始转变发展理念，城市扩张面积逐渐减少，农民转化为城镇人口的速度开始逐渐放慢。从整体上看，在 2019 年人口城镇化与土地城镇化仍是处于轻度失调状态。相比东部地区、中部、东北地区，西部地区属于生态环境脆弱，人口转移和产业结构调整任务较重的地区，需要采取合理的措施和保持适度规模，促进人口城镇化与土地城镇化形成良性互动。

表 5-8　西部地区 12 个省区市耦合协调度

省份	2002	2010	2015	2019
内蒙古	中度失调	轻度失调	濒临失调	轻度失调
广西	中度失调	轻度失调	轻度失调	轻度失调
重庆	中度失调	轻度失调	濒临失调	濒临失调
四川	中度失调	轻度失调	轻度失调	轻度失调
贵州	重度失调	中度失调	轻度失调	轻度失调
云南	轻度失调	轻度失调	轻度失调	轻度失调
西藏	中度失调	中度失调	轻度失调	轻度失调
陕西	中度失调	轻度失调	轻度失调	轻度失调
甘肃	中度失调	中度失调	轻度失调	中度失调
青海	中度失调	中度失调	轻度失调	中度失调
宁夏	中度失调	轻度失调	轻度失调	轻度失调
新疆	轻度失调	轻度失调	濒临失调	轻度失调
西部地区	中度失调	轻度失调	轻度失调	轻度失调

资料来源：根据表 5-3 计算结果整理。

四、东北地区人口城镇化与土地城镇化耦合协调测度结果

在表 5-9 中列出了东北地区人口城镇化与土地城镇化耦合协调度，在 2002 年辽宁、吉林和黑龙江的耦合协调度分别为 0. 3702、0. 3141、0. 3354，都

处于轻度失调状态，说明东北地区总体上处于轻度失调状态。主要是在20世纪90年代末，东北地区作为我国老工业基地，城市建设面临较多困难，下岗失业人员多，人口就业压力大，而城市建设又面临资金短缺，由于城市建设质量较低，导致土地城镇化与人口城镇化处于轻度失调状态。到2010年辽宁、吉林和黑龙江省的人口城镇化与土地城镇化耦合协调度分别为0.4357、0.3738、0.3305，辽宁省人口城镇化与土地城镇化耦合协调度步入濒临失调状态，情况有所好转，吉林和黑龙江还是处于轻度失调状态，从总体上看东北地区属于轻度失调状态。到2015年辽宁、吉林和黑龙江的耦合协调度0.4357、0.3738、0.3305，辽宁省依然是处于濒临失调状态，吉林省和黑龙江省依然是轻度失调状态。到2019年辽宁省、吉林、黑龙江的人口城镇化与土地城镇化耦合协调度分别为0.3435、0.2989、0.264，辽宁省处于轻度失调阶段，吉林和黑龙江处于中度失调阶段，总体上呈现出轻度失调状态。对比2002年、2010年和2015年辽宁、吉林、黑龙江省人口城镇化与土地城镇化耦合协调度有一定的下降趋势，主要是东北三省城镇化速度开始放缓。根据相关报道，东北地区从2013年开始东北三省的常住人口持续7年呈现出净流出现象，人口净流出规模从2013年的0.79万人扩大到2019年的33.17万人，去除自然死亡之外，7年时间合计净流出了164万人，使得东北地区常住人口在不断减少，与之相对应的是城市建成区面积增加了557.2平方公里（见表5-10和图5-1），导致人口城镇化与土地城镇化耦合协调度处于轻度失调状态。

表5-9　东北地区3个省份耦合协调度

省份	2002	2010	2015	2019
辽宁	轻度失调	濒临失调	濒临失调	轻度失调
吉林	轻度失调	轻度失调	轻度失调	中度失调
黑龙江	轻度失调	轻度失调	轻度失调	中度失调
东北地区	轻度失调	轻度失调	轻度失调	轻度失调

资料来源：根据表5-3计算结果整理。

表 5-10　东北三省常住人口和建成区面积

项目	省份	2013	2014	2015	2016	2017	2018	2019
常住人口（万人）	辽宁	4390.0	4390.0	4382.4	4377.8	4369	4359.3	4351.7
	吉林	251.2	2751.2	2753.3	2733.03	2717	2704.3	2690.7
	黑龙江	3835.0	3834.0	3811.7	3799.2	3789	3773.1	3751.3
	东北地区	10976	10975	10947	10910	10875	10836	10793
建成区面积（平方公里）	辽宁省	2386.5	2422.0	2462.0	2798.2	2643.8	2669.7	2720.1
	吉林省	1344.0	1362.8	1399.1	1425.8	1452.2	1538.8	1555.1
	黑龙江	1758.4	1785.1	1772.2	1810.2	1819.2	1825.0	1770.9
	东北地区	5488.9	5569.9	5633.3	6034.2	5915.2	6033.5	6046.1

资料来源：根据常住人口根据《辽宁统计年鉴》《吉林省统计年鉴》《黑龙江省统计年鉴》整理，建成区面积根据《中国统计年鉴》整理。

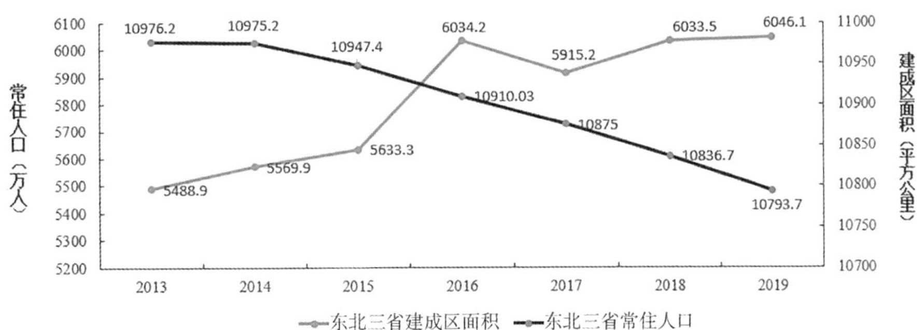

图 5-1　东北三省常住人口和建成区面积

第四节　省级人口城镇化与土地城镇化耦合协调类型分析

依据表 5-3 计算出的人口城镇化与土地城镇化综合分值，通过人口城镇化与土地城镇化分值大小，判定“两化”协调主导类型，即人口城镇化综合分值大于土地城镇化综合分值,属于土地城镇化滞后型。土地城镇化综合分值大于人口城镇化综合分值,属于人口城镇化滞后型。人口城镇化综合分值等于(约等于)土地城镇化综合分值,属于“两化”同步型。

一、东部地区人口城镇化与土地城镇化耦合协调类型

在表 5-11 中列出了东部地区人口城镇化与土地城镇化主导类型,现将结果分析如下:

表 5-11　东部地区 10 个省市 *Max*(*PU*、*LU*)主导类型

省份	2002	2010	2015	2019
北京	*PU*	*PU*	*PU*	*PU*
天津	*PU*	*LU*	*PU*	*PU*
河北	*LU*	*LU*	*LU*	*LU*
山东	*LU*	*LU*	*LU*	*LU*
江苏	*LU*	*LU*	*LU*	*LU*
上海	*PU*	*PU*	*PU*	*PU*
浙江	*PU*	*LU*	*PU*	*PU*
福建	*PU*	*LU*	*LU*	*PU*
广东	*PU*	*LU*	*LU*	*LU*
海南	*PU*	*LU*	*PU*	*PU*
东部地区	*PU*	*LU*	*LU*	*PU*

资料来源:根据表 5-3 计算结果整理。

在 2002 年河北、山东、江苏等 3 个省的属于人口城镇化滞后型,其余 7 个省市属于土地城镇化滞后型,说明在进入 21 世纪以后,东部沿海省份城镇人口就业、教育、医疗和生活质量较高,属于人口城镇化超前型。在 2010 年仅有北京和上海市属于土地城镇化滞后型,以上两个城市属于国内特大型城市,主要是城市建设规模扩张速度放缓,土地城镇化综合分值虽然低于人口城镇综合分值,并不代表以上两个省份城市建设质量低和土地利用结构不合理,主要

是由于征地面积少和人均占有量低，导致土地城镇化质量较低。到2015年北京、天津、上海、浙江、海南等5个省份属于人口城镇化超前型，其余5个省份属于土地城镇化超前型，呈现出对半分的局势。到2019年河北、山东、江苏、广东等4个省份属于土地城镇化超前型，其余6个省份属于人口城镇化超前型。通过以上分析可知，东部地区在2000年和2019年属于土地城镇化滞后型，在2005年和2010年属于人口城镇化滞后型，形成了人口城镇化与土地城镇化"并驾齐驱"的发展态势，主要是东部地区的北京、天津、上海等3个直辖市，在早期城市建设已经达到一定的规模，属于超大型城市，聚集着大量外地人口和聚集着大量企业，解决就业以后，带动居民生活质量不断提高。因此，人口城镇化质量较高。还有海南是以旅游经济为主导产业的省份，主要是城市建设相对较晚，人口城镇化超前于土地城镇化，但总体城镇化质量较低，近期国家开始打造海南国际旅游岛，解决更多进城人口和就业安居问题。相比之下，河北、山东、江苏、广东、福建的土地城镇化大于人口城镇化综合分值，主要是以上5个省份处于城镇化加速发展阶段，但是城市扩张面积较快，城市建成区面积、景观绿化、基础设施等成为城镇化快速发展的主要推动因素，有很多企业来此投资落地，导致土地城镇化快于人口城镇化。

二、中部地区人口城镇化与土地城镇化耦合协调类型

在表5-12中部地区人口城镇化与土地城镇化协调发展类型，在2002年仅有山西省和2019年江西省属于土地城镇化滞后型，其余年份中部6省均以土地城镇化超前型为主。说明中部地区在进入21世纪以后，在国家提出东部率先发展、中部崛起，西部大开发和振兴东北老工业基地的战略以后，2002年中部六省的城市建成区面积5710.68平方公里，到2010年达到了8326.31平方公里，相比2002年增加2616.11平方公里，到2019年为12533.8平方公里，相比2002年增加6822.6平方公里，增加幅度达到了119.47%，年均增速为6.64%。随着城市建成区面积的增加，带动中部地区城市的道路、给排水、

供气、供电和通信设施得到快速发展,促进城市面貌发生了巨大的改变,学校、医疗、文体等公共服务设施的不断完善,带动城镇综合承载力显著提升,土地城镇化质量高于人口城镇化质量。在此基础上,随着中部地区城镇规模的不断扩张和城市竞争力不断增强,是中部地区崛起的重要力量和重要依托,中部城市群快速发展的趋势比较明显。如中原城市群以占全省 35.2%的土地,承载着 58.4%的经济总量和全省 44.8%的人口;武汉城市圈占全省 31.2%的土地,承载着全省 60.4%的经济总量和全省 53.0%的人口①。通过比较可知,中部 6 省区在推进城镇化进程中,在 2002 年城镇常住人口为 11467.03 万人,到 2019 年为 21156.09 万人,在此阶段增加 9689.06 万人,增长幅度达到 84.4%,年均增速达为 4.69%,相比土地建成区面积增长速度低 1.69 个百分点。由于城市人口数量增加缓慢,另外没有提供更多就业岗位,导致城市人口生活质量很低,土地城镇化与人口城镇化的非协调现象较为严峻,通过以上结果分析,中部地区各省政府应重视城市人口的就业和福利,控制城市面积的扩张。

表 5-12 中部地区 6 个省份 *Max*(*PU*、*LU*)主导类型

省份	2002	2010	2015	2019
山西	*PU*	*LU*	*LU*	*LU*
安徽	*LU*	*LU*	*LU*	*LU*
江西	*LU*	*LU*	*LU*	*PU*
河南	*LU*	*LU*	*LU*	*LU*
湖北	*LU*	*LU*	*LU*	*LU*
湖南	*PU*	*LU*	*LU*	*LU*
中部地区	*LU*	*LU*	*LU*	*LU*

资料来源:根据表 5-3 计算结果整理。

① 喻新安:《中国中部地区发展报告(2013)》,社会科学文献出版社 2013 年版。

三、西部地区人口城镇化与土地城镇化耦合协调类型

在见表 5-13 中可知西部地区人口城镇化与土地城镇化协调发展类型。在 2000 年仅有贵州省属于人口城镇化滞后型，其余 11 个省份都属于土地城镇化滞后型，主要国家在实施西部大开发的初级阶段，城市建设水平较低，城镇化处于“百废待兴”的发展态势，西部地区占全国国土总面积的 57%，聚集着 120 座城市，而中部地区仅占国土面积的 27%，却聚集着 247 座城市，说明西部地区国土资源面积大，城市数量少和规模小，除了省会城市以外，多数城市都沿着矿产资源带、边境口岸带、交通要道，形成了资源型城市和边境口岸城市城市群①。经过 10 年的发展，2010 年仅有西藏自治区属于土地城镇化滞后型，其余 11 个省份呈现出人口城镇化滞后型，在国家西部大开发战略的带动下，西部地区 12 省区市的城市建成区面积 2000 年仅为 5431. 32 平方公里，到 2010 年为 9648. 3 平方公里，增长幅度达到 77. 64%，城市建成区面积在持续增加，但是地区生态环境迫害较为严重，城镇化与生态环境之间不协调现象较为严重。到 2015 年贵州、云南、青海、宁夏属于土地城镇化滞后型，西藏和新疆属于人口城镇化与土地城镇化综合分值“不分伯仲”，属于人口城镇化与土地城镇化同步型。其余 6 个省份依然属于人口城镇化滞后型。

表 5-13　西部地区 12 个省市区 *Max*(*PU*、*LU*) 主导类型

省份	2002	2010	2015	2019	省份	2002	2010	2015	2019
内蒙古	*PU*	*LU*	*LU*	*LU*	陕西	*PU*	*LU*	*LU*	*PU*≈*LU*
广西	*PU*	*LU*	*LU*	*LU*	甘肃	*PU*	*LU*	*LU*	*LU*
重庆	*PU*	*LU*	*LU*	*PU*	青海	*PU*	*PU*	*PU*	*PU*
四川	*PU*	*LU*	*LU*	*LU*	宁夏	*PU*	*LU*	*PU*	*LU*
贵州	*LU*	*LU*	*PU*	*LU*	新疆	*PU*	*LU*	*PU*≈*LU*	*LU*

① 方创琳:《中国西部地区城市群形成发育现状与建设重点》,《干旱区地理》2010 年第 5 期。

续表

省份	2002	2010	2015	2019	省份	2002	2010	2015	2019
云南	*LU*	*LU*	*PU*	*LU*	西部地区	*PU*	*LU*	*LU*	*LU*
西藏	*PU*	*PU*	*PU*≈*LU*	*PU*					

资料来源:根据表 5-3 计算结果整理。

在党的十八大以后,国家提出放缓土地城镇化速度,走内涵式和品质型城镇化发展道路。西部地区多个省份在环境保护与环境污染、城市人口增长与资源环境的矛盾越来越突出的背景下,依据“绿水青山就是金山银山”的发展理念,实施在“保护中开发,在开发中保护”的发展模式,到 2019 年重庆和青海为土地城镇化滞后型,陕西人口城镇化与土地城镇化综合分值“不分伯仲”,属于同步型,其余 9 个省份属于人口城镇化滞后型。2019 年在西部 12 个省份中,除了内蒙古和重庆以外,其余 10 个省的常住人口城镇化水平都低于全国平均水平 60%(见图 5-2),一方面是人口外流,另外一方面是国家重视人口质量的提升,部分地区放缓了农村人口转移速度。在党的十九大召开以后,西部地区多个省份由于城乡二元结构差距较大,受山地高原多和平原少、交通基础设施落后等多方面的影响,导致城市建设质量较低。国家实施战略开始加快西部城市群建设,让成都、重庆、西安等三大国家中心城市,贵阳、南宁、兰州、乌鲁木齐等国家和区域中心城市的功能作用,推动城市群高质量发展,重点是培育一批特色小城镇,培育西部地区城市群①。推动北部湾、兰州—西宁、呼包鄂榆、宁夏沿黄、黔中、滇中、天山北坡等城市群发展,支持西部地区城镇化高质量发展,带动西部地区多个地区城镇建设质量逐渐提高②。相比之下,在 2019 年西部地区多个省份人口城镇化质量较低,国家推进精准

① 杨佩卿:《西部地区新型城镇化研究:发展目标、动力机制与绩效评价》,中国社会科学出版社 2020 年版。

② 马德君:《西部地区城镇化协调发展研究》,经济日报出版社 2016 年版。

扶贫和促进资源型城市转型战略，带动乡村人口向城市迁移，促进人口生活水平在不断提升，但是城市建设数量较低。在未来城镇化进程中，为了实现“两化”协调发展，还需要增加就业岗位，吸引更多人口回到家乡发展经济，实现就地城镇化。

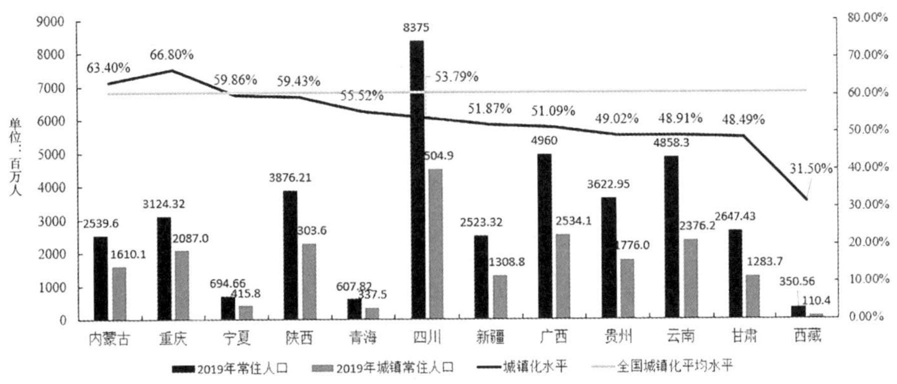

图 5-2　西部地区人口城镇化水平

资料来源：根据《中国统计年鉴》整理。

四、东北地区人口城镇化与土地城镇化耦合协调类型

在表 5-14 中列出了东北地区人口城镇化与土地城镇化协调类型。在 2002 年辽宁省、吉林省、黑龙江等 3 个省份人口城镇化综合分值高于土地城镇化综合分值，属于人口城镇化超期型，东北地区作为全国能源输出基地，能源输出价格与实际价格形成“剪刀差”，多个城市没有更多资金用于城市建设，导致城市建设历史欠账较多①。到了 20 世纪 90 年代末，东北地区多个城市面临资源枯竭和国企改革，地方政府没有更多资金用于城市开发，导致经济发展较慢。在 2003 年以后，国家提出振兴东北老工业基地战略以后，东北地区开始加快资源型城市转型和产业结构升级，但是本地区人口开始向东部沿

① 梁振民：《新型城镇化背景下的东北地区城镇化质量评价研究》，经济科学出版社 2016 年版。

海地区转移，导致地区人口数量在不断减少。在此基础上，辽宁省、吉林省和黑龙江省加快城市土地扩张，带动城市建成区面积不断提高，到 2010 年东北三省的城市建成区面积为 5095.89 平方公里，相比 2002 年的 3770.34 平方公里增加 1325.55 平方公里，增长幅度达到 35.15%，城市道路、基础设施、垃圾处理设施和城市绿化水平都在不断提高。到 2015 年东北三省属于人口城镇化滞后型，在此阶段正值国家“十二五”规划时期，国务院推出《中国图们江区域合作开发规划纲要——以长吉图为开发开放先导区》、《辽宁省沿海经济带发展规划》、《沈阳经济区建设规划》、《黑龙江和内蒙古东北部地区沿边开发开放规划》等国家级战略，带动东北地区城市建设、交通基础设施、港口建设和城市产业转型升级，有效地促进辽宁省沿海城市群、辽宁省中南部城市群、吉林省长吉图城市群、黑龙江省哈大齐城市群和正在规划建设黑龙江东部城市群等发展壮大，尤其是辽宁省以沈阳为核心形成“一小时经济圈”战略，带动城市之间对接更加紧密①。到 2019 年东北三省以人口城镇化滞后型为主，近期东北地区随着人口城镇化逐渐放缓，主要是以城市内涵式建设为主，打造一批新市镇和开发特色型城镇，包括特色产业小镇、旅游文化类小镇、边境地区小镇等，实现人口城镇化与土地城镇化协调发展②。

表 5-14　东北三省 *Max*(*PU*、*LU*) 主导类型

省份	2002	2010	2015	2019
辽宁	*PU*	*LU*	*LU*	*LU*
吉林	*PU*	*LU*	*LU*	*LU*
黑龙江	*PU*	*LU*	*LU*	*LU*
东北地区	*PU*	*LU*	*LU*	*LU*

资料来源：根据表 5-3 计算结果整理。

① 王雪薇：《东北地区城市群组空间重构：格局 · 过程 · 效应》，科学出版社 2017 年版。

② 程遥：《东北地区核心—边缘空间演化及驱动机制研究》，同济大学出版社 2020 年版。

第五节　省级人口城镇化与土地城镇化优化路径

从上文分析中可知,人口城镇化与土地城镇化是一对互相促进和相互影响的双线主体,具有一定耦合协调性,“两化”协调发展会随着时代发展向好的方向发展,呈现出较强的时序性①。鉴于此,本书以人口城镇化综合得分为横坐标 x,土地城镇化综合得分排名为纵坐标 y②,依据全国 31 个省区市人口城镇化与土地城镇化综合排名的散点图,划分为四种类型(见图 5-3、图 5-4、图 5-5 和图 5-6),即人口城镇化与土地城镇化“双高类型区”、人口城镇化与土地城镇化“低高类型区”、人口城镇化与土地城镇化“双低类型区”、人口城镇化与土地城镇化“高低类型区”。

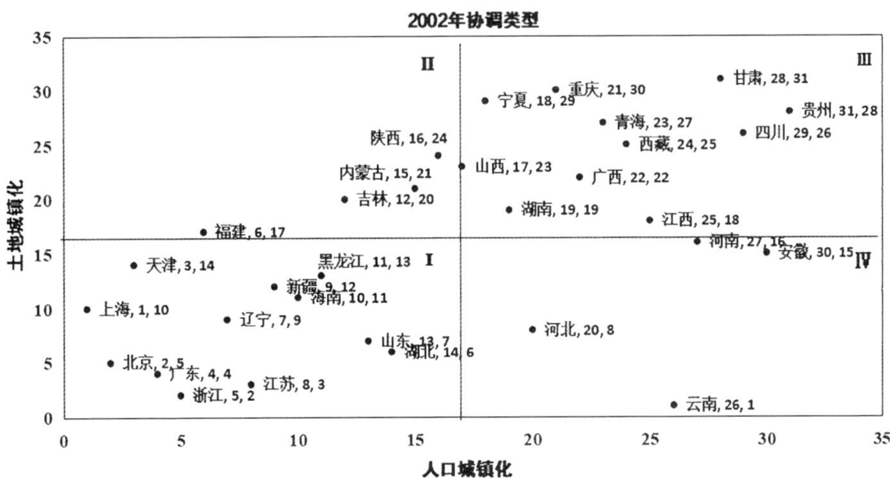

图 5-3　2002 年人口城镇化与土地城镇化协调类型图

① 杨玉珍:《中西部快速城镇化地区生态·环境·经济耦合协同发展研究》,中国社会科学出版社 2019 年版。

② 龚远姮:《湖北省新型城镇化中人口—土地—生态协调发展研究》,华中师范大学,2019 年。

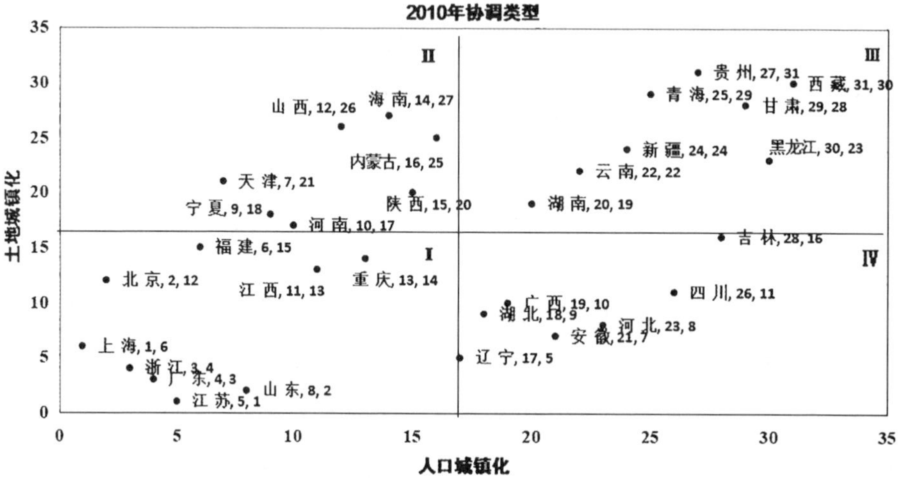

图 5-4　2010 年人口城镇化与土地城镇化协调类型图

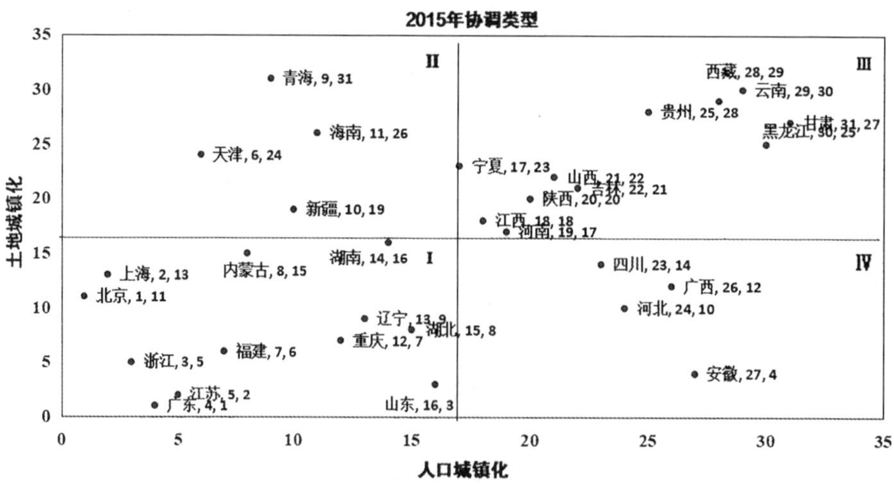

图 5-5　2015 年人口城镇化与土地城镇化协调类型图

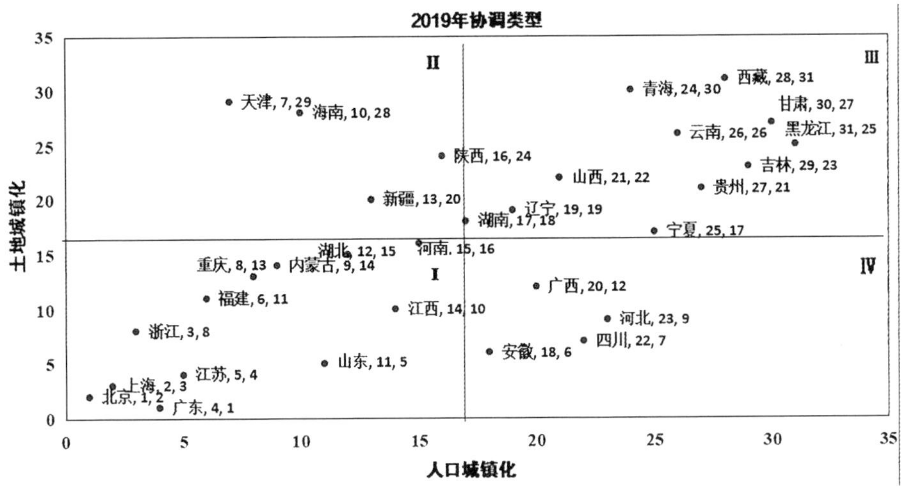

图 5-6　2019 年人口城镇化与土地城镇化协调类型图

一、人口城镇化与土地城镇化双高类型区优化路径

首先,第Ⅰ象限为人口城镇化与土地城镇化得分“双高类型区”。在 2002 年北京、上海、天津、广东、浙江、江苏、辽宁、新疆、海南、黑龙江、山东、湖北等 12 个省份属于“双高型”,以上 12 个省份占全国总数的 38.7%,尤其是北京、上海、天津、广东、浙江人口城镇化综合分值排名属于前五名,而云南省土地城镇化综合分值排名第一,却不属于“双高型”。浙江、江苏、广东、北京、湖北的排名分别为第二、第三、第四、第五和第六。到 2010 年北京、上海、浙江、广东、山东、江苏的 6 个省份象限位置没有发生变动,新进入“双高类型区”的省份有福建、江西、重庆等 3 个省份,相比 2002 年减少 3 个省份,北京、上海、浙江、广东、江苏和福建等省份“两化”综合分值排名比较靠前。到 2015 年在“双高型”类型区的省份有北京、上海、广东、山东、浙江、福建、重庆等 7 个省份,新进入“双高型”类型区的有辽宁、内蒙古、湖北、湖南、江苏等 5 个省份,北京、江苏、上海、广东和福建的“两化”综合分值排名比较靠前。到 2019 年位列“双高型”省份有北京、上海、浙江、江苏、广东、福建、山东、重庆、内蒙古、湖

北、江西等11个省份，新进入的省份有河南。北京、上海、广东、江苏、浙江、福建等6个省份的“两化”综合分值排名比较靠前。

其次，通过以上分析可知，人口城镇化与土地城镇化综合分值在全国各个省份中处于前列，未来城镇化发展实施路径：其一，走内涵式城镇化道路，夯实产业基础，开拓就业岗位带动居民就业，增加居民经济收入和完善公共服务设施。其二，科学规划城市用地，将各类基础设施逐渐向乡村延伸，提高城镇化一体化水平。其三，在“双高类型区”中，北京、上海、天津、广东等经济水平实力较强，人口城镇化与土地城镇化水平较高，未来以构建国际化大都市为基础，与地方中小城市形成协同发展关系，打造城市群和地域综合体，实现高质量的城镇化战略①。

二、人口城镇化与土地城镇化高低类型区优化路径

首先，第Ⅱ象限属于人口城镇化综合分值高和土地城镇化综合分值低的“高低类型区”。在2002年在“高低类型区”的省份有福建、吉林、内蒙古、陕西等4个省份，以上四个省份人口城镇化综合分值较高，但是土地城镇化综合分值较低，属于土地城镇化滞后型。到2010年内蒙古和陕西位列第Ⅱ象限的“高低类型区”内，天津、宁夏、河南和海南等5个省份属于新进省份，在数量上有所增加，说明人口城镇化质量提升省份有所增加，属于土地城镇化滞后型。到2015年天津和海南位于第Ⅱ象限的“高低类型区”，新疆和青海是新进入第Ⅱ象限的“高低类型区”的省份。

其次，通过分析可知处于第Ⅱ象限的“高低类型区”的省份在4个时点上变化较大，形成“进进出出”的不稳定状态，说明人口城镇化与土地城镇化的综合分值变化较大。因此，处于第Ⅱ象限的省份在推进城镇化进程中，建议天津、海南、新疆和陕西等省份在新型城镇化道路上，虽然人口城镇化质量较高，

---

① 姚士谋：《中国新型城镇化理论与实践问题》，《地理科学》2014年第6期。

还需要加强城市基础设施建设，在城市景观、绿化、垃圾处理和教育医疗等公共服务设施方面给予特别重视，提高城市建设品质。

三、人口城镇化与土地城镇化双低类型区优化路径

第Ⅲ象限是人口城镇化与土地城镇化综合分值"双低类型区"。在2000年有宁夏、山西、重庆、青海、西藏、广西、湖南、江西、四川、贵州、甘肃等11个省份处于"两化"的"双低类型"区，占全国各省份的32.35%，与"双高类型区"的基本持平，形成了"双高"和"双低"并驾齐驱的发展态势，说明中国城镇化还存在很大差距，两极分化较为严重。在2010年有湖南、云南、新疆、黑龙江、青海、甘肃、贵州、西藏等8个省份位列"两化"的"双低类型区"，相比2002年减少3个省份，云南和新疆步入"两化"的"双低类型区"。到2015年宁夏、陕西、山西、江西、河南、贵州、黑龙江、云南、甘肃等9个省份位于"两化"的"双低类型区"，河南和江西是新进入省份。到2019年湖南、辽宁、陕西、贵州、宁夏、吉林、黑龙江、甘肃、西藏、青海和云南等11个省份位列"两化"的"双低类型区"，其中辽宁、吉林和黑龙江属于新进入"两化"的"双低类型区"的省份，原因是东北三省城镇化速度逐渐放缓，后进省份的城镇化质量开始跟进，导致东北三省人口城镇化与土地城镇化综合分值排名比较靠后。

其次，通过以上分析可知，在人口城镇化与土地城镇化的"双低类型区"中，尤其是青海、云南、西藏、甘肃、贵州和宁夏在四个年份时点上都位于"双低类型区"，说明以上6个省区的城镇化总体上较低，外加以上6个省份都是位于中国西部地区，由于生态环境较为脆弱和城市基础设施建设较为滞后，在新型城镇化道路上，建议如下：首先，重视城镇人口的安居乐业，增加居民收入和幸福指数，逐渐提高人口城镇化质量；其次，由于以上6个省份发展的重要任务是保护生态环境，在城市建设过程中不能大搞开发建设，以建设生态省和生态城市为主线，在增加城市绿化的基础上，加强荒漠化和沙地的生态治理；最后，在产业发展方面，主要开发绿色、低碳等产业，逐渐增加物流产业、旅游

业和文化创意产业，为农民转化为城市人口创造更多就业岗位。

四、人口城镇化与土地城镇化低高类型区优化路径

首先，第Ⅳ象限属于人口城镇化综合分值低和土地城镇化综合分值高的“低高类型区”。在2002年河南、安徽、河北和云南等4个省份位于“低高类型区”，主要是人口城镇化综合分值排名比较靠后，土地城镇化综合分值排名比较靠前。到2010年辽宁、湖北、广西、安徽、河北、四川、吉林等7个省份位列“低高类型区”，辽宁、湖北、广西、四川和吉林等5个省份属于新进省份，说明以上5个省份的土地城镇化质量逐渐提高，排名比较靠前。到2015年四川、广西、河北、安徽等4个省区位列“低高类型区”，相比2010年减少3个省份。到2019年依然是广西、河北、四川和安徽等4个省区位列“两化”的“低高类型区”。

其次，广西、河北、四川和安徽在未来新型城镇化中，一方面提高城镇化建设品质，加强省内重点城市和中心城市的建设品质，构建起大中小城市协同发展的战略，增加城市承载力，为人口城镇化高质量发展提供更好地载体。另一方面是由于以上省份人口数量多，尤其是广西、四川、安徽等省份人口外流数量较为严峻，吸引更多人口回到家乡安居乐业，重点是发展地方经济，带动地方经济发展，为进城人口提供适合的就业岗位，提高居民收入水平。最后，在城市建设过程中，将省内公共服务设施逐渐向乡村延伸，实现城乡一体化。

本章小结

本章以我国31个省份人口城镇化与土地城镇化耦合协调度为研究对象，根据判定标准，对人口城镇化与土地城镇化耦合协调度、耦合协调类型进行判定，具体结论如下：

（1）人口城镇化与土地城镇化耦合协调度方面，以2002年、2010年、2015

年和 2019 年为研究时点，东部 10 省市“两化”耦合协调度主要以濒临失调为主，仅有北京市在 2019 年介于初级协调状态。东部地区在我国城镇化进程中具有引领作用，但是人口城镇化与土地城镇化耦合协调状态尚未达到理想的状态，还需进一步增加城市人口生活质量和土地城镇化质量。中部 6 省人口城镇化与土地城镇化耦合协调度处于中度、轻度、濒临失调状态，城镇化耦合协调度总体上向好。西部地区人口城镇化与土地城镇化在我国四大区域中总体上偏低，在 2002 年是以中度失调为主，随后开始步入轻度失调。东北地区人口城镇化与土地城镇化始终处于轻度失调状态，主要是东北地区人口外流较为严重，但是城市建设速度在不断增加，导致人口城镇化与土地城镇化非协调耦合现象较为严重。

（2）人口城镇化与土地城镇化耦合协调主导类型方面。东部地区在 2002 年和 2019 年属于土地城镇化滞后型，在 2010 年和 2015 年属于土地城镇化滞后型。中部地区多个省份主要是人口城镇化滞后型，说明中部地区加速城市建设，区域人口城镇化质量较低。西部地区人口城镇化与土地城镇化协调类型在 2002 年是土地城镇化滞后型，在 2010 年、2015 年、2019 年主要是人口城镇化滞后型为主；东北地区在 2002 年主要是土地城镇化滞后型，随后三个时点上都是以人口城镇化滞后型为主。

（3）人口城镇化与土地城镇化耦合协调类型。利用象限分析法，对我国人口城镇化与土地城镇化综合分值排名划分成四种类型：人口城镇化与土地城镇化“双高类型区”、“高低类型区”、“双低类型区”和“低高类型区”。在“双高类型区”主要有北京、上海、广东、浙江、江苏、山东等省市，以上省份土地城镇化与人口城镇化得分较高。天津、海南、新疆和陕西等省份属于“高低类型区”，以上省份是人口城镇化综合分值较高和土地城镇化综合分值较低，建议以上省份提高加强城市建设，提升土地综合利用效率，带动土地城镇化质量不断提升，促进“两化”协同并进。在“双低类型区”是人口城镇化与土地城镇化综合分值都较低，从四个时点看有 35%的省份处于“双低类型区”，说明我国有 1/3 的省份城镇化质量较低。在“低高类型区”内,是人口城镇化质量综合分值排名比较靠后,土地城镇化综合分值排名比较前,尤其是广西、河北、四川和安徽等 4 个省份的人口城镇化与土地城镇化始终保持在“低高类型区”内,在推进新型城镇化道路上,应该为城市人口提供更多就业岗位,增加收入水平,提升城镇居民的生活水平。

第六章　不同城市尺度人口城镇化与土地城镇化耦合协调测度

在第四章和第五章从宏观层面和中观层面，测度与分析中国人口城镇化与土地城镇化耦合协调性，从时序和区域差异的角度对人口城镇化与土地城镇化耦合协调度进行对比分析，得到了结论人口城镇化滞后于土地城镇化①。为了进一步深入了解“两化”耦合协调性，还需对不同层级的城市构建评价指标体系，测度副省级城市、地级市和县级市的“两化”耦合协调性，分析“两化”耦合协调协调度和耦合协调类型，旨在为地方政府城镇化发展提供理论参考。

第一节　研究总体框架

一、研究对象

由于城市行政区划变动导致城市职能和行政级别在逐年变化，鉴于以往对城市划分方法②，本章主要目的测度人口城镇化与土地城镇化耦合协调度，第四章是全国层面分析人口城镇化与土地城镇化耦合协调度，第五章从省域层面测度人口城镇化与土地城镇化耦合协调度。为了进一步顺延行政区划的

① 厉以宁：《中国新型城镇化概论》，中国工人出版社 2014 年版。

② 许学强、周一星：《城市地理学》，高等教育出版社 2009 年版。

层级性，本书以副省级城市、地级市、县级市等研究对象，以全国 15 个副省级城市、270 个地级市和 350 个县级市为研究对象，对各类城市的人口城镇化与土地城镇化耦合协调度进行综合测度，分析各类城市人口城镇化与土地城镇化的耦合协调度和耦合协调类型。

二、指标体系

首先，为了客观地测度副省级城市和地级市人口城镇化与土地城镇化的耦合协调度，人口城镇化从人口就业、教育医疗和居民生活水平等三个维度选取 6 项指标，土地城镇化从城市建设、基础设施、城市绿化等三个维度选取 6 项指标，为副省级城市和地级市构建评价指标体系（见表 6-1）。

表 6-1　副省级城市和地级市人口城镇化与土地城镇化指标体系

目标层	一级指标	二级指标	代码	单位	方向	权重	
						副省级城市	地级市
人口城镇化	人口就业	第三产业就业比重	X_1	%	正向	0.1857	0.3022
		城区人口密度	X_2	人/平方公里	正向	0.1338	0.0310
	教育医疗	每万人拥有执业医师数量	X_3	名/万人	正向	0.2664	0.1115
		每万人在校大学生数量	X_4	人/万人	正向	0.1746	0.1877
	生活质量	年末人均人民币存款余额	X_5	元	正向	0.1035	0.1480
		人均社会消费零售总额	X_6	元	正向	0.1359	0.2196
土地城镇化	城市建设	建成区面积	X_7	平方公里	正向	0.1640	0.1371
		人均固定资产投资总额	X_8	元	正向	0.2321	0.3425
	基础设施	人均城市道路面积	X_9	平方米	正向	0.1494	0.0939
		每万人拥有公共汽车数量	X_{10}	标台/万人	正向	0.1391	0.0939
	城市绿化	建成区绿化覆盖率	X_{11}	%	正向	0.1608	0.2003
		人均公园绿地面积	X_{12}	平方米	正向	0.1547	0.1322

其次，测度县级市人口城镇化与土地城镇化耦合协调度，笔者根据以往研究成果①，在人口城镇化方面选取城区人口占全部人口比重来表征县级市的人口规模，非农就业比重来表征就业水平。用每万人在校学生数表征县级市教育水平。人均年末储蓄余额来表征地区人口收入水平，因为县域人口获得经济收入以后消费数量少，但是储蓄数量大，选取人均年末储蓄余额来表征。在土地城镇化方面，选取建成区面积来表征城市空间规模，人均固定资产投资总额来表征政府对于城市公共服务设施的投入情况，人均道路面积来表征城市建设情况，人均公园绿地面积来表征城市绿化建设。整合人口城镇化与土地城镇化两个维度的 8 项指标，构建我国县域人口城镇化与土地城镇化耦合协调度评价指标体系（见表 6-2）。

表 6-2　县级市人口城镇化与土地城镇化评价指标体系

目标层	一级指标	二级指标	代码	单位	方向	权重
人口城镇化	人口规模	城区人口占全市人口比重	X_1	%	正向	0.3880
	就业水平	非农业就业比重	X_2	%	正向	0.2004
	教育水平	每万人在校学生数	X_3	人/万人	正向	0.1950
	居民生活	人均年末储蓄额	X_4	元	正向	0.2167
土地城镇化	城市规模	建成区面积	X_5	平方公里	正向	0.3112
	城市建设	人均固定资产投资总额	X_6	元	正向	0.4614
	基础设施	人均道路面积	X_7	平方米	正向	0.1108
	城市绿化	人均公园绿地面积	X_8	平方米	正向	0.1167

三、数据来源

首先，关于副省级城市和地级市人口城镇化 6 项指标数据都来源于《中国

① 马文博：《人口城镇化与土地城镇化的耦合协调关系及空间差异》，《统计与决策》2020 年第 12 期。

城市统计年鉴》,其中城区人口密度根据城区人口与市辖区人口比重来计算,年末人均人民币存款余额以市辖区人口与金融机构年末储蓄余额计算得到,人均社会消费零售总额是以市辖区社会品零售总额除以市辖区人口计算得到。土地城镇化方面的 6 项目指标数据来源于《中国城乡建设统计年鉴》,其中人均固定资产投资总额是以全市固定资产投资总额除以全市人口计算得到。

其次,关于县级市的人口城镇化的 4 项指标数据源于《中国城市统计年鉴》,在研究过程中由于部分县级市数据缺失,通过部分县级市 2015 年经济社会统计公报整理得到,其中人均年末储蓄额是以全市金融机构储蓄余额除以全市人口计算得到。土地城镇化 4 项指标数据来源于《中国城乡统计年鉴》,为了统一数据口径,数据选取范围以全市范围为主,其中人均固定资产投资总额是全市固定资产投资总额除以当年全市人口总数计算得到。

四、测度方法

在测度我国副省级城市、地级市和县级市“两化”耦合协调度时,关于城镇化的测度方法有加权分析法、主成分分析法和层次分析法,但是以上方法对城镇化发展质量展开测度时,在确定指标权重时具有较强随机性,因此本书利用均方差赋权法计算各类城市指标综合分值,利用耦合协调度模型测度人口城镇化与土地城镇化耦合协调度,具体步骤如下:

首先,本书选定 m 个待评方案和 n 列评价指标以后,构建决策矩阵 $W=(w_{ij})_{m\times n}(0\leqslant x\leqslant m)$,式中 W_{ij} 为待评方案的指标值,指标可分为效益型和成本型等两种类型,为消除量纲差异,本书采离差标准化法进行数据标准化,其模型为:

$$Z_{ij}=(X_{ij}-X_{jmin})/(X_{jmax}-X_{jmin})\text{(正向指标)} \tag{6.1}$$

$$Z_{ij}=(X_{jmax}-X_{jmin})/(X_{jmax}-X_{jmin})\text{(负向指标)}$$

公式 6.1 中的 Z_{ij} 为指标样本 i 指标 w_j 的标准化值,w_{jmin} 和 w_{jmax} 为指标 w_{ij} 的最小值和最大值,z_{ij} 介于 0—1 之间。

其次,本章利用均方差赋权法,计算各指标的单因素方差,对各项指标的方差进行归一化，确定指标权重，计算权重与标准化值 z_{ij} 的乘积，得到人口城镇化与土地城镇化综合分值。

求取指标单因素方差 $\delta(w_j)$：

$$\sigma(w_j) = \sqrt{\frac{1}{n}\sum_{i=1}^{n}(z_{ij} - \overline{z_j})^2} \tag{6.2}$$

求取指标的权重（λ_j）：

$$\lambda_j = \frac{\sigma(w_j)}{\sum_{j=1}^{m}\sigma(w_j)} \tag{6.3}$$

计算子系统的城镇化发展质量指数 F_{ij}：

$$F_{ij} = z_{ij}\lambda_j \tag{6.4}$$

计算各个城市城镇化发展质量指数 PU_j 和 LU_j：

$$PU_j = \sum_{j=1}^{m} F_{ij}\ LU_j = \sum_{j=1}^{m} F_{ij} \tag{6.5}$$

本书利用物理学中的容量耦合（Capacitive coupling）系数模型，计算出"两化"耦合协调度：

$$C = \left[\frac{(PU \times \mathrm{LU})}{\Pi(PU + LU)}\right]^{1/2} \tag{6.6}$$

通常耦合度 C 介于 0—1 之间，当 C 越大（趋接于 1）时，两大系统之间越接近有序状态。

由于耦合度 C 是表征人口城镇化与土地城镇化的时序状态，但在部分时段不能充分反映人口城镇化与土地城镇化的协同效应，为了深入分析人口城镇化与土地城镇化耦合协调性，还需进一步引用耦合协调度模型，来测度人口城镇化与土地城镇化耦合协调度：计算模型如下：

$$D = (C \times T)^{1/2} T = \alpha PU + \beta LU \tag{6.7}$$

式 6.7 中 D 为耦合协调度，T 为耦合调和指数，反映两大系统对整体系统的贡献度，α、β 为待定系数，由于人口城镇化与土地城镇化同等重要，分别令

α、β 等于 0.5。

五、评价标准

经过测度结果可知，我国副省级城市、地级市和县级市的“两化”耦合协调度分值介于 0.00—0.700 之间，本书根据各类城市的耦合协调度实际情况，本着与国家和省级单位保持一致的宗旨，将“两化”耦合协调度划分为 10 个区间[①]（见表 6-3）。为了科学地和客观地评价“两化”耦合协调类型，依据人口城镇化与土地城镇化综合分值来判定“两化”的协调类型，即人口城镇化（PU）>土地城镇化（LU）为土地城镇化滞后型，土地城镇化（LU）>人口城镇化（PU）为人口城镇化滞后型，人口城镇化（PU）= 土地城镇化（LU）属于同步型。

表 6-3　各类城市人口与土地城镇化耦合协调度划分

区间	（0.00—0.09）	（0.10—0.19）	（0.20—0.29）	（0.30—0.39）	（0.40—0.49）
标准	极度失调	重度失调	中度失调	轻度失调	濒临失调
区间	（0.50—0.59）	（0.60—0.69）	（0.70—0.79）	（0.80—0.89）	（0.90—1.00）
标准	勉强失调	初级协调	良好协调	高度协调	优质协调

第二节　副省级城市人口城镇化与土地城镇化耦合协调测度

一、副省级城市人口城镇化与土地城镇化耦合协调度

利用公式 6.1 将表 6-1 中 12 项指标的原始数据进行数据标准化（见附

① 徐腾：《山东省城镇化速度与质量协调发展特征研究》，山东建筑大学，2014 年。

录3)，借助公式6.2—6.5计算出中国13个副省级城市的人口城镇化与土地城镇化综合分值，利用公式6.6和公式6.7计算出15个副省级城市的人口城镇化与土地城镇化耦合协调度(见表6-4)。

表6-4 副省级城市人口城镇化与土地城镇化耦合协调度

城市	人口城镇化	土地城镇化	耦合协调度	协调度状态	协调类型
沈阳	0.3455	0.2579	0.3863	轻度失调	土地城镇化滞后型
大连	0.3546	0.3929	0.4320	濒临失调	人口城镇化滞后型
长春	0.2229	0.2725	0.3510	轻度失调	人口城镇化滞后型
哈尔滨	0.3231	0.2801	0.3878	轻度失调	土地城镇化滞后型
南京	0.4663	0.4319	0.4737	勉强协调	人口城镇化滞后型
杭州	0.3912	0.3188	0.4202	勉强协调	土地城镇化滞后型
宁波	0.2627	0.3483	0.3889	轻度失调	人口城镇化滞后型
厦门	0.2489	0.3634	0.3878	轻度失调	人口城镇化滞后型
济南	0.6388	0.1990	0.4222	濒临失调	土地城镇化滞后型
青岛	0.2548	0.3747	0.3931	轻度失调	人口城镇化滞后型
武汉	0.6548	0.4283	0.5146	勉强协调	土地城镇化滞后型
广州	0.6570	0.3991	0.5060	勉强协调	土地城镇化滞后型
深圳	0.5026	0.8623	0.5737	勉强协调	人口城镇化滞后型
成都	0.3810	0.1853	0.3645	轻度失调	土地城镇化滞后型
西安	0.4860	0.2502	0.4176	濒临失调	土地城镇化滞后型

在2015年中国15个副省级城市的人口城镇化与土地城镇化耦合协调度介于0.3510—0.5737之间，按照表6-3中对耦合协调度判定标准，现对15个副省级城市的耦合协调度进行分析。首先，沈阳、长春、哈尔滨、青岛、宁波、厦门和成都等7个副省级城市的人口城镇化与土地城镇化耦合协调度介于0.3000—0.3999之间，其中沈阳、长春、哈尔滨都属于东北地区，沈阳和哈尔滨的城市常住人口达到400万人，属于超大型城市，长春城区人口超过300万人，由于人口外流和城市规模现扩张的非良性互动，耦合协调度处于轻度失调

状态。青岛、厦门、宁波属于我国对外开放窗口城市，属于经济计划单列市，土地城镇化与人口城镇化耦合协调度属于轻度失调状态；成都作为我国西部地区中心城市，在2015年城区人口超过600万人，由于城市建设质量低于人口城镇化质量，导致人口城镇化与土地城镇化出现轻度失调状态。

其次，大连、济南、西安等3个副省级城市人口城镇化与土地城镇化耦合协调度介于0.4000—0.4999之间，属于濒临失调阶段。大连作为“一带一路”建设对外开放的“窗口”，近期实施全域城市化战略，在国家战略的带动下，城镇化质量在不断提高，积极筹建新市镇和瓦普新区，吸引更多人口来城市学习和就业，到2015年城区总人口为326.74万人，建成区面积达到433.30平方公里，耦合协调度呈现出濒临失调态势。在2014年济南市城镇常住人口达到469.3万人，城镇化水平达到66.47%，利用处于环渤海的经济区南翼和京沪交通走廊重要的产业和要素的承接地，带动城镇就业人口和人民生活水平在不断提高。从测度结果可知，人口城镇化快于土地城镇化进程，原因是城市扩张速度较快，2015年济南人口密度达到了1105.06人/平方公里，全市建成区面积达到393平方公里，但是人均固定资产投资总额仅为61730.37元，在13个副省级城市排名最后（见图6-1），严重影响了城市建设质量。西安作为“一带一路”建设的起点城市，在关中城市群发挥着引领作用，目前西安市城区人口达到436.03万人，建成区面积达到501平方公里，人口城镇化综合分值高于土地城镇化综合分值1.92倍，耦合协调性属于濒临失调状态。

最后，南京、杭州、广州、武汉、深圳等5个副省级城市的人口城镇化与土地城镇化耦合协调度介于0.5000—0.5999之间，处于勉强协调状态。南京、杭州、武汉是长江经济带的节点城市，广州和深圳地处粤港澳经济区，在我国城镇化进程中发挥引领作用，南京、杭州、武汉、广州、深圳的城区人口分别为590.60万人、339.82万人、473.48万人、626.2万人、1190.84万人，除了南京和杭州人口低于500万人以外，其余3个副省级城市的人口超过500万人，属于特大型城市，经过我国“五普”和“六普”可知，以上副省级城市属于人口净流入区,带动城市人口密度较高(见图6-2),外加投资力度较大和众多大型企业,带动居民就业和高素质人口的流入,带动人口城镇化质量。在此基础上,在新型城镇化进程中,以上城市随着经济深入发展,有更多资金和国家财政转移支持城市建设,带动城市建设质量不断提高。深圳市的土地城镇化综合分值为0.8623,在全国15个副省级城市名列前茅,耦合度属于勉强协调状态。

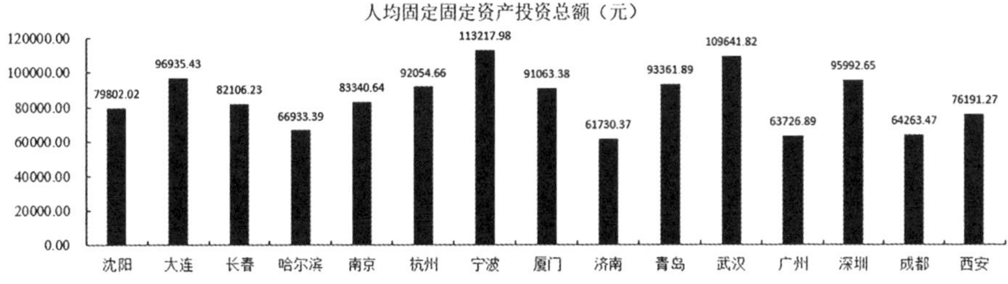

图6-1　全国副省级城市人均固定资产投资(2015年)

资料来源:根据《中国城市统计年鉴》整理。

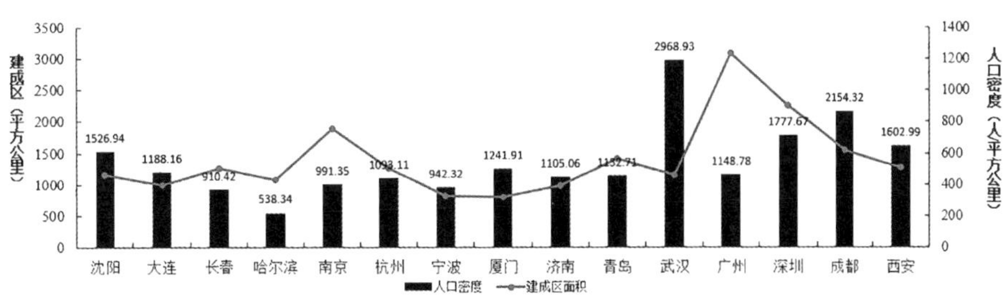

图6-2　全国副省级城市人口密度和建成区面积(2015年)

资料来源:根据《中国城市统计年鉴》整理。

二、副省级城市人口城镇化与土地城镇化耦合协调类型

首先,沈阳、哈尔滨、南京、杭州、济南、武汉、广州、成都和西安等人口城镇化综合分值大于土地城镇化综合分值,属于土地城镇化滞后型。以上城市属于省会城市,吸引更多人口来到城市生活和居住,在党中央提出改善民

生和增加就业岗位以后,带动居民收入水平在不断增加,吸引更多高端人才留在省会城市就业,带动地区经济发展和居民生活质量的提高,形成了一种良性循环,但是由于人口聚集水平较高,在城市达到一定规模以后,城市扩张和城市建设需要更多资金平均到每位人口上数量较低。因此,在推进新型城镇化道路上,在坚持"以人民为中心"的前提下,增加城市基础设施,提高城市承载力,为城市人口提供更多生活空间和基础设施,增加居民的获得感。

其次,长春、大连、宁波、厦门、青岛、深圳等属于土地城镇化滞后型,长春属于吉林省省会,人口城镇化与土地城镇化的综合分值分别为 0. 3546 和 0. 3929,土地城镇化与人口城镇化差距不是很大,长春城市建成区面积在不断扩大,受到产业衰退的影响,人口外流现象较为严重,人口城镇化提升速度较慢。大连、宁波、厦门、青岛、深圳等 5 个东部沿海开放城市,在"一带一路"建设中,促进产业园区和各类沿海经济产业带建设,带动全市固定资产投资数量较高(见图 6-1),在 2015 年宁波人均固定资产投资达到了 113217. 98 元,在全国 15 个副省级城市中位居第一,大连、青岛、厦门和深圳的人均固定资产投资分别为 96935. 43 元、93361. 81 元、91063. 38 元、95992. 65 元,超过其他省会城市,带动大连和青岛土地城镇化快于人口城镇化进程。

第三节　地级市人口城镇化与土地城镇化耦合协调测度

根据公式 6. 1 将表 6-1 中评价指标数据进行标准化处理以后,构建数据矩阵,利用公式 6. 2—6. 5 计算全国 270 个地级市的人口城镇化与土地城镇化综合分值,利用公式 6. 6 和公式 6. 7 计算出全国 270 个地级市人口城镇化与土地城镇化耦合协调度(见附录 4),为了便于分析本章以省级单位为主,统计出各个地级市的人口城镇化与土地城镇化耦合协调度(见表 6-5)。

表 6-5　全国地级市人口城镇化与土地城镇化耦合协调度统计

省份	重度失调	中度失调	轻度失调	濒临失调	勉强协调	省份	重度失调	中度失调	轻度失调	濒临失调	勉强协调
河北			6	5		湖南			8	5	
山西			9	2		广东		5	11	2	1
内蒙古			5	3	1	广西		4	8	2	
辽宁		2	10			海南				2	
吉林			7			四川		3	14		
黑龙江		4	6	1		云南		2	5	1	
江苏		2	6	4		西藏				1	
浙江			6	3		贵州		1	5		
安徽		1	12	3		陕西		1	7	1	
福建		1	4	3		甘肃	1	3	7	1	
江西		1	8	2		青海			1	1	
山东			12	3		宁夏			4	1	
河南		1	13	3		新疆			1	1	
湖北		1	10			合计	1	32	185	50	2

一、地级市人口城镇化与土地城镇化耦合协调度

一是地级市耦合协调度总体情况。首先，通过表 6-5 可知，在我国 270 个地级市人口城镇化与土地城镇化耦合协调度 D 介于 0. 1819—0. 5707 之间，人口城镇化与土地城镇化耦合协调度处于重度失调状态的仅为 1 个城市，处于勉强协调状态的城市有 2 个，两项占比仅为 1. 11%，耦合协调度介于 0. 200—0. 2999 之间的城市数量达到 32 个，占比达到 11. 81%，耦合协调度介于 0. 300—0. 3999 的城市数量为 185 个，占比达到 68. 27%，耦合协调度介于 0. 400—0. 4999 的城市数量为 50 个，占比达到 18. 82%。其次，从以上数据分析可知，在全国 270 个地级市人口城镇化与土地城镇化耦合协调度主要集中于轻度失调状态（0. 3000—0. 3999），濒临失调状态位列第二，中度失调城市

数量位列第三。我国地级市“两化”耦合协调度总体上较低,达到初级协调和高度协调的城市还未出现。最后,全国 270 个地级市耦合协调度平均值为 0. 3576,有 145 个地级市低于平均值(见图 6-3)。在此证明我国各个地级市还需要进一步加速提升“两化”质量,促进人口城镇化与土地城镇化协调发展。

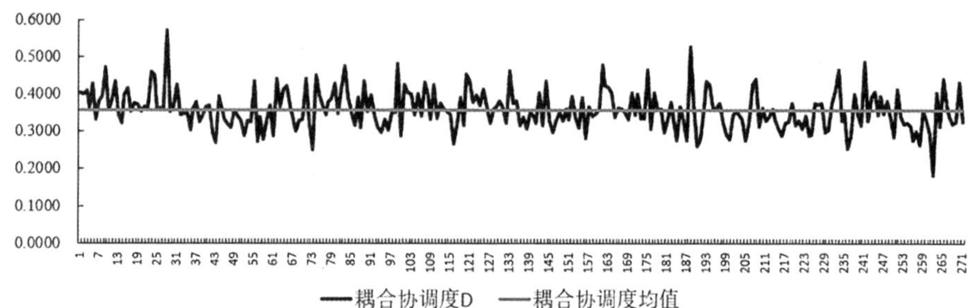

图 6-3　全国地级市人口城镇化与土地城镇化耦合协调度与均值

资料来源:根据计算结果整理。

二是地级市耦合协调度等级差异。首先,在重度失调(0. 100—0. 1999)阶段内,仅有甘肃陇南市,该市的人口城镇化与土地城镇化耦合协调度仅为 0. 1819。处于勉强协调状态(0. 500—0. 5999)城市仅有鄂尔多斯和东莞,处于最低端和最高端的城市占据数量较少。

其次,在全国地级市中处于中度失调(0. 2000—0. 2999)等级的城市共有 32 个(见表 6-6),包括广东省的 5 个地级市,黑龙江和广西各有 4 个地级市,四川、云南、甘肃各有 3 个地级市、辽宁省和江苏省各有 2 个地级市、安徽省、福建、江西、山东、河南、江西、河南、湖北、陕西各有 1 个地级市。以上城市在各省区中经济实力和城镇化水平排名靠后,“两化”处于中度失调状态。鉴于以上城市的城镇化发展态势,建议国家在精准脱贫的关键时刻,给予以上城市建立对口帮扶机制,对其城市建设给予更多关注。

表 6-6　地级市人口城镇化与土地城镇化中度失调值

省份	地级市	D	省份	地级市	D
辽宁	朝阳	0. 2978	广东	潮州	0. 2588
	葫芦岛	0. 2688		揭阳	0. 2803
黑龙江	鸡西	0. 2897	广西	钦州	0. 2917
	伊春	0. 2740		贵港	0. 2794
	七台河	0. 2787		来宾	0. 2755
江苏	绥化	0. 2868	四川	内江	0. 2879
	淮安	0. 2997		巴中	0. 2871
	宿迁	0. 2522		资阳	0. 2915
安徽	宿州	0. 2978	贵州	安顺	0. 2963
福建	莆田	0. 2887	云南	保山	0. 2536
江西	抚州	0. 2675		昭通	0. 2890
河南	商丘	0. 2976	陕西	商洛	0. 2862
湖北	孝感	0. 2836	甘肃	武威	0. 2756
	茂名	0. 2978		平凉	0. 2631
广东	汕尾	0. 2743		定西	0. 2917
	清远	0. 2762		陇南	0. 1820

资料来源：根据计算结果整理。

再次，在全国共有 186 个地级市处于轻度失调状态（0. 3000—0. 3999），除了贵阳是省会城市，其余城市均为二线、三线城市（见表 6-7），新疆和青海各有 1 个地级市、宁夏和福建分别有 4 个地级市，内蒙古、贵州和云南各有 5 个地级市，河北、江苏、浙江、黑龙江、江苏、浙江各有 6 个地级市，吉林、陕西和甘肃各有 7 个地级市，湖南、江西和广西各有 8 个地级市，山西有 8 个地级市，辽宁和湖北各有 10 个地级市，广东省有 11 个地级市，安徽和山东分别有 12 个地级市、河南有 13 个地级市，四川有 14 地级市处于轻度失调状态。从区域分布上，在东部、中部、西部、东北地区四大区域中都有分布，呈现出局部聚集状态，没有呈现出特异性分布状态。

表 6-7　地级市人口城镇化与土地城镇化轻度失调值

省份	地级市	D	省份	地级市	D	省份	地级市	D
河北	邯郸	0.3620	安徽	滁州	0.3399	广东	江门	0.3572
	保定	0.3314		阜阳	0.3112		湛江	0.3589
	张家口	0.3816		六安	0.3308		肇庆	0.3305
	承德	0.3929		亳州	0.3047		惠州	0.3785
	廊坊	0.3580		池州	0.3507		梅州	0.3355
	衡水	0.3852		宣城	0.3498		河源	0.3665
山西	大同	0.3442	福建	南平	0.3455		阳江	0.3280
	阳泉	0.3228		龙岩	0.3988		中山	0.3734
	长治	0.3957		宁德	0.3421		云浮	0.3599
	朔州	0.3525	江西	景德镇	0.3945	广西	桂林	0.3614
	晋中	0.3762		萍乡	0.3320		梧州	0.3613
	运城	0.3732		新余	0.3360		北海	0.3763
	忻州	0.3549		鹰潭	0.3742		防城港	0.3267
	临汾	0.3645		赣州	0.3592		玉林	0.3456
	吕梁	0.3652		吉安	0.3544		百色	0.3537
内蒙古	乌海	0.3601		宜春	0.3430		贺州	0.3424
	赤峰	0.3618		上饶	0.3205		河池	0.3330
	通辽	0.3638	山东	淄博	0.3916		崇左	0.3224
	呼伦贝尔	0.3525		枣庄	0.3163	四川	自贡	0.3136
	巴彦淖尔	0.3652		潍坊	0.3795		攀枝花	0.3641

续表

省份	地级市	*D*	省份	地级市	*D*	省份	地级市	*D*
辽宁	鞍山	0.3431	山东	济宁	0.3958	四川	泸州	0.3278
	抚顺	0.3480		泰安	0.3699		德阳	0.3412
	本溪	0.3513		日照	0.3659		绵阳	0.3592
	丹东	0.3023		莱芜	0.3212		广元	0.3307
	锦州	0.3602		临沂	0.3611		遂宁	0.3056
	营口	0.3786		德州	0.3701		乐山	0.3240
	阜新	0.3256		聊城	0.3803		南充	0.3265
	辽阳	0.3444		滨州	0.3631		眉山	0.3747
	盘锦	0.3662		菏泽	0.3221		宜宾	0.3159
	铁岭	0.3703	河南	开封	0.3743		广安	0.3291
吉林	吉林	0.3924		洛阳	0.3808		达州	0.3062
	四平	0.3569		平顶山	0.3154		雅安	0.3405
	辽源	0.3308		安阳	0.3375	贵州	贵阳	0.3762
	通化	0.3185		鹤壁	0.3084		六盘水	0.3719
	白山	0.3099		新乡	0.3511		遵义	0.3744
	松原	0.3551		焦作	0.3410		毕节	0.3042
	白城	0.3397		濮阳	0.3221		铜仁	0.3767
黑龙江	齐齐哈尔	0.3287		漯河	0.3168	云南	曲靖	0.3299
	鹤岗	0.3275		南阳	0.3280		玉溪	0.3522
	双鸭山	0.3256		信阳	0.3276		丽江	0.3999
	佳木斯	0.3379		周口	0.3511		普洱	0.3485
	牡丹江	0.3297		驻马店	0.3288		临沧	0.3149
	黑河	0.3690	湖北	黄石	0.3592	陕西	铜川	0.3281
	徐州	0.3671		十堰	0.3307		宝鸡	0.3902
	南通	0.3662		宜昌	0.3941		渭南	0.3441

续表

省份	地级市	D	省份	地级市	D	省份	地级市	D
江苏	连云港	0.3412	湖北	襄阳	0.3385	陕西	延安	0.3935
	盐城	0.3300		鄂州	0.3100		汉中	0.3465
	扬州	0.3322		荆门	0.3909		榆林	0.3809
	泰州	0.3229		荆州	0.3671		安康	0.3347
浙江	嘉兴	0.3979		黄冈	0.3403	青海	嘉峪关	0.3411
	湖州	0.3697		咸宁	0.3472		金昌	0.3208
	绍兴	0.3440		随州	0.3603		白银	0.3236
	金华	0.3777	湖南	邵阳	0.3373		天水	0.3118
	衢州	0.3877		岳阳	0.3626		张掖	0.3018
	台州	0.3462		常德	0.3597		酒泉	0.3579
安徽	芜湖	0.3921		张家界	0.3506		庆阳	0.3291
	蚌埠	0.3517		益阳	0.3318	宁夏	海东	0.3143
	淮南	0.3153		永州	0.3436		石嘴山	0.3734
	马鞍山	0.3896		怀化	0.3998		吴忠	0.3424
	淮北	0.3109		娄底	0.3361		固原	0.3208
	安庆	0.3544	广东	韶关	0.3358		中卫	0.3254
	黄山	0.3955		汕头	0.3067	新疆	克拉玛依	0.3254

资料来源：根据计算结果整理。

最后，通过表6-8可知中国共有50个地级市人口城镇化与土地城镇化耦合协调度介于0.400—0.4999之间，处于濒临失调状态。首先，河北和湖南省有5个地级市，江苏、福建有4个地级市，内蒙古、浙江、安徽、山东和河南分别有3个地级市；江西、广东、广西、海南和云南各有2个地级市、黑龙江、西藏、陕西、甘肃、青海、宁夏和新疆各有1个地级市。其次，福建省福州市、江西省南昌市、河南省郑州市、湖南省长沙市、云南省昆明市、甘肃省兰州市、青海省西宁市、新疆乌鲁木齐市、内蒙古呼和浩特市、河北石家庄市、山西太原市等省会城市，受到区位、交通、政策和产业布局多项要素影响，吸引人口进入省会城市发展，带动人口城镇化与土地城镇化耦合协调度较高。还有部分省内经济比较达到的城市，如内蒙古包头、黑龙江大庆、江苏苏州、山东烟台、广东珠海等城市化质量较高，耦合协调度处于濒临失调状态，在全国地级市中处于较高的水平。综上所述，省会城市和省内经济发展水平较高的城市耦合协调度较高，处于领先地位。

表 6-8　人口城镇化与土地城镇化濒临失调的地级市

省份	地级市	D	省份	地级市	D	省份	地级市	D
河北	石家庄	0.4031	安徽	丽水	0.4147	湖南	湘潭	0.4640
	唐山	0.4013		合肥	0.4741		衡阳	0.4858
	秦皇岛	0.4101		铜陵	0.4356		郴州	0.4067
	邢台	0.4295	福建	福州	0.4798	广东	珠海	0.4124
	沧州	0.4704		三明	0.4236		佛山	0.4042
山西	太原	0.4348		泉州	0.4030	广西	南宁	0.4393
	晋城	0.4169		漳州	0.4004		柳州	0.4323
内蒙古	呼和浩特	0.4581	江西	南昌	0.4314	海南	海口	0.4640
	包头	0.4493		九江	0.4253		三亚	0.4858
	乌兰察布	0.4244	山东	东营	0.4539	云南	昆明	0.4067
黑龙江	大庆	0.4350		烟台	0.4329	西藏	拉萨	0.4124
江苏	无锡	0.4398		威海	0.4126	陕西	咸阳	0.4042
	常州	0.4116	河南	郑州	0.4622	甘肃	兰州	0.4393
	苏州	0.4206		许昌	0.4019	青海	西宁	0.4323
	镇江	0.4401		三门峡	0.4336	宁夏	银川	0.4640
浙江	温州	0.4485	湖南	长沙	0.4781	新疆	乌鲁木齐	0.4858
	舟山	0.4275		株洲	0.4204			

二、地级市人口城镇化与土地城镇化耦合协调类型

根据上文判定标准可知，如果人口城镇化（PU）>土地城镇化（LU），即土地城镇化滞后型；如果土地城镇化（LU）> 人口城镇化（PU），即人口城镇化滞后型；如果人口城镇化（PU）= 土地城镇化（LU），即人口城镇化与土地城镇化同步型。通过计算地级市人口与土地城镇化综合分值，计算出“两化”协调类型（见表6-9）。

表6-9 人口城镇化与土地城镇化耦合协调类型

省份	土地城镇化滞后型	人口城镇化滞后型	同步型	省份	土地城镇化滞后型	人口城镇化滞后型	同步型
河北	5	4	2	湖南	8	3	2
山西	8	3		广东	6	11	2
内蒙古	5	2		广西	9	5	
辽宁	9	3		海南	2		
吉林	3	3	1	四川	11	3	3
黑龙江	8	3		贵州	3	2	1
江苏		12		云南	7	1	1
浙江	3	6		西藏	1		
安徽	4	12		陕西	8	2	
福建	3	5		甘肃	8	4	
江西	4	7		青海	2		
山东	2	12	1	宁夏	4	1	
河南	6	10	1	新疆	1	1	
湖北	1	9	1	合计	131	124	15

资料来源：根据计算结果整理。

一是人口城镇化滞后型。在全国各个地级市中,共有124个地级市属于人口城镇化滞后型,占到全部地级市的45.75%。其中江苏省有12个地级市、安徽有12地级市、山东省有12个地级市、河南省有10个地级市、广东省有11个地级市、湖北省有9个地级市、浙江省有6个地级市属于人口城镇化滞后型,原因是在推进城镇化进程中,受到房产地市场的扩张、地方政府政绩和产业规模驱动的影响,带动城市空间扩张速度较快,在2010年124个城市的城市建成区共计1.12万平方公里,到2016年124个城市的城市建成区面积达到2.74万平方公里,在此期间扩张1.62万平方公里,年均增长24.27%。相比之下,在2010年124个地级市的城区人口为13628.56万人,到2016年达到26734.68万人,增长了13106.12万人,年均增长16.02%,怀化、抚州、滨州、宿迁、丽水、周口、咸宁、娄底、池州、揭阳、龙岩、阳江、资阳、兰州、铜川、克拉玛依、驻马店、昆明、菏泽和石嘴山等20个地级市建成区面积扩张速度较快,其中怀化、抚州、滨州、宿迁、丽水、周口、咸宁、娄底、池州、揭阳、龙岩的建成区面积在6年时间里扩张达到1000平方公里,以"摊大饼式"向外扩张,但是部分城市内部人口较少,有50%的地级市人口城镇化与土地城镇化处于轻度失调或中度失调状态,这是一种不可持续的城镇化,提升土地利用效率是以上地级市在新型城镇化重要任务。

二是土地城镇化滞后型。在全国270个地级市中,有131个地级市"两化"协调类型属于土地城镇化滞后型。在2010年以上地级市的城区人口为13628.56万人,到2016年达到了26734.68万人,增长12333万人,年均增长18.23%,城市建成区面积在2010年仅为8553平方公里,到2016年为21532平方公里,增长12979平方公里,年均增长25.4%,土地城镇化快于人口城镇化,在城市建设工程中需要增加基础设施投资,完善供水、道路、教育、医疗、交通、绿化、垃圾处理等民生设施。以2015年131个地级市的人均固定资产投资平均值为40611.7元,其中73个地级市的人口固定资产投资低于40611.7元(见图6-4),包括大同、忻州、临汾、吕梁、巴彦淖尔、抚顺、丹东、锦州、阜新、辽阳、铁岭、朝阳、白城、齐齐哈尔、鹤岗、双鸭山、大庆、佳木斯、牡丹江、黑河、绥化、阜阳、六安、亳州、宣城、吉安、宜春、聊城、菏泽、安阳、南阳、周口、邵阳、张家界、永州、湛江、茂名、梅州、清远、潮州、桂林、贵港、玉林、百色、贺州、河池、来宾、崇左、自贡、德阳、广元、内江、宜宾、广安、达州、雅安、资阳、毕节、保山、昭通、普洱、临沧、汉中、安康、商洛、天水、武威、张掖、平凉、定西、陇南、固原和中卫等 73 个地级市。因此,加大城市空间规模扩张,同时还需要不断完善城市基础设施,优化产业结构,促进地区经济发展和解决人口就业问题,增加城市居民的幸福感和获得感,吸引更多人口进入城市,促进人口城镇化与土地城镇化良性互动。

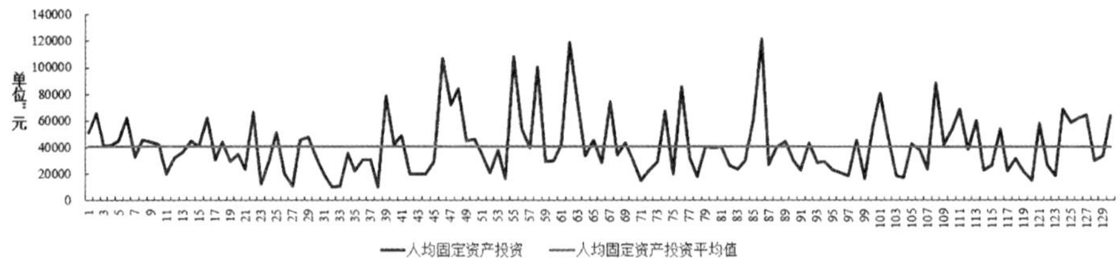

图 6-4　地级市人均固定资产投资与平均值(2016)

资料来源:根据《中国城市统计年鉴》整理。

三是人口城镇化与土地城镇化同步型。笔者将计算结果差距划定在 ±0.050,人口城镇化综合分值等于土地城镇化综合分值,视为“两化”同步型,通过计算可知有 14 个地级市人口城镇化与土地城镇化耦合协调度属于同步型(见表 6-10)。

表 6-10　人口城镇化与土地城镇化同步型地级市

省份	城市	人口城镇化	土地城镇化	省份	城市	人口城镇化	土地城镇化
河北	唐山	0. 3240	0. 3203	河南	信阳	0. 2138	0. 2154
	廊坊	0. 2596	0. 2532	广东	韶关	0. 2240	0. 2269
吉林	吉林	0. 3073	0. 3087		阳江	0. 2179	0. 2124

续表

省份	城市	人口城镇化	土地城镇化	省份	城市	人口城镇化	土地城镇化
山东	泰安	0.2711	0.2761	四川	攀枝花	0.2612	0.2690
湖南	益阳	0.2202	0.2203		遂宁	0.1897	0.1839
	岳阳	0.2619	0.2640		南充	0.2159	0.2106
湖北	孝感	0.1612	0.1604	贵州	安顺	0.1776	0.1737

资料来源：根据计算结果整理。

通过表6-10可知，在我国地级市中共有14个地级市属于人口城镇化与土地城镇化同步型。首先，东北地区的吉林省吉林市，随着近年来“长吉图一体化”战略的深入实施，带动吉林市城镇化水平在不断提升，紧随吉林省省会长春之后，在2015年“两化”综合分值持平，“两化”处于同步型。

其次，在东部地区，河北唐山和廊坊位于京津冀经济区，人口城镇化与土地城镇化综合分值相等，山东省泰安市位于京沪铁路重要交通线，近期加速推动城镇化进程，有效地实现了农民就地城镇化战略。广东省阳江市位于粤港澳大湾区、北部湾城市群、海南自由贸易区的交汇处，是粤港澳大湾区直接辐射区和拓展区，人口城镇化与土地城镇化出现“同步型”。广东省韶关位于粤北山区，是广东省典型的欠发达地区，2019年常住人口城镇化率仅57.4%，在推进新型城镇化进程中，韶关市遵循城市发展规律，以加强老旧小区改造和生态保护为主要任务，切实提高了城镇化发展质量。

再次，在中部地区，湖南省岳阳“两化”的综合分值分别为0.2619和0.2640，益阳的“两化”综合分值分别为0.2202和0.2203。岳阳和益阳位于长株潭“两型社会”综合配套改革试验区，以长—株—潭城市群为核心，构建1小时通勤半径，带动岳阳、益阳、娄底等地级市构建长株潭城市群，成为中部崛起重要增长极，在此带动下促进城镇化质量不断向前发展①。湖北省孝感市

① 朱有志：《长株潭城市群重构》，社会科学文献出版社2008年版。

的“两化”综合分值分别为0.1612和0.1604。由于孝感市位于“汉孝随襄十汽车工业走廊”境内，由于孝感毗邻武汉市，作为武汉城市圈副中心城市，在推进新型城镇化进程中，不断优化城市布局和完善城市功能，土地城镇化与人口城镇化属于同步型。河南信阳市位于河南省最南部，“两化”的综合分值分别为0.2138和0.2154，一方面是信阳市加快建设城市绿化、地下管网和道路，对城市科学合理规划。同时加强城镇棚户区改造，以高标准、高质量、高水平来提升城市品位，实现了人口城镇化与土地城镇化同步型发展。

最后，在西部地区，四川省攀枝花市的“两化”综合分值分别为0.2612和0.2690，攀枝花是长江上游地区一座资源型城市，在2017年末攀枝花市常住人口城镇化水平为65.99%，是四川省城镇化率较高的城市。近期不断加强资源型城市转型，增加城市基础设施建设，逐步完善棚户区改造，使人口转移安置和城市改造升级同步进行，走出了一条具有攀西特色的新型城镇化道路。遂宁的人口城镇化与土地城镇化综合分值分别为0.1897和0.1839，遂宁位于四川盆地中部腹心，是成渝经济区的区域性中心城市，在新型城镇化道路上城市建设与人口城镇化协调发展。南充人口城镇化综合分值为0.2159，土地城镇化综合分值为0.2106，南充位于四川盆地东北部，是成渝经济圈中心城市和川东北区域中心城市，以产城一体化和改善民生为抓手，促进“两化”协调发展。贵州安顺市人口城镇化综合分值0.1776，土地城镇化综合分值为0.1737。2015年贵州获批国家山地特色城镇化示范区试点，以新型城镇化综合试点为核心，建设山地特色新型城镇化示范区。到2019年城市人口总数为126.8万人，常住人口城镇化率达到42.58%，立足山地实际，不以“摊大饼”为主，多做“蒸小笼”式发展，重点是以“做大做美中心城市”，形成山地地域特色城镇化发展道路。

第四节　县级市人口城镇化与土地城镇化耦合协调测度

利用公式6.1对全国350县级市城镇化指标进行数据标准化,利用公式6.2—6.5确定权重以后,计算出全国350个县级市人口城镇化综合分值和土地城镇化综合分值(见附录5),利用公式6.6—公式6.7计算出350个县级市的耦合协调度,分析县级市耦合协调状态与协调类型。

一、县级市人口城镇化与土地城镇化耦合协调度

利用公式计算出县级市耦合协调度,通过归类对比可知,我国县级市中人口城镇化与土地城镇化耦合协调度D介于0.5833—0.2682之间,具有中度失调状态、轻度失调状态、濒临失调状态、勉强协调状态,本章测度的县级市共有350个,限于篇幅本文以省域单位统计单元,分别列出了各省县级市人口城镇化与土地城镇化耦合协调发展状态(见表6-11)。

表6-11　县级市人口城镇化与土地城镇化耦合协调度

省份	中度失调	轻度失调	濒临失调	勉强协调	省份	中度失调	轻度失调	濒临失调	勉强协调
河北		11	8		湖北	1	15	8	
山西		5	6		湖南	1	12	3	
内蒙古		4	4	3	广东	2	15	3	
辽宁		11	4		广西		6	2	
吉林	1	13	6		海南		5		
黑龙江	3	13		1	四川		10	4	
江苏		9	8	4	贵州		3	3	1
浙江		6	12	1	云南		4	9	1
安徽		4	2		陕西		1	2	

续表

省份	中度失调	轻度失调	濒临失调	勉强协调	省份	中度失调	轻度失调	濒临失调	勉强协调
福建		6	6	1	甘肃			4	
江西		6	3	1	青海		1	1	1
山东		8	19		宁夏			2	
河南		16	4	1	新疆		5	10	5

一是中度失调型。在全国350个县级市中共有8个县级市人口城镇化与土地城镇耦合度介于0.2000—0.2999之间,属于中度失调型。主要是吉林省扶余市(0.1037)、黑龙江省讷河市(0.0791)、五大连池市(0.0790)、海伦市(0.0940)、湖北省松滋市(0.0942)、湖南省涟源市(0.1039)、广东省雷州市(0.1010)、陆丰市(0.1041)等县级市人口城镇化得分较低,但是城市建成区面积较大,但农民进入城市的速度较慢,导致"两化"呈现出中度失调状态。

二是轻度失调型。在全国350个县级市中共有189个县级市人口城镇化与土地城镇化介于0.3000—0.3999之间,"两化"呈现出轻度失调状态,占到全部县级市的54%,尤其是河北省、辽宁省、吉林省、黑龙江省、河南、湖北、湖南、广东和四川等省份的县级市超过10个,占到全省县级市的80%,以上县级市主要是人口城镇化得分较低,在进入新世纪以后,有一部分是新批准的"撤县设市"的县级市。主要是从20世纪90年代末开始,国内掀起了一场行政区划调整的热潮,地方政府追捧"撤县设市"和"撤县设区",根据全国民政部统计,在1999—2019年全国共有262个县进行"撤县设市","撤县设市"是迈向现代化的必经之路,在保持经济繁荣的同时,加快乡村人口向城镇转移和促进产业结构转型升级、支撑区域协调发展和促进社会进步,起到了重要的促进作用。但是随之而来的是带动县级市城区面积的扩张和自主权限的增加。撤县设市需要达到县级市建设规模,带动城市规模呈现出"摊大饼式"发展。经过综合测度我国超过90%的县级市的人口城镇化与土地城镇化属于非协调发展，带来的直接后果是违背了城市发展基本规律，导致土地资源浪费和“虚假型”人口城镇化。

三是濒临失调型。在我国350个县级市中有133个县级市的人口城镇化与土地城镇化耦合协调度D介于0.400—0.4999之间，属于濒临失调型，占到全部地级市的38%。在该等级中山东省有19个县级市、浙江省有12个县级市、新疆有10个县级市，占到全省的80%，其他省份都低于10个县级市处于濒临失调状态。在未来新型城镇化道路上，以上县级市应该控制城市规模扩张，不断扩大公共产品数量，促进生态环境更加优美，实现城镇化高质量发展。

四是勉强协调型。在我国350个县级市中有20个县级市人口城镇化与土地城镇化耦合协调度D介于0.5000—0.5999之间，属于勉强协调型，占到全部县级市的10.85%，包括内蒙古满洲里市、二连浩特市、锡林浩特市，黑龙江省绥芬河市，江苏省常熟市、江阴市、昆山市、太仓市，浙江省义乌市，福建省石狮市，江西省共青城市，河南省义马市，贵州省凯里市，云南省安宁市，青海格尔木市，新疆昌吉市、库尔勒市、石河子市、五家渠市和北屯市。北屯市和共青城市是在2010年成立，其余县级市都有着较长的发展历史，经济实力较强的口岸城市内蒙古满洲里市、二连浩特市和黑龙江省绥芬河市，至少有50—100年的发展历史，以发展外贸进出口和旅游业为主导产业，经济发展实力较强，带动县级市城镇化耦合协调性较高。浙江省义乌市、福建省石狮市、河南省义马市属于地方经济发展实力较强和产业集群高度集聚的县级市，带动人口城镇化与土地城镇化处于协调状态。内蒙古锡林浩特市、贵州省凯里市、青海省格尔木市、新疆昌吉市、库尔勒市和石河子市和五家渠市属于盟市、州和生产兵团的首府所在地，人口聚集水平较高，同时城市建设规模也在不断加速，人口城镇化与土地城镇化处于勉强协调状态。

二、县级市人口城镇化与土地城镇化耦合协调类型

根据上文“两化”综合分值测度结果，确定“两化”协调主导类型，如果人

口城镇化综合分值高于土地城镇化综合分值①，属于土地城镇化滞后型；土地城镇化综合分值超前于人口城镇化综合分值，即人口城镇化滞后型。通过比较可知，在全国350个县级市"两化"协调类型(见表6-12)。

表6-12　县级市人口城镇化与土地城镇化协调类型

省份	人口城镇化滞后型	土地城镇化滞后型	省份	人口城镇化滞后型	土地城镇化滞后型
河北	19		湖北	24	
山西	9	2	湖南	15	1
内蒙古	6	5	广东	20	
辽宁	14	1	广西	8	
吉林	16	4	海南	5	
黑龙江	15	2	四川	14	
江苏	20	1	贵州	7	
浙江	18	1	云南	14	
安徽	6		陕西	3	
福建	13		甘肃	2	2
江西	9	1	青海	2	1
山东	27		宁夏	2	
河南	21		新疆	16	4

资料来源：根据计算结果整理。

一是人口城镇化滞后型。首先，在全国350个县级市中，有325个县级市中的土地城镇化综合分值大于人口城镇化综合分值，占到全部县级市的92.86%，说明各个县级市的城市建成区面积增加幅度较快，但是县级市人口增长幅度较慢(见图6-5)，如在2010年我国各个县级市的建成区面积为8989.7平方公里，到2015年为10023.31平方公里，增长幅度达到了11.2%，而县级市人口增长幅度由24766.3万人增加到25058.3万人，增长幅度仅为

① 孙丽萍：《中国西部人口城镇化与土地城镇化协调性的时空分析》，《地域研究与开发》2017年第3期。

1.18%。其次,从每个省区县级市的分布情况看,湖北、山东、河北、安徽、福建、河南、广东、广西、海南、四川、贵州、云南、陕西和宁夏等省区的县级市都属于土地城镇化滞后型,即土地城镇化超前于人口城镇化。内蒙古、辽宁、吉林、黑龙江、江苏、浙江、湖南等省份仅有1—2个县级市属于人口城镇化超前型,其余县级市都属于人口城镇化滞后型。

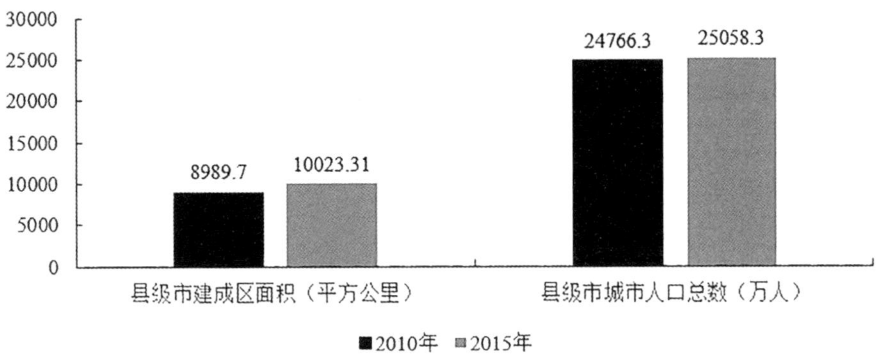

图6-5　我国县级市的城市人口数量与建成区面积

资料来源:根据中国城市统计年鉴整理。

二是土地城镇化滞后型。首先,在全国350个县级市中,共有25个县级市"两化"耦合协调类型属于土地城镇化滞后型,在县级市的城镇化进程中,城市建设并不是代表着进城人口数量会高于城镇承载范围,进一步讲由于城市建成区面积增加,需要不断完善城市基础设施,但是现实之中,由于经济基础薄弱,地方政府缺乏公共服务设施,结果是人口城镇化超越土地城镇化发展。在理想的状态下实现"居者有其屋、业者有其业、老者有其养"的理想状态,实现城市绿水、蓝天、白云与城市居住、商业、工业、道路、游憩等场所实现协调发展。其次,山西省古交市、孝义市,内蒙古霍林郭勒市、满洲里市、根河市、乌兰浩特市、锡林浩特市,辽宁调兵山,吉林省延吉市,黑龙江省虎林市、绥芬河市,江苏省昆山市,浙江省义乌市,江西省瑞金市,湖南省吉首市,甘肃省临夏市、合作市,青海省玉树市,新疆伊宁市、奎屯市、石河子市、北屯市等25

个县级市,以上城市属于盟行署和州政府所在地,经济较为发达,城市人口密度较高,就业岗位多,带动城市人口居民生活水平较高,经过多年积累城市人口城镇化水平超越城市建设水平。

本章小结

本章选取人口城镇化与土地城镇化指标体系,测度了副省级城市、地级市和县级市的“两化”耦合协调度和协调类型。分析了“两化”耦合协调度,具体如下:

(1)全国副省级城市“两化”耦合协调度与协调类型。全国15个副省级城市中耦合协调度值 D 介于0.3510—0.5737之间,其中沈阳、长春、哈尔滨、宁波、厦门和成都等6个副省级城市属于轻度失调状态。大连、济南和西安等3个副省级城市属于濒临失调状态,南京、杭州、武汉、广州和深圳等5个副省级城市属于勉强协调状态。在协调类型方面沈阳、哈尔滨、杭州、济南、武汉、广州、成都和西安等属于土地城镇化滞后型,大连、长春、南京、宁波、厦门、青岛、深圳的“两化”耦合协调类型属于人口城镇化滞后型。

(2)全国地级市“两化”耦合协调度与耦合类型。首先,全国270个地级市“两化”耦合协调度 D 介于0.1819—0.5707之间,其中1个地级市为重度失调状态,32个地级市属于中度失调状态,185个地级市属于轻度失调状态,50个地级市濒临失调状态,2个地级市勉强协调状态。从总体上看,全国270个地级市的“两化”耦合协调度平均值为0.3576,低于全国平均值的城市达到145个,说明我国地级市人口城镇化与土地城镇化耦合协调水平较低,主要是以中度失调和轻度失调为主。其次,在全国270个地级市中有124个地级市为人口城镇化滞后型,131个地级市为土地城镇化滞后型,15个地级市为同步型。最后,在地域分布上,东部沿海省份多数地级市是土地城镇化滞后型为主,说明在城市建设过程中,进城人口数量和生活水平已经超越城市建设水平。西部和中部地区的地级市主要是人口城镇化滞后型为主,印证了中西部地区部分地级市在城镇化初级阶段,以城市扩张为主,在新型城镇化进程中,应该重视城镇化发展质量,实现“以人为本”的城镇化发展模式。

(3)全国县级市“两化”耦合协调度。首先,全国350个县级市“两化”耦合协调度D介于0.5833—0.2682之间,分布区间以中度失调、轻度失调、濒临失调、勉强协调为主。中度失调和勉强协调的城市仅为8个,轻度失调的城市为189个,濒临失调城市共有133个,勉强协调城市共有20个,说明我国县级市主要是轻度失调和濒临失调为主。其次,在全国350个县级市中,共有325个县级市协调类型呈现出人口城镇化滞后型,有25个县级市耦合协调类型呈现出土地城镇化滞后型。最后,从人口城镇化与土地城镇化协调类型看,以城市规模扩张为主,导致“两化”处于非协调状态,未来需要控制城市规模的扩张,促进城镇化由规模扩张向功能完善转化。

第七章　我国人口城镇化与土地城镇化非良性互动形成机理

城镇化作为主体，人口城镇化与土地城镇化被视为两个子系统，人口城镇化是核心，土地城镇化作为载体，促进“两化”形成良性互动关系，才能确保城镇化高质量发展，如果土地城镇化超越人口城镇化，即土地城镇化超前型，将会出现土地资源利用率低等问题，会威胁到粮食生产，出现“空城”或者“鬼城”等不良后果①。当人口城镇化快于土地城镇化，出现土地城镇化滞后型，城市建成区面积严重不足，由于城市发展空间不足和基础设施短缺，出现城市环境恶化、城市居民面积拥挤、城镇房价飙升等不良后果。以上三章从定量的角度分析了人口城镇化与土地城镇化耦合协调性，经过判断可知，多数省份和城市是土地城镇化快于人口城镇化，属于人口城镇化滞后型。因此，本章以区域经济地理条件论为基础②，分析人口城镇化与土地城镇化非良性互动的形成原因，旨在为清晰了解人口城镇化与土地城镇化尚未均衡发展的障碍因素。

---

① 崔许锋:《民族地区的人口城镇化与土地城镇化:非均衡性与空间异质性》,《中国人口·资源环境》2014 年第 8 期。

② 陈才:《区域经济地理》,科学出版社 2010 年版。

第一节　国内外发展格局变化推动土地城镇化快于人口城镇化

一、国际战略格局调整推动城市规模扩张

在20世纪80年代末，随着全球冷战的结束和资本主义国家对中国经济封锁的逐渐松动，开始出现新的国际地缘格局，一方面形成了多极化的发展格局，另一方面是促进经济全球化和各种经济联系更加紧密，有效地促进西方国家出现城市连绵带和大都市区，带动全球和世界城市的发展壮大。在20世纪90年代亚洲地区多个城市利用“后发优势”，重点发展经济和加强城市建设，使城市与城市之间形成了城市连绵带和城市群，导致城市与农村之间地带逐渐模糊，促进农业与非农业活动更加紧密，促进农村用地的使用途径和边界划定更加模糊，在促进城市不断发展壮大的同时，占用大量耕地弥补城市建设用地的需求，因此，从国际发展格局的视角促进土地城镇化快速发展。

二、国内承接国外产业转移促进土地城镇化加速发展

在随着经济全球化和世界经济一体化的不断加速，加快经济发展成为各国的首要目标。首先，在20世纪80年代初期，中国实施改革开放，在东部沿海地区的多个城市，受到区位、政策、人力资源等多项优势的影响，吸引外资企业进入中国投资建厂，在珠三角、京津冀、长三角和粤港澳大湾区构建各类高新技术开发区，同时各地利用招商引资和发展金融、物流、航空运输、商贸、会展、旅游等现代服务，实施无偿划拨土地和税收返还等优惠政策，促进经济开发区成为集办公、会展、居住、外事、餐饮和购物集于一体的商贸区。其次，商贸区的建设辐射到周边地区，受到经济正外部性的影响，驱动周边地区逐渐与商贸区进行整合与对接，为了获得更高的经济效益和级差地租的影响，农村用

地逐渐转化为商业用地，用于经济开发和城市配套建筑，带动土地城镇化快于人口城镇化。

三、国家城镇化战略突破土地使用制度

首先，从建国到改革开放，中国以重工业化道路为主，实施以户籍制度为核心的城乡二元结构，受到“文革”的影响城市人口增长缓慢。到20世纪80年代初期，邓小平同志指出社会主义发展就是为了提高人民生活水平，全国发展重心以发展工业化，带动乡镇企业、民营企业和外向型企业为主。在长三角地区乡村工业化得到快速发展，由此乡村工业化模式在中西部和东北地区开始复制，形成了“村村点火、户户冒烟”的发展现象，带动全国各地加速办企业和吸引更多人口进入城市发展第二产业和第三产业，在一定程度上加速了城市建设用地的扩张。在改革开放以后，乡村地区发展水平落后城市发展水平，催生大部分农村人口带着梦想，离开家园到城市去参与生产和安家落户，受到城乡二元户籍的限制，“农转非”成为农村人口追逐的梦想，使得城乡之间形成“候鸟式”迁移模式，让城乡之间的界限逐渐模糊。

其次，进入21世纪以后打造中国经济升级版，重要的任务之一就是扩大内需，扩大内需的主要途径就是实施城镇化战略。从改革开放到20世纪90年代末期，在经历乡镇企业工业化和快速城镇化以后，我国城镇化进程中问题开始逐渐增加，国务院提出“合理控制大城市规模”，在实践中对于大城市规模没有实现合理“控制”。经过不断对国外城市化发展思路的考察和学习，从中央到地方开始转换城镇化发展思路①，在我国“十五”时期，国务院将城镇化上升到国家发展战略，由此地方政府主要是扩大城市规模，突破了各种土地使用制度障碍，政府采取“招拍挂”方式来征集各种土地资源，为城市建设征集土地指标。到2002年党的十六大报告中提出“全面繁荣农村经济、加快城镇

① 吴莉娅:《中国人口城镇化与土地城镇化失调原因分析》,《南京邮电大学学报(社会科学版)》2016年第2期。

化进程”，中央要求地方政府改革户籍制度，吸引人口到城市定居。但是经过实地考察，进程人口速度是一个循序渐进的过程，而城市建设过程属于“蛙跳式”快速增长的过程，城市建设速度是超前于人口增长速度。

第二节　地方政府行为影响“两化”协调发展

一、政府投资增加驱动土地城镇化进程加快

通过上文分析，我国土地城镇化滞后于土地城镇化进程，“两化”出现非协调程度较为严重，在经过调研和相关研究结果可知，地方政府在发展过程中对土地需求数量的增加，导致我国土地城镇化扩张速度与人口城镇化增长水平出现了严重不匹配，根源是地方政府行为加速城市土地建设需求数量。

首先，经过分析和总结，地方政府发展战略目标是提高人口城镇化水平、经济发展水平、提高人民生活水平。如果从城市人口数量增长方面看，分为自然增长和机械增长，而人口城镇化属于机械增长，促进城市人口数量的增加，对城市建设用地形成了一种潜在的需求。

其次，随着城市人口数量的增加，地方政府为了实现“进得来、稳得住、逐步能致富”的发展理念，发展地方经济为增加居民就业和提高居民收入水平，提高消费能力、改善居住空间、交通设施、增加娱乐活动空间，吸引更多农村人口向城镇转移，寻求更加舒适的生活空间和发展空间，进而驱动居住、交通、娱乐设施的建设用地需求，有效地促进了人口城镇化与土地城镇化进程。根据城市发展阶段理论可知，在城镇化的初级阶段，主要是依靠固定资产投资①，一方面是带动经济发展，另一方面增加城市建设用地（见图 7-1）。在 1981 年，中国全社会固定资产投资数量共有 1230. 4 亿元，城市建设用地面积为

---

① 许皎琳：《土地城镇化驱动因素研究——以江苏省各地级市为例》，《上海国土资源》2015 年第 4 期。

7150 平方公里，固定资产投资总额到 2019 年达到了 560874.3 亿元，城市建设用地达到了 58307.71 平方公里，经过测度两者的相关系数为 0.8539，说明两者高度正相关。从以上分析可知，地方政府提供的土地远远不能满足经济发展的需求，这就需要动用耕地和集体建设用地来弥补城市建设用地，带动城市建设用地数量在不断加速增长。

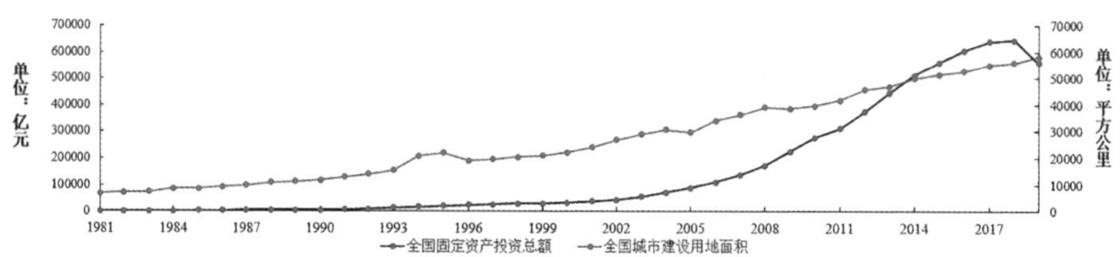

图 7-1　全国固定资产投资与城市建设用地面积（1981—2019）

资料来源：根据《中国统计年鉴》整理。

二、撤县设区带动城市扩容驱动土地城镇化进程

在 20 世纪 80 年代开始，全国以“严格控制大城市规模，合理发展中小城市，积极发展小城镇”的城镇发展体系，许多省份陆续实行“扩权强县”，带动城市的市辖区面积增加。在 1997 年国务院“冻结”撤县设市，带动“撤县设区”成为推进新型城镇化的主要路径之一，近期“撤县设区”开始向二三线城市延续，带动市辖区在不断增加（见图 7-1），县的数量在不断减少（见图 7-2）。在 2009 年末全国共有 1464 个县和 855 个市辖区，到 2019 年末共有 1323 个县，市辖区数量增加到 965 个。在 10 年时间内国务院共计撤销 141 个县，增加 110 个市辖区，很多城市将处于郊区的县城扩容至市辖区，在我国一、二线城市中北京、上海、广州、深圳、天津、南疆、武汉、厦门、青岛、海口等，地级市中三亚、珠海、佛山、烟台、莱芜、乌海、鄂州等都已经进入“无县”市行列，导致人口城镇化与土地城镇化“失调”现象较为严重。

从 1999 年开始我国多个城市向国务院申请撤县设区，导致城市市辖区面

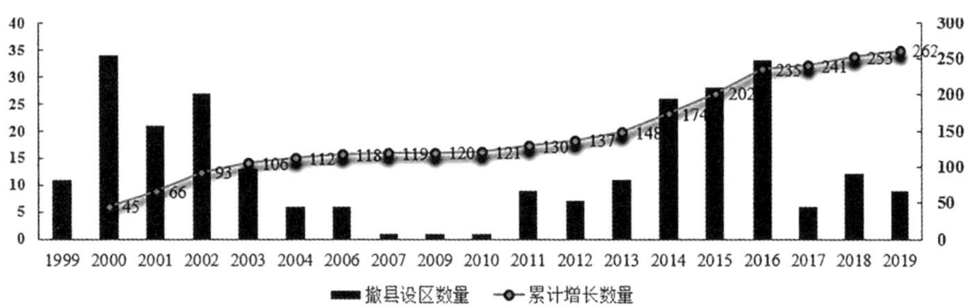

图 7-1　中国撤县设区和累计增长数量

资料来源:根据国家民政部公布数据整理。

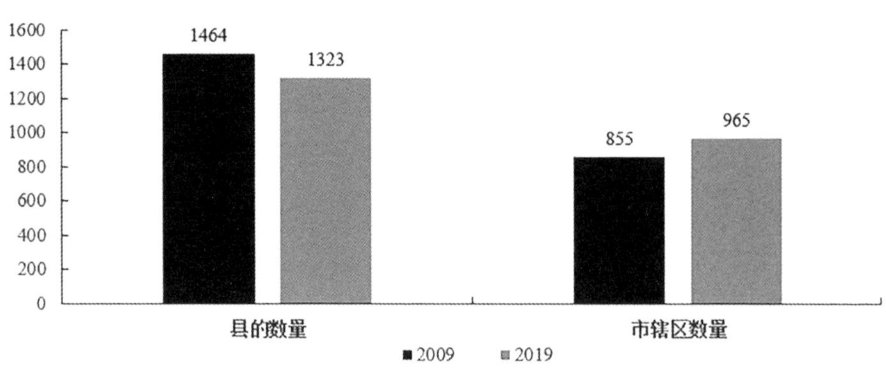

图 7-2　县和市辖区增减数量

资料来源:根据国家民政部公布数据整理。

积在不断增加,国内多个城市掀起一场声势浩大的城市扩容运动,带动市辖区面积的增加,主要是由于大城市空间发展受到限制,对于空间扩张需求较为强烈,外加大城市主城区市中心的辐射力量较大,呈现出较大的正外部性,对周围的县城的带动能力较强,大城市的周边县希望撤县设区来依附于大城市,直接的后果带动市辖区面积的增加,在表 7-1 中列出了我国主要一线城市和二线城市的撤县设区数量,如重庆市在 7 轮撤县设区过程中,将 15 个县行政区划调整为市辖区,市辖区面积直接增加了 29155 平方公里。在撤县设区以后,土地空间的支配权直接由市政府所管控,带动城市开发规模和用地结构都发生改变①。主要是为中心城市增加了土地资源,土地利用更加方便,导致城市建设征用大量耕地资源,带动土地城镇化进程在不断加速。在撤县设区以后,农村户籍人口在统计口径上由农业户口转为非农业户籍,一些“城中村”和城市近郊农村人口成为城市户籍人口,大量的农民被“被城镇化”。在2004年深圳市两个区一夜就撤销镇建制,农村人口一夜之间被统计为城市居民,是全国首个没有农村的城市,形成了“一夜城镇化”现象,在业内引发了诸多争议。

表7-1　中国撤县设区数量和市辖区面积　（单位:平方公里）

城市	轮次	撤县设区数量	市辖区面积增加数量	城市	轮次	撤县设区数量	市辖区面积增加
北京	3	5	8235	青岛	2	2	4642
重庆	7	15	29155	广州	1	2	3591
南京	3	5	5654	苏州	2	2	1923
杭州	3	5	5606	宁波	2	2	2076
天津	4	4	5606	拉萨	2	2	4052
佛山	1	4	3162	无锡	1	1	396
成都	4	4	3126	长沙	1	1	951
济南	4	4	3973	长春	1	1	3355
西安	3	3	3156	南昌	1	1	2193
上海	2	3	2941	大连	1	1	2770
石家庄	1	3	1786	沈阳	1	1	1647
哈尔滨	3	3	4246	福州	1	1	658
南宁	2	2	4633	海口	1	1	954
昆明	2	2	1852				

资料来源:根据相关资料整理。

① 陈好凡:《撤县(市)设区对城市空间扩展的影响机理——以杭州市为例》,《地理研究》2019年第2期。

三、政府建设新区和工业园区加快土地城镇化进程

一是政府增加新区建设带动土地城镇化进程的加快。陆铭等学者在考察时发现,我国新区建设成为一轮新潮,带动土地城镇化进程在不断增加,规划的规模较大,对于新区规划人口密度比较低,同时新城的选址距离老城较远,中国新城选址离老城区平均距离在 25 公里以上①,不仅距离老城较远,导致职业和居住地分离,而且规划的人口密度较低,主要是地方政府在制定战略时受到一种误导,认为低密度才能实现城市的宜居,国内多个新区采取宽马路和大街区的低密度模式,没有产业支撑和创造更多就业岗,导致空间利用效率不高和地方债务负担较大。

二是在我国多个县市加大招商引资力度,吸引更多厂商来此投资兴业,目的是解决就业和增加税收,政府实施"圈地"运动,建设各类经开区、工业区、物流园等,原因是地方政府为了完成招商引资任务,以低价提供土地的方式来实现招商引资。虽然象征性建设工业园区,由于资金有限,企业没有实际入驻,土地被大量闲置和浪费。在此基础上由于土地不是可再生资源,占用一亩就少一亩,各县市的工业园区或经济开发区布局在交通较为便利、人口较为集中的城市周边,占用的是质量等级较高的耕地。但是征用土地以后,土地利用率低。根据统计城镇和工矿区用地平均产出为 100 万元/公顷,但是在 1999 年以后新建的 76 家开发区产值不到 13 万元/公顷②,尤其是在传统工业园区内,主要是缺乏土地约束机制,多地的开发区想尽办法招商引资,通常地方政府仅看中招商引资的项目和企业的经济贡献,不管项目投资是否与园区规划相适应,导致工业园区和物流园区无限扩张,项目贪大求全,重复建设比较严重,不利于土地的集约利用,导致土地资源浪费较为严重。

---

① 陆铭:《制度与城市:土地产权保护传统有利于新城建设效率的证据》,《经济研究》2018 年第 6 期。

② 廖喜生:《工业园区土地利用中的问题及对策分析》,《人民论坛》2017 年第 10 期。

四、政府出让土地使得人地关系非协调发展

地方政府承担了城乡基础设施和维护城市建设等多项义务,在1994年国务院实施分税制改革,但是政府税权受到了较大限制。在此种情况下,地方政府为了获得财政收入,国家允许地方政府通过征地或者"招拍挂"等方式出让土地,来增加财政收入①,形成土地依赖型财政。在我国土地制度改革以后,国土资源部制定了招标拍卖挂牌出让制度,通过有偿出让国有土地,收获更多的土地出让金来补充财政资源。但是经过笔者实地调研,在执行的征地政策没有实际变动的背景下,农业用地转化城市建设用地,需要地方政府来出面实现征用,在分配过程中具有绝对的支配权,地方政府为了获得更多土地出让金,逐渐加大了土地出让面积(见图7-3),主要是为了获得高额土地出让金。在我国实行土地"招拍挂"制度以后,全国土地出让面积为17.87万公顷,到2019年累计出让面积达到了436.04万公顷,为了保证我国18亿亩耕地红线,到2008年开始逐渐控制土地出让面积,但是土地出让交易额依然增长,到2014年开始逐渐下降。土地出让增加了政府财政收入②。从图7-4和图7-5中可知,我国地方政府为了获得土地出让金,尽管房地产市场调控影响土地出让交易,政府仍然是土地出让来增加财政收入,形成"土地出让依赖型"财政收入模式,虽然地方政府转让土地50—70年的土地收益,农户能获得短期收入,我国是14亿人口的大国,有悖于"代际公平性",在土地资源分配使用时既要考虑代际之间公平性,又不能损害子孙后代的利益,还要考虑土地资源是不可再生资源,属于稀缺资源,提高使用有效性更为关键。通

① 李子联:《人口城镇化滞后于土地城镇化之谜——来自中国省际面板数据的解释》,《中国人口资源环境》2013年第11期。

② 地方财政总收入主要由地方本级财政收入和地方政府预算外收入(核心部分为土地出让金收入),鉴于数据可得性,在计算过程中笔者将地方财政收入为地方本级财政收入和土地出让金收入的加总。

过以上分析可知，地方政府土地财政依赖行为严重影响了人地关系协调发展①。

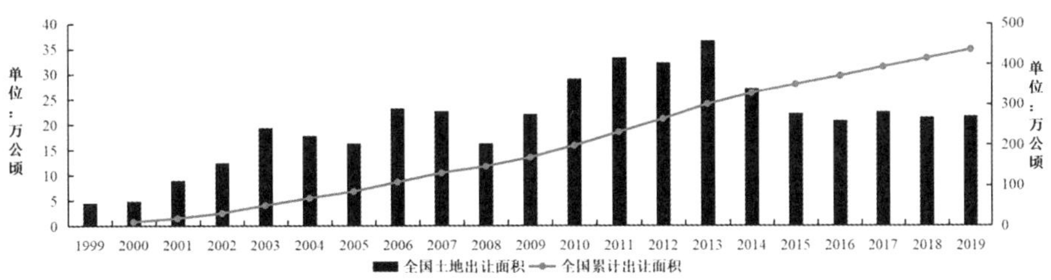

图 7-3　全国土地出让面积

资料来源：前瞻数据库。

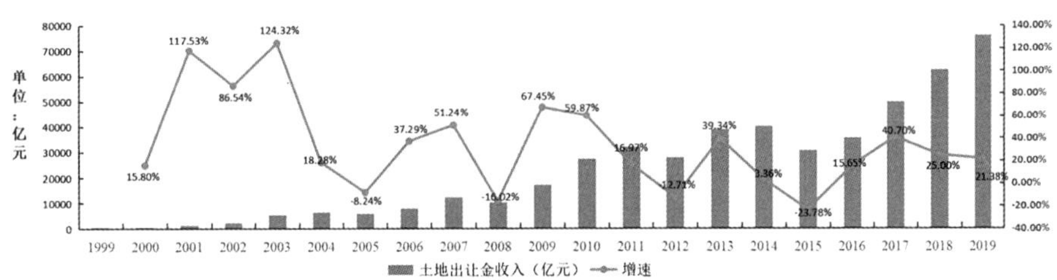

图 7-4　全国土地出让金收入情况（1999—2019）

资料来源：财政部和居易研究所。

五、地方政府政绩观影响“两化”良性互动

地方政府政绩考核目的，主要科学评价官员执政能力和提升政府服务水平。经过不断发展和总结，政府考核指标是以“德、能、勤、绩、廉”等五大方面为主，对于德、能、勤、廉等四项指标难以量化，可以量化的经济指标仅有 GDP，形成了“唯 GDP”的政绩观。

首先，在考核过程中，地方政府为获得“看得见”的政绩，将征地卖地作为

① 尹宏玲：《我国城市人口城镇化与土地城镇化失调特征及差异研究》，《城市规划学刊》2013 年第 2 期。

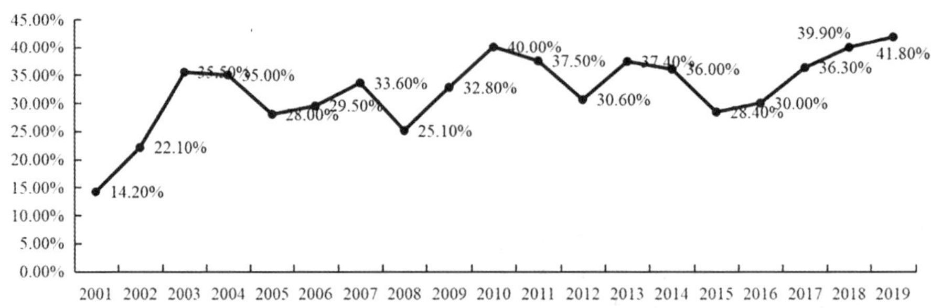

图 7-5　全国土地出让金占地方财政收入的比重

资料来源:财政部和易居研究院。

地方政府财政收入来源,本届政府将几十年的土地都用完,由于政府官员任期短,官员为了在任期内实现“高大上”的政绩,主要关注在短期内见效快的项目,重新规划各类楼堂馆所,部分政府不惜举债建设大影院、大学城、大礼堂等“形象工程”和“面子工程”,实行重复建设或者大拆大建,浪费了大量土地资源。

其次,地方政府实行“自上而下”晋升模式,工作人员在任期内为保证政绩获得“高度评价”,主要是靠看得见的工程和可以量化的招商引资,以创造GDP为考核指标,形成了“只见招商、不见民生”的政绩观。原因是民生建设需要动用大量财政资源,而征地卖地和招商引资属于“创造利润”的政绩。笔者在调研时可知,对于城市道路、绿化、教育、医疗和垃圾污水处理等民生项目,是在上级拨款和国家政策支持下不断完善,民生工程不像征地拆迁和建设工业园区的政绩工程一样能在短期内见效,而民生工程属于“潜绩”,下代人甚至是几代人才能看到效果。因此,地方政府不愿意提供民生类公共产品,即使提供公共产品,更愿意提供投资规模大、见效快和可量化的公共产品,如机场高速、环城大道等。由于公共产品供给数量不足,农村人口进入城市很难享受到充足的公共产品和公共服务,严重阻碍了人口城镇化进程。

第三节　国家相关政策不完善影响“两化”协调发展

一是宅基地制度不完善影响人口城镇化进程。在城市人口不断增长的背景下，在理论上可以为城市建设提供更多的土地资源，但土地资源还是比较紧张，主要是城市规模扩张占用农村耕地资源速度超过人口城镇化速度，土地被大量征用，集约利用土地效率较低。农村建设用地并没有随着农村人口向城市转移的速度而降低，反而在不断加速扩张。由此导致城乡建设用地双向侵占我国耕地资源，主要根源是城乡二元户籍制度导致农民工“城乡两头占地”，不仅在城市占有100平方米的城市住房用地，而且还保留着人均250平方米的农村宅基地[①]，因为全国人大尚未制定一套专门的《宅基地法》，由于法律不完善，影响宅基地流转。在管理过程中由于管理手段滞后，管理人才和管理经费短缺，由于没有农村不动产登记制度，不能用于交易和抵押等，“住户多套住宅”的现象较为普遍，严重影响“两化”协调发展。

二是关于农村流转制度不完善。我国土地承包权30年不变，允许土地所有权转让，随着进城人口的增多和经营模式的改变，带动农村耕地转让规模在不断增加。在2016年，我国有4.6亿亩承包耕地进行流转，在东部沿海地区流转比例已经超过1/2。在国内超过50万亩的农户达到350万户，耕地面积经营达到3.5亿多亩[②]。经过调研可知，我国土地流转补偿过程中农户的利益得不到保障，农村土地流转交易平台不完善，尚未构建起土地流转的市场化经营模式。同时由于农户缺乏对土地承包权、经营权、转让权的知识的普及，对于土地流转的价值评估和利益分配不熟悉。通常是农民自主签订土地流转

① 王建：《城镇化与中国经济新未来》，中国经济出版社2013年版。

② 许经勇：《我国农户投资的制约因素与破解路径》，《农业经济与管理期刊》2016年第2期。

协议，导致农村人口的基本权益受损较为严重。综上所述，在追求城镇化面积扩建所引发的暴力拆迁增多，行政和法律部门是缺乏相关法律依据，在调解过程中使得农户的利益受损，严重影响了进城人口的积极性，阻碍城镇化水平和农业现代化的提高。

三是征地过程中补偿机制不合理，缺乏相应配套措施，影响了“农转非”的进程。当前国务院允许地方政府以合法的途径，来征用土地满足城市空间扩张。在征用完耕地资源以后，农户在一次性给予补偿以后，部分农户进入城市自谋职业，或者由政府安置工作，在理论上应该增加城市人口，但是由于补偿机制和安置工作进展缓慢，后续配套措施没有跟进，引发更多的上访事件，直接的结果就是农村人口无法融入城市，带动农户“边缘化”趋势较为明显。

第四节　地方安置政策和农民素质不高影响“两化”协调发展

一、地区发展基础失衡影响“两化”协调发展

在全国各地受到经济发展基础、区位优势、地区发展政策、技术人才优势等多项制度的影响，带动城镇化发展质量出现了严重的不平衡现象。我国在区域上属于“东富、中平、西贫”的发展差异，斯日吉模楞（2019）经过实证分析可知，西部欠发达地区促进城市扩张时，首要因素是促进人口增长，其次是促进经济增长①，但是西部地区产业基础不好，没有增加更好的就业岗位，而农民工为了获得更高的收入，中西部地区的欠发达城市的乡村劳动力开始流向东部沿海地区和大城市寻找待遇较高的工作，严重影响中西部地区欠发达地区人口城镇化进程。但是欠发达地区为了拉动经济增长，还是以加速城市建

① 斯日吉模楞：《城市化过程中城市土地扩张与经济增长关系研究》，《财经理论研究》2019 年第 4 期。

设和增加投资来拉动经济增长，进一步加速土地城镇化进程，导致人口城镇化与土地城镇化非良性互动。

二、地方政府重视人口就业和忽视福利政策落实

首先，在改革开放以前我国以重工业化道路为主，优先发展资源型、冶金型、石化型等大型国有企业，承担着教育、医疗和社会保障等多项职能。到20世纪90年代末期，随着国有企业的改革，部分资源型城市受到资源枯竭和产业转型难度大、失业工人多等多种困境，导致人口开始向外地或者乡村转移，流动人口在持续增加。而国有企业转型和废弃厂矿又不能在短期内通过生态治理变为耕地，部分资源型城市占用大量耕地资源建设新城或者新区，导致人口城镇化与土地城镇化出现了非良性互动。

其次，在改革开放以后，我国走工业化的道路，发展工业化一方面解决更多进城人口就业，另一方面也加速了城市土地面积的扩张，国家实施乡镇企业城镇化和地方民营经济吸纳的人口较为有限，而吸纳人口较多的第三产业发展较为滞后，将人口红利吸纳完毕，不能从事重体力活以后，还是要回到农村发展。

最后，政府在发展劳务输出过程和充分吸纳农村人口就业过程中，仅仅是重视人力资源的充分利用，农民工输出地和农民工输入地尚未构建起劳动人口提供切实的社会保障、医疗保险、子女教育和进城安置房等保障体系。主要是没有出台相应的制度安排，导致农村人口很难成为城镇常住人口，放缓了人口城镇化发展进程，导致人口城镇化与土地城镇化非良性互动。

三、农民“思土”情结和文化素质影响农村人口进城速度

一是农民的“思土”情结较为普遍。首先，在我国征地制度的改革和外出人口就业收入增加的背景下，部分农村人口向往城市新生活。但是部分人口难以支付城市生活成本，还是停留在以传统农耕社会的“土地是命根”的观念

之中，在城市安居落户以后，还要继续保留宅基地和耕地，主要在城市发展不下去，回到农村还有房屋和耕地，不能“连根拔起”，使得农户彻底摆脱农村“思土”情结还有一段距离，短期内很难彻底成为市民。

二是农民工缺乏生产技术，根据《劳动报》的相关报道，在国内已有50%的农村人口进城，由于缺乏生存技能和学历低，在就业方面受到很多限制。有21.21%的新生代农民工不仅缺乏技能，又不能参与农业生产，与农村经济联系在不断减弱。由此表明，农民工在融入城市以后由于缺乏技能培训，只能进入社会零散工种就业，导致他们在城市内部被“边缘化”，不能彻底成为城镇人口。

三是城乡文化差异导致农民很难真正融入到城市。首先，农民由农村向城市转化过程中，由于农村社区属于邻里和睦和互帮互助，城市社区邻里不熟悉，进城人口对于城市生活方式一时难以适应。其次，城市化是人口、经济要素和土地资源向城市发展转移的过程，更是发展观念转变的过程，但是在城乡之间形成不同的发展观念，农民进入城市以后，文化水平低，受到自尊心的影响，部分农村人口与城市人群是格格不入，因而对农民产生一定心理障碍和精神畏惧，给人口城镇化发展带来一定的障碍。

本章小结

本章分析了人口与土地城镇化非良性互动原因，主要是国内外格局演变、地方政府行为、国家人口与土地相关政策不完善、对农村人口的安置和农村人口素质低都影响了人口城镇化与土地城镇化良性互动。

(1)国际发展格局影响“两化”协调发展。首先，随着国际格局演变和西方国家对我国经济放开管制，在改革开放以后，我国成为承接世界各国产业转移的承接地，由于投资建厂和发展经济，带动我国土地城镇化水平不断提高。其次，在改革开放以后，我国实施工业化道路，以乡镇企业和乡村城市化的发展模式,带动我国城镇化发展水平不断提高。在经历了一系列改革以后,我国借鉴国外发展经验,国内各级政府开始转化发展思路,将城镇化战略作为党中央和国务院的确定的重要发展战略,加速城市建设和扩大城市规模,主要是为了扩大内需和拉动经济增长,在发展观念上冲破土地制度的限制,为了优先发展经济,带动土地城镇化快速发展。

(2)地方政府行为影响“两化”协调发展。首先,地方政府为了促进经济增长,主要是投资形式带动地方经济增长,主要是以城镇化为切入点来加强城市建设。同时地方政府由于受到土地资源的限制,多个地方政府开始撤县设区,扩大市辖区面积来增加城市规模,外加以招商引资的方式扩建经济开发区和各类产业园区,带动城市空间面积不断扩展。其次,在发展过程中,由于地方政府的财权和事权不对等,地方政府为了增加财政收入,以土地出让和招商引资的方式来增加财政收入,形成了土地财政依赖型财政,促进土地城镇化快速发展。以及政府唯一量化 GDP 考核政绩观,促进地方政府官员增加征地规模,带动土地城镇化速度快于人口城镇化。

(3)国家相关政策不完善影响“两化”协调发展。首先,受到城乡二元户籍制度的影响,农村人口在进入城市以后,在社保、教育、就业、住房等方面没有享受到与城市人口同等待遇,使得城市人口不能完全融入城市。其次,受到城乡二元土地制度的影响,随着进城人口的增加,在理论上应该节约出更多土地资源,主要是宅基地、征地补偿、土地流转方面政策不完善,农村人口在进入城市落户以后,“两头占地”现象较为普遍,导致“两化”不协调现象较为严重。

(4)地方安置政策与农村人口文化素质低影响了人口城镇化进程。首先,在推进城镇化进程,国内受到自然禀赋和经济发展水平的差异的影响,使得多个地区经济发展水平与东部沿海地区形成较大差距,吸引更多欠发达地区人口往往流向发达地区和大城市,影响到人口城镇化与土地城镇化协调发展。其次,在部分地区农村人口被征地以后,由于安置政策发展滞后,外加缺乏技能培训,仅能在城市零散就业,不能彻底成为城市人口。最后,由于农村人口文化水平低和生存技能差,受农村“思土”观念的影响,使得农村人口很难在短期内融入城市,影响了人口城镇化进程。

第八章　我国人口城镇化与土地城镇化良性互动对策与建议

从上文的“两化”耦合协调度测度结果可知,“两化”非良性互动影响城镇化高质量发展,为实现“两化”良性互动和促进城镇化高质量发展,需要从规划引领、制度创新、夯实产业基础和技术手段等四个维度,构建“两化”良性互动机制,促进新型城镇化高质量发展。

第一节　科学规划先行——引领“两化”协调发展

一、加强规划引导手段,支持“两化”协调发展

在新型城镇化道路上,如何将过度开发的土地实现高效利用,需要利用规划手段引领城镇化高质量发展。建议由地方政府以中央城镇化发展战略为引领,邀请各类规划机构,进入到城市内部进行科学考察,为“十四五”时期科学制定城乡发展规划,考虑城市人口数量、经济基础、产业发展和基础设施等相关事项,实施城乡规划全覆盖,对于城市民生类基础设施、公共服务设施、环保类基础设施形成长期性规划建设方案。

二、在规划编制上促进新旧城区衔接与协调发展

对于各类城市出现的“空城”现象,在规划编制上实现新旧城区的发展。

首先，根据城市现有发展基础和城市未来发展趋势，理性判定城市发展规模，划定城市增长界限，促进城市传统空间扩张向“集约限量利用”的精明增长方式转化①。其次，在新城或新区基础设施建设方面，尽量为居民根据楼盘和居住区服务半径之内，构建起教育、医疗、超市、娱乐和社区服务中心，满足市民的基本生活需求。最后，关于新旧城区的基础设施和产业布局建设方面不能出现“割裂”现象，尽量促进新旧城区衔接，带动城市之间的快速公交和轨道交通的规划与建设，缩小新区与旧城区之间的距离，带动新旧城区之间的人流、物流、资金流和信息流互联互通，不断增强城市功能，加速向城镇转移农村人口。

三、加强城市空间的精品项目规划，增加城市发展内涵

在城市空间扩张达到一定规模以后，城市规划主要任务是增加精品项目。首先，依据各地不同的资源禀赋、地域文化、民风民俗、历史积淀和消费需求，将信息技术与文化、舒适、生态等要素与城市建筑充分结合，对新区楼盘工程进行继续建设，打造长寿命和高性能的城市精品工程，建设百年大计工程，为城市可持续发展添砖加瓦。其次，在城市楼盘开发过程中，从供给侧改革的角度开发不同规模的楼盘，包括小户型、中大户型和经济适用房等多样化住房，让进城人口能够承担起购房的财力。再次，在城市规划过程中，尽量将生态要素、地域文化要素、科技要素等衬托在城市建设之中，打造更多具有文化意义的城市文化工程项目。最后，在城市规划中，需要不断提高服务能力，利用科技手段来为城市服务业赋能，在县级市和地级市引入互联网技术，形成互联网+服务、物流、旅游、金融等多种产业，实现产城融合的基本目标，为城镇化与产业协调发展奠定基础。

---

① 周培祺:《新形势下二三线城市空城现象的影响因素与破解对策》,《中国商论》2016 年第 8 期。

第二节　不断创新制度——促进“两化”协调发展

一、深化户籍关联制度改革,构建新型户籍关联制度安排

受到户籍制度的影响,与其关联的社保、住房、教育等制度的影响,使得农村人口进城以后,没有享受到向城市人口一样的待遇。为了促进人口城镇化与土地城镇化协调发展,需要不断深化户籍制度与关联制度的改革。

一是社会养老保险制度设立的最初目的是为全民提供养老保障,目前受到各种制度的影响,导致农村养老保险可衔接性差。首先,构建全国统一社保体系,将进城人口统一纳入社会保险体系中,提高外来务工人员参保率。其次,由于务工人员在城乡之间和跨地区进行多次流动,在缴纳的社保以后,由于社保关系转移、接续机制不畅通,亟须完善社保异地转移接续措施。最后,若想提高农村人口的参保率,需要政府提高财政支持力度,减轻农村人口的缴费负担,监督企业为农民工承担部分保险费用,切实增加务工人员的参保率。

二是加强职业技能培训,让务工人员更有尊严地就业。首先,经过调查可知,务工人员在就业过程中不能实现同工同酬,建议出台相关法律,对外地人口和农村人口要实现一视同仁。其次,针对务工人员就业层次低、就业环境差和工资收入低等多种不利因素,归根到底是缺乏专业技能。需要对农民在建筑、家政和生产技能等方面展开培训,提升技术水平和增加收入水平。最后,在劳动力市场领域,建议改变城乡二元户籍制度背景下的招聘方式,继而转向以务工人员的职业技能熟练程度、职业资格证书和岗位技能证书的标准,来招录各类人才。要求政府对务工人员的职业技能培训和维权法律知识进行培训,让务工人员更有尊严地就业。只有获得稳定工作和具有一份稳定的收入,是城市留住人口的基本保障,克服“虚假城镇化”的风险。

三是将城市住房保障制度向务工人员拓展。在我国务工人员城镇住房拥

有率较低，只能租房或者住在工厂提供的住房，为了让农村人口有稳定的住房，留住更多人口。首先，在推进住房制度改革过程中，需要不断保障务工人员住房政策的完善，实现与城市人口同样的住房保障待遇。其次，对于城市工作到5年以上并且缴纳社保金，又有一定的经济基础的务工人员给予城市人口保障性住房待遇，按着城市居民收入标准提供经济适用房、廉租房和限价商品房。再次，鼓励不同的城市根据务工人员数量，构建适合务工人员租赁的社会化公寓，让务工人员暂时得到安置，再依据政策购买城市住房。最后，积极扩大公积金制度覆盖范围，在条件允许的情况下，将住房公积金制度向有固定工作的务工人员群体覆盖，建议各类金融机构向务工人员提供住房贷款和公积金贷款。

四是为务工人员子女教育营造向城市孩子一样教育机会。经过实地调研可知，务工人员子女由于户籍不在城市，在接受义务教育时就读公立学校较为困难，难免出现教育不公平现象，值得我国各级政府深入思考。在国家高质量发展的阶段，教育问题是重要的民生问题，各级政府需要高度关注务工人员子女的教育问题。首先，构建全国统一的电子学籍管理系统，将学籍管理制度改为以户籍制度为主为管理模式，让务工人员子女在城乡之间的入学、转学、辍学和学籍变动都通过电子学籍反映出来。其次，在每年开学之际，务工人员子女入学问题成为困扰务工人员的最大问题，如果不能按时在城市学校入学，会将子女送回户籍所在地上学，子女成为留守儿童，不利于儿童的身心健康。国家教育部曾经多次提出不能让一个孩子失学，建议政府关注务工人员子女的教育问题，不能以公办学校教育资源紧张，或者受到学区划分来限制务工人员子女入学，为了务工人员子女与城市的孩子获得一样的教育资源，建议政府加强对农民工子女这一“弱势群体”的关爱和保护，制定或者出台相关文件，让务工人员子女无条件就近入学，实现子女和父母同在一个城市工作和陪读的“家庭模式”，增加务工人员的幸福感和获得感。

二、加强乡村土地关联制度优化与完善

一是积极推进农村宅基地制度改革试点。改革开放40多年来，随着进城人口数量的增加，农村人口数量降低2.39亿人，宅基地面积累计增加达3000万亩。根据现行法规和政策，农村宅基地是集体成员无偿取得，一户一宅，不允许买卖和转让，但是集体也不具备有偿收回农户宅基地的权利。鉴于此，形成了新增宅基地和闲置宅基地不能流转的"矛盾"局面，对土地关联制度改革势在必行。

第一，需要不断确认和清晰宅基地产权制度，保障农村宅基地，拥有完整房屋产权，同时保留农村人口的宅基地的资格权，形成顺畅的宅基地流转机制。

第二，根据登记确权范围和宅基地流转特征，构建农村产权交易中心，通过拍卖和竞价的方式对宅基地规范交易。

第三，积极鼓励农户退出宅基地以后，加强与金融结构结合，联合信贷金融机构，完善宅基地评估方式和宅基地基准地价数据库，实现地区之间数据共享，构建宅基地信贷融资体系。

第四，在政府正确的领导下，以农民自愿流转的原则，保护农民的基本利益，构建宅基地流转共享利益机制。

第五，弱化农村宅基地的养老依赖，将农村人口养老保险落到实处，让更多的人口从依靠"宅基地养老"氛围中解放出来，促进农村宅基地的流转和释放出更多土地资源，引入监督机制和法制建设，实施阳光操作，提供土地市场的透明度。

二是加强对土地征用制度的改革。国家为了城市建设需要，在城乡之间保持征用和耕地平衡的基础上，保证18亿亩耕地的红线和土地质量不降低的基础上。由于征地制度不完善，在征地过程中对农户的补偿资金较少，尚未对土地价值的真正体现，征地以后安置措施滞后，影响了被征地农户的长远利

益,征地程序不规范,剥夺了农户的知情权。其一是规范政府行为和慎用征地权,在相关法律中明确"公共利益"的内涵和明确土地征收目的,完善土地征用合法性审查机制,进而规范政府征地行为。其二是根据市场经济规律补偿被农户,在征地过程中,适当考虑土地用途转化的增值效益,让农户分享社会发展的成果,结合以往的补偿标准,对农户补偿标准进行分别测算,对农户进行补偿。其三,对农户进行妥善安排,在安置青年人就业时给予资金支持,对于老弱病残的生计问题,实施最低生活保障机制,建立被征地农户安置保障金制度,通过多种途径安置被征地农户。

三是加强土地流转制度。其一加强确权登记制度,促进土地承包关系长久不变,对农户耕地资源进行确权,向农户发放承包经营权证,第二轮土地承包又延长 30 年配套政策。其二是健全土地流转的申报、审批、登记和流转合同的签订、纠纷处理等一系列方法,严格土地流转手续的审批,保证土地流转的真实性和合法性,重点是保障土地用途不变,增加土地流转的价值。其三是构建土地流转机构,明确土地执法主体和赋予相关管理权限和执法手段,做到管理有人和执法有度,确保流转双方的合法权益。其四是创新经营模式,完善农村承办地的三权分置的法律法规和政策体系,重点是构建家庭农场和农村合作社的新型经营主体,培育小农户的产业发展政策,切实做好土地流转工作。

三、加强财税体系改革,破解土地财政依赖

在 1994 年国务院实行分税制,地方承担各类公共产品的义务,但是没有相对等的财权和事权。由于地方政府征收的税源上缴到国家财政,用于维护地方建设的财政支出需要经过国家财政下拨,形成了"财权上收、事权下移",为了破解地方政府的土地财政依赖,建议如下:

一是给地方政府下放财权和事权。国务院早就提出建立现代财政制度,发挥中央和地方政府的积极性。目前,中央和地方的财权与事权划分不明确

是产生“土地财政”的症结所在，为了破解地方政府对于“土地财政”症结。地方政府为维持地方公共产品持续性，需要确保地方政府财权和事权的相对称，缓解地方财政紧张局面，在确保地方政府具有充分的“财权”，才能完成地方政府应该承担的义务。总之，为了破解地方财政压力，需要平衡中央和地方财权、事权，合理、清晰地确定政府与市场的边界，将地方政府的事权和财力对等，激励地方政府增加公共产品的投入，为城镇居民营造良好的生活环境，吸引人口进入城市。

二是开辟新税源，增加地方财政收入。首先，为了缓解地方财政紧张局面，通过改革构建起“重保有、轻流转”的财税结构，建议培养长期稳定的税种，摒弃过分对“土地财政”的依赖，将施政理念转为注重长效绩效。其次，地方政府在税负方面实施“有增有减”的发展方式，对战略性新兴产业、节能环保产业、现代服务业等实施减税，对于高耗能、高污染的企业考虑征收土地增加税。最后，增加土地增值税，对于土地经过转让或者经过几次出售以后，需要加征土地增值税，同时开征财产税，对于商用房地产加征财产税，增加地方政府税源。

三是完善转移支付制度。为了缓解地方财政紧张局面，具体优化路径如下：首先，中央政府在严把地方财政立项，对于项目拨款的准确把握，除了给予地方政府一般性转移支付以外，重点关照中西部地区和民族边疆地区财力不足的问题。其次，对省级转移制度进行不断完善和立法，加强对转移到地方财政资源监督和审计，确保各类财政资源实现专款专用。

四、创新政绩考核体系和改进干部晋升机制

一是在创新政绩考核机制。首先，以往地方政府考核标准是以 GDP 增长为核心，导致城市规模“非理性”增长，出现“空城”现象，按着城市发展周期理论，土地规模扩张出现的新城和新区属于城市的青年时期，需要不断完善公共产品。建议政府在考核过程中，以精明增长理论指导为指导，将民生效益、社

会效益、生态效益等引入政府政绩考核之内，通过各项指标的打分来考核地方政府官员。

二是改革官员晋升机制。在政府官员晋升方面，以往官员都是以“任内有绩”的晋升思路为主，建造城市的“亮点”工程，打造地方政府的“门面工程”，开辟地方政府的“华丽工程”，追求华而不实的“豆腐渣工程”。但是关于地方政府的基础设施、民生工程和公共产品服务设施却没有建设，如新城和新区建设比较“成功”，但是就医找不到医院，上学找不到学校，购物找不到超市的现象较为普遍。首先，建议政府改变以往官员晋升机制，要求官员不能以GDP增长和建设“面子工程”为依据，在心里始终装着“全心全意为人民服务”的干部作风，重视民生工程的建设，加强新区基础设施完善和旧城区棚户区改造，坚决遏制再建一些不切实际的“形象工程”，多建一些利于地区人口的教育、医疗、康养、娱乐、文化设施的民生工程，形成为民服务的官员考核机制。其次，在官员晋升方面需要不断完善政府官员执政能力和社区民意调查和评价机制，主要针对官员的服务情况进行综合评议，督促官员提供完备的公共服务产品，留住更多的人口，促进人口城镇化高质量发展。

第三节　夯实产业基础——巩固“两化”协调发展

为了实现土地资源集约利用和人口转移安置有充分的就业岗位，做好产业基础和招商引资的产业充分对接，促进产城融合。

一、加强本地产业与招商引资充分结合

经过实地考察，截至2017年我国共有478家国家级经济开发区、出口加工区和保税区。全国31个省（自治区、直辖市）构建的各类经济开发区共有1170家，批准建设工业园区超过22000家以上。在全国各类城市中，经过计算以后每个城市将会有4.8个各类工业园区，平均每个城市有4.8家省级产

业园区，由于企业入驻数量少，园区空置率为43.2%，由此表明我国产业园区供给过剩，园区同质化竞争，缺乏龙头骨干企业，没有形成完整的产业链。首先，为了降低产业园区的空置率和提高土地集约使用。在招商引资时不能盲目招商引资，禁止高耗能、高污染的企业和以投资建厂预想"空手套白狼"的传销企业进入工业园区，防止损害民生利益，改变非理性和盲目型冲动招商引资。其次，在招商引资时需要根据地域资源禀赋和产业特色，充分结合地方产业基础，招进一批有利于地区经济发展和生态环保型企业，给予更多政策支持，扶持地方产业园区的中小企业不断发展壮大，一方面在给予土地优惠和税收政策优惠的基础上，解决更多农民人口进城的就业问题。

二、壮大优势产业，延伸产业链条

国内学者张可云提出，按着城市生命周期理论①，空城是处于青年阶段的城市，缺乏相应产业支撑，不能吸引更多人口来此就业，导致人口密度较低。首先，在发展地区产业过程中，根据地域资源禀赋，完善地区产业链条。在招商引资过程中，不能盲目招商，需要甄别各类企业的性质，加强与本地企业进行对接，带动本地区产业协调发展。其次，围绕地方优势产业主产品和上下游产品，不断引进先进技术和高端人才，构建起完整的产业链条，发展壮大优势产业，不断提高地区产业的竞争力。最后，不断延伸产业链条，树立企业在地区产业链条中的核心地位，通过技术创新和管理理念创新来完善产业链条。

三、发展第三产业，解决更多人口就业

在我国推进建设新城和新区过程中，根据规划蓝图考虑产业基础，同时对各项公共服务产品、用地、空间环境做统一的安排。首先，目前，我国的各城市的新城和新区正处于青年发展阶段，产业处于"百废待兴"的状态，在交通节

① 张可云：《鬼城与空城是两个不同的城市问题》，《金融博览》2015年第5期。

点地带构建TOD新城(交通导向新城),围绕交通枢纽构建区域性配套服务设施,如大型超市和商贸城,有助于通过市场力量掀起配置生活性服务业。其次,在新城构建金融、物流、商务会展和文化创意等产业,增加新城服务型功能。最后,不断壮大新城区社区服务业,集中办好康养产业、儿童福祉产业、社区助老产业、休闲娱乐业,提升社区的服务品质。不断完善新城区的生活居住条件,让更多人口进入城市以后获得公共产品服务。综上所述,夯实地方产业基础,解决更多人口就业,提高居民的经济收入,为人口城镇化高质量发展奠定坚实的基础。

第四节　加强技术保障——支持“两化”协调发展

一、利用信息技术手段支持“两化”协调发展

在2014年全国人大会议上,国务院总理李克强在《政府工作报告》中,重点强调高质量推进新型城镇化,需要不断加强“宽带中国”和“智慧城市”,实现“四化”同步发展。

一是利用大数据技术做好信息技术顶层设计。首先,在推进新型城镇化进程中,需要各部门将人口数据信息、土地数据信息、农村发展信息、环境保护信息、物流信息、城市道路信息、应急救援信息进行有效结合。在各级政府的推动下,构建新型城镇化大数据集合平台,依据大数据汇总信息来确定核心层面的城镇化建设目标,为政府部门的人口转移和土地结构优化的顶层设计,提供更多数据支持,促进《城市总体规划》更加适合本省区的发展,避免出现推出不切实际的城镇化发展战略,实现人口城镇化与土地城镇化协调发展。

二是利用计算机IT技术为促进“两化”协调提供技术支撑。首先,在促进信息化与城市化有效融合过程中,将IT技术引入到智慧城市建设之中,利用IT技术和云计算、大数据、物联网和北斗卫星导航技术,来推动智慧城市建

设;其次,利用大数据技术,通过大数据平台建设,聚焦城市功能,更加清晰认识城市人口、土地、环境、物流等刚性约束,对城镇化发展的进行深刻调整,主要为环境污染和交通堵塞、城市土地资源浪费等“大城市病”提供真实的数据支撑。再次,利用信息化技术,为城市治理作出科学评估,采取网格化和精细化的城市治理模式,实现全方位和多角度的信息融合与共享。最后,利用大数据技术,提升城市人口的服务质量,通过物联网和“互联网+”、移动互联网等,实现城市“点对点”和“门对门”的服务技术,实现城市管理、人口管理、产业监管的智慧化。

二、利用绿色技术手段支持“两化”协调发展

首先,在我国土地城镇化进程中,多数地区开山填海和劈山开路,使得更多生态资源遭到迫害和加重城市水土流失,城市污染治理水平比较滞后,垃圾围城现象较为严重。在新型城镇化过程中依据“绿水青山就是金山银山”理念,在保持现有城市规模基础上,注重生态资源的保护,不能再以各种理由对城市水源地、高山绿地、生态保护区加以破坏,将“生态城市”建设作为“两化”协调发展的契合点,在土地城镇化建设方面要开发绿地和地方森林、湿地、江河湖海、雪山和草原进行保护。对人口住宅布局和社会活动空间等要进行集中规划,将游憩空间与生态空间进行有效整合。

其次,以建设生态城市为契机,加强生态环保类民生工程建设。目前,在民生工程建设项目中,马路增宽、城市绿地增多、河流更加清晰,控制垃圾围城,需要加强工业废水、废气、废渣的“三废”治理,居民生活垃圾分类和资源化处理,以建设卫生城市为基础,增加城市污染物处理数量。

最后,利用国土绿化技术。其一在城市化进程中,随着农村人口逐渐减少和城市空间面积的扩展,对城市生态廊道和城市居民点进行国土绿化工程。在西部地区生态脆弱区和国内个别生态脆弱区加强生态治理。建议中央和地方政府联合严守生态红线,对山水林田湖草综合治理,降低农村生产和城市生

产污染水平。其二是对矿山废弃地加强治理，通过生态恢复技术，增加城市建设用地资源。其三是对农村宅基地和农村废弃厂房用地资源进行普查和综合治理，通过绿色技术和生态恢复技术实现占补平衡。

三、利用法治手段支持“两化”协调发展

通过《全国土地利用总体规划纲要(2016—2030年)》可知，到2030年全国总人口达到14.5亿人，城镇常住人口达到70%，到时有10亿人生活在城市。根据《全国国土规划纲要(2016—2030年)》可知，到2030年全国耕地面积控制在18.25亿亩之内，城市空间面积预计达到11.67万平方公里，如何在近10年之内，促进人口、土地、资源、经济实现协调态势，除了利用信息技术手段和绿色技术，还需要法治手段来实现人口城镇化与土地城镇化耦合协调发展。

一是关于户籍制度关联的制度进行立法。经过相关部门的统计，受到户籍制度的限制，农村人口与城市人口待遇差别达到47项目之多①。当前我国多个省份已经进行户籍制度改革，取消城乡二元户籍制度，但是在还有部分省份尚未进行全方位的户籍制度改革，城市人口与农村人口还是有一定的区分。在我国新型城镇化进程中，不能再以户籍制度阻止农村人口在城乡之间流动，对农村人口进入城市给予一定法律保护，包括职业技能培训，农村人口子女进城接受义务教育，社会保障接续和转移、住房保障等急需立法，只有通过法律保护，才能吸引更多人口进入城市，成为真正的城市人口。

二是完善城镇建设用地法律约束机制。在城镇化进程中“两化”非良性互动的结果是土地资源集约利用效率低下，按着众多学者认为城市空间规模扩张已经达到饱和状态。在我国未来高质量发展阶段，城市规划不是花费巨大的资金推倒重来，而是要对现在和未来可能出现的机会合理预测与规划，建

① 李昭:《人口流动问题的法律应对——迁徙自由》,《理论与现代化》2003年第3期。

议国家各级行政部门在出台各类规划时，需要树立法制思维。目前，国家城乡规划部门根据《城乡规划法》和《村庄和集镇规划建设管理条例》，来出台各类规划，促进人口安置更加合理和土地资源更加集约利用。清华大学毛其智教授提到城乡规划法律由于法律责任较轻，不利于维护规划的严肃性，加强公众参与，不断促进城市规划和社会主义新农村规划更加科学，引导人口城镇化与土地城镇化健康发展。

三是出台农田保护法。首先，当前国内就耕地资源保护的法律主要有《土地管理法》和《基本农田保护条例》，还有各省份出台耕地保护条例，在土地管理法律和基本条例中划定永久性基本农田，改善耕地占补平衡制度，保证耕地数量和质量，守住 18 亿亩耕地资源的红线。其次，在以上两部法律基础上，国内多位人大代表提案出台《中华人民共和国农田保护法》，建议不能再以各种途径降低耕地的数量和质量，主要考虑我国是人口大国，需要维护粮食安全。最后，在城市建设过程中考虑耕地恢复和退出耕地资源的奖补政策和法律建设。

四是关注人口城镇化进程中，农户自愿退出农村耕地承包权和宅基地转让的权利。首先，张力（2018）指出[①]，如果以立法的形式要求我国农民退出土地承包经营权还不太客观，原因是我国有相当比例的农户进城落户，并不是出于本愿，在多数人口考虑在年轻时进城务工，是为了养家糊口和教育子女，到年龄稍大时就会被城市劳动力市场排斥，还需要回到农村养老，在城乡之间的"双向流动模式"和"有进有退"社会发展秩序，形成了渐进式的长期发展过程。首先，在以法治手段引导农户自愿放弃地权时，需要充分考虑农户"地权"退出时补偿标准，还要允许农户以土地流转和参股的方式，形成农村"地权"的退出和保留的双向组合，促进农村耕地资源高效利用。其次，在 2020 年 2 月份实施新的《土地管理法》，对农户宅基地进行确权登记，规定了城市人口

① 张力：《人口城镇化背景下农民自愿退出农村地权的法律规制》，《江西财经大学学报》2018 年第 3 期。

是不能购买农村宅基地，农户有自愿选择“自愿退出”的权利，实施“有偿退出”原则，充分保障农户宅基地的权益和福利。农户退出宅基地可以将其恢复成耕地资源，缓解了“一人两户和一人多户”的发展现状，有效地缓解城乡之间的土地资源紧张现象。

四、利用人文关怀手段支持“两化”协调发展

新型城镇化是提高居民生活水平，实现以人为本的城镇化战略。目前，乡村人口受到小农发展意识、文化水平低、就业技能差、社区邻居不熟悉等多项不利因素的制约，需要对进城人口进行人文关怀，增加农民工在城市的归属感，让更多的人口彻底成为城市人口。

首先，建议政府对农民工和城市社区人口对展开培训，主要包括就业、就医、教育、医疗、金融等知识，增加农民尊严和提升社会地位，提升进城人口的自信心，让农村人口有勇气活在城市，为未来发展做好长远打算。

其次，加强对进城人口和失地农民的技能培训，让进城人口获得职业技能证书，优先考虑这些人的就业，需要政府定期举办培训班，利用农民职业院校、农民夜校和城市社区民营培训机构对农民工和新进城人口，培训物流、厨师、护工、焊接、装潢等，培育新型技能人才，提升进城人口的收入水平。

再次，加强城市和乡村文化宣传，使更多人口充分了解城市化以后能够带动居住条件改善，退出宅基地的保障政策，增加社保知识的普及。

最后，充分利用城市社区功能，给予进城人口的特殊关怀，定期举办邻里节和城市社区联谊活动，让更多人口建立和谐社区关系，增加城市人口的归属感。

本章小结

本章主要讨论了人口城镇化与土地城镇化良性互动机制，利用规划手段、制度创新、法律手段、技术手段等促进人口城镇化与土地城镇化良性互动，实

现地区城镇化高质量发展。具体结论如下：

(1)在规划方面。在新型城镇化进程中,以规划引领为基础,加强城市发展的顶层设计,实现新旧城区衔接,打造城市精品项目。

(2)在制度创新方面。人口方面加强教育、就业、社保、住房等与人口城镇化相关制度改革。在城市规模扩张过程中,提高土地资源利用效率和促进土地资源综合利用,加强乡村宅基地的退出制度的创新,实现乡村宅基地转化为农村耕地机制。给予地方政府对等的财权和事权,破解土地财政依赖。遏制“面子工程”,增加公共产品提供,提高民生服务质量,以增加城市人口幸福感和提高土地集约利用作为政府的绩效考核机制。

(3)在产业基础方面。加强招商引资和本地产业结合,发展特色产业,提高工业园区的土地利用效率。围绕社区发展第三产业,实现提高土地利用效率和解决人口就业的双赢,为人口城镇化与土地城镇化协调发展保驾护航。

(4)在技术手段方面。在信息技术方面利用大数据构建智慧城市平台。在绿色技术手段方面,以建设生态城市为人口城镇化与土地城镇化良性互动的切入点,加强生态基础设施建设,加强环境治理和废弃矿山进行恢复。法律手段方面主要为了实现城乡人口一样的待遇,对人口就业、教育、社保等方面进行立法保护。在土地城镇化方面对耕地资源保护、土地承包经营权和宅基地退出进行立法保护。在人文手段加强文化宣传和生活知识普及,加强邻里关系建设,构建和谐社区,增加进城人口的归属感。

参考文献

一、中文专著

保罗·萨缪尔森:《西方经济学》,中国人民大学出版社 2000 年版。

贝利:《比较城市化》,商务印书馆 2010 年版。

陈才:《区域经济地理》,科学出版社 2010 年版。

程遥:《东北地区核心—边缘空间演化及驱动机制研究》,同济大学出版社 2020 年版。

方创琳、鲍超、乔标:《城市化过程与生态环境效应》,科学出版社 2008 年版。

方创琳:《中国城市群可持续发展理论与实践》,科学出版社 2010 年版。

费孝通:《乡土中国》,人民出版社 2006 年版。

冯奎:《中国新城新区发展报告》,企业管理出版社 2017 年版。

辜胜阻:《非农化与城镇化研究》,浙江人民出版社 1990 年版。

顾朝林、汤培源:《城市化》,科学出版社 2010 年版。

顾朝林:《中国城镇化格局、过程、机理》,科学出版社 2008 年版。

顾朝林:《城市化》,科学出版社 2011 年版。

顾朝林:《中国新型城镇化之路》,科学出版社 2019 年版。

何立峰:《国家新型城镇化报告(2019)》,人民出版社 2020 年版。

姜妮伶:《中国东北地区城镇化发展研究》,经济科学出版社 2009 年版。

李薇薇:《禁止就业歧视:国际标准和国内实践》,法律出版社 2006 年版。

厉以宁:《中国新型城镇化概论》,中国工人出版社 2014 年版。

梁振民:《新型城镇化背景下的东北地区城镇化质量评价研究》,经济科学出版社

2016年版。

林毅夫:《中国城乡建设用地增长研究》,商务印书馆2009年版。

刘贺贺:《城市化与生态环境耦合过程、格局与机理研究——以东北地区为例》,经济与管理出版社2020年版。

刘耀彬:《城市化与生态环境耦合机制及调控路径》,经济科学出版社2007年版。

刘易斯·芒福德著:《城市发展史——起源、演变和前景》,宋俊岭译,中国建筑工业出版社2004年版。

陆大道:《区域空间结构》,科学出版社1995年版。

吕萍、周滔:《土地城市化与价格机制研究》,中国人民大学出版社2007年版。

马德君:《西部地区城镇化协调发展研究》,经济日报出版社2016年版。

森普尔:《地理环境之影响》,陈建民译,商务印书馆1997年版。

世界环境与发展委员会:《我们共同的未来》,吉林人民出版社1997年版。

王建:《城镇化与中国经济新未来》,中国经济出版社2013年版。

王凯、陈明:《中国城镇化的速度与质量》,中国建筑工业出版社2013年版。

王雪薇:《东北地区城市群组空间重构:格局·过程·效应》,科学出版社2017年版。

王亚华:《人口—土地城市化耦合过程及其机制研究——以江苏省为例》,科学出版社2019年版。

王兴芬:《中国人口城镇化与土地城镇化协调发展研究》,中国社会科学出版社2019年版.

吴传钧:《人地关系与经济布局:吴传钧文集》,学苑出版社2008年版。

夏建中:《城市社会学》,中国人民大学出版社2010年版。

肖兴志:《产业经济学》,中国人民大学出版社2015年版。

新玉言:《新型城镇化理论发展与前景透析》,国家行政学院出版社2014年版。

许学强、周一星:《城市地理学》,高等教育出版社2009年版。

许学强:《中国城市化理论与实践》,科学出版社2012年版。

杨佩卿:《西部地区新型城镇化研究:发展目标、动力机制与绩效评价》,中国社会科学出版社2020年版。

杨玉珍:《中西部快速城镇化地区生态·环境·经济耦合协同发展研究》,中国社会科学出版社2019年版。

叶裕民:《中国城市化与可持续发展》,科学出版社2006年版。

喻新安:《中国中部地区发展报告(2013)》,社会科学文献出版社2013年版。

张坤民:《可持续发展论》,中国环境科学出版社 1997 年版。

张文奎:《人文地理学》,东北师范大学出版社 1995 年版。

张占斌:《中国新型城镇化健康发展报告》,社会科学文献出版社 2014 年版。

赵荣:《人文地理学》,高等教育出版社 2006 年版。

周国强、张青:《环境保护与可持续发展概论》,中国环境出版社 2010 年版。

周国艳、于立:《西方现代城市规划理论概论》,东南大学出版社 2010 年版。

周三多:《管理学》,高等教育出版社 2010 年版。

周一星:《城市地理学》,商务印书馆 1999 年版。

朱国宏:《人地关系论》,复旦大学出版社 1996 年版。

朱有志:《长株潭城市群重构》,社会科学文献出版社 2008 年版。

二、中文期刊与报刊

蔡美香:《我国人口城镇化与土地城镇化失调与影响因素分析》,《西北人文社会科学评论》2014 年第 1 期。

蔡卫红:《福建省土地城镇化快于人口城镇化的现状及成因分析》,《福建论坛》2013 年第 7 期。

陈端吕:《环洞庭湖区生态经济系统的耦合特征研究》,《地理科学》2013 年第 11 期。

陈凤桂:《我国人口城镇化与土地城镇化协调发展研究》,《人文地理》2010 年第 5 期。

陈明星:《健康城市化:新的发展理念及其政策含义》,《人文地理》2013 年第 1 期。

陈迅:《商品房空置率国际警戒线质疑》,《经济问题》2014 年第 7 期。

陈印军:《中国耕地质量状况分析》,《中国农业科学》2011 年第 1 期。

陈妤凡:《撤县(市)设区对城市空间扩展的影响机理——以杭州市为例》,《地理研究》2019 年第 2 期。

陈贞:《美国的密集化和中产阶级化发展——“精明增长”纲领与旧城倡议者的结合,国外城市规划》2013 年第 7 期。

仇保兴:《简论我国健康城镇化的几类底线》,《城市规划》2014 年第 1 期。

崔许锋:《民族地区的人口城镇化与土地城镇化:非均衡性与空间异质性》,《中国人口资源环境》2014 年第 8 期。

段禄峰:《新型城镇化背景下规划型“空城”现象解析》,《生态经济》2017 年第 10 期。

范进:《实现人口城镇化与土地城镇化之间的关系》,《当代经济研究》2014 年第 12 期。

范进:《土地城镇化与人口城镇化协调性测定及其影响因素》,《经济学家》2012 年第 5 期。

方创琳:《中国西部地区城市群形成发育现状与建设重点》,《干旱区地理》2010 年第 5 期。

高辉娜:《工业用地增长与工业经济增长的关系》,《城市问题》2014 年第 7 期。

关静:《关于精明增长的研究述评》,《财经问题研究》2013 年第 3 期。

管清友:《人口城镇化应优先于土地城镇化》,《经济参考报》2010 年 12 月 3 日第 2 版。

郭付友:《2003 年以来东北地区人口城镇化与土地城镇化时空耦合特征》,《经济地理》2015 年第 9 期。

韩瑞玲:《沈阳经济区经济与环境系统动态耦合协调演化》,《应用生态学报》2011 年第 2 期。

韩增林:《中国地级市以上城市城镇化质量特征及空间分异差异》,《地理研究》2019 年第 6 期。

黄忠华:《我国耕地变化与社会经济因素的实证分析》,《自然资源学报》2009 年第 2 期。

李文:《近半个世纪以来中国城市化进程的总结与评价》,《当代中国史研究》2012 年第 5 期。

李昭:《人口流动问题的法律应对——迁徙自由》,《理论与现代化》2003 年第 3 期。

李汝资、宋玉祥:《东北地区可持续发展及其对策研究》,《资源开发与市场》2014 年第 7 期。

李子联:《人口城镇化滞后于土地城镇化之谜——来自中国省际面板数据的解释》,《中国人口资源环境》2013 年第 11 期。

梁鹤年:《精明增长》,《城市规划》2005 年第 10 期。

梁振民:《东北地区城市化发展质量综合测度与层级特征研究》,《地理科学》2013 年第 8 期。

梁振民:《辽宁省城市化与生态环境非协调性耦合关系研究》,《内蒙古财经大学学报》2018 年第 2 期。

梁振民、陈才:《辽宁省城市化与生态环境非协调性耦合关系研究》,《安徽大学学报(自然科学版)》2019 年第 1 期。

廖喜生:《工业园区土地利用中的问题及对策分析》,《人民论坛》2017 年第 10 期。

廖重斌:《环境与经济协调发展的定量评判及其分类体系——以珠江三角洲城市群为例》,《广东环境科学》1996 年第 1 期。

林爱文:《湖北省人口城镇化与土地城镇化协调发展分析》,《地域研究与开发》2015 年第 6 期。

刘贺贺:《东北地区城镇化与生态环境的脱钩分析》,《地理科学》2016 年第 12 期。

刘娟:《重庆市人口城镇化与土地城镇化协调发展评价》,《西南师范大学学报》2012 年第 9 期。

陆大道:《地理学关于城镇化领域的研究内容框架》,《地理科学》2013 年第 8 期。

陆大道:《关于“点—轴”空间结构系统的形成机理分析》,《地理科学》2002 年第 2 期。

陆大道:《基于我国国情的城镇化过程综合分析》,《经济地理》2007 年第 6 期。

陆铭:《制度与城市:土地产权保护传统有利于新城建设效率的证据》,《经济研究》2018 年第 6 期。

吕添贵:《人口城镇化与土地城镇化协调性测度及优化》,《地理科学》2016 年第 2 期。

马文博:《人口城镇化与土地城镇化的耦合协调关系及空间差异》,《统计与决策》2020 年第 12 期。

宁越敏:《中国城市化特点、问题及治理》,《南京社会科学》2012 年第 12 期。

沈彦:《新型城镇化视角下的湖南省土地城镇化与人口城镇化协调发展研究》,《中国人口资源与环境》2015 年第 1 期。

石忆邵:《辩证审视土地城镇化与人口城镇化之间的关系》,《上海国土资源》2015 年第 2 期。

史育龙:《把新型城镇化的作用充分发挥出来》,《人民日报》2019 年 4 月 16 日。

斯日吉模楞:《城市化过程中城市土地扩张与经济增长关系研究》,《财经理论研究》2019 年第 4 期。

沈彦:《新型城镇化视角下的湖南省土地城镇化与人口城镇化协调发展研究》,《中国人口·资源与环境》2015 年第 S1 期。

沈茂英:《常住人口变动的区域特点与人口城镇化政策选择》,《四川省委党校学报》2013 年第 5 期。

孙平军:《北京市人口—经济—空间城市化耦合协调性分析》,《城市规划》2012 年第 5 期。

陶然:《"空间城镇化"、"人口城镇化"的不匹配与政策组合应对》,《改革》2008 年第 10 期。

王丽艳:《土地城镇化与人口城镇化之间协调性测定及其影响因素》,《经济学家》2012 年第 5 期。

王宁宁:《中国人口城镇化与土地城镇化失调原因分析》,《苏州教育学院学报》2016 年第 2 期。

王兴芬:《中国土地城镇化与人口城镇化协调发展的实证研究——基于协调发展模型》,《技术经济与管理》2017 年第 1 期.

王洋:《中国土地城市化水平与进程的空间评价对》,《地理研究》2014 年第 12 期。

邬建国:《什么是可持续性科学》,《应用生态学报》2014 年第 1 期。

吴莉娅:《中国人口城镇化与土地城镇化失调原因分析》,《南京邮电大学学报(社会科学版)》2016 年第 2 期。

吴友仁:《关于我国社会主义城市化问题》,《城市规划》1979 年第 5 期。

许皎琳:《土地城镇化驱动因素研究——以江苏省各地级市为例》,《上海国土资源》2015 年第 4 期。

许经勇:《我国农户投资的制约因素与破解路径》,《农业经济与管理期刊》2016 年第 2 期。

肖金成:《国外城镇化的经验与启示》,《时事报告》2013 年第 4 期。

肖周燕:《政府调控、市场机制与城市发展》,《中国人口资源环境》2016 年第 4 期。

严思齐:《土地城镇化与人口城镇化非协调耦合性与互动关系》,《中国人口资源环境》2016 年第 11 期。

杨钢桥:《城镇用地扩张的影响分析》,《中国人口资源环境》2004 年第 4 期。

杨丽霞:《人口城镇化与土地城镇化协调发展的空间差异研究》,《中国土地科学》2013 年第 11 期。

杨震:《内蒙古人口城镇化与土地城镇化耦合协调性研究》,《内蒙古财经大学学报》2017 年第 1 期。

赛云秀:《项目协调技术研究》,《现代管理科学》2019 年第 3 期。

孙丽萍:《中国西部人口城镇化与土地城镇化协调性的时空分析》,《地域研究与开发》2017 年第 3 期。

姚士谋:《中国新型城镇化理论与实践问题》,《地理科学》2014 年第 6 期。

叶裕民:《中国城市化质量研究》,《中国软科学》2001 年第 7 期。

尹宏玲:《我国城市人口城镇化与土地城镇化失调特征及差异研究》,《城市规划学刊》2013 年第 2 期。

张春梅:《城镇化质量与城镇化规模的协调性研究》,《资源与产业》2013 年第 33 期。

张可云:《鬼城与空城是两个不同的城市问题》,《金融博览》2015 年第 5 期。

张力:《人口城镇化背景下农民自愿退出农村地权的法律规制》,《江西财经大学学报》2018 年第 3 期。

张平宇:《振兴东北以来区域城镇化进展问题及对策》,《中国科学院院刊》2013 年第 1 期。

张荣天:《中国省际城镇化与生态环境的耦合协调与优化探讨》,《干旱区资源与环境》2015 年第 7 期。

张轩:《辽宁省人口城镇化与土地城镇化耦合协调发展评价研究》,《统计与信息论坛》2010 年第 10 期。

张妍:《城市复合生态系统中互动关系的测度与评价》,《生态学报》2005 年第 7 期。

郑文升:《1997 年以来中国副省级城市区域城镇化综合发展水平空间差异》,《经济地理》2010 年第 2 期。

周培祺:《新形势下二三线城市空城现象的影响因素与破解对策——以湖南长沙为例》,《中国商论》2016 年第 8 期。

附　录

附录 1-1　中国人口城镇化指标原始数据

年份	X_1	X_2	X_3	X_4	X_5	X_6	年份	X_1	X_2	X_3	X_4	X_5	X_6
1990	26.4	39.9	40.6	3.5	1510.2	54.2	2005	43.0	55.2	69.7	5.8	10493.0	36.7
1991	26.9	40.3	42.6	3.4	1700.6	53.8	2006	44.3	57.4	75.7	6.1	11759.5	35.8
1992	27.5	41.5	43.6	3.5	2026.6	52.9	2007	45.9	59.2	80.5	6.4	13785.8	36.3
1993	28.0	43.6	44.1	3.5	2577.4	50.1	2008	47.0	60.4	82.1	6.7	15780.8	37.9
1994	28.5	45.7	47.8	3.6	3496.2	49.9	2009	48.3	61.9	85.6	7.2	17174.7	36.5
1995	29.0	47.8	50.3	3.6	4283.0	49.9	2010	50.0	63.3	87.5	7.6	19109.4	35.7
1996	30.5	49.5	49.8	4.1	4838.9	48.6	2011	51.3	65.2	88.9	7.9	21809.8	36.3
1997	31.9	50.1	51.5	4.4	5160.3	46.4	2012	52.6	66.4	88.4	8.5	24564.7	36.2
1998	33.4	50.2	50.7	5.3	5425.1	44.5	2013	53.7	68.6	91.2	9.2	23647.0	30.1

续表

年份	X_1	X_2	X_3	X_4	X_5	X_6	年份	X_1	X_2	X_3	X_4	X_5	X_6
1999	34.8	49.9	50.0	5.2	5854.0	41.9	2014	54.8	70.5	95.1	9.7	28843.9	30.0
2000	36.2	50.0	51.2	5.2	6280.0	39.2	2015	56.1	71.7	94.1	10.2	31194.8	29.7
2001	37.7	50.0	52.9	5.2	6859.6	38.2	2016	57.4	72.3	93.7	10.4	33616.2	29.3
2002	39.1	50.0	58.3	4.9	7702.8	37.7	2017	58.5	73.0	94.9	10.9	36396.2	28.6
2003	40.5	50.9	59.6	4.8	8472.2	37.1	2018	59.6	73.9	95.2	10.9	39250.0	27.7
2004	41.8	53.1	63.8	4.9	9421.6	37.7	2019	60.6	74.9	94.5	11.1	42359.0	26.5

附录 1-2　中国土地城镇化指标原始数据

年份	X_7	X_8	X_9	X_{10}	X_{11}	X_{12}	年份	X_7	X_8	X_9	X_{10}	X_{11}	X_{12}
1990	12856	133.30	1.78	19.20	3.13	19.10	2005	32521	1263.50	7.89	32.54	10.92	82.08
1991	14011	125.80	2.07	20.10	3.35	23.70	2006	33660	1396.48	8.30	35.11	11.04	79.11
1992	14959	219.70	2.13	21.00	3.59	26.30	2007	35470	1216.03	8.98	35.29	11.43	87.40
1993	16588	271.00	2.16	21.30	3.70	27.90	2008	36295	1344.58	9.71	37.37	12.21	89.55
1994	17940	494.32	2.29	22.10	3.84	30.40	2009	38107	1504.69	10.66	38.22	12.79	91.41
1995	19264	430.92	2.49	23.90	4.36	34.30	2010	40058	1641.57	11.18	38.62	13.21	92.04
1996	20214	1018.05	2.76	24.43	4.96	38.20	2011	43603	1841.72	11.80	39.22	13.75	92.41
1997	20791	519.38	2.93	25.53	5.22	40.00	2012	45565	2161.48	12.26	39.59	14.39	93.15
1998	21380	519.35	3.22	26.56	5.51	41.80	2013	47855	1931.57	12.64	39.70	14.87	94.25

续表

年份	X_7	X_8	X_9	X_{10}	X_{11}	X_{12}	年份	X_7	X_8	X_9	X_{10}	X_{11}	X_{12}
1999	21525	340. 47	3. 51	27. 58	5. 91	43. 80	2014	49772	1475. 88	13. 08	40. 22	15. 34	94. 57
2000	22439	447. 25	3. 69	28. 15	6. 13	45. 40	2015	52102	1548. 53	13. 35	40. 12	15. 60	95. 30
2001	24027	1812. 19	4. 56	28. 38	6. 98	60. 42	2016	54312	1713. 60	13. 70	40. 30	15. 80	95. 75
2002	25973	2879. 86	5. 36	29. 75	7. 87	67. 17	2017	56225	1934. 40	14. 01	40. 90	16. 05	96. 26
2003	28308	1605. 60	6. 49	31. 15	9. 34	76. 74	2018	58456	2003. 70	14. 11	41. 10	16. 70	96. 70
2004	30406	1612. 56	7. 39	31. 66	10. 34	81. 53	2019	60312	2012. 00	14. 36	41. 50	17. 36	97. 29

资料来源:根据《中国统计年鉴》《中国城市建设统计年鉴》《中国城市年鉴》整理。

附录 1-3　中国人口城镇化指标标准化数据

年份	X_1	X_2	X_3	X_4	X_5	X_6	年份	X_1	X_2	X_3	X_4	X_5	X_6
1990	0. 0000	0. 0000	0. 0000	0. 0039	0. 0000	0. 0000	2005	0. 4849	0. 4371	0. 5330	0. 3123	0. 2198	0. 6318
1991	0. 0155	0. 0114	0. 0366	0. 0000	0. 0047	0. 0144	2006	0. 5245	0. 5000	0. 6429	0. 3475	0. 2508	0. 6643
1992	0. 0307	0. 0457	0. 0549	0. 0039	0. 0126	0. 0469	2007	0. 5697	0. 5514	0. 7308	0. 3930	0. 3004	0. 6466
1993	0. 0462	0. 1057	0. 0641	0. 0039	0. 0261	0. 1480	2008	0. 6019	0. 5857	0. 7601	0. 4242	0. 3492	0. 5888
1994	0. 0614	0. 1657	0. 1319	0. 0182	0. 0486	0. 1552	2009	0. 6415	0. 6286	0. 8242	0. 4854	0. 3833	0. 6384
1995	0. 0769	0. 2257	0. 1777	0. 0221	0. 0679	0. 1552	2010	0. 6885	0. 6686	0. 8590	0. 5463	0. 4306	0. 6679
1996	0. 1190	0. 2743	0. 1685	0. 0911	0. 0815	0. 2022	2011	0. 7271	0. 7229	0. 8846	0. 5830	0. 4967	0. 6462
1997	0. 1609	0. 2914	0. 1996	0. 1223	0. 0893	0. 2816	2012	0. 7651	0. 7571	0. 8755	0. 6656	0. 5641	0. 6488

续表

年份	X_1	X_2	X_3	X_4	X_5	X_6	年份	X_1	X_2	X_3	X_4	X_5	X_6
1998	0. 2030	0. 2943	0. 1850	0. 2447	0. 0958	0. 3502	2013	0. 7991	0. 8200	0. 9267	0. 7502	0. 5416	0. 8700
1999	0. 2448	0. 2857	0. 1722	0. 2368	0. 1063	0. 4440	2014	0. 8295	0. 8743	0. 9982	0. 8170	0. 6688	0. 8736
2000	0. 2869	0. 2886	0. 1941	0. 2277	0. 1167	0. 5415	2015	0. 8684	0. 9086	0. 9799	0. 8836	0. 7263	0. 8845
2001	0. 3290	0. 2886	0. 2253	0. 2251	0. 1309	0. 5776	2016	0. 9049	0. 9257	0. 9725	0. 9109	0. 7855	0. 8989
2002	0. 3709	0. 2886	0. 3242	0. 1913	0. 1516	0. 5957	2017	0. 9392	0. 9457	0. 9945	0. 9700	0. 8535	0. 9242
2003	0. 4130	0. 3143	0. 3480	0. 1848	0. 1704	0. 6173	2018	0. 9702	0. 9714	1. 0000	0. 9747	0. 9233	0. 9567
2004	0. 4490	0. 3771	0. 4249	0. 1968	0. 1936	0. 5957	2019	1. 0000	1. 0000	0. 9872	1. 0000	0. 9993	1. 0000

附录 1-4　中国土地城镇化指标标准化数据

年份	X_7	X_8	X_9	X_{10}	X_{11}	X_{12}	年份	X_7	X_8	X_9	X_{10}	X_{11}	X_{12}
1990	0. 0000	0. 0027	0. 0000	0. 0000	0. 0000	0. 0000	2005	0. 4142	0. 4131	0. 4857	0. 5982	0. 5474	0. 8055
1991	0. 0243	0. 0000	0. 0231	0. 0404	0. 0155	0. 0588	2006	0. 4382	0. 4614	0. 5183	0. 7135	0. 5559	0. 7675
1992	0. 0443	0. 0341	0. 0278	0. 0807	0. 0323	0. 0921	2007	0. 4763	0. 3959	0. 5723	0. 7215	0. 5833	0. 8735
1993	0. 0786	0. 0527	0. 0302	0. 0942	0. 0401	0. 1125	2008	0. 4937	0. 4425	0. 6304	0. 8148	0. 6381	0. 9010
1994	0. 1071	0. 1338	0. 0405	0. 1300	0. 0499	0. 1445	2009	0. 5319	0. 5007	0. 7059	0. 8529	0. 6788	0. 9248
1995	0. 1350	0. 1108	0. 0564	0. 2108	0. 0864	0. 1944	2010	0. 5730	0. 5504	0. 7472	0. 8709	0. 7084	0. 9329
1996	0. 1550	0. 3240	0. 0779	0. 2345	0. 1286	0. 2443	2011	0. 6476	0. 6231	0. 7965	0. 8978	0. 7463	0. 9376
1997	0. 1672	0. 1429	0. 0914	0. 2839	0. 1469	0. 2673	2012	0. 6889	0. 7392	0. 8331	0. 9143	0. 7913	0. 9471

续表

年份	X_7	X_8	X_9	X_{10}	X_{11}	X_{12}	年份	X_7	X_8	X_9	X_{10}	X_{11}	X_{12}
1998	0. 1796	0. 1429	0. 1145	0. 3300	0. 1673	0. 2903	2013	0. 7371	0. 6557	0. 8633	0. 9193	0. 8250	0. 9611
1999	0. 1826	0. 0779	0. 1375	0. 3758	0. 1954	0. 3159	2014	0. 7775	0. 4902	0. 8983	0. 9426	0. 8580	0. 9652
2000	0. 2019	0. 1167	0. 1518	0. 4013	0. 2108	0. 3364	2015	0. 8266	0. 5166	0. 9197	0. 9381	0. 8763	0. 9745
2001	0. 2353	0. 6123	0. 2210	0. 4117	0. 2706	0. 5285	2016	0. 8731	0. 5765	0. 9475	0. 9462	0. 8904	0. 9803
2002	0. 2763	1. 0000	0. 2846	0. 4731	0. 3331	0. 6148	2017	0. 9134	0. 6567	0. 9722	0. 9731	0. 9079	0. 9868
2003	0. 3255	0. 5373	0. 3744	0. 5359	0. 4364	0. 7372	2018	0. 9603	0. 6819	0. 9801	0. 9821	0. 9536	0. 9925
2004	0. 3697	0. 5398	0. 4459	0. 5587	0. 5067	0. 7984	2019	0. 9994	0. 6849	1. 0000	1. 0000	1. 0000	1. 0000

附录 1-5　中国人口城镇化指标得分

年份	X_1	X_2	X_3	X_4	X_5	X_6	年份	X_1	X_2	X_3	X_4	X_5	X_6
1990	0. 0000	0. 0000	0. 0000	0. 0004	0. 0000	0. 0000	2005	0. 0381	0. 0280	0. 0420	0. 0341	0. 0257	0. 0333
1991	0. 0012	0. 0007	0. 0029	0. 0000	0. 0005	0. 0008	2006	0. 0413	0. 0320	0. 0507	0. 0379	0. 0293	0. 0350
1992	0. 0024	0. 0029	0. 0043	0. 0004	0. 0015	0. 0025	2007	0. 0448	0. 0353	0. 0576	0. 0429	0. 0351	0. 0341
1993	0. 0036	0. 0068	0. 0051	0. 0004	0. 0030	0. 0078	2008	0. 0473	0. 0375	0. 0599	0. 0463	0. 0408	0. 0310
1994	0. 0048	0. 0106	0. 0104	0. 0020	0. 0057	0. 0082	2009	0. 0505	0. 0402	0. 0650	0. 0530	0. 0447	0. 0337
1995	0. 0061	0. 0144	0. 0140	0. 0024	0. 0079	0. 0082	2010	0. 0542	0. 0428	0. 0677	0. 0596	0. 0503	0. 0352
1996	0. 0094	0. 0175	0. 0133	0. 0099	0. 0095	0. 0107	2011	0. 0572	0. 0462	0. 0698	0. 0636	0. 0580	0. 0341
1997	0. 0127	0. 0186	0. 0157	0. 0133	0. 0104	0. 0148	2012	0. 0602	0. 0484	0. 0690	0. 0726	0. 0658	0. 0342

续表

年份	X_1	X_2	X_3	X_4	X_5	X_6	年份	X_1	X_2	X_3	X_4	X_5	X_6
1998	0.0160	0.0188	0.0146	0.0267	0.0112	0.0185	2013	0.0629	0.0524	0.0731	0.0818	0.0632	0.0459
1999	0.0193	0.0183	0.0136	0.0258	0.0124	0.0234	2014	0.0652	0.0559	0.0787	0.0891	0.0780	0.0461
2000	0.0226	0.0185	0.0153	0.0248	0.0136	0.0285	2015	0.0683	0.0581	0.0773	0.0964	0.0848	0.0466
2001	0.0259	0.0185	0.0178	0.0246	0.0153	0.0305	2016	0.0712	0.0592	0.0767	0.0994	0.0917	0.0474
2002	0.0292	0.0185	0.0256	0.0209	0.0177	0.0314	2017	0.0739	0.0605	0.0784	0.1058	0.0996	0.0487
2003	0.0325	0.0201	0.0274	0.0202	0.0199	0.0325	2018	0.0763	0.0621	0.0789	0.1063	0.1078	0.0504
2004	0.0353	0.0241	0.0335	0.0215	0.0226	0.0314	2019	0.0787	0.0639	0.0778	0.1091	0.1166	0.0527

附录 1-6　中国土地城镇化指标得分

年份	X_7	X_8	X_9	X_{10}	X_{11}	X_{12}	年份	X_7	X_8	X_9	X_{10}	X_{11}	X_{12}
1990	0.0000	0.0002	0.0000	0.0000	0.0000	0.0000	2005	0.0273	0.0250	0.0410	0.0527	0.0631	0.0690
1991	0.0016	0.0000	0.0019	0.0036	0.0018	0.0050	2006	0.0289	0.0279	0.0438	0.0628	0.0641	0.0658
1992	0.0029	0.0021	0.0023	0.0071	0.0037	0.0079	2007	0.0314	0.0240	0.0483	0.0636	0.0673	0.0749
1993	0.0052	0.0032	0.0026	0.0083	0.0046	0.0096	2008	0.0325	0.0268	0.0532	0.0718	0.0736	0.0772
1994	0.0071	0.0081	0.0034	0.0115	0.0058	0.0124	2009	0.0351	0.0303	0.0596	0.0751	0.0783	0.0793
1995	0.0089	0.0067	0.0048	0.0186	0.0100	0.0167	2010	0.0378	0.0333	0.0631	0.0767	0.0817	0.0799
1996	0.0102	0.0196	0.0066	0.0207	0.0148	0.0209	2011	0.0427	0.0377	0.0672	0.0791	0.0861	0.0804
1997	0.0110	0.0087	0.0077	0.0250	0.0169	0.0229	2012	0.0454	0.0448	0.0703	0.0805	0.0913	0.0812

续表

年份	X_7	X_8	X_9	X_{10}	X_{11}	X_{12}	年份	X_7	X_8	X_9	X_{10}	X_{11}	X_{12}
1998	0. 0118	0. 0087	0. 0097	0. 0291	0. 0193	0. 0249	2013	0. 0486	0. 0397	0. 0729	0. 0810	0. 0951	0. 0824
1999	0. 0120	0. 0047	0. 0116	0. 0331	0. 0225	0. 0271	2014	0. 0512	0. 0297	0. 0758	0. 0830	0. 0990	0. 0827
2000	0. 0133	0. 0071	0. 0128	0. 0354	0. 0243	0. 0288	2015	0. 0545	0. 0313	0. 0777	0. 0826	0. 1011	0. 0835
2001	0. 0155	0. 0371	0. 0187	0. 0363	0. 0312	0. 0453	2016	0. 0575	0. 0349	0. 0800	0. 0833	0. 1027	0. 0840
2002	0. 0182	0. 0606	0. 0240	0. 0417	0. 0384	0. 0527	2017	0. 0602	0. 0398	0. 0821	0. 0857	0. 1047	0. 0846
2003	0. 0215	0. 0325	0. 0316	0. 0472	0. 0503	0. 0632	2018	0. 0633	0. 0413	0. 0828	0. 0865	0. 1100	0. 0851
2004	0. 0244	0. 0327	0. 0377	0. 0492	0. 0584	0. 0684	2019	0. 0659	0. 0415	0. 0844	0. 0881	0. 1153	0. 0857

附录 1-7　中国人口城镇化与土地城镇化综合分值及耦合协调度值

年份	*PU*	*LU*	*D*	年份	*PU*	*LU*	*D*
1990	0. 0004	0. 0002	0. 0115	2005	0. 2012	0. 2782	0. 3439
1991	0. 0061	0. 0139	0. 0680	2006	0. 2261	0. 2933	0. 3588
1992	0. 0140	0. 0261	0. 0978	2007	0. 2497	0. 3094	0. 3728
1993	0. 0267	0. 0335	0. 1223	2008	0. 2628	0. 3351	0. 3852
1994	0. 0417	0. 0482	0. 1497	2009	0. 2870	0. 3576	0. 4002
1995	0. 0530	0. 0656	0. 1717	2010	0. 3097	0. 3725	0. 4121
1996	0. 0703	0. 0928	0. 2010	2011	0. 3288	0. 3932	0. 4240
1997	0. 0857	0. 0922	0. 2108	2012	0. 3503	0. 4135	0. 4362

续表

年份	*PU*	*LU*	*D*	年份	*PU*	*LU*	*D*
1998	0. 1057	0. 1034	0. 2286	2013	0. 3793	0. 4197	0. 4466
1999	0. 1128	0. 1111	0. 2366	2014	0. 4131	0. 4215	0. 4568
2000	0. 1234	0. 1217	0. 2475	2015	0. 4315	0. 4306	0. 4642
2001	0. 1324	0. 1840	0. 2794	2016	0. 4455	0. 4425	0. 4712
2002	0. 1432	0. 2356	0. 3030	2017	0. 4669	0. 4570	0. 4806
2003	0. 1526	0. 2463	0. 3114	2018	0. 4818	0. 4689	0. 4875
2004	0. 1684	0. 2708	0. 3268	2019	0. 4989	0. 4809	0. 4949

附录 2-1　2002 年全国各省人口城镇化原始数据

省份	X_1	X_2	X_3	X_4	X_5	X_6	省份	X_1	X_2	X_3	X_4	X_5	X_6
北京	78. 56%	0. 79	101. 13	1347. 53	12463. 92	3731. 68	湖北	41. 70%	0. 27	42. 90	1822. 78	6788. 52	1745. 63
天津	72. 87%	0. 58	77. 57	1558. 69	9337. 56	2163. 55	湖南	32. 00%	0. 16	37. 05	1633. 32	6958. 56	2068. 74
河北	31. 86%	0. 19	38. 93	1938. 47	6679. 68	1476. 42	广东	57. 42%	0. 30	41. 15	2017. 92	11137. 20	2825. 01
山西	38. 09%	0. 29	50. 61	1935. 43	6234. 36	1354. 64	广西	29. 94%	0. 15	30. 96	1774. 82	7315. 32	1686. 11
内蒙古	42. 79%	0. 36	50. 70	1566. 55	6051. 00	1647. 04	海南	42. 56%	0. 32	45. 08	1958. 97	6822. 72	1602. 85
辽宁	55. 51%	0. 46	63. 58	1481. 54	6524. 52	1781. 26	重庆	39. 91%	0. 18	30. 93	1534. 31	7238. 04	1497. 72
吉林	44. 46%	0. 40	59. 41	1489. 61	6260. 16	1680. 20	四川	32. 67%	0. 15	33. 73	1517. 87	6610. 80	1591. 99
黑龙江	52. 60%	0. 43	52. 07	1452. 86	6100. 56	1674. 20	贵州	24. 29%	0. 12	23. 77	1898. 68	5944. 08	1137. 57

续表

省份	X_1	X_2	X_3	X_4	X_5	X_6	省份	X_1	X_2	X_3	X_4	X_5	X_6
上海	76.40%	0.66	81.76	1237.58	13249.80	5301.82	云南	26.01%	0.15	30.72	1633.62	7240.56	1381.54
江苏	44.70%	0.24	40.84	1666.24	8177.64	2620.29	西藏	19.79%	0.20	38.48	1595.40	8079.12	1000.29
浙江	51.90%	0.23	42.84	1522.08	11715.60	3692.89	陕西	34.56%	0.27	45.11	2139.94	6330.84	1490.76
安徽	30.70%	0.17	29.00	1869.35	6032.40	1475.80	甘肃	25.96%	0.20	36.83	1980.86	6151.44	1153.29
福建	43.80%	0.26	35.78	1824.91	9189.36	2583.16	青海	37.62%	0.28	44.43	1539.41	6170.52	1386.08
江西	32.20%	0.19	33.81	1754.78	6335.64	1784.88	宁夏	34.20%	0.28	44.74	1904.50	6067.44	1418.12
山东	41.50%	0.22	40.39	1634.12	7614.36	1997.83	新疆	33.84%	0.47	58.15	2081.71	6899.64	1411.73
河南	25.80%	0.15	34.74	2038.81	6245.40	1451.51							

附录 2-2　2002 年全国各省土地城镇化原始数据

省份	X_7	X_8	X_9	X_{10}	X_{11}	X_{12}	省份	X_7	X_8	X_9	X_{10}	X_{11}	X_{12}
北京	1043.50	36.90	10.08	40.49	99.57	8.05	湖北	1418.74	210.51	4.70	33.88	54.83	7.60
天津	453.99	6.20	5.63	27.30	95.11	8.46	湖南	897.63	47.87	4.72	28.60	59.69	6.56
河北	1073.13	35.47	5.69	31.59	89.74	10.73	广东	2196.62	49.83	7.86	32.68	88.29	10.28
山西	667.82	5.83	3.21	22.60	59.28	6.15	广西	640.81	15.34	4.43	31.03	52.42	6.59
内蒙古	664.80	2.36	5.59	23.04	51.92	7.58	海南	146.67	2.00	9.13	33.60	79.27	13.65
辽宁	1660.35	21.24	5.68	32.42	81.96	7.08	重庆	437.90	27.44	2.16	17.41	46.63	4.38
吉林	810.10	12.66	5.10	28.12	66.93	5.89	四川	1201.41	42.27	2.62	22.39	30.68	3.90

续表

省份	X_7	X_8	X_9	X_{10}	X_{11}	X_{12}	省份	X_7	X_8	X_9	X_{10}	X_{11}	X_{12}
黑龙江	1299. 89	7. 89	6. 12	26. 80	66. 66	7. 36	贵州	320. 45	10. 80	5. 27	24. 46	54. 21	3. 85
上海	549. 58	0. 22	6. 11	29. 40	100. 00	11. 60	云南	353. 77	1386. 79	7. 79	28. 47	62. 78	5. 89
江苏	1939. 22	266. 83	7. 06	35. 28	85. 19	11. 72	西藏	71. 97	0. 00	1. 58	0. 43	46. 94	13. 83
浙江	1240. 21	386. 01	6. 51	29. 91	94. 43	10. 86	陕西	477. 64	11. 25	4. 04	28. 67	59. 22	5. 58
安徽	975. 73	27. 05	4. 48	25. 63	62. 42	8. 83	甘肃	475. 08	6. 37	2. 29	15. 17	26. 07	6. 13
福建	502. 58	18. 64	5. 04	34. 25	82. 73	7. 49	青海	98. 94	0. 80	5. 92	19. 17	48. 89	7. 75
江西	501. 33	82. 33	4. 88	27. 32	65. 75	6. 53	宁夏	168. 01	4. 97	2. 90	19. 96	50. 71	6. 93
山东	1914. 51	92. 65	4. 99	32. 98	60. 88	8. 91	新疆	520. 74	15. 79	6. 74	31. 84	87. 15	9. 30
河南	1249. 43	45. 77	5. 73	28. 86	49. 27	6. 42							

附录 2-3　2010 年全国各省人口城镇化原始数据

省份	X_1	X_2	X_3	X_4	X_5	X_6	省份	X_1	X_2	X_3	X_4	X_5	X_6
北京	49. 95%	73. 61%	13. 94	15625. 57	29072. 93	9254. 77	湖北	38. 50%	30. 87%	6. 48	19220. 12	16058. 37	4090. 78
天津	85. 96%	63. 17%	7. 49	15307. 84	24292. 60	4936. 73	湖南	49. 70%	21. 92%	8. 18	18149. 17	16565. 70	4310. 37
河北	79. 55%	21. 47%	9. 19	18404. 12	16263. 43	3844. 92	广东	43. 30%	40. 71%	9. 19	23352. 14	23897. 80	5515. 58
山西	44. 50%	33. 94%	10. 10	22178. 12	15647. 66	3663. 86	广西	66. 18%	18. 95%	6. 01	20386. 34	17063. 89	3455. 29
内蒙古	48. 05%	39. 27%	9. 69	16307. 90	17698. 15	4460. 83	海南	40. 00%	36. 15%	7. 78	21849. 49	15581. 05	3446. 24
辽宁	55. 50%	46. 00%	8. 26	15501. 68	17712. 58	4489. 50	重庆	53. 02%	27. 86%	3. 92	20368. 39	17532. 43	3624. 62

续表

省份	X_1	X_2	X_3	X_4	X_5	X_6	省份	X_1	X_2	X_3	X_4	X_5	X_6
吉林	62. 10%	41. 24%	7. 19	15196. 50	15411. 47	4147. 36	四川	40. 18%	20. 60%	5. 80	19033. 17	15461. 16	3897. 53
黑龙江	53. 34%	43. 25%	7. 88	14903. 07	13856. 51	4391. 17	贵州	33. 81%	13. 47%	7. 48	22917. 93	14142. 74	2852. 48
上海	55. 66%	79. 59%	9. 81	24129. 07	31838. 08	10210. 46	云南	34. 70%	23. 00%	7. 82	20458. 37	16064. 54	3398. 33
江苏	89. 30%	43. 56%	6. 61	17187. 35	22944. 26	6542. 87	西藏	22. 10%	30. 33%	13. 64	19479. 81	14980. 47	2666. 92
浙江	60. 58%	41. 17%	8. 84	18669. 70	27359. 02	8928. 89	陕西	45. 76%	24. 71%	7. 10	21284. 34	15695. 21	3793. 80
安徽	61. 62%	20. 02%	5. 26	19203. 91	15788. 17	4013. 31	甘肃	36. 12%	22. 20%	5. 58	21642. 37	13188. 55	2941. 99
福建	43. 01%	36. 01%	7. 69	19118. 26	21781. 31	5498. 33	青海	44. 72%	32. 56%	12. 73	20168. 26	13854. 99	3774. 50
江西	57. 10%	23. 63%	6. 82	22542. 88	15481. 12	3911. 61	宁夏	47. 90%	33. 12%	7. 72	23670. 20	15344. 49	4013. 17
山东	44. 06%	28. 17%	6. 55	18067. 13	19945. 83	4807. 18	新疆	43. 01%	45. 43%	14. 52	21013. 97	13643. 77	3457. 88
河南	49. 70%	18. 65%	7. 67	24168. 24	15930. 26	3682. 21							

附录 2-4　2010 年全国各省土地城镇化原始数据

省份	X_7	X_8	X_9	X_{10}	X_{11}	X_{12}	省份	X_7	X_8	X_9	X_{10}	X_{11}	X_{12}
北京	1349. 83	46. 48	11. 28	47. 69	100. 00	5. 57	湖北	1701. 03	79. 94	9. 62	37. 74	91. 75	14. 08
天津	686. 71	43. 96	8. 56	32. 06	100. 00	14. 89	湖南	1321. 05	48. 92	8. 89	36. 64	86. 50	12. 95
河北	1619. 67	37. 08	14. 23	42. 73	99. 07	17. 35	广东	4618. 07	95. 74	13. 29	41. 31	95. 75	12. 69
山西	864. 73	16. 61	9. 36	38. 01	89. 94	10. 66	广西	940. 47	101. 44	9. 83	34. 96	92. 35	14. 31
内蒙古	1038. 32	14. 12	12. 36	33. 35	79. 26	14. 89	海南	221. 32	0. 10	11. 22	42. 63	82. 44	13. 81

续表

省份	X_7	X_8	X_9	X_{10}	X_{11}	X_{12}	省份	X_7	X_8	X_9	X_{10}	X_{11}	X_{12}
辽宁	2220. 53	128. 20	10. 21	39. 32	94. 19	11. 19	重庆	870. 23	48. 02	13. 24	40. 57	92. 02	9. 37
吉林	1237. 38	59. 00	10. 27	34. 12	85. 64	12. 39	四川	1629. 73	86. 33	10. 19	37. 88	84. 39	11. 84
黑龙江	1637. 98	28. 30	11. 27	34. 89	84. 67	10. 00	贵州	463. 96	5. 26	7. 33	29. 58	69. 72	6. 65
上海	998. 75	11. 00	6. 97	38. 15	100. 00	4. 04	云南	751. 34	85. 23	9. 30	37. 31	76. 40	10. 90
江苏	3271. 09	195. 45	13. 29	42. 07	99. 12	21. 26	西藏	84. 88	2. 94	5. 78	25. 40	79. 83	13. 25
浙江	2128. 96	107. 36	11. 05	38. 30	99. 07	16. 70	陕西	758. 48	41. 52	10. 67	38. 29	90. 39	13. 38
安徽	1491. 32	109. 30	10. 95	37. 50	90. 52	16. 01	甘肃	632. 80	23. 83	8. 12	27. 12	74. 29	12. 20
福建	1059. 00	23. 79	10. 99	40. 97	98. 92	12. 58	青海	113. 88	0. 01	8. 53	29. 38	90. 79	11. 42
江西	933. 78	20. 97	13. 04	46. 62	92. 36	13. 77	宁夏	343. 79	8. 30	16. 18	38. 75	88. 01	17. 35
山东	3566. 15	98. 71	15. 84	41. 47	99. 30	22. 23	新疆	838. 21	17. 65	8. 61	36. 42	95. 80	13. 19
河南	2014. 40	67. 01	8. 65	36. 56	73. 43	10. 25							

附录 2-5　2015 年全国各省人口城镇化原始数据

省份	X_1	X_2	X_3	X_4	X_5	X_6	省份	X_1	X_2	X_3	X_4	X_5	X_6
北京	86. 50%	65. 23%	17. 00	13743. 23	48457. 99	15811. 22	湖北	56. 85%	26. 74%	9. 70	16249. 38	20025. 56	9803. 15
天津	82. 64%	29. 32%	9. 50	13408. 45	31291. 36	14739. 44	湖南	50. 89%	22. 07%	11. 00	18707. 30	19317. 49	9690. 64
河北	51. 33%	14. 46%	10. 40	19106. 85	18118. 09	9022. 84	广东	68. 71%	41. 47%	11. 30	21189. 69	27858. 86	11103. 03
山西	55. 03%	19. 45%	11. 80	17994. 22	17853. 67	7421. 16	广西	47. 06%	16. 39%	8. 60	23527. 89	16873. 42	7581. 98

续表

省份	X_1	X_2	X_3	X_4	X_5	X_6	省份	X_1	X_2	X_3	X_4	X_5	X_6
内蒙古	60. 30%	28. 46%	11. 90	14981. 06	22310. 09	10637. 39	海南	55. 12%	26. 78%	12. 40	21473. 75	18978. 97	8210. 25
辽宁	67. 35%	27. 27%	9. 50	14145. 32	24575. 58	8872. 84	重庆	60. 90%	37. 85%	6. 60	19977. 18	20110. 11	8937. 71
吉林	55. 31%	27. 83%	9. 30	13779. 30	18683. 70	8783. 31	四川	47. 69%	23. 43%	8. 50	18205. 21	17220. 96	9250. 65
黑龙江	58. 80%	18. 03%	9. 30	12422. 73	18592. 65	8391. 48	贵州	42. 01%	14. 17%	12. 10	25736. 23	13696. 61	6644. 93
上海	87. 60%	50. 63%	12. 00	11680. 31	49867. 17	16152. 29	云南	43. 33%	12. 90%	12. 20	19492. 96	15222. 57	6830. 14
江苏	66. 52%	44. 25%	10. 00	17075. 34	29538. 85	12882. 55	西藏	27. 74%	30. 39%	11. 60	19738. 58	12254. 30	5579. 71
浙江	65. 80%	46. 55%	12. 60	17680. 35	35537. 09	16107. 72	陕西	53. 92%	24. 16%	10. 40	19660. 17	17394. 98	7900. 71
安徽	50. 50%	20. 65%	6. 90	18748. 56	18362. 57	8975. 21	甘肃	43. 19%	18. 16%	7. 60	18882. 79	13466. 59	6829. 79
福建	62. 60%	34. 63%	9. 80	19924. 73	25404. 36	11960. 79	青海	50. 30%	20. 29%	19. 10	19537. 75	15812. 70	8566. 49
江西	51. 62%	21. 85%	9. 30	22803. 51	18437. 11	8485. 59	宁夏	55. 23%	24. 96%	9. 60	21788. 22	17329. 09	8414. 87
山东	57. 01%	21. 75%	9. 80	18300. 11	22703. 19	8747. 63	新疆	47. 23%	24. 43%	16. 60	21534. 87	16859. 11	7697. 95
河南	46. 85%	19. 39%	10. 40	24135. 83	17124. 75	7887. 45							

附录 2-6　2015 年全国各省土地城镇化原始数据

省份	X_7	X_8	X_9	X_{10}	X_{11}	X_{12}	省份	X_7	X_8	X_9	X_{10}	X_{11}	X_{12}
北京	1401. 01	8. 73	16. 00	48. 40	100. 00	7. 62	湖北	2197. 00	83. 99	11. 01	37. 47	94. 49	16. 15
天津	885. 43	22. 95	10. 13	36. 38	100. 00	16. 02	湖南	1572. 52	52. 63	9. 99	39. 69	92. 28	14. 27
河北	1944. 42	38. 54	14. 18	41. 15	98. 81	18. 65	广东	5633. 19	138. 68	17. 40	41. 43	97. 60	13. 6

续表

省份	X_7	X_8	X_9	X_{10}	X_{11}	X_{12}	省份	X_7	X_8	X_9	X_{10}	X_{11}	X_{12}
山西	1123. 46	24. 84	11. 61	40. 13	97. 31	13. 52	广西	1275. 16	74. 77	11. 60	37. 60	94. 46	16. 28
内蒙古	1225. 21	19. 57	19. 28	39. 18	94. 09	22. 61	海南	337. 81	7. 84	12. 96	37. 70	97. 77	17. 37
辽宁	2461. 95	67. 87	11. 52	40. 26	94. 76	13. 43	重庆	1329. 45	85. 36	16. 99	40. 30	95. 34	12. 05
吉林	1399. 07	34. 37	12. 51	36. 06	92. 46	14. 52	四川	2281. 64	49. 45	11. 96	38. 65	92. 46	13. 63
黑龙江	1772. 24	14. 66	11. 98	35. 82	86. 61	13. 14	贵州	789. 06	21. 05	12. 94	35. 88	84. 06	11. 22
上海	998. 75	24. 52	7. 62	38. 50	100. 00	4. 27	云南	1060. 14	18. 82	10. 57	37. 27	76. 79	14. 23
江苏	4189. 17	141. 26	14. 55	42. 83	99. 56	24. 42	西藏	144. 52	5. 05	11. 65	42. 61	79. 98	24. 98
浙江	2590. 74	99. 58	13. 19	40. 58	99. 91	18. 12	陕西	1073. 36	31. 11	12. 57	40. 57	94. 73	15. 67
安徽	1926. 36	114. 14	13. 37	41. 16	97. 55	20. 82	甘肃	834. 39	31. 90	12. 23	30. 20	85. 77	15. 18
福建	1413. 54	100. 22	12. 98	42. 97	98. 56	13. 8	青海	194. 26	6. 68	10. 48	29. 79	85. 96	10. 63
江西	1295. 65	53. 07	13. 96	44. 09	94. 83	16. 6	宁夏	455. 05	5. 95	18. 11	37. 88	87. 26	22. 52
山东	4609. 32	86. 39	17. 36	42. 25	99. 37	25. 82	新疆	1185. 36	37. 69	11. 50	37. 47	97. 63	17. 69
河南	2503. 08	46. 85	10. 16	37. 69	86. 02	12. 06							

附录 2-7　2019 年全国各省人口城镇化原始数据

省份	X_1	X_2	X_3	X_4	X_5	X_6	省份	X_1	X_2	X_3	X_4	X_5	X_6
北京	86. 60%	68. 02%	18. 46	14373. 05	73848. 51	21881. 03	湖北	61. 00%	17. 83%	10. 24	17649. 77	37601. 36	15328. 02
天津	83. 48%	23. 01%	9. 53	14100. 29	46118. 89	17843. 34	湖南	57. 22%	10. 96%	12. 97	20364. 39	39841. 93	13968. 75

续表

省份	X_1	X_2	X_3	X_4	X_5	X_6	省份	X_1	X_2	X_3	X_4	X_5	X_6
河北	57.62%	10.93%	8.45	21736.12	35737.68	12372.02	广东	71.40%	44.48%	11.34	22237.39	48117.55	16949.43
山西	59.55%	15.13%	14.44	17250.15	33262.37	9728.42	广西	51.09%	14.04%	9.36	25656.15	34744.87	12044.97
内蒙古	63.37%	18.51%	14.45	14775.49	40782.46	13816.00	海南	59.23%	20.68%	14.63	22960.32	36016.70	12417.50
辽宁	68.11%	16.97%	11.05	14173.09	39777.20	12030.22	重庆	66.80%	38.33%	9.31	19969.95	37938.59	13112.07
吉林	58.27%	15.93%	11.44	13835.50	32299.18	11456.59	四川	53.79%	14.65%	9.52	18437.32	36153.73	14055.57
黑龙江	60.90%	10.88%	10.75	11747.41	30944.62	12494.85	贵州	49.02%	11.40%	9.38	26680.98	34404.17	10221.65
上海	88.30%	60.60%	14.50	12278.46	73615.32	22448.89	云南	48.91%	13.53%	13.82	20542.47	36237.68	10260.15
江苏	70.61%	38.41%	10.34	19000.44	51056.11	17715.92	西藏	31.54%	19.33%	5.78	22323.50	37409.97	8417.87
浙江	70.00%	38.29%	13.19	17764.34	60182.29	21351.69	陕西	59.43%	22.31%	11.04	20368.15	36098.21	10934.67
安徽	55.81%	15.87%	8.26	19666.27	37540.04	14545.82	甘肃	48.49%	15.25%	10.17	19469.93	32323.45	9693.97
福建	66.50%	35.66%	10.84	21503.98	45620.46	16281.35	青海	55.52%	15.98%	13.29	20542.82	33830.33	11343.07
江西	57.42%	17.97%	8.92	23563.95	36545.90	12496.71	宁夏	59.86%	13.14%	11.14	22438.64	34328.45	11464.57
山东	61.51%	15.51%	11.11	19882.65	42329.23	12308.89	新疆	51.87%	20.22%	13.75	26123.04	34663.73	10318.36
河南	53.21%	15.22%	12.70	26502.44	34200.97	11545.99							

附录 2-8　2019 年全国各省土地城镇化原始数据

省份	X_7	X_8	X_9	X_{10}	X_{11}	X_{12}	省份	X_7	X_8	X_9	X_{10}	X_{11}	X_{12}
北京	1469.05	29.90	16.40	48.46	100.00	7.68	湖北	2660.99	96.63	11.96	38.88	97.92	17.45

续表

省份	X_7	X_8	X_9	X_{10}	X_{11}	X_{12}	省份	X_7	X_8	X_9	X_{10}	X_{11}	X_{12}
天津	1151.05	13.46	9.21	37.48	100.00	12.98	湖南	1855.94	60.71	11.81	41.24	96.65	17.69
河北	2182.09	106.54	14.29	42.28	99.46	19.95	广东	6397.65	214.53	18.13	43.31	97.94	13.60
山西	1222.75	500.93	12.63	42.29	96.43	17.22	广西	1542.78	121.51	13.52	40.76	98.84	21.92
内蒙古	1269.74	50.28	18.71	40.52	95.80	23.32	海南	382.89	18.21	10.57	41.75	97.73	18.24
辽宁	2720.06	27.38	11.97	40.76	97.95	15.06	重庆	1515.41	97.24	16.61	41.82	97.36	14.38
吉林	1555.13	47.08	12.54	39.18	91.80	14.13	四川	3054.31	183.20	14.03	41.85	94.95	16.38
黑龙江	1770.89	36.09	12.43	36.39	91.09	15.22	贵州	1085.52	19.04	16.38	39.42	91.80	14.53
上海	1237.85	16.96	8.73	36.84	100.00	4.72	云南	1217.60	43.72	11.88	39.73	77.92	15.00
江苏	4648.33	217.58	14.98	43.38	99.77	25.41	西藏	164.42	8.06	9.80	37.61	60.11	15.75
浙江	3021.89	142.64	14.03	41.46	100.00	19.02	陕西	1357.51	43.48	11.62	39.32	97.80	16.84
安徽	2241.50	193.89	14.80	42.72	98.70	23.76	甘肃	875.72	24.20	14.28	36.03	92.66	19.31
福建	1620.74	65.18	15.03	44.53	98.42	21.37	青海	215.19	1.98	11.93	35.21	93.83	18.44
江西	1607.80	84.95	14.53	45.55	97.87	19.93	宁夏	489.05	7.83	21.05	41.34	96.65	26.20
山东	5412.68	140.83	17.57	41.80	99.14	25.28	新疆	1421.62	18.77	13.95	40.54	99.39	23.29
河南	2944.30	48.98	13.59	41.03	97.05	15.19							

附录 2-9　2002 年全国各省人口城镇化标准化数据

省份	X_1	X_2	X_3	X_4	X_5	X_6	省份	X_1	X_2	X_3	X_4	X_5	X_6
北京	1. 000	1. 000	1. 000	0. 122	0. 892	0. 635	湖北	0. 373	0. 231	0. 247	0. 649	0. 116	0. 173
天津	0. 903	0. 688	0. 695	0. 356	0. 464	0. 270	湖南	0. 208	0. 073	0. 172	0. 439	0. 139	0. 248
河北	0. 205	0. 115	0. 196	0. 777	0. 101	0. 111	广东	0. 640	0. 272	0. 225	0. 865	0. 711	0. 424
山西	0. 311	0. 264	0. 347	0. 773	0. 040	0. 082	广西	0. 173	0. 049	0. 093	0. 595	0. 188	0. 159
内蒙古	0. 391	0. 355	0. 348	0. 365	0. 015	0. 150	海南	0. 387	0. 297	0. 275	0. 799	0. 120	0. 140
辽宁	0. 608	0. 510	0. 515	0. 270	0. 079	0. 182	重庆	0. 342	0. 098	0. 092	0. 329	0. 177	0. 116
吉林	0. 420	0. 422	0. 461	0. 279	0. 043	0. 158	四川	0. 219	0. 047	0. 129	0. 311	0. 091	0. 138
黑龙江	0. 558	0. 463	0. 366	0. 239	0. 021	0. 157	贵州	0. 077	0. 000	0. 000	0. 733	0. 000	0. 032
上海	0. 963	0. 802	0. 750	0. 000	1. 000	1. 000	云南	0. 106	0. 051	0. 090	0. 439	0. 177	0. 089
江苏	0. 424	0. 191	0. 221	0. 475	0. 306	0. 377	西藏	0. 000	0. 120	0. 190	0. 397	0. 292	0. 000
浙江	0. 546	0. 168	0. 247	0. 315	0. 790	0. 626	陕西	0. 251	0. 232	0. 276	1. 000	0. 053	0. 114
安徽	0. 186	0. 074	0. 068	0. 700	0. 012	0. 111	甘肃	0. 105	0. 120	0. 169	0. 824	0. 028	0. 036
福建	0. 409	0. 207	0. 155	0. 651	0. 444	0. 368	青海	0. 303	0. 248	0. 267	0. 334	0. 031	0. 090
江西	0. 211	0. 115	0. 130	0. 573	0. 054	0. 182	宁夏	0. 245	0. 240	0. 271	0. 739	0. 017	0. 097
山东	0. 369	0. 158	0. 215	0. 439	0. 229	0. 232	新疆	0. 239	0. 520	0. 444	0. 935	0. 131	0. 096
河南	0. 102	0. 052	0. 142	0. 888	0. 041	0. 105							

附录 2-10　2002 年全国各省土地城镇化标准化数据

省份	X_7	X_8	X_9	X_{10}	X_{11}	X_{12}	省份	X_7	X_8	X_9	X_{10}	X_{11}	X_{12}
北京	0.457	0.026	1.000	1.000	0.994	0.421	湖北	0.389	0.034	0.369	0.703	0.455	0.272
天津	0.180	0.004	0.476	0.671	0.934	0.462	湖南	1.000	0.036	0.739	0.805	0.842	0.644
河北	0.471	0.025	0.484	0.778	0.861	0.689	广东	0.268	0.011	0.335	0.764	0.356	0.275
山西	0.280	0.004	0.192	0.553	0.449	0.230	广西	0.035	0.001	0.888	0.828	0.720	0.982
内蒙古	0.279	0.002	0.472	0.564	0.350	0.374	海南	0.172	0.020	0.068	0.424	0.278	0.053
辽宁	0.748	0.015	0.482	0.799	0.756	0.324	重庆	0.532	0.030	0.122	0.548	0.062	0.005
吉林	0.347	0.009	0.414	0.691	0.553	0.204	四川	0.117	0.008	0.434	0.600	0.381	0.000
黑龙江	0.578	0.006	0.534	0.658	0.549	0.352	贵州	0.133	1.000	0.731	0.700	0.497	0.204
上海	0.225	0.000	0.533	0.723	1.000	0.777	云南	0.000	0.000	0.000	0.000	0.282	1.000
江苏	0.879	0.192	0.645	0.870	0.800	0.789	西藏	0.191	0.008	0.289	0.705	0.448	0.173
浙江	0.550	0.278	0.580	0.736	0.925	0.702	陕西	0.190	0.004	0.084	0.368	0.000	0.228
安徽	0.425	0.019	0.341	0.629	0.492	0.499	甘肃	0.013	0.000	0.511	0.468	0.309	0.391
福建	0.203	0.013	0.407	0.844	0.766	0.365	青海	0.045	0.003	0.155	0.488	0.333	0.309
江西	0.202	0.059	0.388	0.671	0.537	0.269	宁夏	0.211	0.011	0.607	0.784	0.826	0.546
山东	0.867	0.067	0.401	0.813	0.471	0.507	新疆	0.389	0.034	0.369	0.703	0.455	0.272
河南	0.554	0.033	0.488	0.710	0.314	0.258							

附录 2-11　2010 年全国各省人口城镇化标准化数据

省份	X_1	X_2	X_3	X_4	X_5	X_6	省份	X_1	X_2	X_3	X_4	X_5	X_6
北京	0.950	0.909	0.946	0.078	0.852	0.873	湖北	0.405	0.263	0.241	0.466	0.154	0.189
天津	0.854	0.752	0.337	0.044	0.595	0.301	湖南	0.309	0.128	0.402	0.350	0.181	0.218
河北	0.327	0.121	0.497	0.378	0.165	0.156	广东	0.653	0.412	0.497	0.912	0.574	0.378
山西	0.381	0.310	0.582	0.785	0.132	0.132	广西	0.260	0.083	0.197	0.592	0.208	0.105
内蒙古	0.492	0.390	0.544	0.152	0.242	0.238	海南	0.407	0.343	0.364	0.750	0.128	0.103
辽宁	0.592	0.492	0.409	0.065	0.243	0.242	重庆	0.455	0.218	0.000	0.590	0.233	0.127
吉林	0.460	0.420	0.308	0.032	0.119	0.196	四川	0.262	0.108	0.177	0.446	0.122	0.163
黑龙江	0.495	0.450	0.373	0.000	0.036	0.229	贵州	0.167	0.000	0.336	0.865	0.051	0.025
上海	1.000	1.000	0.556	0.996	1.000	1.000	云南	0.180	0.144	0.368	0.600	0.154	0.097
江苏	0.569	0.455	0.254	0.247	0.523	0.514	西藏	0.000	0.255	0.917	0.494	0.096	0.000
浙江	0.584	0.419	0.464	0.407	0.760	0.830	陕西	0.346	0.170	0.300	0.689	0.134	0.149
安徽	0.305	0.099	0.127	0.464	0.139	0.178	甘肃	0.201	0.132	0.156	0.727	0.000	0.036
福建	0.516	0.341	0.355	0.455	0.461	0.375	青海	0.331	0.289	0.831	0.568	0.036	0.147
江西	0.321	0.154	0.273	0.825	0.123	0.165	宁夏	0.378	0.297	0.358	0.946	0.116	0.178
山东	0.405	0.222	0.248	0.342	0.362	0.284	新疆	0.305	0.483	1.000	0.660	0.024	0.105
河南	0.237	0.078	0.353	1.000	0.147	0.135							

附录 2-12　2010 年全国各省土地城镇化标准化数据

省份	X_7	X_8	X_9	X_{10}	X_{11}	X_{12}	省份	X_7	X_8	X_9	X_{10}	X_{11}	X_{12}
北京	0. 279	0. 238	0. 529	1. 000	1. 000	0. 084	湖北	0. 357	0. 409	0. 369	0. 554	0. 728	0. 552
天津	0. 133	0. 225	0. 267	0. 299	1. 000	0. 596	湖南	0. 273	0. 250	0. 299	0. 504	0. 554	0. 490
河北	0. 339	0. 190	0. 813	0. 777	0. 969	0. 732	广东	1. 000	0. 490	0. 722	0. 714	0. 860	0. 476
山西	0. 172	0. 085	0. 344	0. 566	0. 668	0. 364	广西	0. 189	0. 519	0. 389	0. 429	0. 747	0. 565
内蒙古	0. 210	0. 072	0. 633	0. 357	0. 315	0. 596	海南	0. 030	0. 000	0. 523	0. 773	0. 420	0. 537
辽宁	0. 471	0. 656	0. 426	0. 624	0. 808	0. 393	重庆	0. 173	0. 246	0. 717	0. 681	0. 736	0. 293
吉林	0. 254	0. 302	0. 432	0. 391	0. 526	0. 459	四川	0. 341	0. 442	0. 424	0. 560	0. 484	0. 429
黑龙江	0. 343	0. 145	0. 528	0. 426	0. 494	0. 328	贵州	0. 084	0. 027	0. 149	0. 188	0. 000	0. 143
上海	0. 202	0. 056	0. 114	0. 572	1. 000	0. 000	云南	0. 147	0. 436	0. 338	0. 534	0. 221	0. 377
江苏	0. 703	1. 000	0. 722	0. 748	0. 971	0. 947	西藏	0. 000	0. 015	0. 000	0. 000	0. 334	0. 506
浙江	0. 451	0. 549	0. 507	0. 579	0. 969	0. 696	陕西	0. 149	0. 212	0. 470	0. 578	0. 683	0. 513
安徽	0. 310	0. 559	0. 497	0. 543	0. 687	0. 658	甘肃	0. 121	0. 122	0. 225	0. 077	0. 151	0. 449
福建	0. 215	0. 122	0. 501	0. 699	0. 964	0. 469	青海	0. 006	0. 000	0. 264	0. 179	0. 696	0. 406
江西	0. 187	0. 107	0. 698	0. 952	0. 748	0. 535	宁夏	0. 057	0. 042	1. 000	0. 599	0. 604	0. 732
山东	0. 768	0. 505	0. 967	0. 721	0. 977	1. 000	新疆	0. 166	0. 090	0. 272	0. 494	0. 861	0. 503
河南	0. 426	0. 343	0. 276	0. 501	0. 123	0. 341							

附录 2-13　2015 年全国各省人口城镇化标准化数据

省份	X_1	X_2	X_3	X_4	X_5	X_6	省份	X_1	X_2	X_3	X_4	X_5	X_6
北京	0.982	1.000	0.832	0.147	0.963	0.968	湖北	0.486	0.265	0.248	0.325	0.207	0.399
天津	0.917	0.314	0.232	0.123	0.506	0.866	湖南	0.387	0.175	0.352	0.500	0.188	0.389
河北	0.394	0.030	0.304	0.528	0.156	0.326	广东	0.684	0.546	0.376	0.677	0.415	0.522
山西	0.456	0.125	0.416	0.449	0.149	0.174	广西	0.323	0.067	0.160	0.843	0.123	0.189
内蒙古	0.544	0.297	0.424	0.235	0.267	0.478	海南	0.457	0.265	0.464	0.697	0.179	0.249
辽宁	0.662	0.275	0.232	0.175	0.328	0.311	重庆	0.554	0.477	0.000	0.590	0.209	0.318
吉林	0.461	0.285	0.216	0.149	0.171	0.303	四川	0.333	0.201	0.152	0.464	0.132	0.347
黑龙江	0.519	0.098	0.216	0.053	0.169	0.266	贵州	0.238	0.024	0.440	1.000	0.038	0.101
上海	1.000	0.721	0.432	0.000	1.000	1.000	云南	0.260	0.000	0.448	0.556	0.079	0.118
江苏	0.648	0.599	0.272	0.384	0.460	0.691	西藏	0.000	0.334	0.400	0.573	0.000	0.000
浙江	0.636	0.643	0.480	0.427	0.619	0.996	陕西	0.437	0.215	0.304	0.568	0.137	0.220
安徽	0.380	0.148	0.024	0.503	0.162	0.321	甘肃	0.258	0.100	0.080	0.512	0.032	0.118
福建	0.582	0.415	0.256	0.587	0.350	0.604	青海	0.377	0.141	1.000	0.559	0.095	0.283
江西	0.399	0.171	0.216	0.791	0.164	0.275	宁夏	0.459	0.230	0.240	0.719	0.135	0.268
山东	0.489	0.169	0.256	0.471	0.278	0.300	新疆	0.326	0.220	0.800	0.701	0.122	0.200
河南	0.319	0.124	0.304	0.886	0.129	0.218							

附录 2-14　2015 年全国各省土地城镇化标准化数据

省份	X_7	X_8	X_9	X_{10}	X_{11}	X_{12}	省份	X_7	X_8	X_9	X_{10}	X_{11}	X_{12}
北京	0.229	0.027	0.719	1.000	1.000	0.155	湖北	0.374	0.580	0.291	0.413	0.763	0.551
天津	0.135	0.131	0.215	0.354	1.000	0.545	湖南	0.260	0.349	0.203	0.532	0.667	0.464
河北	0.328	0.246	0.563	0.610	0.949	0.667	广东	1.000	0.981	0.839	0.625	0.897	0.433
山西	0.178	0.145	0.342	0.556	0.884	0.429	广西	0.206	0.512	0.341	0.420	0.761	0.557
内蒙古	0.197	0.107	1.000	0.505	0.745	0.851	海南	0.035	0.020	0.458	0.425	0.904	0.608
辽宁	0.422	0.461	0.334	0.563	0.774	0.425	重庆	0.216	0.590	0.804	0.565	0.799	0.361
吉林	0.229	0.215	0.419	0.337	0.675	0.476	四川	0.389	0.326	0.372	0.476	0.675	0.434
黑龙江	0.297	0.071	0.374	0.324	0.423	0.412	贵州	0.117	0.117	0.456	0.327	0.313	0.323
上海	0.156	0.143	0.000	0.468	1.000	0.000	云南	0.167	0.101	0.253	0.402	0.000	0.462
江苏	0.737	1.000	0.594	0.701	0.981	0.935	西藏	0.000	0.000	0.346	0.689	0.137	0.961
浙江	0.446	0.694	0.478	0.580	0.996	0.643	陕西	0.169	0.191	0.425	0.579	0.773	0.529
安徽	0.325	0.801	0.493	0.611	0.894	0.768	甘肃	0.126	0.197	0.395	0.022	0.387	0.506
福建	0.231	0.699	0.460	0.708	0.938	0.442	青海	0.009	0.012	0.245	0.000	0.395	0.295
江西	0.210	0.353	0.544	0.768	0.777	0.572	宁夏	0.057	0.007	0.900	0.435	0.451	0.847
山东	0.813	0.597	0.835	0.670	0.973	1.000	新疆	0.190	0.240	0.333	0.413	0.898	0.623
河南	0.430	0.307	0.218	0.425	0.398	0.361							

附录 2-15　2019 年全国各省人口城镇化标准化数据

省份	X_1	X_2	X_3	X_4	X_5	X_6	省份	X_1	X_2	X_3	X_4	X_5	X_6
北京	0. 970	1. 000	1. 000	0. 176	1. 000	0. 960	湖北	0. 519	0. 122	0. 156	0. 395	0. 155	0. 492
天津	0. 915	0. 212	0. 274	0. 158	0. 354	0. 672	湖南	0. 452	0. 001	0. 242	0. 577	0. 207	0. 396
河北	0. 459	0. 001	0. 181	0. 669	0. 112	0. 282	广东	0. 702	0. 588	0. 181	0. 702	0. 400	0. 608
山西	0. 493	0. 074	0. 552	0. 368	0. 054	0. 093	广西	0. 344	0. 055	0. 113	0. 931	0. 089	0. 259
内蒙古	0. 561	0. 133	0. 519	0. 203	0. 229	0. 385	海南	0. 488	0. 171	0. 271	0. 751	0. 118	0. 285
辽宁	0. 644	0. 106	0. 298	0. 162	0. 206	0. 257	重庆	0. 621	0. 480	0. 105	0. 551	0. 163	0. 335
吉林	0. 471	0. 088	0. 303	0. 140	0. 032	0. 217	四川	0. 392	0. 066	0. 108	0. 448	0. 121	0. 402
黑龙江	0. 517	0. 000	0. 253	0. 000	0. 000	0. 291	贵州	0. 308	0. 009	0. 101	1. 000	0. 081	0. 129
上海	1. 000	0. 870	0. 422	0. 036	0. 995	1. 000	云南	0. 306	0. 046	0. 219	0. 589	0. 123	0. 131
江苏	0. 688	0. 482	0. 210	0. 486	0. 469	0. 663	西藏	0. 000	0. 148	0. 000	0. 708	0. 151	0. 000
浙江	0. 678	0. 480	0. 327	0. 403	0. 681	0. 922	陕西	0. 491	0. 200	0. 136	0. 577	0. 120	0. 179
安徽	0. 428	0. 087	0. 105	0. 530	0. 154	0. 437	甘肃	0. 299	0. 076	0. 111	0. 517	0. 032	0. 091
福建	0. 616	0. 434	0. 205	0. 653	0. 342	0. 560	青海	0. 422	0. 089	0. 185	0. 589	0. 067	0. 208
江西	0. 456	0. 124	0. 122	0. 791	0. 131	0. 291	宁夏	0. 499	0. 040	0. 129	0. 716	0. 079	0. 217
山东	0. 528	0. 081	0. 200	0. 545	0. 265	0. 277	新疆	0. 358	0. 163	0. 187	0. 963	0. 087	0. 135
河南	0. 382	0. 076	0. 250	0. 988	0. 076	0. 223							

附录 2-16　2019 年全国各省土地城镇化标准化数据

省份	X_7	X_8	X_9	X_{10}	X_{11}	X_{12}	省份	X_7	X_8	X_9	X_{10}	X_{11}	X_{12}
北京	0.209	0.056	0.623	1.000	1.000	0.138	湖北	0.401	0.190	0.262	0.277	0.948	0.593
天津	0.158	0.023	0.038	0.171	1.000	0.384	湖南	0.271	0.118	0.250	0.455	0.916	0.604
河北	0.324	0.210	0.451	0.534	0.986	0.709	广东	1.000	0.426	0.763	0.611	0.948	0.413
山西	0.170	1.000	0.316	0.534	0.910	0.582	广西	0.221	0.240	0.388	0.418	0.971	0.801
内蒙古	0.177	0.097	0.810	0.401	0.895	0.866	海南	0.035	0.033	0.149	0.493	0.943	0.630
辽宁	0.410	0.051	0.263	0.418	0.949	0.482	重庆	0.217	0.191	0.639	0.499	0.934	0.450
吉林	0.223	0.090	0.309	0.300	0.795	0.438	四川	0.464	0.363	0.430	0.501	0.873	0.543
黑龙江	0.258	0.068	0.300	0.089	0.777	0.489	贵州	0.148	0.034	0.621	0.318	0.795	0.457
上海	0.172	0.030	0.000	0.123	1.000	0.000	云南	0.169	0.084	0.256	0.341	0.446	0.479
江苏	0.719	0.432	0.507	0.617	0.994	0.963	西藏	0.000	0.012	0.086	0.181	0.000	0.514
浙江	0.458	0.282	0.430	0.472	1.000	0.666	陕西	0.191	0.083	0.234	0.310	0.945	0.564
安徽	0.333	0.385	0.492	0.567	0.967	0.887	甘肃	0.114	0.045	0.450	0.061	0.816	0.679
福建	0.234	0.127	0.511	0.703	0.960	0.775	青海	0.008	0.000	0.259	0.000	0.845	0.639
江西	0.232	0.166	0.471	0.780	0.947	0.708	宁夏	0.052	0.012	1.000	0.463	0.916	1.000
山东	0.842	0.278	0.718	0.497	0.979	0.957	新疆	0.202	0.034	0.423	0.403	0.985	0.865
河南	0.446	0.094	0.395	0.439	0.926	0.487							

附录 2-17　2002 年全国各省人口城镇化指标得分

省份	X_1	X_2	X_3	X_4	X_5	X_6	省份	X_1	X_2	X_3	X_4	X_5	X_6
北京	0. 113	0. 205	0. 125	0. 008	0. 279	0. 114	湖北	0. 042	0. 047	0. 031	0. 042	0. 036	0. 031
天津	0. 102	0. 141	0. 087	0. 023	0. 145	0. 048	湖南	0. 023	0. 015	0. 021	0. 029	0. 043	0. 045
河北	0. 023	0. 024	0. 024	0. 051	0. 031	0. 020	广东	0. 072	0. 056	0. 028	0. 056	0. 222	0. 076
山西	0. 035	0. 054	0. 043	0. 050	0. 012	0. 015	广西	0. 019	0. 010	0. 012	0. 039	0. 059	0. 029
内蒙古	0. 044	0. 073	0. 043	0. 024	0. 005	0. 027	海南	0. 044	0. 061	0. 034	0. 052	0. 038	0. 025
辽宁	0. 068	0. 105	0. 064	0. 018	0. 025	0. 033	重庆	0. 039	0. 020	0. 012	0. 021	0. 055	0. 021
吉林	0. 047	0. 087	0. 058	0. 018	0. 014	0. 028	四川	0. 025	0. 010	0. 016	0. 020	0. 029	0. 025
黑龙江	0. 063	0. 095	0. 046	0. 016	0. 007	0. 028	贵州	0. 009	0. 000	0. 000	0. 048	0. 000	0. 006
上海	0. 108	0. 165	0. 094	0. 000	0. 313	0. 179	云南	0. 012	0. 010	0. 011	0. 029	0. 056	0. 016
江苏	0. 048	0. 039	0. 028	0. 031	0. 096	0. 068	西藏	0. 000	0. 025	0. 024	0. 026	0. 091	0. 000
浙江	0. 062	0. 034	0. 031	0. 021	0. 247	0. 112	陕西	0. 028	0. 048	0. 034	0. 065	0. 017	0. 020
安徽	0. 021	0. 015	0. 008	0. 046	0. 004	0. 020	甘肃	0. 012	0. 025	0. 021	0. 054	0. 009	0. 006
福建	0. 046	0. 042	0. 019	0. 042	0. 139	0. 066	青海	0. 034	0. 051	0. 033	0. 022	0. 010	0. 016
江西	0. 024	0. 024	0. 016	0. 037	0. 017	0. 033	宁夏	0. 028	0. 049	0. 034	0. 048	0. 005	0. 017
山东	0. 042	0. 032	0. 027	0. 029	0. 072	0. 042	新疆	0. 027	0. 107	0. 055	0. 061	0. 041	0. 017
河南	0. 012	0. 011	0. 018	0. 058	0. 013	0. 019							

附录 2-18　2002 年全国各省土地城镇化指标得分

省份	X_7	X_8	X_9	X_{10}	X_{11}	X_{12}	省份	X_7	X_8	X_9	X_{10}	X_{11}	X_{12}
北京	0. 054	0. 016	0. 065	0. 023	0. 086	0. 037	湖北	0. 074	0. 094	0. 024	0. 019	0. 033	0. 033
天津	0. 021	0. 003	0. 031	0. 016	0. 080	0. 041	湖南	0. 046	0. 021	0. 024	0. 016	0. 039	0. 024
河北	0. 055	0. 016	0. 031	0. 018	0. 074	0. 060	广东	0. 117	0. 022	0. 048	0. 019	0. 072	0. 057
山西	0. 033	0. 003	0. 012	0. 013	0. 039	0. 020	广西	0. 031	0. 007	0. 022	0. 018	0. 031	0. 024
内蒙古	0. 033	0. 001	0. 031	0. 013	0. 030	0. 033	海南	0. 004	0. 001	0. 058	0. 019	0. 062	0. 086
辽宁	0. 088	0. 009	0. 031	0. 018	0. 065	0. 028	重庆	0. 020	0. 012	0. 004	0. 010	0. 024	0. 005
吉林	0. 041	0. 006	0. 027	0. 016	0. 048	0. 018	四川	0. 062	0. 019	0. 008	0. 013	0. 005	0. 000
黑龙江	0. 068	0. 003	0. 035	0. 015	0. 047	0. 031	贵州	0. 014	0. 005	0. 028	0. 014	0. 033	0. 000
上海	0. 026	0. 000	0. 035	0. 017	0. 086	0. 068	云南	0. 016	0. 621	0. 048	0. 016	0. 043	0. 018
江苏	0. 103	0. 119	0. 042	0. 020	0. 069	0. 069	西藏	0. 000	0. 000	0. 000	0. 000	0. 024	0. 088
浙江	0. 065	0. 173	0. 038	0. 017	0. 080	0. 062	陕西	0. 022	0. 005	0. 019	0. 016	0. 039	0. 015
安徽	0. 050	0. 012	0. 022	0. 015	0. 042	0. 044	甘肃	0. 022	0. 003	0. 005	0. 009	0. 000	0. 020
福建	0. 024	0. 008	0. 027	0. 020	0. 066	0. 032	青海	0. 001	0. 000	0. 033	0. 011	0. 027	0. 034
江西	0. 024	0. 037	0. 025	0. 016	0. 046	0. 024	宁夏	0. 005	0. 002	0. 010	0. 011	0. 029	0. 027
山东	0. 102	0. 041	0. 026	0. 019	0. 040	0. 044	新疆	0. 025	0. 007	0. 040	0. 018	0. 071	0. 048
河南	0. 065	0. 020	0. 032	0. 016	0. 027	0. 023							

附录 2-19　2010 年全国各省人口城镇化指标得分

省份	X_1	X_2	X_3	X_4	X_5	X_6	省份	X_1	X_2	X_3	X_4	X_5	X_6
北京	0.080	0.014	0.006	0.010	0.214	0.191	湖北	0.034	0.006	0.002	0.060	0.039	0.041
天津	0.072	0.012	0.003	0.006	0.150	0.066	湖南	0.026	0.003	0.003	0.045	0.046	0.048
河北	0.028	0.003	0.004	0.049	0.041	0.034	广东	0.055	0.008	0.004	0.118	0.144	0.083
山西	0.032	0.007	0.004	0.102	0.033	0.029	广西	0.022	0.002	0.002	0.077	0.052	0.023
内蒙古	0.042	0.008	0.004	0.020	0.061	0.052	海南	0.034	0.007	0.003	0.097	0.032	0.023
辽宁	0.050	0.009	0.003	0.008	0.061	0.053	重庆	0.039	0.005	0.000	0.077	0.059	0.028
吉林	0.039	0.008	0.003	0.004	0.030	0.043	四川	0.022	0.003	0.002	0.058	0.031	0.036
黑龙江	0.042	0.009	0.003	0.000	0.009	0.050	贵州	0.014	0.000	0.003	0.112	0.013	0.005
上海	0.085	0.014	0.004	0.129	0.252	0.219	云南	0.015	0.004	0.003	0.078	0.039	0.021
江苏	0.048	0.009	0.002	0.032	0.132	0.113	西藏	0.000	0.000	0.006	0.064	0.024	0.000
浙江	0.050	0.008	0.004	0.053	0.191	0.182	陕西	0.029	0.004	0.003	0.089	0.034	0.033
安徽	0.026	0.003	0.001	0.060	0.035	0.039	甘肃	0.017	0.004	0.002	0.094	0.000	0.008
福建	0.044	0.007	0.003	0.059	0.116	0.082	青海	0.028	0.006	0.005	0.074	0.009	0.032
江西	0.027	0.004	0.002	0.107	0.031	0.036	宁夏	0.032	0.007	0.003	0.123	0.029	0.039
山东	0.034	0.005	0.002	0.044	0.091	0.062	新疆	0.026	0.009	0.006	0.086	0.006	0.023
河南	0.020	0.002	0.003	0.130	0.037	0.029							

附录 2-20　2010 年全国各省土地城镇化指标得分

省份	X_7	X_8	X_9	X_{10}	X_{11}	X_{12}	省份	X_7	X_8	X_9	X_{10}	X_{11}	X_{12}
北京	0. 072	0. 077	0. 064	0. 098	0. 106	0. 008	湖北	0. 091	0. 132	0. 045	0. 054	0. 077	0. 053
天津	0. 034	0. 072	0. 032	0. 029	0. 106	0. 057	湖南	0. 070	0. 081	0. 036	0. 049	0. 059	0. 047
河北	0. 087	0. 061	0. 099	0. 076	0. 103	0. 070	广东	0. 257	0. 158	0. 088	0. 070	0. 092	0. 046
山西	0. 044	0. 027	0. 042	0. 055	0. 071	0. 035	广西	0. 048	0. 167	0. 047	0. 042	0. 080	0. 054
内蒙古	0. 054	0. 023	0. 077	0. 035	0. 034	0. 057	海南	0. 008	0. 000	0. 063	0. 076	0. 045	0. 052
辽宁	0. 121	0. 211	0. 052	0. 061	0. 086	0. 038	重庆	0. 044	0. 079	0. 087	0. 066	0. 078	0. 028
吉林	0. 065	0. 097	0. 052	0. 038	0. 056	0. 044	四川	0. 087	0. 142	0. 051	0. 055	0. 052	0. 041
黑龙江	0. 088	0. 047	0. 064	0. 042	0. 053	0. 031	贵州	0. 021	0. 009	0. 018	0. 018	0. 000	0. 014
上海	0. 052	0. 018	0. 014	0. 056	0. 106	0. 000	云南	0. 038	0. 140	0. 041	0. 052	0. 023	0. 036
江苏	0. 180	0. 322	0. 088	0. 073	0. 103	0. 091	西藏	0. 000	0. 005	0. 000	0. 000	0. 036	0. 049
浙江	0. 116	0. 177	0. 061	0. 057	0. 103	0. 067	陕西	0. 038	0. 068	0. 057	0. 056	0. 073	0. 049
安徽	0. 080	0. 180	0. 060	0. 053	0. 073	0. 063	甘肃	0. 031	0. 039	0. 027	0. 008	0. 016	0. 043
福建	0. 055	0. 039	0. 061	0. 068	0. 103	0. 045	青海	0. 002	0. 000	0. 032	0. 017	0. 074	0. 039
江西	0. 048	0. 035	0. 085	0. 093	0. 080	0. 051	宁夏	0. 015	0. 014	0. 121	0. 059	0. 064	0. 070
山东	0. 197	0. 163	0. 117	0. 070	0. 104	0. 096	新疆	0. 043	0. 029	0. 033	0. 048	0. 092	0. 048
河南	0. 109	0. 110	0. 033	0. 049	0. 013	0. 033							

附录 2-21 2015 年全国各省人口城镇化指标得分

省份	X_1	X_2	X_3	X_4	X_5	X_6	省份	X_1	X_2	X_3	X_4	X_5	X_6
北京	0.078	0.224	0.124	0.017	0.250	0.164	湖北	0.039	0.059	0.037	0.038	0.054	0.068
天津	0.073	0.070	0.035	0.014	0.132	0.147	湖南	0.031	0.039	0.053	0.059	0.049	0.066
河北	0.031	0.007	0.045	0.062	0.041	0.055	广东	0.055	0.122	0.056	0.079	0.108	0.088
山西	0.036	0.028	0.062	0.053	0.039	0.029	广西	0.026	0.015	0.024	0.099	0.032	0.032
内蒙古	0.043	0.067	0.063	0.028	0.070	0.081	海南	0.037	0.059	0.069	0.082	0.047	0.042
辽宁	0.053	0.061	0.035	0.021	0.085	0.053	重庆	0.044	0.107	0.000	0.069	0.054	0.054
吉林	0.037	0.064	0.032	0.018	0.044	0.051	四川	0.027	0.045	0.023	0.055	0.034	0.059
黑龙江	0.041	0.022	0.032	0.006	0.044	0.045	贵州	0.019	0.005	0.066	0.117	0.010	0.017
上海	0.080	0.161	0.065	0.000	0.260	0.169	云南	0.021	0.000	0.067	0.065	0.021	0.020
江苏	0.052	0.134	0.041	0.045	0.120	0.117	西藏	0.000	0.075	0.060	0.067	0.000	0.000
浙江	0.051	0.144	0.072	0.050	0.161	0.168	陕西	0.035	0.048	0.045	0.067	0.036	0.037
安徽	0.030	0.033	0.004	0.059	0.042	0.054	甘肃	0.021	0.022	0.012	0.060	0.008	0.020
福建	0.047	0.093	0.038	0.069	0.091	0.102	青海	0.030	0.032	0.149	0.066	0.025	0.048
江西	0.032	0.038	0.032	0.093	0.043	0.046	宁夏	0.037	0.052	0.036	0.084	0.035	0.045
山东	0.039	0.038	0.038	0.055	0.072	0.051	新疆	0.026	0.049	0.119	0.082	0.032	0.034
河南	0.026	0.028	0.045	0.104	0.034	0.037							

附录 2-22　2015 年全国各省土地城镇化指标得分

省份	X_7	X_8	X_9	X_{10}	X_{11}	X_{12}	省份	X_7	X_8	X_9	X_{10}	X_{11}	X_{12}
北京	0. 060	0. 009	0. 085	0. 091	0. 086	0. 014	湖北	0. 098	0. 204	0. 034	0. 038	0. 066	0. 050
天津	0. 035	0. 046	0. 026	0. 032	0. 086	0. 050	湖南	0. 068	0. 123	0. 024	0. 049	0. 057	0. 042
河北	0. 086	0. 086	0. 067	0. 056	0. 082	0. 061	广东	0. 261	0. 345	0. 099	0. 057	0. 077	0. 039
山西	0. 047	0. 051	0. 041	0. 051	0. 076	0. 039	广西	0. 054	0. 180	0. 040	0. 038	0. 066	0. 051
内蒙古	0. 051	0. 037	0. 119	0. 046	0. 064	0. 078	海南	0. 009	0. 007	0. 054	0. 039	0. 078	0. 055
辽宁	0. 110	0. 162	0. 040	0. 051	0. 067	0. 039	重庆	0. 056	0. 207	0. 095	0. 052	0. 069	0. 033
吉林	0. 060	0. 076	0. 050	0. 031	0. 058	0. 043	四川	0. 102	0. 115	0. 044	0. 043	0. 058	0. 040
黑龙江	0. 078	0. 025	0. 044	0. 030	0. 036	0. 037	贵州	0. 031	0. 041	0. 054	0. 030	0. 027	0. 029
上海	0. 041	0. 050	0. 000	0. 043	0. 086	0. 000	云南	0. 044	0. 036	0. 030	0. 037	0. 000	0. 042
江苏	0. 193	0. 352	0. 070	0. 064	0. 084	0. 085	西藏	0. 000	0. 000	0. 041	0. 063	0. 012	0. 088
浙江	0. 117	0. 244	0. 057	0. 053	0. 086	0. 059	陕西	0. 044	0. 067	0. 050	0. 053	0. 067	0. 048
安徽	0. 085	0. 282	0. 058	0. 056	0. 077	0. 070	甘肃	0. 033	0. 069	0. 047	0. 002	0. 033	0. 046
福建	0. 060	0. 246	0. 054	0. 065	0. 081	0. 040	青海	0. 002	0. 004	0. 029	0. 000	0. 034	0. 027
江西	0. 055	0. 124	0. 064	0. 070	0. 067	0. 052	宁夏	0. 015	0. 002	0. 107	0. 040	0. 039	0. 077
山东	0. 213	0. 210	0. 099	0. 061	0. 084	0. 091	新疆	0. 050	0. 084	0. 039	0. 038	0. 077	0. 057
河南	0. 112	0. 108	0. 026	0. 039	0. 034	0. 033							

附录 2-23 2019 年全国各省人口城镇化指标得分

省份	X_1	X_2	X_3	X_4	X_5	X_6	省份	X_1	X_2	X_3	X_4	X_5	X_6
北京	0.049	0.330	0.133	0.017	0.258	0.128	湖北	0.026	0.040	0.021	0.038	0.040	0.066
天津	0.046	0.070	0.037	0.015	0.091	0.089	湖南	0.023	0.000	0.032	0.055	0.054	0.053
河北	0.023	0.000	0.024	0.064	0.029	0.037	广东	0.035	0.194	0.024	0.067	0.103	0.081
山西	0.025	0.025	0.074	0.035	0.014	0.012	广西	0.017	0.018	0.015	0.089	0.023	0.034
内蒙古	0.028	0.044	0.069	0.019	0.059	0.051	海南	0.025	0.056	0.036	0.072	0.031	0.038
辽宁	0.032	0.035	0.040	0.016	0.053	0.034	重庆	0.031	0.158	0.014	0.053	0.042	0.045
吉林	0.024	0.029	0.040	0.013	0.008	0.029	四川	0.020	0.022	0.014	0.043	0.031	0.053
黑龙江	0.026	0.000	0.034	0.000	0.000	0.039	贵州	0.015	0.003	0.013	0.096	0.021	0.017
上海	0.050	0.287	0.056	0.003	0.257	0.133	云南	0.015	0.015	0.029	0.056	0.032	0.017
江苏	0.035	0.159	0.028	0.046	0.121	0.088	西藏	0.000	0.049	0.000	0.068	0.039	0.000
浙江	0.034	0.158	0.044	0.039	0.176	0.123	陕西	0.025	0.066	0.018	0.055	0.031	0.024
安徽	0.022	0.029	0.014	0.051	0.040	0.058	甘肃	0.015	0.025	0.015	0.049	0.008	0.012
福建	0.031	0.143	0.027	0.062	0.088	0.075	青海	0.021	0.029	0.025	0.056	0.017	0.028
江西	0.023	0.041	0.016	0.076	0.034	0.039	宁夏	0.025	0.013	0.017	0.068	0.020	0.029
山东	0.027	0.027	0.027	0.052	0.069	0.037	新疆	0.018	0.054	0.025	0.092	0.022	0.018
河南	0.019	0.025	0.033	0.094	0.020	0.030							

附录 2-24　2019 年全国各省土地城镇化指标得分

省份	X_7	X_8	X_9	X_{10}	X_{11}	X_{12}	省份	X_7	X_8	X_9	X_{10}	X_{11}	X_{12}
北京	0. 148	0. 023	0. 083	0. 220	0. 033	0. 130	湖北	0. 091	0. 079	0. 035	0. 033	0. 031	0. 041
天津	0. 036	0. 010	0. 005	0. 021	0. 033	0. 027	湖南	0. 062	0. 049	0. 033	0. 055	0. 030	0. 042
河北	0. 074	0. 087	0. 060	0. 064	0. 033	0. 049	广东	0. 228	0. 177	0. 101	0. 074	0. 031	0. 029
山西	0. 039	0. 012	0. 112	0. 015	0. 033	0. 012	广西	0. 051	0. 100	0. 052	0. 050	0. 032	0. 056
内蒙古	0. 040	0. 040	0. 108	0. 048	0. 030	0. 060	海南	0. 008	0. 014	0. 020	0. 059	0. 031	0. 044
辽宁	0. 094	0. 021	0. 035	0. 050	0. 032	0. 033	重庆	0. 049	0. 079	0. 085	0. 060	0. 031	0. 031
吉林	0. 051	0. 038	0. 041	0. 036	0. 026	0. 030	四川	0. 106	0. 151	0. 057	0. 060	0. 029	0. 038
黑龙江	0. 059	0. 028	0. 040	0. 011	0. 026	0. 034	贵州	0. 034	0. 014	0. 082	0. 038	0. 026	0. 032
上海	0. 039	0. 416	0. 042	0. 064	0. 030	0. 040	云南	0. 039	0. 035	0. 034	0. 041	0. 015	0. 033
江苏	0. 164	0. 180	0. 067	0. 074	0. 033	0. 067	西藏	0. 000	0. 005	0. 011	0. 022	0. 000	0. 036
浙江	0. 105	0. 117	0. 057	0. 057	0. 033	0. 046	陕西	0. 044	0. 035	0. 031	0. 037	0. 031	0. 039
安徽	0. 076	0. 160	0. 065	0. 068	0. 032	0. 061	甘肃	0. 026	0. 019	0. 060	0. 007	0. 027	0. 047
福建	0. 053	0. 053	0. 068	0. 085	0. 032	0. 054	青海	0. 002	0. 000	0. 034	0. 000	0. 028	0. 044
江西	0. 053	0. 069	0. 062	0. 094	0. 031	0. 049	宁夏	0. 012	0. 005	0. 133	0. 056	0. 030	0. 069
山东	0. 192	0. 116	0. 095	0. 060	0. 032	0. 066	新疆	0. 046	0. 014	0. 056	0. 048	0. 033	0. 060
河南	0. 102	0. 039	0. 052	0. 053	0. 031	0. 034							

附录 2-25　全国各省人口城镇化综合得分

省份	2002	2010	2015	2019	省份	2002	2010	2015	2019
北京	0. 8436	0. 5154	0. 8580	0. 9143	湖北	0. 2297	0. 1831	0. 2947	0. 2303
天津	0. 5467	0. 3086	0. 4709	0. 3483	湖南	0. 1763	0. 1716	0. 2961	0. 2168
河北	0. 1732	0. 1595	0. 2413	0. 1779	广东	0. 5107	0. 4128	0. 5089	0. 5046
山西	0. 2103	0. 2072	0. 2475	0. 1845	广西	0. 1673	0. 1784	0. 2276	0. 1969
内蒙古	0. 2158	0. 1862	0. 3514	0. 2712	海南	0. 2539	0. 1969	0. 3357	0. 2574
辽宁	0. 3124	0. 1849	0. 3075	0. 2102	重庆	0. 1678	0. 2067	0. 3284	0. 3427
吉林	0. 2515	0. 1270	0. 2462	0. 1435	四川	0. 1238	0. 1513	0. 2420	0. 1834
黑龙江	0. 2538	0. 1128	0. 1907	0. 0983	贵州	0. 0621	0. 1475	0. 2347	0. 1654
上海	0. 8588	0. 7029	0. 7352	0. 7865	云南	0. 1336	0. 1600	0. 1936	0. 1655
江苏	0. 3085	0. 3354	0. 5080	0. 4770	西藏	0. 1657	0. 0939	0. 2019	0. 1553
浙江	0. 5067	0. 4870	0. 6461	0. 5729	陕西	0. 2126	0. 1922	0. 2679	0. 2188
安徽	0. 1138	0. 1644	0. 2228	0. 2127	甘肃	0. 1265	0. 1246	0. 1437	0. 1248
福建	0. 3552	0. 3110	0. 4397	0. 4265	青海	0. 1660	0. 1546	0. 3492	0. 1767
江西	0. 1505	0. 2077	0. 2847	0. 2281	宁夏	0. 1817	0. 2325	0. 2891	0. 1730
山东	0. 2426	0. 2395	0. 2935	0. 2374	新疆	0. 3082	0. 1556	0. 3429	0. 2292
河南	0. 1295	0. 2217	0. 2734	0. 2213					

附录 2-26　全国各省土地城镇化综合得分

省份	2002	2010	2015	2019	省份	2002	2010	2015	2019
北京	0. 2808	0. 4245	0. 3461	0. 6370	湖北	0. 2782	0. 4525	0. 4895	0. 3111
天津	0. 1912	0. 3318	0. 2751	0. 1313	湖南	0. 1702	0. 3421	0. 3632	0. 2712
河北	0. 2551	0. 4959	0. 4371	0. 3672	广东	0. 3353	0. 7087	0. 8795	0. 6407
山西	0. 1196	0. 2746	0. 3042	0. 2244	广西	0. 1325	0. 4384	0. 4289	0. 3399
内蒙古	0. 1404	0. 2797	0. 3952	0. 3264	海南	0. 2299	0. 2432	0. 2427	0. 1758
辽宁	0. 2405	0. 5685	0. 4689	0. 2650	重庆	0. 0752	0. 3836	0. 5122	0. 3361
吉林	0. 1548	0. 3531	0. 3174	0. 2224	四川	0. 1077	0. 4285	0. 4017	0. 4410
黑龙江	0. 1994	0. 3242	0. 2502	0. 1976	贵州	0. 0934	0. 0803	0. 2123	0. 2267
上海	0. 2319	0. 2460	0. 2198	0. 6315	云南	0. 7605	0. 3311	0. 1879	0. 1964
江苏	0. 4226	0. 8572	0. 8483	0. 5854	西藏	0. 1121	0. 0890	0. 2032	0. 0739
浙江	0. 4332	0. 5806	0. 6144	0. 4152	陕西	0. 1163	0. 3420	0. 3294	0. 2172
安徽	0. 1848	0. 5093	0. 6276	0. 4633	甘肃	0. 0590	0. 1643	0. 2305	0. 1860
福建	0. 1760	0. 3711	0. 5462	0. 3443	青海	0. 1066	0. 1642	0. 0966	0. 1086
江西	0. 1710	0. 3912	0. 4324	0. 3590	宁夏	0. 0846	0. 3428	0. 2794	0. 3051
山东	0. 2731	0. 7475	0. 7576	0. 5620	新疆	0. 2084	0. 2930	0. 3450	0. 2574
河南	0. 1833	0. 3478	0. 3520	0. 3108					

附录 2-27 全国各省人口城镇化与土地城镇化耦合协调度

省份	2002D	2010 D	2015 D	2019 D	省份	2002D	2010 D	2015 D	2019 D
北京	0. 4933	0. 4836	0. 5220	0. 6177	湖北	0. 3555	0. 3793	0. 4358	0. 3658
天津	0. 4020	0. 4000	0. 4242	0. 3270	湖南	0. 2943	0. 3481	0. 4049	0. 3482
河北	0. 3242	0. 3750	0. 4030	0. 3575	广东	0. 4549	0. 5200	0. 5784	0. 5332
山西	0. 2816	0. 3453	0. 3704	0. 3190	广西	0. 2728	0. 3739	0. 3952	0. 3596
内蒙古	0. 2950	0. 3378	0. 4317	0. 3857	海南	0. 3476	0. 3308	0. 3778	0. 3261
辽宁	0. 3702	0. 4026	0. 4357	0. 3435	重庆	0. 2370	0. 3752	0. 4528	0. 4119
吉林	0. 3141	0. 3254	0. 3738	0. 2989	四川	0. 2403	0. 3568	0. 3948	0. 3771
黑龙江	0. 3354	0. 3092	0. 3305	0. 2640	贵州	0. 1951	0. 2333	0. 3341	0. 3112
上海	0. 4724	0. 4560	0. 4483	0. 5936	云南	0. 3993	0. 3392	0. 3088	0. 3002
江苏	0. 4249	0. 5178	0. 5729	0. 5140	西藏	0. 2610	0. 2138	0. 3183	0. 2315
浙江	0. 4840	0. 5156	0. 5613	0. 4938	陕西	0. 2804	0. 3580	0. 3854	0. 3302
安徽	0. 2693	0. 3804	0. 4324	0. 3962	甘肃	0. 2079	0. 2675	0. 3016	0. 2760
福建	0. 3536	0. 4122	0. 4950	0. 4377	青海	0. 2579	0. 2823	0. 3030	0. 2632
江西	0. 2832	0. 3775	0. 4188	0. 3783	宁夏	0. 2489	0. 3757	0. 3770	0. 3389
山东	0. 3588	0. 4599	0. 4856	0. 4274	新疆	0. 3560	0. 3267	0. 4147	0. 3485
河南	0. 2776	0. 3726	0. 3938	0. 3621	平均	0. 3274	0. 3726	0. 4156	0. 3754

附录 3-1 全国副省级城市土地与人口城镇化指标原始数据

副省级城市	人口城镇化(*PU*)						副省级城市	土地城镇化(*LU*)					
	X_1	X_2	X_3	X_4	X_5	X_6		X_7	X_8	X_9	X_{10}	X_{11}	X_{12}
沈阳	54.61%	1526.94	553.16	42.32	100293.34	66727.46	沈阳	465.00	79802.02	17.02	10.16	38.53	17.78
大连	54.32%	1188.16	488.62	46.88	128363.59	81648.65	大连	396.00	96935.43	14.93	17.40	44.87	12.04
长春	48.81%	910.42	565.22	37.58	73774.75	46195.77	长春	506.00	82106.23	17.55	12.36	38.78	13.53
哈尔滨	63.48%	538.34	690.42	34.25	66428.39	51460.47	哈尔滨	428.00	66933.39	8.96	12.62	33.60	7.91
南京	53.55%	991.35	1243.68	34.26	85023.29	70502.95	南京	755.00	83340.64	21.81	12.85	44.49	14.33
杭州	47.58%	1093.11	657.26	58.74	123320.82	81965.35	杭州	506.00	92054.66	12.27	16.05	40.44	14.80
宁波	46.16%	942.32	265.56	53.69	127902.01	89387.55	宁波	322.00	113217.98	13.44	20.36	38.30	9.23
厦门	35.82%	1241.91	681.94	48.01	98908.51	56366.58	厦门	317.00	91063.38	19.57	22.22	41.89	16.97
济南	59.96%	1105.06	1141.01	75.22	89874.88	76599.16	济南	393.00	61730.37	22.93	14.49	40.00	8.77
青岛	50.71%	1132.71	411.52	51.40	12569.80	64066.52	青岛	566.00	93361.89	21.30	18.10	39.47	12.92
武汉	55.53%	2968.93	1153.77	52.35	102093.57	86398.06	武汉	455.00	109641.82	14.39	16.09	42.54	13.82
广州	64.72%	1148.78	1221.30	50.10	160348.72	94164.32	广州	1237.00	63726.89	13.15	16.31	41.60	32.06
深圳	38.98%	1777.67	253.84	84.42	281729.92	146037.18	深圳	900.00	95992.65	33.35	89.34	45.10	56.00
成都	46.19%	2154.32	615.42	54.58	111762.74	60264.46	成都	616.00	64263.47	11.04	16.18	39.82	11.10
西安	59.45%	1602.99	1040.82	39.95	102001.59	53206.02	西安	501.00	76191.27	12.47	12.52	42.58	8.23

附录 3-2　全国副省级城市土地与人口城镇化标准化数据

副省级城市	人口城镇化（*PU*）						副省级城市	土地城镇化（*LU*）					
	X_1	X_2	X_3	X_4	X_5	X_6		X_7	X_8	X_9	X_{10}	X_{11}	X_{12}
沈阳	0. 650	0. 407	0. 302	0. 161	0. 326	0. 206	沈阳	0. 161	0. 351	0. 330	0. 000	0. 429	0. 205
大连	0. 640	0. 267	0. 237	0. 252	0. 430	0. 355	大连	0. 086	0. 684	0. 245	0. 091	0. 980	0. 086
长春	0. 449	0. 153	0. 315	0. 067	0. 227	0. 000	长春	0. 205	0. 396	0. 352	0. 028	0. 450	0. 117
哈尔滨	0. 957	0. 000	0. 441	0. 000	0. 200	0. 053	哈尔滨	0. 121	0. 101	0. 000	0. 031	0. 000	0. 000
南京	0. 613	0. 186	1. 000	0. 000	0. 269	0. 243	南京	0. 476	0. 420	0. 527	0. 034	0. 947	0. 133
杭州	0. 407	0. 228	0. 408	0. 488	0. 411	0. 358	杭州	0. 205	0. 589	0. 136	0. 074	0. 595	0. 143
宁波	0. 358	0. 166	0. 012	0. 388	0. 428	0. 433	宁波	0. 005	1. 000	0. 184	0. 129	0. 409	0. 028
厦门	0. 000	0. 289	0. 432	0. 274	0. 321	0. 102	厦门	0. 000	0. 570	0. 435	0. 152	0. 721	0. 188
济南	0. 835	0. 233	0. 896	0. 817	0. 287	0. 305	济南	0. 083	0. 000	0. 573	0. 055	0. 557	0. 018
青岛	0. 515	0. 245	0. 159	0. 342	0. 000	0. 179	青岛	0. 271	0. 614	0. 506	0. 100	0. 510	0. 104
武汉	0. 682	1. 000	0. 909	0. 361	0. 333	0. 403	武汉	0. 150	0. 931	0. 223	0. 075	0. 777	0. 123
广州	1. 000	0. 251	0. 977	0. 316	0. 549	0. 480	广州	1. 000	0. 039	0. 172	0. 078	0. 696	0. 502
深圳	0. 109	0. 510	0. 000	1. 000	1. 000	1. 000	深圳	0. 634	0. 665	1. 000	1. 000	1. 000	1. 000
成都	0. 359	0. 665	0. 365	0. 405	0. 369	0. 141	成都	0. 325	0. 049	0. 085	0. 076	0. 541	0. 066
西安	0. 818	0. 438	0. 795	0. 114	0. 332	0. 070	西安	0. 200	0. 281	0. 144	0. 030	0. 781	0. 007

附录 3-3　全国副省级城市土地与人口城镇化指标分值

副省级城市	人口城镇化（*PU*）							副省级城市	土地城镇化（*LU*）							耦合协调度 D
	X_1	X_2	X_3	X_4	X_5	X_6	*PU*		X_7	X_8	X_9	X_{10}	X_{11}	X_{12}	*LU*	
沈阳	0. 121	0. 054	0. 081	0. 028	0. 034	0. 028	0. 3455	沈阳	0. 026	0. 081	0. 049	0. 000	0. 069	0. 032	0. 2579	0. 3863
大连	0. 119	0. 036	0. 063	0. 044	0. 045	0. 048	0. 3546	大连	0. 014	0. 159	0. 037	0. 013	0. 158	0. 013	0. 3929	0. 4320
长春	0. 083	0. 020	0. 084	0. 012	0. 024	0. 000	0. 2229	长春	0. 034	0. 092	0. 053	0. 004	0. 072	0. 018	0. 2725	0. 3510
哈尔滨	0. 178	0. 000	0. 118	0. 000	0. 021	0. 007	0. 3231	哈尔滨	0. 020	0. 023	0. 233	0. 004	0. 000	0. 000	0. 2801	0. 3878
南京	0. 114	0. 025	0. 266	0. 000	0. 028	0. 033	0. 4663	南京	0. 078	0. 097	0. 079	0. 005	0. 152	0. 021	0. 4319	0. 4737
杭州	0. 076	0. 031	0. 109	0. 085	0. 043	0. 049	0. 3912	杭州	0. 034	0. 137	0. 020	0. 010	0. 096	0. 022	0. 3188	0. 4202
宁波	0. 066	0. 022	0. 003	0. 068	0. 044	0. 059	0. 2627	宁波	0. 001	0. 232	0. 027	0. 018	0. 066	0. 004	0. 3483	0. 3889
厦门	0. 000	0. 039	0. 115	0. 048	0. 033	0. 014	0. 2489	厦门	0. 000	0. 132	0. 065	0. 021	0. 116	0. 029	0. 3634	0. 3878
济南	0. 155	0. 031	0. 239	0. 143	0. 030	0. 041	0. 6388	济南	0. 014	0. 000	0. 086	0. 008	0. 090	0. 003	0. 1990	0. 4222
青岛	0. 096	0. 033	0. 042	0. 060	0. 000	0. 024	0. 2548	青岛	0. 044	0. 143	0. 076	0. 014	0. 082	0. 016	0. 3747	0. 3931
武汉	0. 127	0. 134	0. 242	0. 063	0. 034	0. 055	0. 6548	武汉	0. 025	0. 216	0. 033	0. 010	0. 125	0. 019	0. 4283	0. 5146
广州	0. 186	0. 034	0. 260	0. 055	0. 057	0. 065	0. 6570	广州	0. 164	0. 009	0. 026	0. 011	0. 112	0. 078	0. 3991	0. 5060
深圳	0. 020	0. 068	0. 000	0. 175	0. 104	0. 136	0. 5026	深圳	0. 104	0. 154	0. 149	0. 139	0. 161	0. 155	0. 8623	0. 5737
成都	0. 067	0. 089	0. 097	0. 071	0. 038	0. 019	0. 3810	成都	0. 053	0. 011	0. 013	0. 011	0. 087	0. 010	0. 1853	0. 3645
西安	0. 152	0. 059	0. 212	0. 020	0. 034	0. 010	0. 4860	西安	0. 033	0. 065	0. 021	0. 004	0. 126	0. 001	0. 2502	0. 4176

附录 4-1　全国地级市人口城镇化与土地城镇化指标原始数据

地级市	人口城镇化(*PU*)						地级市	土地城镇化(*LU*)					
	X_1	X_2	X_3	X_4	X_5	X_6		X_7	X_8	X_9	X_{10}	X_{11}	X_{12}
石家庄	65. 13	1868. 73	408. 02	7. 47	62085. 61	37113. 53	石家庄	278. 00	79895. 41	13. 08	10. 73	44. 42	10. 74
唐山	63. 24	730. 21	147. 59	31. 66	78872. 50	32821. 15	唐山	249. 00	75101. 89	9. 27	9. 07	41. 17	8. 98
秦皇岛	59. 84	661. 35	524. 94	55. 28	98704. 00	43234. 82	秦皇岛	131. 00	51296. 84	15. 21	5. 80	40. 17	18. 52
邯郸	44. 77	3120. 57	55. 73	37. 79	67115. 37	25762. 45	邯郸	127. 00	37135. 70	17. 99	21. 03	46. 64	17. 91
邢台	54. 66	2070. 59	60. 68	91. 85	120389. 41	46062. 58	邢台	90. 00	65804. 32	17. 23	24. 78	36. 17	23. 82
保定	42. 55	1099. 42	145. 21	34. 75	47202. 38	22233. 90	保定	227. 00	30566. 98	13. 74	11. 75	38. 41	6. 73
张家口	66. 84	1022. 47	144. 57	35. 36	52412. 26	31877. 09	张家口	86. 00	40722. 01	15. 07	21. 01	44. 08	12. 03
承德	66. 80	478. 85	107. 61	43. 71	76724. 17	24470. 59	承德	117. 00	41808. 29	12. 31	12. 12	42. 89	23. 53
沧州	58. 42	3005. 46	71. 65	75. 68	98126. 60	38926. 94	沧州	71. 00	177906. 11	17. 61	33. 33	36. 72	10. 95
廊坊	45. 95	2910. 96	338. 69	31. 71	83496. 68	25222. 40	廊坊	66. 00	44262. 38	11. 02	6. 54	45. 53	8. 75
衡水	70. 86	928. 69	60. 44	43. 70	81513. 90	32772. 66	衡水	46. 00	44837. 12	13. 27	9. 93	39. 87	10. 29
太原	52. 69	1900. 00	1147. 09	63. 52	109110. 31	49489. 57	太原	340. 00	62000. 22	14. 52	10. 07	40. 30	13. 60
大同	41. 86	754. 81	90. 92	43. 47	81622. 47	26815. 52	大同	125. 00	32320. 49	13. 11	6. 26	40. 09	8. 62
阳泉	33. 14	1073. 62	103. 86	28. 38	67482. 64	29792. 80	阳泉	54. 00	37145. 38	9. 18	11. 24	42. 39	9. 20
长治	62. 14	2185. 63	117. 73	50. 13	79382. 86	43622. 35	长治	59. 00	45395. 45	10. 02	9. 95	46. 47	11. 64

附录 4-2　全国地级市人口城镇化与土地城镇化指标原始数据

地级市	人口城镇化（*PU*）						地级市	土地城镇化（*LU*）					
	X_1	X_2	X_3	X_4	X_5	X_6		X_7	X_8	X_9	X_{10}	X_{11}	X_{12}
晋城	31.58	2657.34	28.63	63.49	147967.52	50601.71	晋城	45.00	101819.8	15.28	12.16	42.56	15.39
朔州	54.55	163.14	65.89	22.69	59110.87	18078.53	朔州	42.00	64595.31	10.11	2.76	42.48	5.96
晋中	70.78	462.82	493.98	34.82	70134.80	14894.56	晋中	72.00	43932.75	15.76	6.37	36.71	14.34
运城	69.98	564.32	102.44	46.27	45943.01	31566.52	运城	46.00	41482.91	10.50	5.37	40.59	6.70
忻州	77.93	271.77	66.07	67.64	65209.62	14831.00	忻州	37.00	19981.63	10.77	2.07	33.70	8.60
临汾	73.20	615.50	103.75	42.76	62494.22	28042.46	临汾	54.00	31611.49	8.81	5.25	37.80	8.01
吕梁	79.98	209.11	59.10	26.93	64981.81	19095.91	吕梁	26.00	35901.09	12.27	4.14	38.08	10.89
呼和浩特	73.93	629.54	985.78	60.06	117207.12	94458.19	呼和浩特	260.00	44315.84	19.26	14.48	37.00	25.27
包头	45.06	526.14	323.06	44.95	77013.10	77643.86	包头	196.00	131318.4	18.33	8.91	42.81	16.23
乌海	39.42	263.63	79.48	30.52	58799.93	25055.55	乌海	62.00	71827.77	32.12	8.95	42.40	19.89
赤峰	57.99	178.07	44.10	40.86	43802.11	25168.96	赤峰	105.00	40750.57	17.29	4.95	39.06	14.66
通辽	56.27	264.63	116.02	25.91	36557.06	27455.84	通辽	61.00	62154.42	13.92	6.64	42.66	11.19
鄂尔多斯	60.79	110.67	37.47	104.9	207362.16	97941.95	鄂尔多斯	154.00	177582.3	105.0	18.16	31.95	65.95
呼伦贝尔	52.00	211.19	83.07	43.83	63585.18	48518.00	呼伦贝尔	114.00	62236.22	20.86	12.62	9.59	18.68
巴彦淖尔	64.71	222.89	56.34	56.71	46739.55	21137.28	巴彦淖尔	51.00	30412.58	19.47	2.33	38.78	13.73

附录 4-3　全国地级市人口城镇化与土地城镇化指标原始数据

地级市	人口城镇化（*PU*）						地级市	土地城镇化（*LU*）					
	X_1	X_2	X_3	X_4	X_5	X_6		X_7	X_8	X_9	X_{10}	X_{11}	X_{12}
乌兰察布	80.05	607.21	75.40	52.66	93780.61	24781.02	乌兰察布	60.00	43866.35	28.07	22.09	39.72	38.14
鞍山	39.52	1893.94	102.22	22.03	78370.80	32943.78	鞍山	171.00	42591.79	11.36	11.93	40.02	12.81
抚顺	43.27	995.76	213.36	29.77	63946.23	37993.52	抚顺	138.00	28766.48	9.93	8.41	44.89	9.74
本溪	46.92	612.65	118.87	21.14	60391.39	28264.63	本溪	109.00	44158.06	11.26	7.73	48.39	10.57
丹东	57.17	828.91	119.62	31.44	72827.90	28304.09	丹东	45.00	35110.02	11.20	11.94	12.20	9.33
锦州	52.75	1175.76	281.63	57.54	69980.33	37511.78	锦州	88.00	23659.57	11.52	6.49	36.89	13.29
营口	54.67	1324.79	91.58	36.48	78098.69	29146.41	营口	110.00	66814.04	7.76	9.51	39.87	11.08
阜新	46.35	1551.02	219.88	24.99	55559.97	27490.00	阜新	77.00	12131.61	12.65	5.27	43.01	12.82
辽阳	47.21	783.08	148.73	33.77	66100.71	26649.43	辽阳	105.00	29965.95	15.78	6.77	42.00	9.70
盘锦	34.03	2589.64	54.76	45.42	114700.16	40983.35	盘锦	75.00	51040.01	14.76	7.61	40.68	14.06
铁岭	68.21	667.68	59.96	46.90	88110.49	19776.57	铁岭	50.00	20071.83	11.60	15.33	44.90	12.37
朝阳	68.50	536.03	15.23	32.08	72658.38	18976.27	朝阳	75.00	10569.81	6.91	4.73	20.61	10.23
葫芦岛	36.03	400.51	31.05	11.13	34282.52	25587.44	葫芦岛	92.00	10257.65	6.17	10.98	34.77	7.78
吉林	48.04	482.25	246.04	39.95	59317.68	51153.45	吉林	259.00	89163.42	8.77	7.15	31.23	8.45
四平	64.62	539.03	117.50	40.87	48378.21	28479.41	四平	58.00	45653.44	11.61	5.77	31.50	9.41

附录 4-4　全国地级市人口城镇化与土地城镇化指标原始数据

地级市	人口城镇化（*PU*）						地级市	土地城镇化（*LU*）					
	X_1	X_2	X_3	X_4	X_5	X_6		X_7	X_8	X_9	X_{10}	X_{11}	X_{12}
辽源	31.72	1087.96	47.96	33.44	41427.71	28611.55	辽源	46.00	69074.89	11.39	8.47	40.30	9.61
通化	30.17	589.81	56.98	34.68	49625.58	30238.52	通化	53.00	43447.28	9.40	9.04	38.25	13.69
白山	47.52	208.33	12.09	29.03	37326.52	19143.20	白山	47.00	47522.61	7.51	5.95	27.30	7.12
松原	39.47	456.00	10.39	33.64	41930.37	27404.18	松原	50.00	77754.67	16.31	9.60	43.26	15.48
白城	69.37	193.95	100.68	31.20	32523.42	34877.52	白城	43.00	31771.82	6.56	4.71	31.26	7.35
齐齐哈尔	60.77	313.86	116.03	29.19	47515.34	12589.20	齐齐哈尔	140.00	20206.59	8.46	9.08	38.51	4.48
鸡西	38.52	360.87	45.46	23.26	35175.88	18702.53	鸡西	81.00	15208.52	7.85	8.58	39.31	9.36
鹤岗	34.37	142.83	2100.0	27.32	38640.41	14375.58	鹤岗	53.00	9969.05	7.05	6.20	42.51	12.59
双鸭山	38.19	107.95	146.40	57.14	43565.04	12240.23	双鸭山	58.00	10528.77	21.91	17.39	43.69	13.86
大庆	45.10	266.30	234.33	111.1	90437.04	73840.86	大庆	245.00	35403.39	26.77	10.35	45.60	16.72
伊春	32.37	39.27	8.50	28.22	36877.01	10097.50	伊春	171.00	9336.94	11.94	5.01	42.50	0.83
佳木斯	62.68	416.00	142.43	25.79	51670.75	26916.50	佳木斯	97.00	22010.69	7.50	5.89	41.56	1.09
七台河	31.50	137.14	34.73	24.57	37556.80	14262.76	七台河	68.00	13748.55	9.75	6.31	43.65	9.58
牡丹江	71.80	372.88	197.70	31.34	46934.35	30538.70	牡丹江	82.00	30518.91	11.11	8.58	20.68	8.83
黑河	76.20	13.85	123.20	59.75	57231.65	3198.15	黑河	19.00	30231.75	8.95	4.75	42.68	9.70

附录 4-5 全国地级市人口城镇化与土地城镇化指标原始数据

地级市	人口城镇化（*PU*）						地级市	土地城镇化（*LU*）					
	X_1	X_2	X_3	X_4	X_5	X_6		X_7	X_8	X_9	X_{10}	X_{11}	X_{12}
绥化	72.05	304.79	18.04	6.53	27187.04	10151.62	绥化	35.00	9857.66	3.04	1.76	31.80	3.68
无锡	36.08	1514.60	239.84	42.06	109352.97	66181.99	无锡	329.00	125811.53	26.50	12.24	43.04	14.86
徐州	40.33	1087.17	133.79	28.18	45763.22	44329.72	徐州	255.00	65258.49	13.48	7.03	43.76	8.63
常州	38.42	1025.37	277.72	35.24	94095.52	59092.26	常州	250.00	101862.93	15.22	9.81	43.13	8.54
苏州	27.44	732.86	321.06	38.82	110853.80	68116.02	苏州	458.00	98018.63	25.01	14.67	42.40	13.38
南通	23.41	995.33	108.53	34.66	87908.74	43739.90	南通	205.00	83188.97	22.91	7.81	42.71	12.95
连云港	48.86	733.73	72.97	23.38	28893.99	22030.18	连云港	206.00	56394.12	10.82	4.91	40.14	6.89
淮安	32.37	917.89	120.49	23.48	23569.80	19712.93	淮安	155.00	43224.35	10.14	2.96	41.30	6.91
盐城	36.39	471.64	69.18	25.91	39756.85	27167.22	盐城	142.00	60269.11	11.96	4.28	41.20	6.97
扬州	24.25	1006.07	176.85	26.14	66023.49	36572.75	扬州	140.00	62420.10	10.49	7.51	43.71	8.65
镇江	50.04	946.69	314.13	37.84	68476.36	55551.24	镇江	138.00	147211.65	10.60	13.07	42.62	16.26
泰州	23.34	1046.59	110.69	25.66	58001.18	30306.95	泰州	105.00	78780.39	14.80	5.55	41.30	5.70
宿迁	22.59	808.17	31.11	17.15	18838.52	15538.59	宿迁	85.00	41105.14	11.16	5.56	42.47	6.13
温州	57.77	1266.21	103.29	57.89	129312.71	88761.19	温州	238.00	78840.39	18.10	14.15	37.25	16.22
嘉兴	44.58	898.76	150.83	40.48	96983.61	47245.16	嘉兴	99.00	76487.08	15.02	12.88	43.98	13.19

附录 4-6　全国地级市人口城镇化与土地城镇化指标原始数据

地级市	人口城镇化（*PU*）						地级市	土地城镇化（*LU*）					
	X_1	X_2	X_3	X_4	X_5	X_6		X_7	X_8	X_9	X_{10}	X_{11}	X_{12}
湖州	36. 72	709. 27	122. 10	32. 73	73782. 25	44586. 90	湖州	103. 00	55211. 98	21. 22	6. 94	48. 28	13. 52
绍兴	18. 21	735. 24	189. 19	31. 40	88811. 37	41125. 05	绍兴	199. 00	71639. 16	11. 81	9. 04	42. 63	9. 02
金华	57. 17	468. 52	73. 16	40. 75	66027. 37	53290. 55	金华	80. 00	42092. 14	17. 94	4. 94	40. 23	8. 90
衢州	54. 63	361. 09	53. 36	39. 88	42324. 42	25328. 01	衢州	71. 00	104557. 07	13. 58	6. 82	40. 80	6. 18
舟山	58. 18	686. 65	241. 04	38. 34	74144. 23	45531. 48	舟山	62. 00	128926. 26	16. 81	9. 43	38. 65	10. 98
台州	32. 06	1035. 16	56. 18	33. 01	82818. 26	46488. 31	台州	140. 00	39385. 47	18. 00	5. 13	42. 24	7. 99
丽水	84. 46	266. 31	141. 20	58. 10	63914. 40	44092. 61	丽水	35. 00	49121. 76	10. 99	9. 04	44. 71	9. 48
合肥	40. 12	2227. 15	734. 41	49. 18	80568. 74	72390. 30	合肥	416. 00	153417. 82	25. 29	18. 66	45. 23	19. 95
芜湖	43. 39	979. 21	338. 32	35. 10	45399. 30	33268. 00	芜湖	165. 00	113712. 38	23. 48	9. 56	38. 48	11. 69
蚌埠	46. 36	1865. 79	163. 72	31. 95	38872. 83	31696. 81	蚌埠	138. 00	49919. 77	16. 69	10. 45	38. 88	10. 83
淮南	42. 78	1059. 91	316. 12	24. 16	34317. 58	17335. 46	淮南	108. 00	32570. 69	8. 77	3. 92	40. 06	7. 22
马鞍山	38. 43	1118. 69	245. 89	32. 28	57828. 81	30809. 24	马鞍山	93. 00	128194. 17	16. 84	9. 11	44. 09	13. 39
淮北	26. 80	1381. 58	177. 99	25. 98	34798. 67	19597. 60	淮北	85. 00	64841. 21	11. 48	4. 22	44. 65	11. 82
铜陵	36. 31	1267. 61	483. 17	39. 43	58920. 05	46567. 84	铜陵	76. 00	194255. 17	11. 83	10. 96	45. 72	14. 72
安庆	41. 66	913. 58	66. 70	32. 70	53936. 29	34323. 06	安庆	85. 00	54198. 30	15. 86	6. 31	43. 13	12. 75

附录 4-7　全国地级市人口城镇化与土地城镇化指标原始数据

地级市	人口城镇化（*PU*）						地级市	土地城镇化（*LU*）					
	X_1	X_2	X_3	X_4	X_5	X_6		X_7	X_8	X_9	X_{10}	X_{11}	X_{12}
黄山	64. 26	190. 84	150. 15	34. 81	54105. 28	35088. 43	黄山	65. 00	62544. 91	17. 33	4. 19	47. 26	12. 45
滁州	47. 93	384. 07	109. 38	27. 52	46210. 66	21575. 57	滁州	84. 00	32654. 65	35. 56	9. 55	41. 69	10. 36
阜阳	65. 12	1139. 50	34. 71	18. 58	25065. 28	12532. 54	阜阳	122. 00	20070. 28	8. 28	3. 35	33. 85	4. 28
宿州	45. 20	650. 15	34. 80	18. 24	22233. 78	10619. 73	宿州	75. 00	29612. 96	8. 35	1. 76	44. 51	4. 04
六安	72. 72	531. 32	60. 07	20. 85	24027. 38	12006. 50	六安	74. 00	20079. 04	7. 37	1. 61	41. 49	4. 67
亳州	67. 79	720. 28	18. 98	10. 94	18451. 55	9584. 14	亳州	56. 00	20047. 28	9. 06	1. 88	36. 50	2. 73
池州	60. 87	284. 26	141. 57	20. 53	34228. 82	16695. 34	池州	37. 00	54933. 51	11. 52	8. 34	42. 35	7. 78
宣城	83. 19	331. 93	23. 76	17. 52	26696. 66	18505. 24	宣城	52. 00	28846. 47	4. 66	2. 82	41. 46	5. 63
福州	46. 50	1119. 82	473. 15	64. 72	97539. 59	124420. 34	福州	260. 00	106509. 01	14. 17	21. 21	43. 42	16. 47
莆田	27. 49	1008. 73	61. 88	16. 74	30487. 38	20682. 77	莆田	87. 00	63332. 40	3. 73	3. 99	43. 09	3. 46
三明	52. 78	243. 27	86. 77	43. 54	52839. 65	37508. 60	三明	37. 00	146032. 65	12. 67	12. 64	44. 57	11. 46
泉州	38. 42	1263. 16	171. 75	54. 39	69553. 56	60241. 55	泉州	217. 00	64391. 14	21. 92	11. 62	43. 16	17. 57
漳州	48. 14	1471. 32	142. 44	64. 65	58524. 10	45113. 97	漳州	66. 00	71892. 74	18. 95	8. 69	42. 35	12. 42
南平	58. 26	142. 41	76. 52	20. 45	30946. 83	13735. 53	南平	41. 00	60067. 38	4. 52	4. 97	45. 39	5. 44
龙岩	76. 03	208. 12	57. 68	30. 54	39659. 97	34310. 23	龙岩	58. 00	83783. 62	5. 81	2. 92	41. 74	5. 11

附录 4-8　全国地级市人口城镇化与土地城镇化指标原始数据

地级市	人口城镇化（*PU*）						地级市	土地城镇化（*LU*）					
	X_1	X_2	X_3	X_4	X_5	X_6		X_7	X_8	X_9	X_{10}	X_{11}	X_{12}
宁德	47.02	312.30	29.53	26.32	25607.66	23276.10	宁德	30.00	74875.33	8.68	5.11	40.37	8.31
南昌	40.75	972.54	1128.7	36.56	73693.76	54404.55	南昌	307.00	116728.1	10.51	11.00	41.15	12.03
景德镇	49.52	1069.77	175.85	43.01	60042.92	37711.76	景德镇	79.00	63316.33	17.58	11.19	51.44	15.75
萍乡	37.92	822.43	56.97	31.58	34557.48	22664.73	萍乡	51.00	71993.38	8.23	4.58	41.12	5.46
九江	59.76	958.51	171.87	40.84	57796.74	38517.58	九江	106.00	98219.79	23.09	8.27	49.97	17.78
新余	35.46	497.48	311.72	20.52	37094.31	18821.61	新余	76.00	73601.88	12.66	4.78	50.20	9.52
鹰潭	59.48	1764.71	63.51	34.41	56734.49	33593.86	鹰潭	34.00	44717.10	15.80	6.07	44.91	14.81
赣州	56.77	65911.00	95.25	27.69	43003.42	17620.36	赣州	141.00	45711.36	11.23	4.50	40.09	8.83
吉安	61.92	419.68	35.34	30.01	47535.72	13617.17	吉安	55.00	34840.03	14.34	4.56	45.82	13.62
宜春	77.19	445.06	74.60	16.48	21627.47	15157.72	宜春	68.00	20567.65	7.35	2.94	44.57	7.72
抚州	29.54	555.29	75.43	14.01	30202.94	14077.03	抚州	59.00	21948.02	9.74	2.71	46.56	8.10
上饶	52.16	3756.76	33.79	23.04	26322.38	12648.69	上饶	77.00	25301.50	10.34	2.09	46.64	7.57
淄博	39.49	956.84	239.75	37.16	65292.60	54467.06	淄博	267.00	70827.23	13.73	7.06	44.93	10.79
枣庄	41.95	775.50	74.32	21.68	25120.69	18765.05	枣庄	149.00	43589.27	10.43	6.20	42.25	6.24
东营	39.74	249.64	157.48	34.70	102280.22	53929.13	东营	119.00	199632.8	27.48	11.82	44.25	19.82

附录 4-9　全国地级市人口城镇化与土地城镇化指标原始数据

地级市	人口城镇化（*PU*）						地级市	土地城镇化（*LU*）					
	X_1	X_2	X_3	X_4	X_5	X_6		X_7	X_8	X_9	X_{10}	X_{11}	X_{12}
烟台	45.98	675.68	279.56	37.64	82775.88	60700.34	烟台	324.00	115621.11	18.99	10.84	36.23	23.66
楼坊	44.76	708.87	222.43	35.51	51294.46	43229.58	楼坊	178.00	68519.22	19.57	5.73	40.83	12.36
济宁	43.58	1110.44	119.85	50.92	61363.71	52777.11	济宁	194.00	66674.95	24.41	6.87	41.27	13.35
泰安	54.20	776.23	193.17	34.64	45789.46	29928.69	泰安	131.00	52554.96	10.73	10.14	44.89	8.41
威海	35.77	506.52	277.44	40.53	69280.54	58451.28	威海	193.00	101227.23	23.50	10.40	45.90	18.38
日照	48.00	655.90	99.81	24.76	42761.15	27660.44	日照	101.00	78528.37	15.38	4.68	44.85	11.77
莱芜	33.44	569.90	77.10	24.51	38216.93	25054.77	莱芜	120.00	48338.71	13.96	8.56	44.93	10.90
临沂	45.51	1142.11	61.92	27.49	43006.59	36445.26	临沂	202.00	56047.30	15.82	6.35	41.44	15.05
德州	48.51	696.74	87.27	32.60	49218.70	31214.29	德州	149.00	52215.64	23.54	4.25	44.84	17.87
聊城	73.57	719.30	70.18	35.49	40556.19	28101.51	聊城	99.00	37862.40	19.10	10.09	44.46	8.93
滨州	41.98	331.49	133.07	36.39	36295.72	27980.65	滨州	113.00	66831.18	18.12	10.38	46.06	14.71
菏泽	58.25	1116.61	48.72	26.92	27733.57	17652.67	菏泽	100.00	16679.75	9.68	4.74	41.69	5.51
郑州	45.82	3405.94	1016.86	55.19	127452.60	61775.09	郑州	438.00	108192.96	13.73	18.10	40.31	13.92
开封	45.83	1539.82	161.28	40.23	49482.18	39044.74	开封	129.00	70106.52	18.42	55.56	32.43	11.21
洛阳	50.75	2286.69	179.52	42.05	60877.83	42491.71	洛阳	209.00	53593.52	11.78	10.92	39.35	11.34

附录 4-10　全国地级市人口城镇化与土地城镇化指标原始数据

地级市	人口城镇化（*PU*）						地级市	土地城镇化（*LU*）					
	X_1	X_2	X_3	X_4	X_5	X_6		X_7	X_8	X_9	X_{10}	X_{11}	X_{12}
平顶山	32.58	2483.07	98.11	35.74	51153.83	29923.52	平顶山	73.00	27040.72	11.14	7.20	40.90	8.88
安阳	46.61	2172.28	118.00	35.35	41823.86	28129.61	安阳	81.00	39887.78	8.83	5.90	40.06	6.62
鹤壁	29.36	942.56	71.92	32.33	30484.46	15448.64	鹤壁	64.00	66153.50	11.80	5.55	39.70	10.82
新乡	37.07	2436.19	224.79	32.03	47483.64	36642.15	新乡	115.00	66365.05	10.55	10.28	39.93	7.69
焦作	44.65	1695.50	262.16	35.82	40353.38	21429.56	焦作	115.00	47306.20	12.67	7.07	38.68	8.75
濮阳	28.62	2699.62	19.58	47.85	57865.45	17588.48	濮阳	56.00	53928.30	10.23	6.45	38.05	10.58
许昌	44.40	4329.90	70.46	54.83	75165.61	41572.25	许昌	90.00	96002.46	15.13	20.71	38.36	12.78
漯河	37.82	1209.68	99.02	32.10	27643.71	20187.53	漯河	66.00	40782.27	7.31	7.75	45.65	4.46
三门峡	78.42	1567.57	57.16	54.31	57882.18	31655.51	三门峡	33.00	100208.89	11.40	8.94	42.73	14.80
南阳	56.46	880.56	62.69	37.06	37699.23	24165.35	南阳	149.00	29417.58	11.63	2.93	25.67	14.26
商丘	43.99	1072.48	87.61	18.44	25333.11	18466.79	商丘	63.00	25938.01	5.19	7.32	41.75	3.69
信阳	57.21	424.53	69.49	17.29	33358.40	17275.44	信阳	89.00	35316.21	5.81	2.40	42.46	5.00
周口	57.30	1801.80	37.08	38.16	38168.56	23878.66	周口	68.00	29573.93	13.66	8.77	41.76	14.87
驻马店	50.30	615.38	36.82	26.70	39312.90	18557.00	驻马店	75.00	38799.05	13.26	7.61	40.45	6.21
黄石	38.63	3586.50	160.73	38.45	49582.81	39288.79	黄石	88.00	72568.92	19.26	14.97	32.74	12.25

附录 4-11 全国地级市人口城镇化与土地城镇化指标原始数据

地级市	人口城镇化（*PU*）						地级市	土地城镇化（*LU*）					
	X_1	X_2	X_3	X_4	X_5	X_6		X_7	X_8	X_9	X_{10}	X_{11}	X_{12}
十堰	46. 90	233. 52	148. 25	37. 68	25493. 24	30144. 11	十堰	105. 00	41968. 28	7. 79	11. 07	33. 91	5. 31
宜昌	49. 84	302. 31	145. 97	40. 53	55911. 12	45908. 42	宜昌	165. 00	78876. 28	15. 62	9. 07	41. 41	10. 32
襄阳	45. 25	612. 91	86. 14	31. 59	39612. 71	25193. 96	襄阳	188. 00	59184. 31	7. 59	6. 07	33. 19	6. 46
鄂州	33. 46	690. 09	138. 32	22. 27	28213. 75	24730. 66	鄂州	64. 00	76115. 37	4. 62	3. 45	32. 50	6. 00
荆门	53. 66	250. 94	47. 07	45. 79	56300. 05	34497. 69	荆门	58. 00	87722. 96	15. 26	9. 31	39. 69	9. 57
孝感	44. 39	950. 98	83. 20	15. 09	36183. 56	15404. 35	孝感	74. 00	39194. 83	11. 92	4. 97	24. 38	4. 66
荆州	50. 12	621. 83	151. 52	38. 76	50310. 06	31343. 63	荆州	82. 00	73442. 04	10. 36	9. 23	36. 40	7. 46
黄冈	36. 16	966. 85	54. 87	40. 93	47039. 47	33564. 07	黄冈	47. 00	72891. 88	28. 00	7. 12	26. 49	9. 44
咸宁	58. 50	405. 85	133. 79	27. 43	28960. 35	17157. 59	咸宁	66. 00	54600. 75	9. 01	5. 37	38. 82	8. 74
随州	41. 05	400. 91	24. 02	35. 57	68128. 54	35977. 34	随州	49. 00	71500. 80	9. 38	6. 43	40. 43	9. 49
长沙	61. 18	1671. 03	836. 91	59. 65	94280. 13	91246. 05	长沙	364. 00	118755. 95	14. 43	19. 16	33. 73	11. 38
株洲	46. 51	1112. 40	205. 40	61. 26	72634. 37	46961. 03	株洲	138. 00	106654. 72	22. 03	15. 16	38. 71	10. 66
湘潭	53. 47	1322. 19	422. 76	33. 85	57418. 78	35219. 15	湘潭	80. 00	138592. 98	17. 21	11. 78	41. 23	7. 80
衡阳	55. 12	1434. 72	136. 40	72. 14	64344. 33	46792. 40	衡阳	159. 00	72068. 43	22. 49	13. 40	28. 86	11. 33
邵阳	50. 13	1605. 50	34. 37	47. 40	43659. 13	24401. 99	邵阳	65. 00	33019. 81	16. 84	5. 95	34. 62	9. 59

附录 4-10　全国地级市人口城镇化与土地城镇化指标原始数据

地级市	人口城镇化（*PU*）						地级市	土地城镇化（*LU*）					
	X_1	X_2	X_3	X_4	X_5	X_6		X_7	X_8	X_9	X_{10}	X_{11}	X_{12}
岳阳	45. 45	771. 41	77. 58	30. 48	44543. 00	50919. 79	岳阳	97. 00	58376. 07	10. 98	12. 53	40. 90	6. 32
常德	59. 52	561. 75	73. 42	28. 11	37212. 76	26951. 48	常德	90. 00	45096. 78	11. 32	5. 51	45. 62	7. 34
张家界	81. 43	190. 13	74. 18	27. 60	30065. 36	18611. 49	张家界	34. 00	28534. 79	7. 55	7. 13	40. 06	3. 56
益阳	55. 01	734. 74	67. 73	26. 61	28785. 19	17821. 58	益阳	75. 00	44292. 03	6. 04	5. 66	40. 03	4. 06
郴州市	62. 79	342. 83	46. 30	37. 61	48950. 47	49517. 74	郴州	77. 00	74534. 42	11. 84	23. 47	44. 91	8. 65
永州市	69. 40	364. 67	40. 77	27. 19	27009. 15	15815. 20	永州	62. 00	34111. 08	6. 23	5. 28	41. 23	5. 55
怀化市	82. 44	570. 57	72. 52	59. 08	73268. 25	46080. 80	怀化	64. 00	43536. 28	12. 31	9. 21	35. 67	10. 51
娄底市	31. 90	1144. 86	62. 03	31. 65	56896. 62	20270. 91	娄底	47. 00	86494. 17	10. 06	11. 57	40. 13	9. 39
韶关市	44. 36	323. 93	116. 62	21. 39	47790. 53	38965. 53	韶关	99. 00	28024. 82	8. 07	4. 95	46. 03	8. 52
珠海	36. 94	646. 65	1173. 8	48. 88	116967. 38	82019. 11	珠海	124. 00	70147. 54	54. 24	16. 78	57. 94	32. 28
汕头	39. 33	2604. 32	18. 18	15. 97	35089. 79	24389. 44	汕头	254. 00	23292. 06	4. 62	2. 19	43. 67	7. 03
佛山	26. 15	1024. 22	126. 99	39. 83	160918. 21	69849. 91	佛山	262. 00	78378. 52	8. 90	17. 14	42. 10	7. 12
江门	39. 57	783. 87	100. 89	33. 92	82238. 32	33207. 69	江门	150. 00	43206. 46	13. 80	7. 24	43. 71	14. 56
湛江	64. 06	957. 13	155. 20	21. 04	48191. 50	45262. 19	湛江	109. 00	29435. 12	7. 88	4. 87	41. 80	7. 44
茂名	54. 61	1067. 75	45. 44	18. 21	22582. 08	23529. 96	茂名	120. 00	14887. 33	12. 50	1. 27	32. 92	3. 16

附录 4-10　全国地级市人口城镇化与土地城镇化指标原始数据

地级市	人口城镇化（*PU*）						地级市	土地城镇化（*LU*）					
	X_1	X_2	X_3	X_4	X_5	X_6		X_7	X_8	X_9	X_{10}	X_{11}	X_{12}
肇庆	43.84	463.35	185.82	18.65	47901.42	25063.13	肇庆	117.00	52066.37	10.74	4.66	35.94	11.07
惠州	27.03	537.63	95.71	47.09	64517.55	45702.00	惠州	217.00	77807.09	20.47	16.31	42.85	20.05
梅州	58.65	318.35	46.53	26.50	42449.17	25338.61	梅州	54.00	22708.53	7.65	10.50	42.65	7.77
汕尾	34.00	1235.15	15.67	26.26	18422.59	19733.13	汕尾	17.00	16208.80	5.00	5.61	41.06	6.03
河源	36.52	856.35	30.98	48.63	56986.21	47863.13	河源	45.00	62873.09	12.50	7.36	45.20	5.20
阳江	51.93	483.29	33.22	21.90	32536.57	27273.68	阳江	64.00	39431.16	8.12	1.88	40.39	4.51
清远	43.97	375.34	32.01	27.03	36591.37	24446.85	清远	383.00	29050.72	4.50	3.78	6.77	5.77
东莞	17.38	792.68	587.80	82.24	239683.96	113079.6	东莞	929.00	74871.53	73.04	25.15	44.85	59.71
中山	23.95	891.26	251.77	42.47	139446.63	69056.09	中山	139.00	67065.43	4.86	15.19	32.14	8.46
潮州	37.78	1173.97	70.56	20.87	36022.14	21348.11	潮州	14.00	19720.41	12.50	1.16	23.50	5.80
揭阳	43.22	2027.16	17.11	15.67	25322.22	17282.14	揭阳	129.00	30392.09	6.03	1.79	29.63	3.75
云浮	58.32	424.71	28.59	15.14	49219.77	27208.89	云浮	21.00	69481.73	6.27	4.35	42.71	10.22
南宁	56.13	442.14	506.86	56.11	72408.67	51528.92	南宁	287.00	85732.42	14.13	10.68	43.01	12.74
柳州	37.43	1179.94	189.42	53.69	67199.38	64884.02	柳州	184.00	111602.2	16.43	10.88	43.61	18.44
桂林	56.33	462.59	430.08	39.76	61582.15	33679.68	桂林	99.00	32080.53	9.88	5.68	40.02	8.78

附录 4-11　全国地级市人口城镇化与土地城镇化指标原始数据

地级市	人口城镇化（*PU*）						地级市	土地城镇化（*LU*）					
	X_1	X_2	X_3	X_4	X_5	X_6		X_7	X_8	X_9	X_{10}	X_{11}	X_{12}
梧州	56. 61	440. 60	46. 43	38. 30	27960. 86	24344. 16	梧州	56. 00	62082. 51	13. 40	5. 47	40. 20	8. 30
北海	52. 55	679. 21	140. 13	21. 64	48125. 14	20183. 40	北海	73. 00	113617. 64	14. 01	6. 17	40. 55	6. 89
防城港	57. 98	200. 99	37. 25	21. 14	29556. 54	10719. 79	防城港	38. 00	64191. 75	11. 70	5. 30	31. 13	2. 36
钦州	47. 42	306. 04	54. 33	18. 75	17456. 34	11791. 13	钦州	93. 00	30997. 79	8. 07	2. 05	36. 24	2. 52
贵港	68. 61	558. 06	122. 00	12. 91	15640. 66	11428. 21	贵港	71. 00	17959. 67	4. 11	1. 04	23. 61	2. 64
玉林	68. 58	871. 30	25. 49	20. 26	31985. 33	25711. 64	玉林	68. 00	40518. 30	9. 51	2. 32	37. 16	6. 25
百色	65. 45	96. 33	82. 82	46. 03	38812. 24	19396. 88	百色	45. 00	39554. 82	12. 52	4. 71	35. 89	8. 17
贺州	72. 97	213. 88	48. 79	14. 09	18920. 52	8742. 17	贺州	24. 00	40357. 05	2. 72	1. 47	48. 54	2. 14
河池	66. 53	144. 93	39. 14	38. 68	34123. 23	17801. 38	河池	23. 00	26314. 72	7. 68	4. 75	36. 17	6. 27
来宾	51. 81	254. 41	35. 73	16. 49	12895. 86	6687. 67	来宾	41. 00	23191. 73	5. 67	3. 35	32. 22	3. 25
崇左	67. 60	126. 80	171. 82	12. 44	17564. 56	6728. 55	崇左	28. 00	29649. 31	6. 03	2. 47	41. 75	6. 27
海口	69. 93	716. 15	913. 59	50. 28	76465. 47	36081. 84	海口	144. 00	61317. 51	10. 15	10. 33	45. 40	12. 78
三亚	86. 37	301. 93	802. 34	44. 28	70592. 18	31239. 50	三亚	68. 00	121362. 73	7. 51	12. 96	25. 16	12. 34
自贡	51. 88	1053. 00	112. 72	18. 22	28878. 81	22022. 60	自贡	112. 00	27143. 88	10. 40	5. 64	35. 38	7. 92
攀枝花	41. 78	336. 97	215. 09	45. 23	56512. 37	35444. 94	攀枝花	74. 00	59693. 48	12. 24	9. 77	39. 84	11. 21

附录 4-12　全国地级市人口城镇化与土地城镇化指标原始数据

地级市	人口城镇化（*PU*）						地级市	土地城镇化（*LU*）					
	X_1	X_2	X_3	X_4	X_5	X_6		X_7	X_8	X_9	X_{10}	X_{11}	X_{12}
泸州	41.83	703.23	87.29	32.03	40061.72	18651.19	泸州	120.00	47231.16	9.47	7.00	39.91	7.63
德阳	49.54	1064.81	187.40	28.64	55913.89	25724.42	德阳	75.00	40490.17	9.89	5.00	39.88	8.14
绵阳	51.33	815.29	227.21	32.50	57370.76	33260.38	绵阳	125.00	44403.53	12.61	10.80	38.70	10.75
广元	66.79	203.06	42.71	24.11	34021.96	16552.02	广元	56.00	29597.99	6.59	4.11	37.38	5.66
遂宁	54.53	811.10	37.43	18.11	24087.51	12868.44	遂宁	76.00	34263.31	13.60	1.68	33.61	3.90
内江	49.55	898.66	63.68	17.35	25228.81	12225.42	内江	72.00	22696.56	3.70	5.83	35.01	4.19
乐山	49.38	462.89	138.71	29.84	44254.15	21641.89	乐山	74.00	43263.29	7.50	4.28	33.27	4.52
南充	58.66	768.01	96.58	15.74	35634.26	15235.33	南充	115.00	25670.50	7.71	3.64	43.23	6.80
眉山	68.30	661.65	67.26	24.56	38228.52	15383.48	眉山	47.00	36725.48	8.29	225.50	38.89	4.90
宜宾	47.20	692.10	46.02	30.45	32194.52	22491.12	宜宾	87.00	28508.80	5.82	5.37	38.34	6.53
广安	74.46	827.90	18.38	10.66	29140.78	11865.56	广安	50.00	29053.92	5.47	1.33	39.54	4.74
达州	59.13	574.35	34.02	13.35	31412.34	14361.67	达州	108.00	22875.50	1.78	1.23	35.20	7.80
雅安	74.55	368.83	299.86	27.40	38848.49	15436.23	雅安	33.00	20874.54	5.63	1.78	40.97	4.35
巴中	45.48	531.25	6.29	23.56	19508.72	7552.63	巴中	37.00	27983.85	2.72	2.06	40.41	3.02
资阳	52.36	673.61	9.03	19.15	25155.82	10532.51	资阳	45.00	18514.51	4.93	2.19	38.84	3.69

附录 4-13　全国地级市人口城镇化与土地城镇化指标原始数据

地级市	人口城镇化(*PU*)						地级市	土地城镇化(*LU*)					
	X_1	X_2	X_3	X_4	X_5	X_6		X_7	X_8	X_9	X_{10}	X_{11}	X_{12}
贵阳	17.50	934.65	940.65	52.35	91690.07	44144.48	贵阳	235.00	80820.43	11.20	13.49	23.60	28.50
六盘水	46.81	987.39	33.23	41.43	50793.65	34519.42	六盘水	72.00	86241.27	12.14	9.52	36.08	7.90
遵义	64.82	691.49	68.69	38.40	71027.56	32796.25	遵义	86.00	45405.24	6.05	9.28	28.90	29.30
安顺	56.52	484.65	46.76	15.46	18062.48	6588.06	安顺	66.00	27690.38	4.81	4.15	36.92	2.90
毕节	84.42	474.93	16.30	12.93	12954.29	8506.63	毕节	43.00	16299.27	2.97	1.48	30.19	3.63
铜仁	81.76	253.64	66.69	71.56	29250.07	10732.22	铜仁	45.00	56118.66	6.94	3.23	30.33	7.10
昆明	64.93	726.18	785.56	68.42	100532.02	59012.65	昆明	409.00	80423.38	17.55	20.21	41.78	13.54
曲靖	43.50	470.06	32.13	30.04	42954.70	20799.19	曲靖	68.00	55783.36	14.96	6.30	36.18	7.90
玉溪	51.28	438.25	69.08	46.47	57848.24	29149.66	玉溪	30.00	47517.99	15.22	4.77	36.50	6.44
保山	49.07	183.60	47.71	16.36	17988.84	11024.55	保山	34.00	18633.19	5.81	2.33	23.82	2.34
昭通	75.21	411.47	15.91	25.19	17442.00	9749.62	昭通	41.00	17059.80	4.60	2.18	24.56	2.40
丽江	84.91	119.52	198.64	39.95	84897.19	29340.27	丽江	29.00	42682.25	11.72	22.98	32.52	27.68
普洱	61.83	56.19	42.24	36.42	48195.55	21321.83	普洱	27.00	37726.06	9.50	6.38	38.04	10.45
临沧	66.04	125.15	22.50	28.93	20401.93	14239.33	临沧	22.00	23236.78	6.71	1.94	33.82	6.82
拉萨	97.89	125.30	402.75	73.47	139700.67	78952.00	拉萨	14.00	88672.49	44.57	23.26	38.25	8.17

附录 4-14 全国地级市人口城镇化与土地城镇化指标原始数据

地级市	人口城镇化(*PU*)						地级市	土地城镇化(*LU*)					
	X_1	X_2	X_3	X_4	X_5	X_6		X_7	X_8	X_9	X_{10}	X_{11}	X_{12}
铜川	51.21	307.56	35.95	27.06	27957.50	13833.65	铜川	44.00	45792.75	5.92	4.32	43.61	6.34
宝鸡	47.19	391.72	86.51	32.44	41433.49	123589.0	宝鸡	89.00	42566.00	9.42	6.76	40.48	7.23
咸阳	46.46	1742.42	244.03	51.01	63310.20	23979.66	咸阳	90.00	154543.92	10.59	5.71	30.66	7.48
渭南	67.84	767.41	29.10	46.07	34387.87	15731.23	渭南	74.00	53610.76	15.98	3.62	22.05	7.30
延安	73.00	132.81	103.99	45.63	61703.09	23929.79	延安	36.00	68465.96	2.96	9.25	41.69	7.55
汉中	63.06	1043.17	113.06	37.24	56497.11	22199.77	汉中	42.00	38195.33	5.37	1.85	25.60	25.60
榆林	67.40	80.82	45.71	36.54	74800.07	21062.22	榆林	64.00	60042.65	17.81	4.88	37.44	12.12
安康	75.02	277.02	69.55	19.58	26132.26	9921.15	安康	40.00	23011.57	5.31	1.98	43.58	4.44
商洛	67.67	209.58	74.74	22.95	30278.53	7451.40	商洛	26.00	26309.86	3.34	1.84	21.96	3.67
兰州	54.82	1256.13	1293.9	53.38	112424.92	51286.29	兰州	226.00	53548.44	9.89	13.00	34.49	10.31
嘉峪关	28.97	68.14	139.65	39.68	72553.19	27188.12	嘉峪关	70.00	71332.95	20.00	6.81	39.24	4.06
金昌	22.96	69.56	72.31	33.72	60107.39	22426.03	金昌	42.00	74951.63	23.04	5.59	36.43	17.48
白银	39.48	140.89	16.68	36.00	42354.75	22968.34	白银	62.00	51051.31	12.72	6.13	34.81	8.25
天水	60.14	223.63	103.21	19.03	32385.09	13095.47	天水	56.00	22368.92	4.63	3.58	38.11	5.03
武威	56.78	202.72	95.81	17.67	11305.48	9478.17	武威	32.00	31366.81	4.51	3.66	21.53	5.54

附录 4-15　全国地级市人口城镇化与土地城镇化指标原始数据

地级市	人口城镇化（*PU*）						地级市	土地城镇化（*LU*）					
	X_1	X_2	X_3	X_4	X_5	X_6		X_7	X_8	X_9	X_{10}	X_{11}	X_{12}
张掖	68. 77	120. 28	152. 29	31. 34	33949. 55	15846. 33	张掖	64. 00	21671. 56	13. 07	3. 80	19. 03	8. 73
平凉	60. 12	263. 43	23. 03	27. 38	31031. 79	14555. 84	平凉	36. 00	15056. 13	2. 75	4. 37	18. 94	4. 15
酒泉	60. 66	124. 04	71. 98	29. 24	53603. 59	18238. 47	酒泉	52. 00	57758. 48	13. 52	7. 98	37. 06	9. 84
庆阳	41. 85	381. 53	67. 12	36. 63	47092. 92	16591. 37	庆阳	24. 00	69659. 24	8. 10	6. 18	33. 75	3. 69
定西	63. 61	126. 17	15. 56	22. 40	24196. 46	7671. 97	定西	25. 00	26392. 43	5. 82	2. 34	25. 16	7. 15
陇南	80. 63	119. 58	20. 77	5. 51	18088. 24	6375. 49	陇南	14. 00	18250. 92	1. 24	1. 37	2. 71	1. 55
西宁	61. 99	1970. 65	347. 44	50. 57	79479. 42	33393. 82	西宁	90. 00	68305. 85	10. 20	28. 96	38. 92	12. 32
海东	71. 74	114. 81	4. 79	21. 38	28113. 28	7484. 66	海东	34. 00	58634. 88	17. 80	2. 42	14. 41	3. 70
银川	78. 49	471. 66	546. 76	61. 92	95686. 66	29975. 81	银川	167. 00	62136. 44	17. 42	17. 90	40. 84	22. 80
石嘴山	52. 58	190. 10	104. 05	33. 99	48123. 75	14776. 39	石嘴山	103. 00	67986. 25	36. 39	6. 53	40. 56	22. 26
吴忠	66. 94	361. 34	25. 46	22. 11	38256. 51	11956. 09	吴忠	98. 00	64497. 32	12. 91	10. 74	22. 46	11. 56
固原	90. 83	102. 47	42. 02	20. 24	17599. 41	6370. 04	固原	52. 00	29506. 18	17. 21	3. 42	21. 56	5. 38
中卫	64. 42	59. 62	45. 20	17. 50	27108. 71	8307. 62	中卫	32. 00	33616. 65	13. 37	5. 97	37. 03	10. 83
乌鲁木齐	64. 33	271. 99	676. 40	51. 23	82008. 54	43876. 94	乌鲁木齐	430. 00	63610. 25	12. 37	17. 98	40. 30	13. 08

续表

地级市	人口城镇化(*PU*)						地级市	土地城镇化(*LU*)					
	X_1	X_2	X_3	X_4	X_5	X_6		X_7	X_8	X_9	X_{10}	X_{11}	X_{12}
克拉玛依	34. 85	38. 78	174. 44	74. 49	68258. 97	14867. 19	克拉玛依	72. 00	77246. 18	36. 74	17. 78	43. 33	11. 07

附录 4-16 全国地级市人口城镇化与土地城镇化指标标准化数据

地级市	人口城镇化(*PU*)						地级市	土地城镇化(*LU*)					
	X_1	X_2	X_3	X_4	X_5	X_6		X_7	X_8	X_9	X_{10}	X_{11}	X_{12}
石家庄	0. 5931	0. 0281	0. 1925	0. 0185	0. 2224	0. 2798	石家庄	0. 2885	0. 3708	0. 1141	0. 0432	0. 7552	0. 1522
唐山	0. 5696	0. 0109	0. 0682	0. 2475	0. 2959	0. 2444	唐山	0. 2568	0. 3456	0. 0774	0. 0358	0. 6964	0. 1252
秦皇岛	0. 5274	0. 0098	0. 2483	0. 4710	0. 3827	0. 3303	秦皇岛	0. 1279	0. 2205	0. 1346	0. 0212	0. 6783	0. 2717
邯郸	0. 3402	0. 0471	0. 0243	0. 3054	0. 2444	0. 1861	邯郸	0. 1235	0. 1461	0. 1614	0. 0891	0. 7954	0. 2623
邢台	0. 4630	0. 0312	0. 0267	0. 8171	0. 4776	0. 3536	邢台	0. 0831	0. 2967	0. 1541	0. 1058	0. 6058	0. 3531
保定	0. 3126	0. 0165	0. 0670	0. 2767	0. 1572	0. 1570	保定	0. 2328	0. 1116	0. 1204	0. 0477	0. 6464	0. 0907
张家口	0. 6143	0. 0153	0. 0667	0. 2825	0. 1800	0. 2366	张家口	0. 0787	0. 1649	0. 1333	0. 0890	0. 7490	0. 1720
承德	0. 6138	0. 0071	0. 0491	0. 3615	0. 2864	0. 1755	承德	0. 1126	0. 1706	0. 1067	0. 0494	0. 7275	0. 3486
沧州	0. 5098	0. 0454	0. 0319	0. 6640	0. 3802	0. 2947	沧州	0. 0623	0. 8858	0. 1577	0. 1439	0. 6158	0. 1555

续表

地级市	人口城镇化（*PU*）						地级市	土地城镇化（*LU*）					
	X_1	X_2	X_3	X_4	X_5	X_6		X_7	X_8	X_9	X_{10}	X_{11}	X_{12}
廊坊	0. 3549	0. 0440	0. 1594	0. 2479	0. 3161	0. 1817	廊坊	0. 0568	0. 1835	0. 0942	0. 0245	0. 7753	0. 1217
衡水	0. 6643	0. 0139	0. 0266	0. 3614	0. 3074	0. 2440	衡水	0. 0350	0. 1866	0. 1159	0. 0396	0. 6728	0. 1453
太原	0. 4386	0. 0286	0. 5452	0. 5490	0. 4283	0. 3819	太原	0. 3563	0. 2767	0. 1280	0. 0402	0. 6806	0. 1962
大同	0. 3041	0. 0112	0. 0411	0. 3592	0. 3079	0. 1948	大同	0. 1213	0. 1208	0. 1144	0. 0233	0. 6768	0. 1197
阳泉	0. 1958	0. 0161	0. 0473	0. 2164	0. 2460	0. 2194	阳泉	0. 0437	0. 1461	0. 0765	0. 0454	0. 7185	0. 1286
长治	0. 5560	0. 0330	0. 0539	0. 4223	0. 2981	0. 3335	长治	0. 0492	0. 1895	0. 0846	0. 0397	0. 7923	0. 1660

附录 4-17　全国地级市人口城镇化与土地城镇化指标标准化数据

地级市	人口城镇化（*PU*）						地级市	土地城镇化（*LU*）					
	X_1	X_2	X_3	X_4	X_5	X_6		X_7	X_8	X_9	X_{10}	X_{11}	X_{12}
晋城	0. 1764	0. 0401	0. 0114	0. 5487	0. 5984	0. 3910	晋城	0. 0339	0. 4860	0. 1353	0. 0495	0. 7215	0. 2236
朔州	0. 4617	0. 0023	0. 0292	0. 1625	0. 2093	0. 1228	朔州	0. 0306	0. 2904	0. 0855	0. 0077	0. 7201	0. 0788
晋中	0. 6633	0. 0068	0. 2335	0. 2773	0. 2576	0. 0965	晋中	0. 0634	0. 1818	0. 1399	0. 0237	0. 6156	0. 2075
运城	0. 6533	0. 0084	0. 0466	0. 3857	0. 1517	0. 2340	运城	0. 0350	0. 1689	0. 0892	0. 0193	0. 6859	0. 0903
忻州	0. 7521	0. 0039	0. 0292	0. 5880	0. 2360	0. 0960	忻州	0. 0251	0. 0559	0. 0918	0. 0046	0. 5611	0. 1193

续表

地级市	人口城镇化（*PU*）						地级市	土地城镇化（*LU*）					
	X_1	X_2	X_3	X_4	X_5	X_6		X_7	X_8	X_9	X_{10}	X_{11}	X_{12}
临汾	0. 6933	0. 0091	0. 0472	0. 3525	0. 2241	0. 2049	临汾	0. 0437	0. 1171	0. 0729	0. 0188	0. 6353	0. 1102
吕梁	0. 7775	0. 0030	0. 0259	0. 2026	0. 2350	0. 1311	吕梁	0. 0131	0. 1396	0. 1063	0. 0138	0. 6404	0. 1545
呼和浩特	0. 7024	0. 0093	0. 4682	0. 5162	0. 4637	0. 7528	呼和浩特	0. 2689	0. 1838	0. 1736	0. 0599	0. 6209	0. 3753
包头	0. 3438	0. 0078	0. 1519	0. 3732	0. 2877	0. 6141	包头	0. 1989	0. 6410	0. 1647	0. 0351	0. 7261	0. 2365
乌海	0. 2738	0. 0038	0. 0356	0. 2367	0. 2080	0. 1803	乌海	0. 0525	0. 3284	0. 2976	0. 0352	0. 7186	0. 2928
赤峰	0. 5044	0. 0025	0. 0188	0. 3345	0. 1423	0. 1812	赤峰	0. 0995	0. 1651	0. 1547	0. 0174	0. 6582	0. 2124
通辽	0. 4830	0. 0038	0. 0531	0. 1931	0. 1106	0. 2001	通辽	0. 0514	0. 2776	0. 1222	0. 0249	0. 7233	0. 1591
鄂尔多斯	0. 5392	0. 0015	0. 0156	0. 9413	0. 8585	0. 7816	鄂尔多斯	0. 1530	0. 8841	1. 0000	0. 0763	0. 5294	1. 0000
呼伦贝尔	0. 4300	0. 0030	0. 0374	0. 3626	0. 2289	0. 3739	呼伦贝尔	0. 1093	0. 2780	0. 1891	0. 0516	0. 1246	0. 2741
巴彦淖尔	0. 5879	0. 0032	0. 0246	0. 4845	0. 1552	0. 1480	巴彦淖尔	0. 0404	0. 1108	0. 1757	0. 0057	0. 6531	0. 1982

附录 4-18　全国地级市人口城镇化与土地城镇化指标标准化数据

地级市	人口城镇化(*PU*)						地级市	土地城镇化(*LU*)					
	X_1	X_2	X_3	X_4	X_5	X_6		X_7	X_8	X_9	X_{10}	X_{11}	X_{12}
乌兰察布	0. 7784	0. 0090	0. 0337	0. 4462	0. 3611	0. 1780	乌兰察布	0. 0503	0. 1815	0. 2585	0. 0938	0. 6701	0. 5730
鞍山	0. 2750	0. 0285	0. 0465	0. 1563	0. 2937	0. 2454	鞍山	0. 1716	0. 1748	0. 0975	0. 0485	0. 6755	0. 1840
抚顺	0. 3216	0. 0149	0. 0995	0. 2295	0. 2305	0. 2870	抚顺	0. 1355	0. 1021	0. 0837	0. 0328	0. 7637	0. 1368
本溪	0. 3669	0. 0091	0. 0544	0. 1479	0. 2149	0. 2068	本溪	0. 1038	0. 1830	0. 0966	0. 0298	0. 8271	0. 1496
丹东	0. 4942	0. 0124	0. 0548	0. 2453	0. 2694	0. 2071	丹东	0. 0339	0. 1354	0. 0960	0. 0486	0. 1718	0. 1306
锦州	0. 4393	0. 0176	0. 1321	0. 4924	0. 2569	0. 2831	锦州	0. 0809	0. 0753	0. 0991	0. 0243	0. 6189	0. 1913
营口	0. 4632	0. 0199	0. 0414	0. 2930	0. 2925	0. 2141	营口	0. 1049	0. 3020	0. 0628	0. 0377	0. 6728	0. 1575
阜新	0. 3598	0. 0233	0. 1027	0. 1844	0. 1938	0. 2004	阜新	0. 0689	0. 0147	0. 1099	0. 0188	0. 7297	0. 1842
辽阳	0. 3705	0. 0117	0. 0687	0. 2674	0. 2399	0. 1935	辽阳	0. 0995	0. 1084	0. 1401	0. 0255	0. 7114	0. 1363
盘锦	0. 2068	0. 0391	0. 0238	0. 3776	0. 4527	0. 3117	盘锦	0. 0667	0. 2191	0. 1303	0. 0293	0. 6875	0. 2033
铁岭	0. 6314	0. 0099	0. 0263	0. 3917	0. 3363	0. 1368	铁岭	0. 0393	0. 0564	0. 0998	0. 0637	0. 7639	0. 1772
朝阳	0. 6350	0. 0079	0. 0050	0. 2514	0. 2686	0. 1302	朝阳	0. 0667	0. 0065	0. 0546	0. 0164	0. 3241	0. 1444
葫芦岛	0. 2316	0. 0059	0. 0125	0. 0532	0. 1006	0. 1847	葫芦岛	0. 0852	0. 0048	0. 0475	0. 0443	0. 5805	0. 1068
吉林	0. 3808	0. 0071	0. 1151	0. 3259	0. 2102	0. 3956	吉林	0. 2678	0. 4195	0. 0726	0. 0272	0. 5164	0. 1171
四平	0. 5868	0. 0080	0. 0538	0. 3346	0. 1623	0. 2086	四平	0. 0481	0. 1908	0. 0999	0. 0211	0. 5213	0. 1318

附录 4-19 全国地级市人口城镇化与土地城镇化指标标准化数据

地级市	人口城镇化（*PU*）						地级市	土地城镇化（*LU*）					
	X_1	X_2	X_3	X_4	X_5	X_6		X_7	X_8	X_9	X_{10}	X_{11}	X_{12}
辽源	0. 1781	0. 0163	0. 0206	0. 2643	0. 1319	0. 2096	辽源	0. 0350	0. 3139	0. 0978	0. 0331	0. 6806	0. 1349
通化	0. 1589	0. 0087	0. 0249	0. 2760	0. 1678	0. 2231	通化	0. 0426	0. 1792	0. 0786	0. 0356	0. 6435	0. 1976
白山	0. 3744	0. 0030	0. 0035	0. 2226	0. 1139	0. 1315	白山	0. 0361	0. 2007	0. 0604	0. 0219	0. 4452	0. 0967
松原	0. 2744	0. 0067	0. 0027	0. 2662	0. 1341	0. 1997	松原	0. 0393	0. 3595	0. 1452	0. 0381	0. 7342	0. 2251
白城	0. 6458	0. 0027	0. 0458	0. 2431	0. 0929	0. 2613	白城	0. 0317	0. 1179	0. 0513	0. 0164	0. 5169	0. 1002
齐齐哈尔	0. 5389	0. 0046	0. 0531	0. 2241	0. 1586	0. 0775	齐齐哈尔	0. 1377	0. 0571	0. 0696	0. 0358	0. 6482	0. 0560
鸡西	0. 2626	0. 0053	0. 0194	0. 1679	0. 1045	0. 1279	鸡西	0. 0732	0. 0309	0. 0637	0. 0336	0. 6627	0. 1311
鹤岗	0. 2110	0. 0020	1. 0000	0. 2064	0. 1197	0. 0922	鹤岗	0. 0426	0. 0033	0. 0560	0. 0230	0. 7206	0. 1806
双鸭山	0. 2585	0. 0014	0. 0676	0. 4886	0. 1413	0. 0746	双鸭山	0. 0481	0. 0063	0. 1992	0. 0728	0. 7420	0. 2002
大庆	0. 3443	0. 0038	0. 1096	1. 0000	0. 3465	0. 5828	大庆	0. 2525	0. 1370	0. 2460	0. 0415	0. 7766	0. 2440
伊春	0. 1862	0. 0004	0. 0018	0. 2149	0. 1120	0. 0569	伊春	0. 1716	0. 0000	0. 1031	0. 0177	0. 7204	0. 0000
佳木斯	0. 5627	0. 0061	0. 0657	0. 1918	0. 1767	0. 1957	佳木斯	0. 0907	0. 0666	0. 0603	0. 0216	0. 7034	0. 0040
七台河	0. 1754	0. 0019	0. 0143	0. 1803	0. 1149	0. 0913	七台河	0. 0590	0. 0232	0. 0820	0. 0235	0. 7413	0. 1344
牡丹江	0. 6759	0. 0054	0. 0921	0. 2444	0. 1560	0. 2255	牡丹江	0. 0743	0. 1113	0. 0951	0. 0336	0. 3254	0. 1228
黑河	0. 7306	0. 0000	0. 0565	0. 5133	0. 2011	0. 0000	黑河	0. 0055	0. 1098	0. 0743	0. 0165	0. 7237	0. 1363

附录 4-20　全国地级市人口城镇化与土地城镇化指标标准化数据

地级市	人口城镇化（*PU*）						地级市	土地城镇化（*LU*）					
	X_1	X_2	X_3	X_4	X_5	X_6		X_7	X_8	X_9	X_{10}	X_{11}	X_{12}
绥化	0. 6790	0. 0044	0. 0063	0. 0096	0. 0695	0. 0574	绥化	0. 0230	0. 0027	0. 0173	0. 0032	0. 5267	0. 0439
无锡	0. 2323	0. 0228	0. 1122	0. 3458	0. 4293	0. 5196	无锡	0. 3443	0. 6121	0. 2434	0. 0499	0. 7302	0. 2155
徐州	0. 2851	0. 0163	0. 0616	0. 2145	0. 1509	0. 3393	徐州	0. 2634	0. 2939	0. 1179	0. 0267	0. 7433	0. 1198
常州	0. 2613	0. 0153	0. 1303	0. 2813	0. 3625	0. 4611	常州	0. 2579	0. 4862	0. 1347	0. 0391	0. 7318	0. 1185
苏州	0. 1250	0. 0109	0. 1509	0. 3152	0. 4359	0. 5355	苏州	0. 4852	0. 4660	0. 2290	0. 0607	0. 7186	0. 1927
南通	0. 0749	0. 0149	0. 0495	0. 2758	0. 3354	0. 3344	南通	0. 2087	0. 3881	0. 2088	0. 0302	0. 7242	0. 1862
连云港	0. 3910	0. 0109	0. 0325	0. 1690	0. 0770	0. 1554	连云港	0. 2098	0. 2473	0. 0923	0. 0172	0. 6777	0. 0930
淮安	0. 1862	0. 0137	0. 0552	0. 1700	0. 0537	0. 1362	淮安	0. 1541	0. 1781	0. 0858	0. 0086	0. 6987	0. 0934
盐城	0. 2361	0. 0069	0. 0307	0. 1930	0. 1246	0. 1977	盐城	0. 1399	0. 2676	0. 1033	0. 0144	0. 6969	0. 0944
扬州	0. 0853	0. 0151	0. 0821	0. 1952	0. 2396	0. 2753	扬州	0. 1377	0. 2790	0. 0891	0. 0288	0. 7424	0. 1201
镇江	0. 4057	0. 0142	0. 1476	0. 3059	0. 2503	0. 4319	镇江	0. 1355	0. 7245	0. 0902	0. 0536	0. 7226	0. 2371
泰州	0. 0740	0. 0157	0. 0505	0. 1907	0. 2045	0. 2236	泰州	0. 0995	0. 3649	0. 1307	0. 0201	0. 6987	0. 0748
宿迁	0. 0647	0. 0121	0. 0126	0. 1101	0. 0330	0. 1018	宿迁	0. 0776	0. 1669	0. 0956	0. 0201	0. 7199	0. 0814
温州	0. 5017	0. 0190	0. 0470	0. 4957	0. 5167	0. 7058	温州	0. 2448	0. 3652	0. 1625	0. 0584	0. 6254	0. 2364
嘉兴	0. 3378	0. 0134	0. 0697	0. 3310	0. 3752	0. 3634	嘉兴	0. 0929	0. 3529	0. 1328	0. 0527	0. 7472	0. 1898

附录 4-21　全国地级市人口城镇化与土地城镇化指标标准化数据

地级市	人口城镇化（*PU*）						地级市	土地城镇化（*LU*）					
	X_1	X_2	X_3	X_4	X_5	X_6		X_7	X_8	X_9	X_{10}	X_{11}	X_{12}
湖州	0. 2402	0. 0106	0. 0560	0. 2576	0. 2736	0. 3414	湖州	0. 0973	0. 2411	0. 1925	0. 0263	0. 8251	0. 1949
绍兴	0. 0103	0. 0109	0. 0880	0. 2450	0. 3394	0. 3129	绍兴	0. 2022	0. 3274	0. 1019	0. 0356	0. 7228	0. 1259
金华	0. 4942	0. 0069	0. 0326	0. 3334	0. 2396	0. 4132	金华	0. 0721	0. 1721	0. 1609	0. 0174	0. 6793	0. 1240
衢州	0. 4627	0. 0053	0. 0232	0. 3252	0. 1358	0. 1826	衢州	0. 0623	0. 5004	0. 1189	0. 0258	0. 6897	0. 0822
舟山	0. 5068	0. 0102	0. 1128	0. 3107	0. 2752	0. 3492	舟山	0. 0525	0. 6284	0. 1500	0. 0374	0. 6507	0. 1559
台州	0. 1823	0. 0155	0. 0245	0. 2602	0. 3131	0. 3571	台州	0. 1377	0. 1579	0. 1615	0. 0182	0. 7157	0. 1101
丽水	0. 8332	0. 0038	0. 0651	0. 4977	0. 2304	0. 3374	丽水	0. 0230	0. 2091	0. 0939	0. 0356	0. 7605	0. 1329
合肥	0. 2824	0. 0336	0. 3482	0. 4133	0. 3033	0. 5708	合肥	0. 4393	0. 7571	0. 2317	0. 0785	0. 7699	0. 2936
芜湖	0. 3231	0. 0146	0. 1592	0. 2800	0. 1493	0. 2481	芜湖	0. 1650	0. 5485	0. 2143	0. 0380	0. 6477	0. 1668
蚌埠	0. 3600	0. 0281	0. 0759	0. 2502	0. 1207	0. 2351	蚌埠	0. 1355	0. 2133	0. 1489	0. 0419	0. 6549	0. 1536
淮南	0. 3155	0. 0159	0. 1486	0. 1765	0. 1008	0. 1166	淮南	0. 1027	0. 1221	0. 0726	0. 0128	0. 6763	0. 0982
马鞍山	0. 2615	0. 0168	0. 1151	0. 2533	0. 2037	0. 2278	马鞍山	0. 0863	0. 6246	0. 1503	0. 0360	0. 7492	0. 1929
淮北	0. 1170	0. 0208	0. 0827	0. 1937	0. 1029	0. 1353	淮北	0. 0776	0. 2917	0. 0987	0. 0142	0. 7594	0. 1689
铜陵	0. 2351	0. 0190	0. 2283	0. 3210	0. 2085	0. 3578	铜陵	0. 0678	0. 9717	0. 1020	0. 0442	0. 7787	0. 2133
安庆	0. 3016	0. 0137	0. 0295	0. 2573	0. 1867	0. 2568	安庆	0. 0776	0. 2357	0. 1409	0. 0235	0. 7318	0. 1831

附录 4-22　全国地级市人口城镇化与土地城镇化指标标准化数据

地级市	人口城镇化（*PU*）						地级市	土地城镇化（*LU*）					
	X_1	X_2	X_3	X_4	X_5	X_6		X_7	X_8	X_9	X_{10}	X_{11}	X_{12}
黄山	0. 5823	0. 0027	0. 0694	0. 2773	0. 1874	0. 2631	黄山	0. 0557	0. 2796	0. 1550	0. 0140	0. 8066	0. 1784
滁州	0. 3795	0. 0056	0. 0499	0. 2083	0. 1528	0. 1516	滁州	0. 0765	0. 1225	0. 3307	0. 0379	0. 7058	0. 1464
阜阳	0. 5930	0. 0171	0. 0143	0. 1236	0. 0602	0. 0770	阜阳	0. 1180	0. 0564	0. 0678	0. 0103	0. 5638	0. 0530
宿州	0. 3455	0. 0097	0. 0143	0. 1205	0. 0479	0. 0612	宿州	0. 0667	0. 1065	0. 0685	0. 0032	0. 7568	0. 0494
六安	0. 6874	0. 0079	0. 0264	0. 1452	0. 0557	0. 0727	六安	0. 0656	0. 0564	0. 0591	0. 0025	0. 7022	0. 0590
亳州	0. 6261	0. 0107	0. 0068	0. 0514	0. 0313	0. 0527	亳州	0. 0459	0. 0563	0. 0754	0. 0037	0. 6118	0. 0292
池州	0. 5402	0. 0041	0. 0653	0. 1421	0. 1004	0. 1113	池州	0. 0251	0. 2396	0. 0991	0. 0325	0. 7177	0. 1069
宣城	0. 8174	0. 0048	0. 0091	0. 1136	0. 0674	0. 1263	宣城	0. 0415	0. 1025	0. 0330	0. 0079	0. 7016	0. 0737
福州	0. 3617	0. 0168	0. 2235	0. 5603	0. 3776	1. 0000	福州	0. 2689	0. 5106	0. 1246	0. 0899	0. 7371	0. 2403
莆田	0. 1256	0. 0151	0. 0272	0. 1063	0. 0840	0. 1442	莆田	0. 0798	0. 2837	0. 0240	0. 0131	0. 7311	0. 0405
三明	0. 4397	0. 0035	0. 0391	0. 3599	0. 1819	0. 2830	三明	0. 0251	0. 7183	0. 1101	0. 0517	0. 7579	0. 1633
泉州	0. 2613	0. 0190	0. 0797	0. 4626	0. 2551	0. 4706	泉州	0. 2219	0. 2893	0. 1993	0. 0471	0. 7324	0. 2571
漳州	0. 3821	0. 0221	0. 0657	0. 5596	0. 2068	0. 3458	漳州	0. 0568	0. 3287	0. 1706	0. 0341	0. 7177	0. 1781
南平	0. 5078	0. 0020	0. 0342	0. 1414	0. 0860	0. 0869	南平	0. 0295	0. 2666	0. 0316	0. 0175	0. 7728	0. 0708
龙岩	0. 7285	0. 0029	0. 0252	0. 2369	0. 1242	0. 2567	龙岩	0. 0481	0. 3912	0. 0440	0. 0084	0. 7067	0. 0657

附录 4-23　全国地级市人口城镇化与土地城镇化指标标准化数据

地级市	人口城镇化（*PU*）						地级市	土地城镇化（*LU*）					
	X_1	X_2	X_3	X_4	X_5	X_6		X_7	X_8	X_9	X_{10}	X_{11}	X_{12}
宁德	0. 3682	0. 0045	0. 0118	0. 1969	0. 0626	0. 1656	宁德	0. 0175	0. 3444	0. 0717	0. 0181	0. 6819	0. 1149
南昌	0. 2903	0. 0145	0. 5364	0. 2938	0. 2732	0. 4224	南昌	0. 3202	0. 5643	0. 0893	0. 0444	0. 6960	0. 1720
景德镇	0. 3992	0. 0160	0. 0816	0. 3549	0. 2134	0. 2847	景德镇	0. 0710	0. 2837	0. 1574	0. 0452	0. 8823	0. 2292
萍乡	0. 2551	0. 0123	0. 0249	0. 2466	0. 1018	0. 1606	萍乡	0. 0404	0. 3293	0. 0674	0. 0158	0. 6955	0. 0711
九江	0. 5264	0. 0143	0. 0797	0. 3343	0. 2036	0. 2914	九江	0. 1005	0. 4671	0. 2105	0. 0322	0. 8557	0. 2603
新余	0. 2246	0. 0073	0. 1465	0. 1420	0. 1129	0. 1289	新余	0. 0678	0. 3377	0. 1100	0. 0167	0. 8599	0. 1336
鹰潭	0. 5229	0. 0266	0. 0280	0. 2734	0. 1989	0. 2507	鹰潭	0. 0219	0. 1859	0. 1403	0. 0224	0. 7641	0. 2148
赣州	0. 4893	1. 0000	0. 0432	0. 2099	0. 1388	0. 1190	赣州	0. 1388	0. 1911	0. 0963	0. 0154	0. 6768	0. 1229
吉安	0. 5532	0. 0062	0. 0146	0. 2318	0. 1586	0. 0859	吉安	0. 0448	0. 1340	0. 1262	0. 0157	0. 7806	0. 1964
宜春	0. 7429	0. 0065	0. 0333	0. 1038	0. 0452	0. 0987	宜春	0. 0590	0. 0590	0. 0589	0. 0085	0. 7579	0. 1059
抚州	0. 1510	0. 0082	0. 0337	0. 0804	0. 0827	0. 0897	抚州	0. 0492	0. 0663	0. 0819	0. 0074	0. 7940	0. 1116
上饶	0. 4320	0. 0568	0. 0138	0. 1659	0. 0658	0. 0780	上饶	0. 0689	0. 0839	0. 0877	0. 0047	0. 7954	0. 1035
淄博	0. 2746	0. 0143	0. 1121	0. 2995	0. 2364	0. 4229	淄博	0. 2765	0. 3231	0. 1204	0. 0268	0. 7644	0. 1531
枣庄	0. 3052	0. 0116	0. 0332	0. 1530	0. 0605	0. 1284	枣庄	0. 1475	0. 1800	0. 0886	0. 0230	0. 7159	0. 0831
东营	0. 2777	0. 0036	0. 0729	0. 2762	0. 3984	0. 4185	东营	0. 1148	1. 0000	0. 2528	0. 0480	0. 7521	0. 2917

附录 4-24　全国地级市人口城镇化与土地城镇化指标标准化数据

地级市	人口城镇化(*PU*)						地级市	土地城镇化(*LU*)					
	X_1	X_2	X_3	X_4	X_5	X_6		X_7	X_8	X_9	X_{10}	X_{11}	X_{12}
烟台	0. 3552	0. 0100	0. 1311	0. 3040	0. 3129	0. 4744	烟台	0. 3388	0. 5585	0. 1710	0. 0437	0. 6069	0. 3507
楼坊	0. 3401	0. 0105	0. 1039	0. 2839	0. 1751	0. 3302	楼坊	0. 1792	0. 3110	0. 1766	0. 0209	0. 6902	0. 1771
济宁	0. 3254	0. 0166	0. 0549	0. 4297	0. 2192	0. 4090	济宁	0. 1967	0. 3013	0. 2233	0. 0260	0. 6982	0. 1924
泰安	0. 4573	0. 0116	0. 0899	0. 2757	0. 1510	0. 2205	泰安	0. 1279	0. 2271	0. 0914	0. 0405	0. 7637	0. 1165
威海	0. 2284	0. 0075	0. 1301	0. 3314	0. 2539	0. 4558	威海	0. 1956	0. 4829	0. 2145	0. 0417	0. 7820	0. 2695
日照	0. 3803	0. 0097	0. 0454	0. 1822	0. 1377	0. 2018	日照	0. 0951	0. 3636	0. 1362	0. 0162	0. 7630	0. 1681
莱芜	0. 1995	0. 0084	0. 0345	0. 1798	0. 1178	0. 1803	莱芜	0. 1158	0. 2050	0. 1226	0. 0335	0. 7644	0. 1547
临沂	0. 3494	0. 0171	0. 0273	0. 2079	0. 1388	0. 2743	临沂	0. 2055	0. 2455	0. 1405	0. 0237	0. 7012	0. 2185
德州	0. 3867	0. 0104	0. 0394	0. 2564	0. 1660	0. 2311	德州	0. 1475	0. 2253	0. 2149	0. 0143	0. 7628	0. 2617
聊城	0. 6979	0. 0107	0. 0312	0. 2837	0. 1281	0. 2054	聊城	0. 0929	0. 1499	0. 1721	0. 0403	0. 7559	0. 1244
滨州	0. 3056	0. 0048	0. 0612	0. 2922	0. 1094	0. 2044	滨州	0. 1082	0. 3021	0. 1627	0. 0416	0. 7849	0. 2133
菏泽	0. 5076	0. 0167	0. 0210	0. 2026	0. 0719	0. 1192	菏泽	0. 0940	0. 0386	0. 0813	0. 0165	0. 7058	0. 0719
郑州	0. 3532	0. 0515	0. 4830	0. 4701	0. 5086	0. 4832	郑州	0. 4634	0. 5195	0. 1204	0. 0760	0. 6808	0. 2010
开封	0. 3534	0. 0232	0. 0747	0. 3286	0. 1672	0. 2957	开封	0. 1257	0. 3193	0. 1655	0. 2429	0. 5381	0. 1595
洛阳	0. 4145	0. 0345	0. 0834	0. 3458	0. 2171	0. 3241	洛阳	0. 2131	0. 2326	0. 1016	0. 0440	0. 6634	0. 1614

附录 4-25 全国地级市人口城镇化与土地城镇化指标标准化数据

地级市	人口城镇化（PU）						地级市	土地城镇化（LU）					
	X_1	X_2	X_3	X_4	X_5	X_6		X_7	X_8	X_9	X_{10}	X_{11}	X_{12}
平顶山	0. 1888	0. 0375	0. 0445	0. 2861	0. 1745	0. 2205	平顶山	0. 0645	0. 0930	0. 0954	0. 0274	0. 6915	0. 1236
安阳	0. 3631	0. 0328	0. 0540	0. 2824	0. 1336	0. 2057	安阳	0. 0732	0. 1605	0. 0731	0. 0217	0. 6763	0. 0890
鹤壁	0. 1488	0. 0141	0. 0320	0. 2538	0. 0840	0. 1011	鹤壁	0. 0546	0. 2986	0. 1018	0. 0201	0. 6697	0. 1535
新乡	0. 2446	0. 0368	0. 1050	0. 2510	0. 1584	0. 2759	新乡	0. 1104	0. 2997	0. 0897	0. 0412	0. 6739	0. 1054
焦作	0. 3387	0. 0255	0. 1228	0. 2868	0. 1272	0. 1504	焦作	0. 1104	0. 1995	0. 1101	0. 0269	0. 6513	0. 1217
濮阳	0. 1396	0. 0408	0. 0071	0. 4007	0. 2039	0. 1187	濮阳	0. 0459	0. 2343	0. 0866	0. 0241	0. 6399	0. 1498
许昌	0. 3356	0. 0655	0. 0313	0. 4668	0. 2796	0. 3166	许昌	0. 0831	0. 4554	0. 1338	0. 0876	0. 6455	0. 1836
漯河	0. 2539	0. 0181	0. 0450	0. 2516	0. 0715	0. 1402	漯河	0. 0568	0. 1652	0. 0585	0. 0299	0. 7775	0. 0557
三门峡	0. 7582	0. 0236	0. 0250	0. 4618	0. 2039	0. 2348	三门峡	0. 0208	0. 4775	0. 0979	0. 0352	0. 7246	0. 2145
南阳	0. 4854	0. 0132	0. 0276	0. 2986	0. 1156	0. 1730	南阳	0. 1475	0. 1055	0. 1001	0. 0084	0. 4157	0. 2063
商丘	0. 3305	0. 0161	0. 0395	0. 1223	0. 0614	0. 1260	商丘	0. 0536	0. 0872	0. 0381	0. 0280	0. 7069	0. 0440
信阳	0. 4947	0. 0062	0. 0309	0. 1114	0. 0966	0. 1161	信阳	0. 0820	0. 1365	0. 0440	0. 0061	0. 7197	0. 0641
周口	0. 4958	0. 0271	0. 0154	0. 3090	0. 1176	0. 1706	周口	0. 0590	0. 1063	0. 1197	0. 0344	0. 7070	0. 2157
驻马店	0. 4089	0. 0091	0. 0153	0. 2005	0. 1226	0. 1267	驻马店	0. 0667	0. 1548	0. 1158	0. 0293	0. 6833	0. 0826
黄石	0. 2639	0. 0542	0. 0744	0. 3117	0. 1676	0. 2977	黄石	0. 0809	0. 3323	0. 1736	0. 0621	0. 5437	0. 1754

附录 4-26 全国地级市人口城镇化与土地城镇化指标标准化数据

地级市	人口城镇化（*PU*）						地级市	土地城镇化（*LU*）					
	X_1	X_2	X_3	X_4	X_5	X_6		X_7	X_8	X_9	X_{10}	X_{11}	X_{12}
十堰	0. 3667	0. 0033	0. 0685	0. 3044	0. 0621	0. 2223	十堰	0. 0995	0. 1715	0. 0631	0. 0447	0. 5649	0. 0689
宜昌	0. 4032	0. 0044	0. 0674	0. 3314	0. 1953	0. 3523	宜昌	0. 1650	0. 3654	0. 1386	0. 0358	0. 7007	0. 1457
襄阳	0. 3462	0. 0091	0. 0388	0. 2468	0. 1239	0. 1815	襄阳	0. 1902	0. 2619	0. 0612	0. 0224	0. 5519	0. 0865
鄂州	0. 1997	0. 0103	0. 0637	0. 1586	0. 0740	0. 1776	鄂州	0. 0546	0. 3509	0. 0326	0. 0107	0. 5394	0. 0794
荆门	0. 4506	0. 0036	0. 0202	0. 3812	0. 1970	0. 2582	荆门	0. 0481	0. 4119	0. 1351	0. 0368	0. 6696	0. 1343
孝感	0. 3355	0. 0142	0. 0374	0. 0906	0. 1089	0. 1007	孝感	0. 0656	0. 1569	0. 1029	0. 0175	0. 3924	0. 0589
荆州	0. 4067	0. 0092	0. 0700	0. 3146	0. 1708	0. 2322	荆州	0. 0743	0. 3369	0. 0879	0. 0365	0. 6100	0. 1019
黄冈	0. 2333	0. 0145	0. 0239	0. 3352	0. 1565	0. 2505	黄冈	0. 0361	0. 3340	0. 2579	0. 0271	0. 4306	0. 1323
咸宁	0. 5107	0. 0059	0. 0616	0. 2074	0. 0773	0. 1152	咸宁	0. 0568	0. 2379	0. 0749	0. 0193	0. 6538	0. 1215
随州	0. 2940	0. 0059	0. 0092	0. 2845	0. 2488	0. 2704	随州	0. 0383	0. 3267	0. 0784	0. 0240	0. 6830	0. 1331
长沙	0. 5440	0. 0251	0. 3972	0. 5124	0. 3633	0. 7263	长沙	0. 3825	0. 5750	0. 1271	0. 0807	0. 5617	0. 1620
株洲	0. 3618	0. 0167	0. 0957	0. 5275	0. 2685	0. 3610	株洲	0. 1355	0. 5114	0. 2003	0. 0629	0. 6518	0. 1510
湘潭	0. 4483	0. 0199	0. 1995	0. 2681	0. 2019	0. 2642	湘潭	0. 0721	0. 6792	0. 1539	0. 0478	0. 6974	0. 1071
衡阳	0. 4688	0. 0216	0. 0628	0. 6306	0. 2322	0. 3596	衡阳	0. 1585	0. 3297	0. 2048	0. 0551	0. 4735	0. 1613
邵阳	0. 4068	0. 0242	0. 0141	0. 3964	0. 1417	0. 1749	邵阳	0. 0557	0. 1245	0. 1503	0. 0219	0. 5778	0. 1345

附录 4-27 全国地级市人口城镇化与土地城镇化指标标准化数据

地级市	人口城镇化(*PU*)						地级市	土地城镇化(*LU*)					
	X_1	X_2	X_3	X_4	X_5	X_6		X_7	X_8	X_9	X_{10}	X_{11}	X_{12}
岳阳	0. 3487	0. 0115	0. 0347	0. 2363	0. 1455	0. 3937	岳阳	0. 0907	0. 2577	0. 0939	0. 0512	0. 6915	0. 0843
常德	0. 5234	0. 0083	0. 0328	0. 2139	0. 1134	0. 1959	常德	0. 0831	0. 1879	0. 0971	0. 0199	0. 7769	0. 1001
张家界	0. 7956	0. 0027	0. 0331	0. 2090	0. 0821	0. 1271	张家界	0. 0219	0. 1009	0. 0608	0. 0271	0. 6763	0. 0420
益阳	0. 4674	0. 0109	0. 0300	0. 1996	0. 0765	0. 1206	益阳	0. 0667	0. 1837	0. 0463	0. 0206	0. 6757	0. 0496
郴州	0. 5640	0. 0050	0. 0198	0. 3037	0. 1648	0. 3821	郴州	0. 0689	0. 3426	0. 1021	0. 0999	0. 7641	0. 1201
永州	0. 6461	0. 0053	0. 0172	0. 2051	0. 0688	0. 1041	永州	0. 0525	0. 1302	0. 0481	0. 0189	0. 6974	0. 0726
怀化	0. 8081	0. 0084	0. 0323	0. 5070	0. 2713	0. 3538	怀化	0. 0546	0. 1797	0. 1067	0. 0364	0. 5968	0. 1488
娄底	0. 1804	0. 0172	0. 0273	0. 2474	0. 1996	0. 1408	娄底	0. 0361	0. 4055	0. 0850	0. 0469	0. 6775	0. 1316
韶关	0. 3351	0. 0047	0. 0534	0. 1502	0. 1598	0. 2951	韶关	0. 0929	0. 0982	0. 0658	0. 0174	0. 7844	0. 1182
珠海	0. 2430	0. 0096	0. 5580	0. 4104	0. 4627	0. 6502	珠海	0. 1202	0. 3196	0. 5107	0. 0701	1. 0000	0. 4830
汕头	0. 2726	0. 0393	0. 0064	0. 0990	0. 1041	0. 1748	汕头	0. 2623	0. 0733	0. 0326	0. 0051	0. 7416	0. 0952
佛山	0. 1089	0. 0153	0. 0583	0. 3248	0. 6551	0. 5498	佛山	0. 2710	0. 3628	0. 0738	0. 0717	0. 7132	0. 0966
江门	0. 2756	0. 0117	0. 0459	0. 2688	0. 3106	0. 2476	江门	0. 1486	0. 1780	0. 1210	0. 0276	0. 7424	0. 2109
湛江	0. 5798	0. 0143	0. 0718	0. 1470	0. 1615	0. 3470	湛江	0. 1038	0. 1056	0. 0640	0. 0171	0. 7078	0. 1016
茂名	0. 4624	0. 0160	0. 0194	0. 1201	0. 0494	0. 1677	茂名	0. 1158	0. 0292	0. 1085	0. 0010	0. 5470	0. 0359

附录 4-28　全国地级市人口城镇化与土地城镇化指标标准化数据

地级市	人口城镇化（PU）						地级市	土地城镇化（LU）					
	X_1	X_2	X_3	X_4	X_5	X_6		X_7	X_8	X_9	X_{10}	X_{11}	X_{12}
肇庆	0. 3287	0. 0068	0. 0864	0. 1243	0. 1602	0. 1804	肇庆	0. 1126	0. 2245	0. 0915	0. 0161	0. 6017	0. 1573
惠州	0. 1199	0. 0079	0. 0434	0. 3935	0. 2330	0. 3506	惠州	0. 2219	0. 3598	0. 1853	0. 0680	0. 7268	0. 2952
梅州	0. 5126	0. 0046	0. 0199	0. 1986	0. 1364	0. 1826	梅州	0. 0437	0. 0703	0. 0618	0. 0421	0. 7232	0. 1066
汕尾	0. 2064	0. 0185	0. 0052	0. 1964	0. 0312	0. 1364	汕尾	0. 0033	0. 0361	0. 0362	0. 0204	0. 6944	0. 0798
河源	0. 2377	0. 0128	0. 0125	0. 4081	0. 2000	0. 3685	河源	0. 0339	0. 2813	0. 1085	0. 0282	0. 7693	0. 0672
阳江	0. 4291	0. 0071	0. 0136	0. 1550	0. 0930	0. 1986	阳江	0. 0546	0. 1581	0. 0663	0. 0037	0. 6822	0. 0565
清远	0. 3303	0. 0055	0. 0130	0. 2036	0. 1107	0. 1753	清远	0. 4033	0. 1036	0. 0314	0. 0122	0. 0735	0. 0759
东莞	0. 0000	0. 0118	0. 2783	0. 7261	1. 0000	0. 9064	东莞	1. 0000	0. 3444	0. 6918	0. 1074	0. 7630	0. 9042
中山	0. 0816	0. 0133	0. 1179	0. 3498	0. 5611	0. 5433	中山	0. 1366	0. 3034	0. 0349	0. 0630	0. 5329	0. 1173
潮州	0. 2534	0. 0176	0. 0314	0. 1453	0. 1082	0. 1497	潮州	0. 0000	0. 0546	0. 1085	0. 0005	0. 3764	0. 0764
揭阳	0. 3210	0. 0306	0. 0059	0. 0962	0. 0614	0. 1162	揭阳	0. 1257	0. 1106	0. 0462	0. 0033	0. 4874	0. 0449
云浮	0. 5085	0. 0062	0. 0114	0. 0911	0. 1660	0. 1981	云浮	0. 0077	0. 3161	0. 0485	0. 0147	0. 7242	0. 1442
南宁	0. 4813	0. 0065	0. 2396	0. 4788	0. 2676	0. 3987	南宁	0. 2984	0. 4015	0. 1242	0. 0429	0. 7297	0. 1830
柳州	0. 2490	0. 0177	0. 0881	0. 4560	0. 2447	0. 5089	柳州	0. 1858	0. 5374	0. 1464	0. 0438	0. 7405	0. 2705
桂林	0. 4838	0. 0068	0. 2030	0. 3241	0. 2201	0. 2515	桂林	0. 0929	0. 1195	0. 0833	0. 0207	0. 6755	0. 1222

附录 4-29　全国地级市人口城镇化与土地城镇化指标标准化数据

地级市	人口城镇化（*PU*）						地级市	土地城镇化（*LU*）					
	X_1	X_2	X_3	X_4	X_5	X_6		X_7	X_8	X_9	X_{10}	X_{11}	X_{12}
梧州	0.4873	0.0065	0.0199	0.3103	0.0729	0.1744	梧州	0.0459	0.2772	0.1172	0.0197	0.6788	0.1147
北海	0.4368	0.0101	0.0646	0.1526	0.1612	0.1401	北海	0.0645	0.5480	0.1230	0.0229	0.6851	0.0931
防城港	0.5043	0.0028	0.0155	0.1478	0.0799	0.0620	防城港	0.0262	0.2883	0.1008	0.0190	0.5146	0.0236
钦州	0.3731	0.0044	0.0236	0.1252	0.0269	0.0709	钦州	0.0863	0.1138	0.0658	0.0045	0.6071	0.0260
贵港	0.6363	0.0083	0.0559	0.0700	0.0190	0.0679	贵港	0.0623	0.0453	0.0277	0.0000	0.3784	0.0278
玉林	0.6359	0.0130	0.0099	0.1395	0.0906	0.1857	玉林	0.0590	0.1639	0.0797	0.0057	0.6238	0.0832
百色	0.5971	0.0013	0.0372	0.3834	0.1204	0.1336	百色	0.0339	0.1588	0.1087	0.0164	0.6008	0.1128
贺州	0.6905	0.0030	0.0210	0.0811	0.0333	0.0457	贺州	0.0109	0.1630	0.0143	0.0019	0.8298	0.0201
河池	0.6105	0.0020	0.0164	0.3139	0.0999	0.1205	河池	0.0098	0.0892	0.0621	0.0165	0.6058	0.0836
来宾	0.4276	0.0037	0.0148	0.1039	0.0070	0.0288	来宾	0.0295	0.0728	0.0427	0.0103	0.5343	0.0372
崇左	0.6238	0.0017	0.0797	0.0655	0.0274	0.0291	崇左	0.0153	0.1067	0.0462	0.0064	0.7069	0.0836
海口	0.6527	0.0107	0.4338	0.4236	0.2853	0.2713	海口	0.1421	0.2732	0.0859	0.0414	0.7729	0.1835
三亚	0.8569	0.0044	0.3807	0.3669	0.2596	0.2313	三亚	0.0590	0.5887	0.0604	0.0531	0.4065	0.1769
自贡	0.4285	0.0158	0.0515	0.1203	0.0769	0.1553	自贡	0.1071	0.0936	0.0883	0.0205	0.5915	0.1089
攀枝花	0.3031	0.0049	0.1004	0.3759	0.1979	0.2660	攀枝花	0.0656	0.2646	0.1060	0.0389	0.6723	0.1595

附录 4-30　全国地级市人口城镇化与土地城镇化指标标准化数据

地级市	人口城镇化（*PU*）						地级市	土地城镇化（*LU*）					
	X_1	X_2	X_3	X_4	X_5	X_6		X_7	X_8	X_9	X_{10}	X_{11}	X_{12}
泸州	0. 3037	0. 0105	0. 0394	0. 2510	0. 1259	0. 1275	泸州	0. 1158	0. 1991	0. 0793	0. 0266	0. 6735	0. 1044
德阳	0. 3995	0. 0159	0. 0872	0. 2188	0. 1953	0. 1858	德阳	0. 0667	0. 1637	0. 0833	0. 0176	0. 6730	0. 1124
绵阳	0. 4217	0. 0122	0. 1062	0. 2554	0. 2017	0. 2480	绵阳	0. 1213	0. 1843	0. 1096	0. 0435	0. 6516	0. 1523
广元	0. 6137	0. 0029	0. 0181	0. 1760	0. 0995	0. 1102	广元	0. 0459	0. 1065	0. 0516	0. 0137	0. 6277	0. 0742
遂宁	0. 4614	0. 0121	0. 0156	0. 1192	0. 0560	0. 0798	遂宁	0. 0678	0. 1310	0. 1191	0. 0029	0. 5595	0. 0471
内江	0. 3996	0. 0134	0. 0281	0. 1120	0. 0610	0. 0745	内江	0. 0634	0. 0702	0. 0237	0. 0213	0. 5848	0. 0516
乐山	0. 3975	0. 0068	0. 0639	0. 2303	0. 1443	0. 1521	乐山	0. 0656	0. 1783	0. 0603	0. 0144	0. 5533	0. 0567
南充	0. 5127	0. 0114	0. 0438	0. 0968	0. 1065	0. 0993	南充	0. 1104	0. 0858	0. 0623	0. 0116	0. 7337	0. 0918
眉山	0. 6325	0. 0098	0. 0298	0. 1802	0. 1179	0. 1005	眉山	0. 0361	0. 1439	0. 0679	1. 0000	0. 6551	0. 0626
宜宾	0. 3704	0. 0103	0. 0197	0. 2360	0. 0915	0. 1592	宜宾	0. 0798	0. 1007	0. 0441	0. 0193	0. 6451	0. 0876
广安	0. 7090	0. 0124	0. 0065	0. 0487	0. 0781	0. 0715	广安	0. 0393	0. 1036	0. 0408	0. 0013	0. 6668	0. 0601
达州	0. 5186	0. 0085	0. 0140	0. 0742	0. 0880	0. 0921	达州	0. 1027	0. 0711	0. 0052	0. 0008	0. 5883	0. 1071
雅安	0. 7101	0. 0054	0. 1408	0. 2071	0. 1206	0. 1010	雅安	0. 0208	0. 0606	0. 0423	0. 0033	0. 6927	0. 0542
巴中	0. 3490	0. 0079	0. 0007	0. 1707	0. 0359	0. 0359	巴中	0. 0251	0. 0980	0. 0143	0. 0045	0. 6826	0. 0336
资阳	0. 4345	0. 0100	0. 0020	0. 1290	0. 0606	0. 0605	资阳	0. 0339	0. 0482	0. 0356	0. 0051	0. 6542	0. 0440

附录 4-31　全国地级市人口城镇化与土地城镇化指标标准化数据

地级市	人口城镇化（*PU*）						地级市	土地城镇化（*LU*）					
	X_1	X_2	X_3	X_4	X_5	X_6		X_7	X_8	X_9	X_{10}	X_{11}	X_{12}
贵阳	0. 0015	0. 0140	0. 4467	0. 4432	0. 3520	0. 3378	贵阳	0. 2415	0. 3756	0. 0960	0. 0555	0. 3782	0. 4250
六盘水	0. 3655	0. 0148	0. 0136	0. 3400	0. 1729	0. 2584	六盘水	0. 0634	0. 4041	0. 1050	0. 0378	0. 6042	0. 1086
遵义	0. 5892	0. 0103	0. 0305	0. 3112	0. 2615	0. 2442	遵义	0. 0787	0. 1895	0. 0463	0. 0367	0. 4742	0. 4373
安顺	0. 4862	0. 0071	0. 0200	0. 0941	0. 0296	0. 0280	安顺	0. 0568	0. 0964	0. 0344	0. 0139	0. 6194	0. 0318
毕节	0. 8327	0. 0070	0. 0055	0. 0702	0. 0072	0. 0438	毕节	0. 0317	0. 0366	0. 0167	0. 0020	0. 4976	0. 0431
铜仁	0. 7997	0. 0036	0. 0295	0. 6251	0. 0786	0. 0622	铜仁	0. 0339	0. 2458	0. 0549	0. 0098	0. 5001	0. 0963
云南省	0. 5464	0. 0044	0. 0861	0. 3782	0. 2208	0. 2605	云南省	0. 7060	0. 2275	0. 1103	0. 0454	0. 6415	0. 1282
昆明	0. 5906	0. 0108	0. 3726	0. 5953	0. 3907	0. 4604	昆明	0. 4317	0. 3736	0. 1572	0. 0854	0. 7074	0. 1952
曲靖	0. 3244	0. 0069	0. 0130	0. 2321	0. 1386	0. 1452	曲靖	0. 0590	0. 2441	0. 1322	0. 0234	0. 6060	0. 1086
玉溪	0. 4211	0. 0064	0. 0307	0. 3876	0. 2038	0. 2141	玉溪	0. 0175	0. 2006	0. 1347	0. 0166	0. 6118	0. 0863
保山	0. 3936	0. 0026	0. 0205	0. 1026	0. 0293	0. 0646	保山	0. 0219	0. 0489	0. 0440	0. 0057	0. 3822	0. 0232
昭通	0. 7183	0. 0060	0. 0053	0. 1862	0. 0269	0. 0540	昭通	0. 0295	0. 0406	0. 0324	0. 0051	0. 3956	0. 0242
丽江	0. 8388	0. 0016	0. 0925	0. 3259	0. 3222	0. 2157	丽江	0. 0164	0. 1752	0. 1010	0. 0977	0. 5397	0. 4123
普洱	0. 5521	0. 0006	0. 0179	0. 2925	0. 1615	0. 1495	普洱	0. 0142	0. 1492	0. 0796	0. 0238	0. 6397	0. 1478
临沧	0. 6044	0. 0017	0. 0085	0. 2216	0. 0398	0. 0911	临沧	0. 0087	0. 0730	0. 0527	0. 0040	0. 5633	0. 0920

附录 4-32　全国地级市人口城镇化与土地城镇化指标标准化数据

地级市	人口城镇化（*PU*）						地级市	土地城镇化（*LU*）					
	X_1	X_2	X_3	X_4	X_5	X_6		X_7	X_8	X_9	X_{10}	X_{11}	X_{12}
拉萨	1.0000	0.0017	0.1899	0.6432	0.5622	0.6249	拉萨	0.0000	0.4169	0.4175	0.0990	0.6435	0.1128
铜川	0.4202	0.0045	0.0149	0.2039	0.0729	0.0877	铜川	0.0328	0.1916	0.0451	0.0146	0.7405	0.0847
宝鸡	0.3703	0.0057	0.0390	0.2548	0.1319	0.9931	宝鸡	0.0820	0.1746	0.0788	0.0255	0.6839	0.0983
咸阳	0.3612	0.0262	0.1142	0.4306	0.2277	0.1714	咸阳	0.0831	0.7631	0.0901	0.0208	0.5061	0.1022
渭南	0.6268	0.0114	0.0116	0.3838	0.1011	0.1034	渭南	0.0656	0.2327	0.1420	0.0115	0.3502	0.0995
延安	0.6908	0.0018	0.0473	0.3796	0.2207	0.1710	延安	0.0240	0.3107	0.0166	0.0366	0.7058	0.1033
汉中	0.5674	0.0156	0.0517	0.3002	0.1979	0.1568	汉中	0.0306	0.1517	0.0398	0.0036	0.4144	0.3804
榆林	0.6213	0.0010	0.0195	0.2936	0.2780	0.1474	榆林	0.0546	0.2665	0.1597	0.0171	0.6288	0.1734
安康	0.7159	0.0040	0.0309	0.1331	0.0649	0.0555	安康	0.0284	0.0719	0.0392	0.0042	0.7400	0.0556
商洛	0.6246	0.0030	0.0334	0.1650	0.0831	0.0351	商洛	0.0131	0.0892	0.0202	0.0036	0.3485	0.0436
兰州	0.4650	0.0189	0.6152	0.4530	0.4428	0.3967	兰州	0.2317	0.2323	0.0833	0.0533	0.5754	0.1456
嘉峪关	0.1440	0.0008	0.0644	0.3234	0.2682	0.1979	嘉峪关	0.0612	0.3258	0.1808	0.0257	0.6614	0.0496
金昌	0.0693	0.0008	0.0322	0.2669	0.2137	0.1586	金昌	0.0306	0.3448	0.2101	0.0203	0.6105	0.2558
白银	0.2745	0.0019	0.0057	0.2885	0.1360	0.1631	白银	0.0525	0.2192	0.1106	0.0227	0.5812	0.1140
天水	0.5311	0.0032	0.0470	0.1279	0.0923	0.0816	天水	0.0459	0.0685	0.0327	0.0113	0.6410	0.0646

附录 4-33　全国地级市人口城镇化与土地城镇化指标标准化数据

地级市	人口城镇化（*PU*）						地级市	土地城镇化（*LU*）					
	X_1	X_2	X_3	X_4	X_5	X_6		X_7	X_8	X_9	X_{10}	X_{11}	X_{12}
武威	0. 4894	0. 0029	0. 0434	0. 1151	0. 0000	0. 0518	武威	0. 0197	0. 1158	0. 0315	0. 0117	0. 3408	0. 0724
张掖	0. 6383	0. 0016	0. 0704	0. 2444	0. 0992	0. 1043	张掖	0. 0546	0. 0648	0. 1140	0. 0123	0. 2955	0. 1214
平凉	0. 5309	0. 0038	0. 0087	0. 2070	0. 0864	0. 0937	平凉	0. 0240	0. 0301	0. 0146	0. 0148	0. 2939	0. 0511
酒泉	0. 5376	0. 0017	0. 0321	0. 2246	0. 1852	0. 1241	酒泉	0. 0415	0. 2545	0. 1183	0. 0309	0. 6219	0. 1384
庆阳	0. 3039	0. 0056	0. 0297	0. 2945	0. 1567	0. 1105	庆阳	0. 0109	0. 3170	0. 0661	0. 0229	0. 5620	0. 0439
定西	0. 5742	0. 0017	0. 0051	0. 1598	0. 0564	0. 0369	定西	0. 0120	0. 0896	0. 0441	0. 0058	0. 4065	0. 0972
陇南	0. 7856	0. 0016	0. 0076	0. 0000	0. 0297	0. 0262	陇南	0. 0000	0. 0468	0. 0000	0. 0015	0. 0000	0. 0111
西宁	0. 5541	0. 0297	0. 1635	0. 4264	0. 2985	0. 2491	西宁	0. 0831	0. 3099	0. 0863	0. 1244	0. 6556	0. 1765
海东	0. 6752	0. 0015	0. 0000	0. 1501	0. 0736	0. 0354	海东	0. 0219	0. 2591	0. 1596	0. 0061	0. 2118	0. 0441
银川	0. 7590	0. 0069	0. 2587	0. 5338	0. 3695	0. 2209	银川	0. 1672	0. 2775	0. 1559	0. 0751	0. 6904	0. 3374
石嘴山	0. 4372	0. 0027	0. 0474	0. 2695	0. 1612	0. 0955	石嘴山	0. 0973	0. 3082	0. 3387	0. 0245	0. 6853	0. 3292
吴忠	0. 6156	0. 0053	0. 0099	0. 1571	0. 1180	0. 0722	吴忠	0. 0918	0. 2899	0. 1124	0. 0432	0. 3576	0. 1648
固原	0. 9123	0. 0013	0. 0178	0. 1394	0. 0276	0. 0262	固原	0. 0415	0. 1060	0. 1539	0. 0106	0. 3413	0. 0699
中卫	0. 5843	0. 0007	0. 0193	0. 1134	0. 0692	0. 0421	中卫	0. 0197	0. 1276	0. 1169	0. 0220	0. 6214	0. 1536
乌鲁木齐	0. 5832	0. 0039	0. 3205	0. 4326	0. 3096	0. 3356	乌鲁木齐	0. 4546	0. 2852	0. 1072	0. 0755	0. 6806	0. 1882

附录 4-34　全国地级市人口城镇化与土地城镇化指标分值

地级市	人口城镇化（*PU*）						地级市	土地城镇化（*LU*）					
	X_1	X_2	X_3	X_4	X_5	X_6		X_7	X_8	X_9	X_{10}	X_{11}	X_{12}
石家庄	0. 1792	0. 0009	0. 0214	0. 0035	0. 0329	0. 0614	石家庄	0. 0396	0. 1270	0. 0107	0. 0041	0. 1513	0. 0201
唐山	0. 1721	0. 0003	0. 0076	0. 0465	0. 0438	0. 0537	唐山	0. 0352	0. 1184	0. 0073	0. 0034	0. 1395	0. 0166
秦皇岛	0. 1594	0. 0003	0. 0277	0. 0884	0. 0566	0. 0725	秦皇岛	0. 0175	0. 0755	0. 0126	0. 0020	0. 1359	0. 0359
邯郸	0. 1028	0. 0015	0. 0027	0. 0573	0. 0362	0. 0409	邯郸	0. 0169	0. 0500	0. 0152	0. 0084	0. 1593	0. 0347
邢台	0. 1399	0. 0010	0. 0030	0. 1534	0. 0707	0. 0777	邢台	0. 0114	0. 1016	0. 0145	0. 0099	0. 1214	0. 0467
保定	0. 0945	0. 0005	0. 0075	0. 0519	0. 0233	0. 0345	保定	0. 0319	0. 0382	0. 0113	0. 0045	0. 1295	0. 0120
张家口	0. 1857	0. 0005	0. 0074	0. 0530	0. 0266	0. 0520	张家口	0. 0108	0. 0565	0. 0125	0. 0084	0. 1501	0. 0227
承德	0. 1855	0. 0002	0. 0055	0. 0679	0. 0424	0. 0385	承德	0. 0154	0. 0584	0. 0100	0. 0046	0. 1457	0. 0461
沧州	0. 1541	0. 0014	0. 0036	0. 1246	0. 0562	0. 0647	沧州	0. 0085	0. 3034	0. 0148	0. 0135	0. 1234	0. 0206
廊坊	0. 1072	0. 0014	0. 0178	0. 0465	0. 0468	0. 0399	廊坊	0. 0078	0. 0629	0. 0089	0. 0023	0. 1553	0. 0161
衡水	0. 2007	0. 0004	0. 0030	0. 0678	0. 0455	0. 0536	衡水	0. 0048	0. 0639	0. 0109	0. 0037	0. 1348	0. 0192
太原	0. 1325	0. 0009	0. 0608	0. 1031	0. 0634	0. 0839	太原	0. 0488	0. 0948	0. 0120	0. 0038	0. 1363	0. 0259
大同	0. 0919	0. 0003	0. 0046	0. 0674	0. 0456	0. 0428	大同	0. 0166	0. 0414	0. 0107	0. 0022	0. 1356	0. 0158
阳泉	0. 0592	0. 0005	0. 0053	0. 0406	0. 0364	0. 0482	阳泉	0. 0060	0. 0500	0. 0072	0. 0043	0. 1439	0. 0170
长治	0. 1680	0. 0010	0. 0060	0. 0793	0. 0441	0. 0732	长治	0. 0067	0. 0649	0. 0079	0. 0037	0. 1587	0. 0220

附录 4-35　全国地级市人口城镇化与土地城镇化指标分值

地级市	人口城镇化（*PU*）						地级市	土地城镇化（*LU*）					
	X_1	X_2	X_3	X_4	X_5	X_6		X_7	X_8	X_9	X_{10}	X_{11}	X_{12}
晋城	0. 0533	0. 0012	0. 0013	0. 1030	0. 0885	0. 0859	晋城	0. 0046	0. 1664	0. 0127	0. 0047	0. 1445	0. 0296
朔州	0. 1395	0. 0001	0. 0033	0. 0305	0. 0310	0. 0270	朔州	0. 0042	0. 0994	0. 0080	0. 0007	0. 1443	0. 0104
晋中	0. 2004	0. 0002	0. 0260	0. 0521	0. 0381	0. 0212	晋中	0. 0087	0. 0623	0. 0131	0. 0022	0. 1233	0. 0274
运城	0. 1974	0. 0003	0. 0052	0. 0724	0. 0224	0. 0514	运城	0. 0048	0. 0579	0. 0084	0. 0018	0. 1374	0. 0119
忻州	0. 2273	0. 0001	0. 0033	0. 1104	0. 0349	0. 0211	忻州	0. 0034	0. 0192	0. 0086	0. 0004	0. 1124	0. 0158
临汾	0. 2095	0. 0003	0. 0053	0. 0662	0. 0332	0. 0450	临汾	0. 0060	0. 0401	0. 0069	0. 0018	0. 1273	0. 0146
吕梁	0. 2350	0. 0001	0. 0029	0. 0380	0. 0348	0. 0288	吕梁	0. 0018	0. 0478	0. 0100	0. 0013	0. 1283	0. 0204
呼和浩特	0. 2123	0. 0003	0. 0522	0. 0969	0. 0686	0. 1653	呼和浩特	0. 0369	0. 0629	0. 0163	0. 0056	0. 1244	0. 0496
包头	0. 1039	0. 0002	0. 0169	0. 0701	0. 0426	0. 1349	包头	0. 0273	0. 2195	0. 0155	0. 0033	0. 1455	0. 0313
乌海	0. 0827	0. 0001	0. 0040	0. 0444	0. 0308	0. 0396	乌海	0. 0072	0. 1125	0. 0280	0. 0033	0. 1440	0. 0387
赤峰	0. 1524	0. 0001	0. 0021	0. 0628	0. 0211	0. 0398	赤峰	0. 0136	0. 0565	0. 0145	0. 0016	0. 1319	0. 0281
通辽	0. 1460	0. 0001	0. 0059	0. 0362	0. 0164	0. 0440	通辽	0. 0070	0. 0951	0. 0115	0. 0023	0. 1449	0. 0210
鄂尔多斯	0. 1629	0. 0000	0. 0017	0. 1767	0. 1270	0. 1717	鄂尔多斯	0. 0210	0. 3028	0. 0939	0. 0072	0. 1061	0. 1322
呼伦贝尔	0. 1300	0. 0001	0. 0042	0. 0681	0. 0339	0. 0821	呼伦贝尔	0. 0150	0. 0952	0. 0178	0. 0048	0. 0250	0. 0362
巴彦淖尔	0. 1777	0. 0001	0. 0027	0. 0910	0. 0230	0. 0325	巴彦淖尔	0. 0055	0. 0379	0. 0165	0. 0005	0. 1308	0. 0262

附录 4-36 全国地级市人口城镇化与土地城镇化指标分值

地级市	人口城镇化(PU)						地级市	土地城镇化(LU)					
	X_1	X_2	X_3	X_4	X_5	X_6		X_7	X_8	X_9	X_{10}	X_{11}	X_{12}
乌兰察布	0.2352	0.0003	0.0038	0.0838	0.0534	0.0391	乌兰察布	0.0069	0.0621	0.0243	0.0088	0.1342	0.0758
鞍山	0.0831	0.0009	0.0052	0.0293	0.0434	0.0539	鞍山	0.0235	0.0598	0.0092	0.0046	0.1353	0.0243
抚顺	0.0972	0.0005	0.0111	0.0431	0.0341	0.0630	抚顺	0.0186	0.0350	0.0079	0.0031	0.1530	0.0181
本溪	0.1109	0.0003	0.0061	0.0278	0.0318	0.0454	本溪	0.0142	0.0627	0.0091	0.0028	0.1657	0.0198
丹东	0.1494	0.0004	0.0061	0.0461	0.0399	0.0455	丹东	0.0046	0.0464	0.0090	0.0046	0.0344	0.0173
锦州	0.1328	0.0005	0.0147	0.0924	0.0380	0.0622	锦州	0.0111	0.0258	0.0093	0.0023	0.1240	0.0253
营口	0.1400	0.0006	0.0046	0.0550	0.0433	0.0470	营口	0.0144	0.1034	0.0059	0.0035	0.1348	0.0208
阜新	0.1087	0.0007	0.0114	0.0346	0.0287	0.0440	阜新	0.0094	0.0050	0.0103	0.0018	0.1462	0.0244
辽阳	0.1120	0.0004	0.0077	0.0502	0.0355	0.0425	辽阳	0.0136	0.0371	0.0132	0.0024	0.1425	0.0180
盘锦	0.0625	0.0012	0.0027	0.0709	0.0670	0.0685	盘锦	0.0091	0.0750	0.0122	0.0027	0.1377	0.0269
铁岭	0.1908	0.0003	0.0029	0.0735	0.0498	0.0300	铁岭	0.0054	0.0193	0.0094	0.0060	0.1530	0.0234
朝阳	0.1919	0.0002	0.0006	0.0472	0.0397	0.0286	朝阳	0.0091	0.0022	0.0051	0.0015	0.0649	0.0191
葫芦岛	0.0700	0.0002	0.0014	0.0100	0.0149	0.0406	葫芦岛	0.0117	0.0017	0.0045	0.0042	0.1163	0.0141
吉林	0.1151	0.0002	0.0128	0.0612	0.0311	0.0869	吉林	0.0367	0.1437	0.0068	0.0026	0.1034	0.0155
四平	0.1773	0.0002	0.0060	0.0628	0.0240	0.0458	四平	0.0066	0.0654	0.0094	0.0020	0.1044	0.0174

附录 4-37　全国地级市人口城镇化与土地城镇化指标分值

地级市	人口城镇化（*PU*）						地级市	土地城镇化（*LU*）					
	X_1	X_2	X_3	X_4	X_5	X_6		X_7	X_8	X_9	X_{10}	X_{11}	X_{12}
辽源	0. 0538	0. 0005	0. 0023	0. 0496	0. 0195	0. 0460	辽源	0. 0048	0. 1075	0. 0092	0. 0031	0. 1363	0. 0178
通化	0. 0480	0. 0003	0. 0028	0. 0518	0. 0248	0. 0490	通化	0. 0058	0. 0614	0. 0074	0. 0033	0. 1289	0. 0261
白山	0. 1131	0. 0001	0. 0004	0. 0418	0. 0169	0. 0289	白山	0. 0049	0. 0687	0. 0057	0. 0021	0. 0892	0. 0128
松原	0. 0829	0. 0002	0. 0003	0. 0500	0. 0198	0. 0439	松原	0. 0054	0. 1231	0. 0136	0. 0036	0. 1471	0. 0298
白城	0. 1952	0. 0001	0. 0051	0. 0456	0. 0137	0. 0574	白城	0. 0043	0. 0404	0. 0048	0. 0015	0. 1036	0. 0132
齐齐哈尔	0. 1629	0. 0001	0. 0059	0. 0421	0. 0235	0. 0170	齐齐哈尔	0. 0189	0. 0196	0. 0065	0. 0034	0. 1299	0. 0074
鸡西	0. 0794	0. 0002	0. 0022	0. 0315	0. 0155	0. 0281	鸡西	0. 0100	0. 0106	0. 0060	0. 0032	0. 1328	0. 0173
鹤岗	0. 0638	0. 0001	0. 1115	0. 0387	0. 0177	0. 0203	鹤岗	0. 0058	0. 0011	0. 0053	0. 0022	0. 1444	0. 0239
双鸭山	0. 0781	0. 0000	0. 0075	0. 0917	0. 0209	0. 0164	双鸭山	0. 0066	0. 0021	0. 0187	0. 0068	0. 1486	0. 0265
大庆	0. 1041	0. 0001	0. 0122	0. 1877	0. 0513	0. 1280	大庆	0. 0346	0. 0469	0. 0231	0. 0039	0. 1556	0. 0323
伊春	0. 0563	0. 0000	0. 0002	0. 0403	0. 0166	0. 0125	伊春	0. 0235	0. 0000	0. 0097	0. 0017	0. 1443	0. 0000
佳木斯	0. 1700	0. 0002	0. 0073	0. 0360	0. 0261	0. 0430	佳木斯	0. 0124	0. 0228	0. 0057	0. 0020	0. 1409	0. 0005
七台河	0. 0530	0. 0001	0. 0016	0. 0338	0. 0170	0. 0200	七台河	0. 0081	0. 0079	0. 0077	0. 0022	0. 1485	0. 0178
牡丹江	0. 2043	0. 0002	0. 0103	0. 0459	0. 0231	0. 0495	牡丹江	0. 0102	0. 0381	0. 0089	0. 0032	0. 0652	0. 0162
黑河	0. 2208	0. 0000	0. 0063	0. 0964	0. 0298	0. 0000	黑河	0. 0007	0. 0376	0. 0070	0. 0016	0. 1450	0. 0180

附录 4-38　全国地级市人口城镇化与土地城镇化指标分值

地级市	人口城镇化（*PU*）						地级市	土地城镇化（*LU*）					
	X_1	X_2	X_3	X_4	X_5	X_6		X_7	X_8	X_9	X_{10}	X_{11}	X_{12}
绥化	0.2052	0.0001	0.0007	0.0018	0.0103	0.0126	绥化	0.0031	0.0009	0.0016	0.0003	0.1055	0.0058
无锡	0.0702	0.0007	0.0125	0.0649	0.0635	0.1141	无锡	0.0472	0.2096	0.0229	0.0047	0.1463	0.0285
徐州	0.0861	0.0005	0.0069	0.0403	0.0223	0.0745	徐州	0.0361	0.1006	0.0111	0.0025	0.1489	0.0158
常州	0.0790	0.0005	0.0145	0.0528	0.0536	0.1013	常州	0.0354	0.1665	0.0127	0.0037	0.1466	0.0157
苏州	0.0378	0.0003	0.0168	0.0592	0.0645	0.1176	苏州	0.0665	0.1596	0.0215	0.0057	0.1440	0.0255
南通	0.0226	0.0005	0.0055	0.0518	0.0496	0.0735	南通	0.0286	0.1329	0.0196	0.0028	0.1451	0.0246
连云港	0.1182	0.0003	0.0036	0.0317	0.0114	0.0341	连云港	0.0288	0.0847	0.0087	0.0016	0.1358	0.0123
淮安	0.0563	0.0004	0.0062	0.0319	0.0079	0.0299	淮安	0.0211	0.0610	0.0081	0.0008	0.1400	0.0124
盐城	0.0714	0.0002	0.0034	0.0362	0.0184	0.0434	盐城	0.0192	0.0917	0.0097	0.0014	0.1396	0.0125
扬州	0.0258	0.0005	0.0092	0.0366	0.0354	0.0605	扬州	0.0189	0.0955	0.0084	0.0027	0.1487	0.0159
镇江	0.1226	0.0004	0.0165	0.0574	0.0370	0.0949	镇江	0.0186	0.2481	0.0085	0.0050	0.1448	0.0313
泰州	0.0224	0.0005	0.0056	0.0358	0.0303	0.0491	泰州	0.0136	0.1250	0.0123	0.0019	0.1400	0.0099
宿迁	0.0196	0.0004	0.0014	0.0207	0.0049	0.0224	宿迁	0.0106	0.0572	0.0090	0.0019	0.1442	0.0108
温州	0.1516	0.0006	0.0052	0.0931	0.0764	0.1550	温州	0.0336	0.1251	0.0153	0.0055	0.1253	0.0313
嘉兴	0.1021	0.0004	0.0078	0.0621	0.0555	0.0798	嘉兴	0.0127	0.1208	0.0125	0.0050	0.1497	0.0251

附录 4-39　全国地级市人口城镇化与土地城镇化指标分值

地级市	人口城镇化（*PU*）						地级市	土地城镇化（*LU*）					
	X_1	X_2	X_3	X_4	X_5	X_6		X_7	X_8	X_9	X_{10}	X_{11}	X_{12}
湖州	0.0726	0.0003	0.0062	0.0484	0.0405	0.0750	湖州	0.0133	0.0826	0.0181	0.0025	0.1653	0.0258
绍兴	0.0031	0.0003	0.0098	0.0460	0.0502	0.0687	绍兴	0.0277	0.1121	0.0096	0.0033	0.1448	0.0166
金华	0.1494	0.0002	0.0036	0.0626	0.0355	0.0908	金华	0.0099	0.0589	0.0151	0.0016	0.1361	0.0164
衢州	0.1398	0.0002	0.0026	0.0610	0.0201	0.0401	衢州	0.0085	0.1714	0.0112	0.0024	0.1382	0.0109
舟山	0.1532	0.0003	0.0126	0.0583	0.0407	0.0767	舟山	0.0072	0.2152	0.0141	0.0035	0.1304	0.0206
台州	0.0551	0.0005	0.0027	0.0488	0.0463	0.0784	台州	0.0189	0.0541	0.0152	0.0017	0.1434	0.0146
丽水	0.2518	0.0001	0.0073	0.0934	0.0341	0.0741	丽水	0.0031	0.0716	0.0088	0.0033	0.1523	0.0176
合肥	0.0854	0.0010	0.0388	0.0776	0.0449	0.1254	合肥	0.0602	0.2593	0.0218	0.0074	0.1542	0.0388
芜湖	0.0976	0.0005	0.0177	0.0526	0.0221	0.0545	芜湖	0.0226	0.1878	0.0201	0.0036	0.1297	0.0221
蚌埠	0.1088	0.0009	0.0085	0.0470	0.0179	0.0516	蚌埠	0.0186	0.0730	0.0140	0.0039	0.1312	0.0203
淮南	0.0953	0.0005	0.0166	0.0331	0.0149	0.0256	淮南	0.0141	0.0418	0.0068	0.0012	0.1355	0.0130
马鞍山	0.0790	0.0005	0.0128	0.0475	0.0301	0.0500	马鞍山	0.0118	0.2139	0.0141	0.0034	0.1501	0.0255
淮北	0.0354	0.0006	0.0092	0.0364	0.0152	0.0297	淮北	0.0106	0.0999	0.0093	0.0013	0.1521	0.0223
铜陵	0.0711	0.0006	0.0254	0.0603	0.0308	0.0786	铜陵	0.0093	0.3328	0.0096	0.0042	0.1560	0.0282
安庆	0.0911	0.0004	0.0033	0.0483	0.0276	0.0564	安庆	0.0106	0.0807	0.0132	0.0022	0.1466	0.0242

附录 4-40　全国地级市人口城镇化与土地城镇化指标分值

地级市	人口城镇化（PU）						地级市	土地城镇化（LU）					
	X_1	X_2	X_3	X_4	X_5	X_6		X_7	X_8	X_9	X_{10}	X_{11}	X_{12}
黄山	0. 1760	0. 0001	0. 0077	0. 0520	0. 0277	0. 0578	黄山	0. 0076	0. 0958	0. 0146	0. 0013	0. 1616	0. 0236
滁州	0. 1147	0. 0002	0. 0056	0. 0391	0. 0226	0. 0333	滁州	0. 0105	0. 0420	0. 0311	0. 0036	0. 1414	0. 0194
阜阳	0. 1792	0. 0005	0. 0016	0. 0232	0. 0089	0. 0169	阜阳	0. 0162	0. 0193	0. 0064	0. 0010	0. 1130	0. 0070
宿州	0. 1044	0. 0003	0. 0016	0. 0226	0. 0071	0. 0134	宿州	0. 0091	0. 0365	0. 0064	0. 0003	0. 1516	0. 0065
六安	0. 2077	0. 0002	0. 0029	0. 0272	0. 0082	0. 0160	六安	0. 0090	0. 0193	0. 0055	0. 0002	0. 1407	0. 0078
亳州	0. 1892	0. 0003	0. 0008	0. 0096	0. 0046	0. 0116	亳州	0. 0063	0. 0193	0. 0071	0. 0004	0. 1226	0. 0039
池州	0. 1632	0. 0001	0. 0073	0. 0267	0. 0149	0. 0245	池州	0. 0034	0. 0821	0. 0093	0. 0031	0. 1438	0. 0141
宣城	0. 2470	0. 0001	0. 0010	0. 0213	0. 0100	0. 0277	宣城	0. 0057	0. 0351	0. 0031	0. 0007	0. 1406	0. 0097
福州	0. 1093	0. 0005	0. 0249	0. 1052	0. 0559	0. 2196	福州	0. 0369	0. 1749	0. 0117	0. 0084	0. 1477	0. 0318
莆田	0. 0379	0. 0005	0. 0030	0. 0199	0. 0124	0. 0317	莆田	0. 0109	0. 0972	0. 0023	0. 0012	0. 1465	0. 0054
三明	0. 1329	0. 0001	0. 0044	0. 0676	0. 0269	0. 0622	三明	0. 0034	0. 2460	0. 0103	0. 0049	0. 1518	0. 0216
泉州	0. 0790	0. 0006	0. 0089	0. 0868	0. 0377	0. 1034	泉州	0. 0304	0. 0991	0. 0187	0. 0044	0. 1467	0. 0340
漳州	0. 1155	0. 0007	0. 0073	0. 1051	0. 0306	0. 0759	漳州	0. 0078	0. 1126	0. 0160	0. 0032	0. 1438	0. 0235
南平	0. 1535	0. 0001	0. 0038	0. 0265	0. 0127	0. 0191	南平	0. 0040	0. 0913	0. 0030	0. 0016	0. 1548	0. 0094
龙岩	0. 2202	0. 0001	0. 0028	0. 0445	0. 0184	0. 0564	龙岩	0. 0066	0. 1340	0. 0041	0. 0008	0. 1416	0. 0087

附录 4-41 全国地级市人口城镇化与土地城镇化指标分值

地级市	人口城镇化（*PU*）						地级市	土地城镇化（*LU*）					
	X_1	X_2	X_3	X_4	X_5	X_6		X_7	X_8	X_9	X_{10}	X_{11}	X_{12}
宁德	0. 1113	0. 0001	0. 0013	0. 0370	0. 0093	0. 0364	宁德	0. 0024	0. 1179	0. 0067	0. 0017	0. 1366	0. 0152
南昌	0. 0877	0. 0005	0. 0598	0. 0551	0. 0404	0. 0928	南昌	0. 0439	0. 1933	0. 0084	0. 0042	0. 1394	0. 0227
景德镇	0. 1206	0. 0005	0. 0091	0. 0666	0. 0316	0. 0625	景德镇	0. 0097	0. 0971	0. 0148	0. 0042	0. 1768	0. 0303
萍乡	0. 0771	0. 0004	0. 0028	0. 0463	0. 0151	0. 0353	萍乡	0. 0055	0. 1128	0. 0063	0. 0015	0. 1393	0. 0094
九江	0. 1591	0. 0004	0. 0089	0. 0628	0. 0301	0. 0640	九江	0. 0138	0. 1600	0. 0198	0. 0030	0. 1714	0. 0344
新余	0. 0679	0. 0002	0. 0163	0. 0267	0. 0167	0. 0283	新余	0. 0093	0. 1157	0. 0103	0. 0016	0. 1723	0. 0177
鹰潭	0. 1580	0. 0008	0. 0031	0. 0513	0. 0294	0. 0551	鹰潭	0. 0030	0. 0637	0. 0132	0. 0021	0. 1531	0. 0284
赣州	0. 1479	0. 0310	0. 0048	0. 0394	0. 0205	0. 0261	赣州	0. 0190	0. 0655	0. 0090	0. 0014	0. 1356	0. 0162
吉安	0. 1672	0. 0002	0. 0016	0. 0435	0. 0235	0. 0189	吉安	0. 0061	0. 0459	0. 0119	0. 0015	0. 1564	0. 0260
宜春	0. 2245	0. 0002	0. 0037	0. 0195	0. 0067	0. 0217	宜春	0. 0081	0. 0202	0. 0055	0. 0008	0. 1518	0. 0140
抚州	0. 0456	0. 0003	0. 0038	0. 0151	0. 0122	0. 0197	抚州	0. 0067	0. 0227	0. 0077	0. 0007	0. 1591	0. 0148
上饶	0. 1306	0. 0018	0. 0015	0. 0311	0. 0097	0. 0171	上饶	0. 0094	0. 0287	0. 0082	0. 0004	0. 1593	0. 0137
淄博	0. 0830	0. 0004	0. 0125	0. 0562	0. 0350	0. 0929	淄博	0. 0379	0. 1107	0. 0113	0. 0025	0. 1531	0. 0202
枣庄	0. 0922	0. 0004	0. 0037	0. 0287	0. 0089	0. 0282	枣庄	0. 0202	0. 0616	0. 0083	0. 0022	0. 1434	0. 0110
东营	0. 0839	0. 0001	0. 0081	0. 0519	0. 0589	0. 0919	东营	0. 0157	0. 3425	0. 0238	0. 0045	0. 1507	0. 0386

附录 4-42 全国地级市人口城镇化与土地城镇化指标分值

地级市	人口城镇化（*PU*）						地级市	土地城镇化（*LU*）					
	X_1	X_2	X_3	X_4	X_5	X_6		X_7	X_8	X_9	X_{10}	X_{11}	X_{12}
烟台	0. 1074	0. 0003	0. 0146	0. 0571	0. 0463	0. 1042	烟台	0. 0465	0. 1913	0. 0161	0. 0041	0. 1216	0. 0464
楼坊	0. 1028	0. 0003	0. 0116	0. 0533	0. 0259	0. 0725	楼坊	0. 0246	0. 1065	0. 0166	0. 0020	0. 1383	0. 0234
济宁	0. 0983	0. 0005	0. 0061	0. 0807	0. 0324	0. 0898	济宁	0. 0270	0. 1032	0. 0210	0. 0024	0. 1399	0. 0254
泰安	0. 1382	0. 0004	0. 0100	0. 0517	0. 0223	0. 0484	泰安	0. 0175	0. 0778	0. 0086	0. 0038	0. 1530	0. 0154
威海	0. 0690	0. 0002	0. 0145	0. 0622	0. 0376	0. 1001	威海	0. 0268	0. 1654	0. 0202	0. 0039	0. 1567	0. 0356
日照	0. 1149	0. 0003	0. 0051	0. 0342	0. 0204	0. 0443	日照	0. 0130	0. 1245	0. 0128	0. 0015	0. 1529	0. 0222
莱芜	0. 0603	0. 0003	0. 0038	0. 0337	0. 0174	0. 0396	莱芜	0. 0159	0. 0702	0. 0115	0. 0031	0. 1531	0. 0205
临沂	0. 1056	0. 0005	0. 0030	0. 0390	0. 0205	0. 0602	临沂	0. 0282	0. 0841	0. 0132	0. 0022	0. 1405	0. 0289
德州	0. 1169	0. 0003	0. 0044	0. 0481	0. 0246	0. 0508	德州	0. 0202	0. 0772	0. 0202	0. 0013	0. 1528	0. 0346
聊城	0. 2109	0. 0003	0. 0035	0. 0532	0. 0189	0. 0451	聊城	0. 0127	0. 0513	0. 0162	0. 0038	0. 1514	0. 0164
滨州	0. 0923	0. 0001	0. 0068	0. 0549	0. 0162	0. 0449	滨州	0. 0148	0. 1035	0. 0153	0. 0039	0. 1572	0. 0282
菏泽	0. 1534	0. 0005	0. 0023	0. 0380	0. 0106	0. 0262	菏泽	0. 0129	0. 0132	0. 0076	0. 0015	0. 1414	0. 0095
郑州	0. 1068	0. 0016	0. 0538	0. 0882	0. 0752	0. 1061	郑州	0. 0635	0. 1779	0. 0113	0. 0071	0. 1364	0. 0266
开封	0. 1068	0. 0007	0. 0083	0. 0617	0. 0247	0. 0649	开封	0. 0172	0. 1094	0. 0156	0. 0228	0. 1078	0. 0211
洛阳	0. 1253	0. 0011	0. 0093	0. 0649	0. 0321	0. 0712	洛阳	0. 0292	0. 0796	0. 0095	0. 0041	0. 1329	0. 0213

附录 4-43　全国地级市人口城镇化与土地城镇化指标分值

地级市	人口城镇化（PU）						地级市	土地城镇化（LU）					
	X_1	X_2	X_3	X_4	X_5	X_6		X_7	X_8	X_9	X_{10}	X_{11}	X_{12}
平顶山	0.0571	0.0012	0.0050	0.0537	0.0258	0.0484	平顶山	0.0088	0.0319	0.0090	0.0026	0.1385	0.0163
安阳	0.1097	0.0010	0.0060	0.0530	0.0198	0.0452	安阳	0.0100	0.0550	0.0069	0.0020	0.1355	0.0118
鹤壁	0.0450	0.0004	0.0036	0.0476	0.0124	0.0222	鹤壁	0.0075	0.1022	0.0096	0.0019	0.1342	0.0203
新乡	0.0739	0.0011	0.0117	0.0471	0.0234	0.0606	新乡	0.0151	0.1026	0.0084	0.0039	0.1350	0.0139
焦作	0.1024	0.0008	0.0137	0.0538	0.0188	0.0330	焦作	0.0151	0.0683	0.0103	0.0025	0.1305	0.0161
濮阳	0.0422	0.0013	0.0008	0.0752	0.0302	0.0261	濮阳	0.0063	0.0802	0.0081	0.0023	0.1282	0.0198
许昌	0.1014	0.0020	0.0035	0.0876	0.0414	0.0695	许昌	0.0114	0.1560	0.0126	0.0082	0.1293	0.0243
漯河	0.0767	0.0006	0.0050	0.0472	0.0106	0.0308	漯河	0.0078	0.0566	0.0055	0.0028	0.1558	0.0074
三门峡	0.2291	0.0007	0.0028	0.0867	0.0302	0.0516	三门峡	0.0028	0.1635	0.0092	0.0033	0.1452	0.0284
南阳	0.1467	0.0004	0.0031	0.0560	0.0171	0.0380	南阳	0.0202	0.0361	0.0094	0.0008	0.0833	0.0273
商丘	0.0999	0.0005	0.0044	0.0230	0.0091	0.0277	商丘	0.0073	0.0299	0.0036	0.0026	0.1416	0.0058
信阳	0.1495	0.0002	0.0034	0.0209	0.0143	0.0255	信阳	0.0112	0.0468	0.0041	0.0006	0.1442	0.0085
周口	0.1498	0.0008	0.0017	0.0580	0.0174	0.0375	周口	0.0081	0.0364	0.0112	0.0032	0.1416	0.0285
驻马店	0.1236	0.0003	0.0017	0.0376	0.0181	0.0278	驻马店	0.0091	0.0530	0.0109	0.0027	0.1369	0.0109
黄石	0.0798	0.0017	0.0083	0.0585	0.0248	0.0654	黄石	0.0111	0.1138	0.0163	0.0058	0.1089	0.0232

附录 4-44　全国地级市人口城镇化与土地城镇化指标分值

地级市	人口城镇化(*PU*)						地级市	土地城镇化(*LU*)					
	X_1	X_2	X_3	X_4	X_5	X_6		X_7	X_8	X_9	X_{10}	X_{11}	X_{12}
十堰	0. 1108	0. 0001	0. 0076	0. 0571	0. 0092	0. 0488	十堰	0. 0136	0. 0587	0. 0059	0. 0042	0. 1132	0. 0091
宜昌	0. 1218	0. 0001	0. 0075	0. 0622	0. 0289	0. 0774	宜昌	0. 0226	0. 1251	0. 0130	0. 0034	0. 1404	0. 0193
襄阳	0. 1046	0. 0003	0. 0043	0. 0463	0. 0183	0. 0399	襄阳	0. 0261	0. 0897	0. 0057	0. 0021	0. 1106	0. 0114
鄂州	0. 0604	0. 0003	0. 0071	0. 0298	0. 0110	0. 0390	鄂州	0. 0075	0. 1202	0. 0031	0. 0010	0. 1081	0. 0105
荆门	0. 1362	0. 0001	0. 0022	0. 0715	0. 0291	0. 0567	荆门	0. 0066	0. 1411	0. 0127	0. 0035	0. 1341	0. 0178
孝感	0. 1014	0. 0004	0. 0042	0. 0170	0. 0161	0. 0221	孝感	0. 0090	0. 0537	0. 0097	0. 0016	0. 0786	0. 0078
荆州	0. 1229	0. 0003	0. 0078	0. 0591	0. 0253	0. 0510	荆州	0. 0102	0. 1154	0. 0083	0. 0034	0. 1222	0. 0135
黄冈	0. 0705	0. 0004	0. 0027	0. 0629	0. 0231	0. 0550	黄冈	0. 0049	0. 1144	0. 0242	0. 0025	0. 0863	0. 0175
咸宁	0. 1544	0. 0002	0. 0069	0. 0389	0. 0114	0. 0253	咸宁	0. 0078	0. 0815	0. 0070	0. 0018	0. 1310	0. 0161
随州	0. 0888	0. 0002	0. 0010	0. 0534	0. 0368	0. 0594	随州	0. 0052	0. 1119	0. 0074	0. 0023	0. 1368	0. 0176
长沙	0. 1644	0. 0008	0. 0443	0. 0962	0. 0538	0. 1595	长沙	0. 0524	0. 1969	0. 0119	0. 0076	0. 1125	0. 0214
株洲	0. 1093	0. 0005	0. 0107	0. 0990	0. 0397	0. 0793	株洲	0. 0186	0. 1751	0. 0188	0. 0059	0. 1306	0. 0200
湘潭	0. 1355	0. 0006	0. 0222	0. 0503	0. 0299	0. 0580	湘潭	0. 0099	0. 2326	0. 0145	0. 0045	0. 1397	0. 0142
衡阳	0. 1417	0. 0007	0. 0070	0. 1184	0. 0344	0. 0790	衡阳	0. 0217	0. 1129	0. 0192	0. 0052	0. 0949	0. 0213
邵阳	0. 1229	0. 0007	0. 0016	0. 0744	0. 0210	0. 0384	邵阳	0. 0076	0. 0426	0. 0141	0. 0021	0. 1157	0. 0178

附录 4-45　全国地级市人口城镇化与土地城镇化指标分值

地级市	人口城镇化（*PU*）						地级市	土地城镇化（*LU*）					
	X_1	X_2	X_3	X_4	X_5	X_6		X_7	X_8	X_9	X_{10}	X_{11}	X_{12}
岳阳	0.1054	0.0004	0.0039	0.0444	0.0215	0.0865	岳阳	0.0124	0.0883	0.0088	0.0048	0.1385	0.0111
常德	0.1582	0.0003	0.0037	0.0401	0.0168	0.0430	常德	0.0114	0.0644	0.0091	0.0019	0.1556	0.0132
张家界	0.2404	0.0001	0.0037	0.0392	0.0122	0.0279	张家界	0.0030	0.0345	0.0057	0.0025	0.1355	0.0055
益阳	0.1413	0.0003	0.0033	0.0375	0.0113	0.0265	益阳	0.0091	0.0629	0.0043	0.0019	0.1354	0.0066
郴州	0.1705	0.0002	0.0022	0.0570	0.0244	0.0839	郴州	0.0094	0.1173	0.0096	0.0094	0.1531	0.0159
永州	0.1953	0.0002	0.0019	0.0385	0.0102	0.0229	永州	0.0072	0.0446	0.0045	0.0018	0.1397	0.0096
怀化	0.2442	0.0003	0.0036	0.0952	0.0401	0.0777	怀化	0.0075	0.0615	0.0100	0.0034	0.1196	0.0197
娄底	0.0545	0.0005	0.0030	0.0464	0.0295	0.0309	娄底	0.0049	0.1389	0.0080	0.0044	0.1357	0.0174
韶关	0.1013	0.0001	0.0059	0.0282	0.0236	0.0648	韶关	0.0127	0.0336	0.0062	0.0016	0.1571	0.0156
珠海	0.0734	0.0003	0.0622	0.0770	0.0685	0.1428	珠海	0.0165	0.1094	0.0480	0.0066	0.2003	0.0639
汕头	0.0824	0.0012	0.0007	0.0186	0.0154	0.0384	汕头	0.0360	0.0251	0.0031	0.0005	0.1486	0.0126
佛山	0.0329	0.0005	0.0065	0.0610	0.0969	0.1208	佛山	0.0372	0.1242	0.0069	0.0067	0.1429	0.0128
江门	0.0833	0.0004	0.0051	0.0505	0.0460	0.0544	江门	0.0204	0.0610	0.0114	0.0026	0.1487	0.0279
湛江	0.1752	0.0004	0.0080	0.0276	0.0239	0.0762	湛江	0.0142	0.0362	0.0060	0.0016	0.1418	0.0134
茂名	0.1397	0.0005	0.0022	0.0226	0.0073	0.0368	茂名	0.0159	0.0100	0.0102	0.0001	0.1096	0.0047

附录 4-46　全国地级市人口城镇化与土地城镇化指标分值

地级市	人口城镇化（*PU*）						地级市	土地城镇化（*LU*）					
	X_1	X_2	X_3	X_4	X_5	X_6		X_7	X_8	X_9	X_{10}	X_{11}	X_{12}
肇庆	0. 0993	0. 0002	0. 0096	0. 0233	0. 0237	0. 0396	肇庆	0. 0154	0. 0769	0. 0086	0. 0015	0. 1205	0. 0208
惠州	0. 0362	0. 0002	0. 0048	0. 0739	0. 0345	0. 0770	惠州	0. 0304	0. 1232	0. 0174	0. 0064	0. 1456	0. 0390
梅州	0. 1549	0. 0001	0. 0022	0. 0373	0. 0202	0. 0401	梅州	0. 0060	0. 0241	0. 0058	0. 0040	0. 1449	0. 0141
汕尾	0. 0624	0. 0006	0. 0006	0. 0369	0. 0046	0. 0300	汕尾	0. 0004	0. 0124	0. 0034	0. 0019	0. 1391	0. 0106
河源	0. 0718	0. 0004	0. 0014	0. 0766	0. 0296	0. 0809	河源	0. 0046	0. 0963	0. 0102	0. 0026	0. 1541	0. 0089
阳江	0. 1297	0. 0002	0. 0015	0. 0291	0. 0138	0. 0436	阳江	0. 0075	0. 0542	0. 0062	0. 0004	0. 1367	0. 0075
清远	0. 0998	0. 0002	0. 0014	0. 0382	0. 0164	0. 0385	清远	0. 0553	0. 0355	0. 0030	0. 0011	0. 0147	0. 0100
东莞	0. 0000	0. 0004	0. 0310	0. 1363	0. 1480	0. 1991	东莞	0. 1371	0. 1179	0. 0650	0. 0101	0. 1529	0. 1195
中山	0. 0247	0. 0004	0. 0131	0. 0657	0. 0830	0. 1193	中山	0. 0187	0. 1039	0. 0033	0. 0059	0. 1068	0. 0155
潮州	0. 0766	0. 0005	0. 0035	0. 0273	0. 0160	0. 0329	潮州	0. 0000	0. 0187	0. 0102	0. 0001	0. 0754	0. 0101
揭阳	0. 0970	0. 0009	0. 0007	0. 0180	0. 0091	0. 0255	揭阳	0. 0172	0. 0379	0. 0043	0. 0003	0. 0976	0. 0059
云浮	0. 1537	0. 0002	0. 0013	0. 0171	0. 0246	0. 0435	云浮	0. 0010	0. 1082	0. 0046	0. 0014	0. 1451	0. 0191
南宁	0. 1455	0. 0002	0. 0267	0. 0899	0. 0396	0. 0876	南宁	0. 0409	0. 1375	0. 0117	0. 0040	0. 1462	0. 0242
柳州	0. 0753	0. 0005	0. 0098	0. 0856	0. 0362	0. 1118	柳州	0. 0255	0. 1840	0. 0138	0. 0041	0. 1484	0. 0358
桂林	0. 1462	0. 0002	0. 0226	0. 0608	0. 0326	0. 0552	桂林	0. 0127	0. 0409	0. 0078	0. 0019	0. 1353	0. 0162

附录 4-47　全国地级市人口城镇化与土地城镇化指标分值

地级市	人口城镇化（*PU*）						地级市	土地城镇化（*LU*）					
	X_1	X_2	X_3	X_4	X_5	X_6		X_7	X_8	X_9	X_{10}	X_{11}	X_{12}
梧州	0.1473	0.0002	0.0022	0.0582	0.0108	0.0383	梧州	0.0063	0.0949	0.0110	0.0019	0.1360	0.0152
北海	0.1320	0.0003	0.0072	0.0287	0.0239	0.0308	北海	0.0088	0.1877	0.0116	0.0021	0.1373	0.0123
防城港	0.1524	0.0001	0.0017	0.0278	0.0118	0.0136	防城港	0.0036	0.0987	0.0095	0.0018	0.1031	0.0031
钦州	0.1128	0.0001	0.0026	0.0235	0.0040	0.0156	钦州	0.0118	0.0390	0.0062	0.0004	0.1216	0.0034
贵港	0.1923	0.0003	0.0062	0.0131	0.0028	0.0149	贵港	0.0085	0.0155	0.0026	0.0000	0.0758	0.0037
玉林	0.1922	0.0004	0.0011	0.0262	0.0134	0.0408	玉林	0.0081	0.0561	0.0075	0.0005	0.1250	0.0110
百色	0.1804	0.0000	0.0042	0.0720	0.0178	0.0293	百色	0.0046	0.0544	0.0102	0.0015	0.1204	0.0149
贺州	0.2087	0.0001	0.0023	0.0152	0.0049	0.0100	贺州	0.0015	0.0558	0.0013	0.0002	0.1662	0.0027
河池	0.1845	0.0001	0.0018	0.0589	0.0148	0.0265	河池	0.0013	0.0306	0.0058	0.0016	0.1214	0.0111
来宾	0.1292	0.0001	0.0016	0.0195	0.0010	0.0063	来宾	0.0040	0.0249	0.0040	0.0010	0.1070	0.0049
崇左	0.1885	0.0001	0.0089	0.0123	0.0041	0.0064	崇左	0.0021	0.0366	0.0043	0.0006	0.1416	0.0111
海口	0.1973	0.0003	0.0483	0.0795	0.0422	0.0596	海口	0.0195	0.0935	0.0081	0.0039	0.1548	0.0243
三亚	0.2590	0.0001	0.0424	0.0689	0.0384	0.0508	三亚	0.0081	0.2016	0.0057	0.0050	0.0814	0.0234
自贡	0.1295	0.0005	0.0057	0.0226	0.0114	0.0341	自贡	0.0147	0.0320	0.0083	0.0019	0.1185	0.0144
攀枝花	0.0916	0.0002	0.0112	0.0706	0.0293	0.0584	攀枝花	0.0090	0.0906	0.0100	0.0037	0.1347	0.0211

附录 4-49 全国地级市人口城镇化与土地城镇化指标分值

地级市	人口城镇化（*PU*）						地级市	土地城镇化（*LU*）					
	X_1	X_2	X_3	X_4	X_5	X_6		X_7	X_8	X_9	X_{10}	X_{11}	X_{12}
泸州	0.0918	0.0003	0.0044	0.0471	0.0186	0.0280	泸州	0.0159	0.0682	0.0075	0.0025	0.1349	0.0138
德阳	0.1207	0.0005	0.0097	0.0411	0.0289	0.0408	德阳	0.0091	0.0561	0.0078	0.0017	0.1348	0.0149
绵阳	0.1274	0.0004	0.0118	0.0479	0.0298	0.0545	绵阳	0.0166	0.0631	0.0103	0.0041	0.1305	0.0201
广元	0.1855	0.0001	0.0020	0.0330	0.0147	0.0242	广元	0.0063	0.0365	0.0048	0.0013	0.1258	0.0098
遂宁	0.1394	0.0004	0.0017	0.0224	0.0083	0.0175	遂宁	0.0093	0.0449	0.0112	0.0003	0.1121	0.0062
内江	0.1208	0.0004	0.0031	0.0210	0.0090	0.0164	内江	0.0087	0.0240	0.0022	0.0020	0.1172	0.0068
乐山	0.1201	0.0002	0.0071	0.0432	0.0213	0.0334	乐山	0.0090	0.0611	0.0057	0.0014	0.1108	0.0075
南充	0.1550	0.0004	0.0049	0.0182	0.0158	0.0218	南充	0.0151	0.0294	0.0059	0.0011	0.1470	0.0121
眉山	0.1911	0.0003	0.0033	0.0338	0.0174	0.0221	眉山	0.0049	0.0493	0.0064	0.0939	0.1312	0.0083
宜宾	0.1119	0.0003	0.0022	0.0443	0.0135	0.0350	宜宾	0.0109	0.0345	0.0041	0.0018	0.1292	0.0116
广安	0.2143	0.0004	0.0007	0.0091	0.0116	0.0157	广安	0.0054	0.0355	0.0038	0.0001	0.1336	0.0079
达州	0.1567	0.0003	0.0016	0.0139	0.0130	0.0202	达州	0.0141	0.0244	0.0005	0.0001	0.1179	0.0142
雅安	0.2146	0.0002	0.0157	0.0389	0.0178	0.0222	雅安	0.0028	0.0208	0.0040	0.0003	0.1388	0.0072
巴中	0.1055	0.0002	0.0001	0.0321	0.0053	0.0079	巴中	0.0034	0.0336	0.0013	0.0004	0.1367	0.0044
资阳	0.1313	0.0003	0.0002	0.0242	0.0090	0.0133	资阳	0.0046	0.0165	0.0033	0.0005	0.1311	0.0058

附录 4-50　全国地级市人口城镇化与土地城镇化指标分值

地级市	人口城镇化（*PU*）						地级市	土地城镇化（*LU*）					
	X_1	X_2	X_3	X_4	X_5	X_6		X_7	X_8	X_9	X_{10}	X_{11}	X_{12}
贵阳	0.0005	0.0004	0.0498	0.0832	0.0521	0.0742	贵阳	0.0331	0.1286	0.0090	0.0052	0.0758	0.0562
六盘水	0.1105	0.0005	0.0015	0.0638	0.0256	0.0567	六盘水	0.0087	0.1384	0.0099	0.0035	0.1210	0.0144
遵义	0.1781	0.0003	0.0034	0.0584	0.0387	0.0536	遵义	0.0108	0.0649	0.0044	0.0034	0.0950	0.0578
安顺	0.1469	0.0002	0.0022	0.0177	0.0044	0.0061	安顺	0.0078	0.0330	0.0032	0.0013	0.1241	0.0042
毕节	0.2516	0.0002	0.0006	0.0132	0.0011	0.0096	毕节	0.0043	0.0125	0.0016	0.0002	0.0997	0.0057
铜仁	0.2417	0.0001	0.0033	0.1173	0.0116	0.0137	铜仁	0.0046	0.0842	0.0052	0.0009	0.1002	0.0127
昆明	0.1785	0.0003	0.0415	0.1118	0.0578	0.1011	昆明	0.0592	0.1279	0.0148	0.0080	0.1417	0.0258
曲靖	0.0980	0.0002	0.0015	0.0436	0.0205	0.0319	曲靖	0.0081	0.0836	0.0124	0.0022	0.1214	0.0144
玉溪	0.1273	0.0002	0.0034	0.0728	0.0302	0.0470	玉溪	0.0024	0.0687	0.0127	0.0016	0.1226	0.0114
保山	0.1190	0.0001	0.0023	0.0193	0.0043	0.0142	保山	0.0030	0.0167	0.0041	0.0005	0.0766	0.0031
昭通	0.2171	0.0002	0.0006	0.0350	0.0040	0.0119	昭通	0.0040	0.0139	0.0030	0.0005	0.0793	0.0032
丽江	0.2535	0.0000	0.0103	0.0612	0.0477	0.0474	丽江	0.0022	0.0600	0.0095	0.0092	0.1081	0.0545
普洱	0.1669	0.0000	0.0020	0.0549	0.0239	0.0328	普洱	0.0019	0.0511	0.0075	0.0022	0.1282	0.0195
临沧	0.1827	0.0001	0.0009	0.0416	0.0059	0.0200	临沧	0.0012	0.0250	0.0050	0.0004	0.1128	0.0122
拉萨	0.3022	0.0001	0.0212	0.1207	0.0832	0.1373	拉萨	0.0000	0.1428	0.0392	0.0093	0.1289	0.0149

附录 4-51　全国地级市人口城镇化与土地城镇化指标分值

地级市	人口城镇化（*PU*）						地级市	土地城镇化（*LU*）					
	X_1	X_2	X_3	X_4	X_5	X_6		X_7	X_8	X_9	X_{10}	X_{11}	X_{12}
铜川	0. 1270	0. 0001	0. 0017	0. 0383	0. 0108	0. 0193	铜川	0. 0045	0. 0656	0. 0042	0. 0014	0. 1484	0. 0112
宝鸡	0. 1119	0. 0002	0. 0043	0. 0478	0. 0195	0. 2181	宝鸡	0. 0112	0. 0598	0. 0074	0. 0024	0. 1370	0. 0130
咸阳	0. 1092	0. 0008	0. 0127	0. 0808	0. 0337	0. 0377	咸阳	0. 0114	0. 2613	0. 0085	0. 0020	0. 1014	0. 0135
渭南	0. 1894	0. 0004	0. 0013	0. 0721	0. 0150	0. 0227	渭南	0. 0090	0. 0797	0. 0133	0. 0011	0. 0702	0. 0131
延安	0. 2088	0. 0001	0. 0053	0. 0713	0. 0326	0. 0376	延安	0. 0033	0. 1064	0. 0016	0. 0034	0. 1414	0. 0137
汉中	0. 1715	0. 0005	0. 0058	0. 0564	0. 0293	0. 0344	汉中	0. 0042	0. 0519	0. 0037	0. 0003	0. 0830	0. 0503
榆林	0. 1878	0. 0000	0. 0022	0. 0551	0. 0411	0. 0324	榆林	0. 0075	0. 0913	0. 0150	0. 0016	0. 1260	0. 0229
安康	0. 2164	0. 0001	0. 0034	0. 0250	0. 0096	0. 0122	安康	0. 0039	0. 0246	0. 0037	0. 0004	0. 1482	0. 0073
商洛	0. 1888	0. 0001	0. 0037	0. 0310	0. 0123	0. 0077	商洛	0. 0018	0. 0305	0. 0019	0. 0003	0. 0698	0. 0058
兰州	0. 1405	0. 0006	0. 0686	0. 0850	0. 0655	0. 0871	兰州	0. 0318	0. 0796	0. 0078	0. 0050	0. 1153	0. 0192
嘉峪关	0. 0435	0. 0000	0. 0072	0. 0607	0. 0397	0. 0435	嘉峪关	0. 0084	0. 1116	0. 0170	0. 0024	0. 1325	0. 0066
金昌	0. 0209	0. 0000	0. 0036	0. 0501	0. 0316	0. 0348	金昌	0. 0042	0. 1181	0. 0197	0. 0019	0. 1223	0. 0338
白银	0. 0830	0. 0001	0. 0006	0. 0542	0. 0201	0. 0358	白银	0. 0072	0. 0751	0. 0104	0. 0021	0. 1164	0. 0151
天水	0. 1605	0. 0001	0. 0052	0. 0240	0. 0137	0. 0179	天水	0. 0063	0. 0235	0. 0031	0. 0011	0. 1284	0. 0085
武威	0. 1479	0. 0001	0. 0048	0. 0216	0. 0000	0. 0114	武威	0. 0027	0. 0396	0. 0030	0. 0011	0. 0683	0. 0096

附录 4-52　全国地级市人口城镇化与土地城镇化指标分值

地级市	人口城镇化(*PU*)						地级市	土地城镇化(*LU*)					
	X_1	X_2	X_3	X_4	X_5	X_6		X_7	X_8	X_9	X_{10}	X_{11}	X_{12}
张掖	0.1929	0.0001	0.0078	0.0459	0.0147	0.0229	张掖	0.0075	0.0222	0.0107	0.0012	0.0592	0.0160
平凉	0.1604	0.0001	0.0010	0.0389	0.0128	0.0206	平凉	0.0033	0.0103	0.0014	0.0014	0.0589	0.0068
酒泉	0.1625	0.0001	0.0036	0.0422	0.0274	0.0273	酒泉	0.0057	0.0871	0.0111	0.0029	0.1246	0.0183
庆阳	0.0919	0.0002	0.0033	0.0553	0.0232	0.0243	庆阳	0.0015	0.1086	0.0062	0.0022	0.1126	0.0058
定西	0.1735	0.0001	0.0006	0.0300	0.0084	0.0081	定西	0.0016	0.0307	0.0041	0.0005	0.0814	0.0128
陇南	0.2374	0.0000	0.0009	0.0000	0.0044	0.0058	陇南	0.0000	0.0160	0.0000	0.0001	0.0000	0.0015
西宁	0.1675	0.0009	0.0182	0.0800	0.0442	0.0547	西宁	0.0114	0.1061	0.0081	0.0117	0.1313	0.0233
海东	0.2041	0.0000	0.0000	0.0282	0.0109	0.0078	海东	0.0030	0.0887	0.0150	0.0006	0.0424	0.0058
银川	0.2294	0.0002	0.0288	0.1002	0.0547	0.0485	银川	0.0229	0.0950	0.0146	0.0071	0.1383	0.0446
石嘴山	0.1321	0.0001	0.0053	0.0506	0.0239	0.0210	石嘴山	0.0133	0.1055	0.0318	0.0023	0.1373	0.0435
吴忠	0.1860	0.0002	0.0011	0.0295	0.0175	0.0159	吴忠	0.0126	0.0993	0.0106	0.0041	0.0716	0.0218
固原	0.2757	0.0000	0.0020	0.0262	0.0041	0.0057	固原	0.0057	0.0363	0.0145	0.0010	0.0684	0.0092
中卫	0.1766	0.0000	0.0021	0.0213	0.0102	0.0093	中卫	0.0027	0.0437	0.0110	0.0021	0.1245	0.0203
乌鲁木齐	0.1762	0.0001	0.0357	0.0812	0.0458	0.0737	乌鲁木齐	0.0623	0.0977	0.0101	0.0071	0.1363	0.0249
克拉玛依	0.0656	0.0000	0.0090	0.0000	0.0369	0.0211	克拉玛依	0.0087	0.1222	0.0321	0.0070	0.1473	0.0208

附录 4-53　全国地级市人口城镇化与土地城镇化综合分值及耦合协调度值

城市	*PU*	*LU*	*D*	城市	*PU*	*LU*	*D*	城市	*PU*	*LU*	*D*
石家庄	0.2994	0.3527	0.4031	晋城	0.3332	0.3626	0.4169	乌兰察布	0.4156	0.3121	0.4244
唐山	0.3240	0.3203	0.4013	朔州	0.2313	0.2671	0.3525	鞍山	0.2159	0.2567	0.3431
秦皇岛	0.4049	0.2795	0.4101	晋中	0.3380	0.2371	0.3762	抚顺	0.2490	0.2356	0.3480
邯郸	0.2414	0.2845	0.3620	运城	0.3491	0.2222	0.3732	本溪	0.2222	0.2742	0.3513
邢台	0.4456	0.3055	0.4295	忻州	0.3970	0.1598	0.3549	丹东	0.2872	0.1163	0.3023
保定	0.2121	0.2274	0.3314	临汾	0.3594	0.1966	0.3645	锦州	0.3407	0.1977	0.3602
张家口	0.3252	0.2609	0.3816	吕梁	0.3396	0.2096	0.3652	营口	0.2905	0.2829	0.3786
承德	0.3400	0.2804	0.3929	呼和浩特	0.5956	0.2957	0.4581	阜新	0.2282	0.1971	0.3256
沧州	0.4046	0.4842	0.4704	包头	0.3686	0.4423	0.4493	辽阳	0.2482	0.2269	0.3444
廊坊	0.2596	0.2532	0.3580	乌海	0.2016	0.3336	0.3601	盘锦	0.2727	0.2638	0.3662
衡水	0.3711	0.2373	0.3852	赤峰	0.2783	0.2463	0.3618	铁岭	0.3474	0.2165	0.3703
太原	0.4445	0.3217	0.4348	通辽	0.2486	0.2819	0.3638	朝阳	0.3082	0.1021	0.2978
大同	0.2526	0.2223	0.3442	鄂尔多斯	0.6401	0.6631	0.5708	葫芦岛	0.1370	0.1524	0.2688
阳泉	0.1901	0.2284	0.3228	呼伦贝尔	0.3183	0.1940	0.3525	吉林	0.3073	0.3087	0.3924
长治	0.3717	0.2640	0.3957	巴彦淖尔	0.3269	0.2176	0.3652	四平	0.3162	0.2052	0.3569

附录 4-54　全国地级市人口城镇化与土地城镇化综合分值及耦合协调度值

城市	*PU*	*LU*	*D*	城市	*PU*	*LU*	*D*	城市	*PU*	*LU*	*D*
辽源	0. 1718	0. 2788	0. 3308	绥化	0. 2308	0. 1173	0. 2868	湖州	0. 2430	0. 3075	0. 3697
通化	0. 1767	0. 2330	0. 3185	无锡	0. 3260	0. 4591	0. 4398	绍兴	0. 1782	0. 3142	0. 3440
白山	0. 2011	0. 1834	0. 3099	徐州	0. 2306	0. 3151	0. 3671	金华	0. 3420	0. 2381	0. 3777
松原	0. 1971	0. 3226	0. 3551	常州	0. 3017	0. 3805	0. 4116	衢州	0. 2638	0. 3425	0. 3877
白城	0. 3171	0. 1679	0. 3397	苏州	0. 2962	0. 4228	0. 4206	舟山	0. 3418	0. 3910	0. 4275
齐齐哈尔	0. 2515	0. 1856	0. 3287	南通	0. 2035	0. 3537	0. 3662	台州	0. 2319	0. 2478	0. 3462
鸡西	0. 1568	0. 1798	0. 2897	连云港	0. 1994	0. 2718	0. 3412	丽水	0. 4608	0. 2568	0. 4147
鹤岗	0. 2520	0. 1826	0. 3275	淮安	0. 1326	0. 2433	0. 2997	合肥	0. 3730	0. 5417	0. 4741
双鸭山	0. 2147	0. 2094	0. 3256	盐城	0. 1731	0. 2740	0. 3300	芜湖	0. 2450	0. 3860	0. 3921
大庆	0. 4834	0. 2964	0. 4350	扬州	0. 1680	0. 2901	0. 3322	蚌埠	0. 2346	0. 2610	0. 3517
伊春	0. 1259	0. 1792	0. 2740	镇江	0. 3288	0. 4563	0. 4401	淮南	0. 1861	0. 2124	0. 3153
佳木斯	0. 2827	0. 1844	0. 3379	泰州	0. 1437	0. 3026	0. 3229	马鞍山	0. 2201	0. 4188	0. 3896
七台河	0. 1256	0. 1922	0. 2787	宿迁	0. 0692	0. 2337	0. 2522	淮北	0. 1265	0. 2956	0. 3109
牡丹江	0. 3332	0. 1418	0. 3297	温州	0. 4820	0. 3359	0. 4485	铜陵	0. 2668	0. 5400	0. 4356
黑河	0. 3532	0. 2099	0. 3690	嘉兴	0. 3077	0. 3258	0. 3979	安庆	0. 2272	0. 2776	0. 3544

附录 4-55　全国地级市人口城镇化与土地城镇化综合分值及耦合协调度值

城市	*PU*	*LU*	*D*	城市	*PU*	*LU*	*D*	城市	*PU*	*LU*	*D*
黄山	0. 3213	0. 3045	0. 3955	宁德	0. 1953	0. 2806	0. 3421	烟台	0. 3298	0. 4258	0. 4329

续表

城市	PU	LU	D	城市	PU	LU	D	城市	PU	LU	D
滁州	0. 2154	0. 2478	0. 3399	南昌	0. 3363	0. 4119	0. 4314	楼坊	0. 2664	0. 3113	0. 3795
阜阳	0. 2304	0. 1628	0. 3112	景德镇	0. 2910	0. 3330	0. 3945	济宁	0. 3079	0. 3189	0. 3958
宿州	0. 1495	0. 2105	0. 2978	萍乡	0. 1769	0. 2748	0. 3320	泰安	0. 2711	0. 2761	0. 3699
六安	0. 2624	0. 1826	0. 3308	九江	0. 3253	0. 4024	0. 4253	威海	0. 2836	0. 4086	0. 4126
亳州	0. 2162	0. 1594	0. 3047	新余	0. 1561	0. 3268	0. 3360	日照	0. 2192	0. 3270	0. 3659
池州	0. 2366	0. 2558	0. 3507	鹰潭	0. 2978	0. 2634	0. 3742	莱芜	0. 1552	0. 2743	0. 3212
宣城	0. 3072	0. 1950	0. 3498	赣州	0. 2698	0. 2468	0. 3592	临沂	0. 2290	0. 2970	0. 3611
福州	0. 5154	0. 4113	0. 4798	吉安	0. 2549	0. 2477	0. 3544	德州	0. 2450	0. 3063	0. 3701
莆田	0. 1055	0. 2634	0. 2887	宜春	0. 2763	0. 2005	0. 3430	聊城	0. 3321	0. 2519	0. 3803
三明	0. 2940	0. 4381	0. 4236	抚州	0. 0967	0. 2116	0. 2675	滨州	0. 2153	0. 3229	0. 3631
泉州	0. 3164	0. 3334	0. 4030	上饶	0. 1919	0. 2199	0. 3205	菏泽	0. 2311	0. 1862	0. 3221
漳州	0. 3351	0. 3069	0. 4004	淄博	0. 2800	0. 3358	0. 3916	郑州	0. 4318	0. 4228	0. 4622
南平	0. 2157	0. 2641	0. 3455	枣庄	0. 1622	0. 2468	0. 3163	开封	0. 2672	0. 2938	0. 3743
龙岩	0. 3423	0. 2958	0. 3988	东营	0. 2949	0. 5757	0. 4539	洛阳	0. 3038	0. 2768	0. 3808

附录 4-56　全国地级市人口城镇化与土地城镇化综合分值及耦合协调度值

城市	PU	LU	D	城市	PU	LU	D	城市	PU	LU	D
平顶山	0. 1911	0. 2071	0. 3154	十堰	0. 2337	0. 2048	0. 3307	岳阳	0. 2619	0. 2640	0. 3626

续表

城市	*PU*	*LU*	*D*	城市	*PU*	*LU*	*D*	城市	*PU*	*LU*	*D*
安阳	0. 2347	0. 2212	0. 3375	宜昌	0. 2980	0. 3238	0. 3941	常德	0. 2621	0. 2556	0. 3597
鹤壁	0. 1312	0. 2756	0. 3084	襄阳	0. 2137	0. 2456	0. 3385	张家界	0. 3235	0. 1868	0. 3506
新乡	0. 2179	0. 2790	0. 3511	鄂州	0. 1475	0. 2503	0. 3100	益阳	0. 2202	0. 2203	0. 3318
焦作	0. 2225	0. 2429	0. 3410	荆门	0. 2960	0. 3157	0. 3909	郴州	0. 3381	0. 3147	0. 4039
濮阳	0. 1757	0. 2449	0. 3221	孝感	0. 1612	0. 1604	0. 2836	永州	0. 2689	0. 2074	0. 3436
许昌	0. 3055	0. 3417	0. 4019	荆州	0. 2663	0. 2729	0. 3671	怀化	0. 4611	0. 2217	0. 3998
漯河	0. 1709	0. 2358	0. 3168	黄冈	0. 2147	0. 2498	0. 3403	娄底	0. 1650	0. 3093	0. 3361
三门峡	0. 4011	0. 3524	0. 4336	咸宁	0. 2371	0. 2451	0. 3472	韶关	0. 2240	0. 2269	0. 3358
南阳	0. 2613	0. 1771	0. 3280	随州	0. 2397	0. 2812	0. 3603	珠海	0. 4242	0. 4447	0. 4660
商丘	0. 1645	0. 1909	0. 2976	长沙	0. 5189	0. 4028	0. 4781	汕头	0. 1567	0. 2258	0. 3067
信阳	0. 2138	0. 2154	0. 3276	株洲	0. 3386	0. 3690	0. 4204	佛山	0. 3185	0. 3307	0. 4029
周口	0. 2653	0. 2291	0. 3511	湘潭	0. 2965	0. 4153	0. 4189	江门	0. 2396	0. 2719	0. 3572
驻马店	0. 2092	0. 2236	0. 3288	衡阳	0. 3810	0. 2752	0. 4024	湛江	0. 3114	0. 2132	0. 3589
黄石	0. 2384	0. 2791	0. 3592	邵阳	0. 2590	0. 2000	0. 3373	茂名	0. 2091	0. 1505	0. 2978

附录 4-57　全国地级市人口城镇化与土地城镇化综合分值及耦合协调度值

城市	*PU*	*LU*	*D*	城市	*PU*	*LU*	*D*	城市	*PU*	*LU*	*D*
肇庆	0. 1958	0. 2438	0. 3305	梧州	0. 2570	0. 2652	0. 3613	泸州	0. 1902	0. 2428	0. 3278

续表

城市	PU	LU	D	城市	PU	LU	D	城市	PU	LU	D
惠州	0. 2266	0. 3621	0. 3785	北海	0. 2228	0. 3598	0. 3763	德阳	0. 2417	0. 2244	0. 3412
梅州	0. 2549	0. 1988	0. 3355	防城港	0. 2074	0. 2198	0. 3267	绵阳	0. 2719	0. 2448	0. 3592
汕尾	0. 1350	0. 1678	0. 2743	钦州	0. 1586	0. 1825	0. 2917	广元	0. 2595	0. 1845	0. 3307
河源	0. 2608	0. 2768	0. 3665	贵港	0. 2296	0. 1061	0. 2794	遂宁	0. 1897	0. 1839	0. 3056
阳江	0. 2179	0. 2124	0. 3280	玉林	0. 2741	0. 2082	0. 3456	内江	0. 1707	0. 1610	0. 2879
清远	0. 1945	0. 1196	0. 2762	百色	0. 3038	0. 2060	0. 3537	乐山	0. 2254	0. 1954	0. 3240
东莞	0. 5147	0. 6025	0. 5277	贺州	0. 2413	0. 2277	0. 3424	南充	0. 2159	0. 2106	0. 3265
中山	0. 3062	0. 2541	0. 3734	河池	0. 2865	0. 1717	0. 3330	眉山	0. 2681	0. 2941	0. 3747
潮州	0. 1568	0. 1144	0. 2588	来宾	0. 1578	0. 1459	0. 2755	宜宾	0. 2072	0. 1922	0. 3159
揭阳	0. 1512	0. 1634	0. 2803	崇左	0. 2202	0. 1963	0. 3224	广安	0. 2518	0. 1864	0. 3291
云浮	0. 2403	0. 2794	0. 3599	海口	0. 4272	0. 3041	0. 4245	达州	0. 2057	0. 1710	0. 3062
南宁	0. 3894	0. 3645	0. 4340	三亚	0. 4596	0. 3252	0. 4397	雅安	0. 3094	0. 1738	0. 3405
柳州	0. 3192	0. 4115	0. 4257	自贡	0. 2038	0. 1899	0. 3136	巴中	0. 1511	0. 1800	0. 2871
桂林	0. 3177	0. 2149	0. 3614	攀枝花	0. 2612	0. 2690	0. 3641	资阳	0. 1783	0. 1619	0. 2915

附录 4-58 全国地级市人口城镇化与土地城镇化综合分值及耦合协调度值

城市	PU	LU	D	城市	PU	LU	D	城市	PU	LU	D
贵阳	0. 2601	0. 3079	0. 3762	铜川	0. 1971	0. 2353	0. 3281	张掖	0. 2843	0. 1168	0. 3018

续表

城市	PU	LU	D	城市	PU	LU	D	城市	PU	LU	D
六盘水	0. 2586	0. 2959	0. 3719	宝鸡	0. 4019	0. 2308	0. 3902	平凉	0. 2337	0. 0820	0. 2631
遵义	0. 3325	0. 2363	0. 3744	咸阳	0. 2749	0. 3980	0. 4067	酒泉	0. 2629	0. 2497	0. 3579
安顺	0. 1776	0. 1737	0. 2963	渭南	0. 3008	0. 1864	0. 3441	庆阳	0. 1981	0. 2368	0. 3291
毕节	0. 2763	0. 1240	0. 3042	延安	0. 3556	0. 2697	0. 3935	定西	0. 2206	0. 1313	0. 2917
铜仁	0. 3877	0. 2078	0. 3767	汉中	0. 2978	0. 1935	0. 3465	陇南	0. 2485	0. 0176	0. 1820
昆明	0. 4910	0. 3774	0. 4640	榆林	0. 3186	0. 2643	0. 3809	西宁	0. 3655	0. 2920	0. 4042
曲靖	0. 1957	0. 2421	0. 3299	安康	0. 2667	0. 1882	0. 3347	海东	0. 2509	0. 1556	0. 3143
玉溪	0. 2808	0. 2193	0. 3522	商洛	0. 2436	0. 1102	0. 2862	银川	0. 4618	0. 3226	0. 4393
保山	0. 1591	0. 1040	0. 2536	兰州	0. 4473	0. 2587	0. 4124	石嘴山	0. 2329	0. 3338	0. 3734
昭通	0. 2687	0. 1039	0. 2890	嘉峪关	0. 1946	0. 2784	0. 3411	吴忠	0. 2501	0. 2199	0. 3424
丽江	0. 4201	0. 2436	0. 3999	金昌	0. 1411	0. 3000	0. 3208	固原	0. 3137	0. 1351	0. 3208
普洱	0. 2805	0. 2104	0. 3485	白银	0. 1937	0. 2263	0. 3236	中卫	0. 2195	0. 2042	0. 3254
临沧	0. 2511	0. 1566	0. 3149	天水	0. 2214	0. 1708	0. 3118	乌鲁木齐	0. 4128	0. 3384	0. 4323
拉萨	0. 6646	0. 3351	0. 4858	武威	0. 1858	0. 1242	0. 2756	克拉玛依	0. 1327	0. 3382	0. 3254

附录 5-1　全国县级市人口城镇化与土地城镇化原始指标数据

县级市	人口城镇化（PU）				土地城镇化（LU）				县级市	人口城镇化（PU）				土地城镇化（LU）			
	X_1	X_2	X_3	X_4	X_5	X_6	X_7	X_8		X_1	X_2	X_3	X_4	X_5	X_6	X_7	X_8
晋州	0. 363	0. 236	979. 7	31284. 7	47654. 5	14. 83	20. 11	1. 02	三河	0. 422	0. 301	1373. 5	58932. 0	75202. 4	19. 31	24. 96	1. 18

续表

县级市	人口城镇化（*PU*）				土地城镇化（*LU*）				县级市	人口城镇化（*PU*）				土地城镇化（*LU*）			
	X_1	X_2	X_3	X_4	X_5	X_6	X_7	X_8		X_1	X_2	X_3	X_4	X_5	X_6	X_7	X_8
新乐	0. 371	0. 173	1343. 2	22126. 9	45400. 9	13. 87	24. 62	0. 98	深州	0. 484	0. 320	892. 5	25672. 4	15882. 9	20. 00	20. 92	0. 92
遵化	0. 461	0. 270	1313. 6	43523. 6	35582. 0	26. 00	22. 76	1. 26	定州	0. 463	0. 311	1125. 8	26266. 1	20013. 2	42. 80	10. 42	0. 53
迁安	0. 499	0. 319	1230. 1	63368. 5	77399. 0	43. 50	21. 34	2. 18	辛集	0. 509	0. 254	1344. 6	43662. 9	33276. 6	30. 18	39. 38	2. 25
武安	0. 610	0. 286	1479. 2	44408. 2	38132. 2	34. 50	25. 84	1. 58	古交	0. 111	0. 709	1375. 7	56990. 6	29480. 0	16. 66	16. 84	1. 06
南宫	0. 328	0. 279	1061. 9	24565. 1	21228. 0	15. 73	23. 12	1. 27	潞城	0. 210	0. 403	1185. 7	28560. 4	67169. 6	10. 50	13. 09	0. 83
沙河	0. 442	0. 208	1570. 7	38530. 5	48717. 2	17. 15	28. 11	1. 46	高平	0. 321	0. 249	1146. 8	36428. 9	30987. 1	17. 80	19. 07	1. 42
涿州	0. 402	0. 409	946. 4	39264. 1	29008. 3	33. 61	23. 94	1. 09	介休	0. 211	0. 412	1271. 0	44789. 0	33107. 8	20. 50	13. 88	0. 95
安国	0. 328	0. 251	1115. 1	32965. 6	24074. 1	13. 12	29. 18	0. 97	永济	0. 248	0. 376	899. 8	22237. 2	26101. 0	23. 04	16. 75	1. 43
高碑店	0. 306	0. 223	1058. 6	44715. 3	21538. 4	20. 58	38. 00	0. 90	河津	0. 180	0. 534	1389. 9	33113. 1	37344. 0	28. 82	25. 88	1. 59
泊头	0. 450	0. 266	1321. 2	32390. 4	30456. 3	20. 03	44. 27	1. 12	原平	0. 310	0. 318	965. 0	37088. 6	33454. 6	15. 10	9. 88	1. 14
任丘	0. 384	0. 393	1274. 8	43287. 0	19340. 8	47. 25	7. 48	1. 09	侯马	0. 040	0. 633	101. 2	5106. 2	3426. 2	20. 43	18. 23	1. 29
黄骅	0. 445	0. 248	1169. 5	38274. 9	48547. 5	36. 50	44. 62	1. 82	霍州	0. 337	0. 417	1130. 6	32816. 1	53525. 5	15. 40	11. 37	1. 01
河间	0. 386	0. 183	1116. 5	33476. 1	22948. 9	20. 90	21. 07	4. 96	孝义	0. 321	0. 649	1456. 8	56891. 5	54036. 0	26. 80	19. 06	1. 29
霸州	0. 454	0. 218	1583. 4	47682. 7	44356. 4	17. 60	69. 73	1. 43	汾阳	0. 182	0. 429	1168. 7	34493. 1	19924. 8	16. 17	11. 37	0. 71

附录 5-2　全国县级市人口城镇化与土地城镇化原始指标数据

县级市	人口城镇化（*PU*）				土地城镇化（*LU*）				县级市	人口城镇化（*PU*）				土地城镇化（*LU*）			
	X_1	X_2	X_3	X_4	X_5	X_6	X_7	X_8		X_1	X_2	X_3	X_4	X_5	X_6	X_7	X_8
霍林郭勒	0.068	1.000	168.4	5412.2	22503.4	17.00	56.01	2.99	东港	0.307	0.231	713.6	47447.2	24173.8	22.00	28.41	1.35
满洲里	0.596	1.000	1162.8	72490.1	64400.6	27.06	46.11	1.59	凌海	0.237	0.239	760.6	26769.4	33926.6	21.03	14.94	1.26
牙克石	0.501	0.395	604.7	33790.4	33062.1	27.70	23.83	1.68	北镇	0.161	0.280	855.6	31066.5	25930.1	14.90	8.23	0.58
扎兰屯	0.215	0.308	732.8	18547.2	28326.4	19.20	29.20	1.48	盖州	0.300	0.327	621.5	24049.2	21014.3	29.45	15.65	0.89
额尔古纳	0.378	0.452	783.0	34225.1	35386.3	10.38	25.13	1.61	大石桥	0.254	0.414	819.7	39072.8	20032.3	43.16	8.58	0.78
根河	0.304	1.000	295.6	36606.7	21732.4	17.50	18.32	1.82	灯塔	0.253	0.245	720.6	33519.3	28721.6	13.87	14.51	1.81
丰镇	0.234	0.411	573.2	19577.1	21837.9	25.00	26.24	3.09	调兵山	0.396	0.870	647.5	56026.2	15437.1	18.95	11.64	0.82
乌兰浩特	0.376	0.796	1302.4	12553.0	30190.7	38.50	20.67	1.96	开原	0.223	0.314	657.2	23731.8	10019.3	27.91	14.37	0.88
阿尔山	0.315	0.694	330.9	31931.1	78723.4	11.40	36.03	4.47	北票	0.190	0.319	781.4	24243.2	20404.5	18.40	13.38	0.89
二连浩特	1.169	0.941	3049.4	133389.7	125225.2	27.00	88.90	5.21	凌源	0.201	0.338	1044.8	26688.2	10907.0	24.93	8.21	0.80
锡林浩特	0.572	0.869	2082.0	76129.2	81092.4	43.05	46.70	2.29	兴城	0.184	0.339	807.9	32416.4	10123.8	30.00	19.52	1.41

续表

县级市	人口城镇化（PU）				土地城镇化（LU）				县级市	人口城镇化（PU）				土地城镇化（LU）			
	X_1	X_2	X_3	X_4	X_5	X_6	X_7	X_8		X_1	X_2	X_3	X_4	X_5	X_6	X_7	X_8
新民	0.244	0.292	709.5	25131.6	57995.3	26.11	16.47	0.97	榆树	0.230	0.177	796.5	13641.3	17033.9	23.41	10.68	0.80
瓦房店	0.319	0.307	702.5	45352.3	63040.1	35.80	13.86	1.62	德惠	0.241	0.267	985.2	20422.4	24884.1	31.00	10.24	0.27
庄河	0.304	0.379	647.2	40804.1	46620.3	42.80	15.93	1.36	蛟河	0.306	0.307	738.8	23091.3	46643.6	19.91	10.80	2.14
海城	0.489	0.197	928.5	49109.5	59967.0	36.40	26.98	1.63	桦甸	0.289	0.346	921.0	22026.1	48271.1	19.50	11.70	1.88

附录 5-3　全国县级市人口城镇化与土地城镇化原始指标数据

县级市	人口城镇化（PU）				土地城镇化（LU）				县级市	人口城镇化（PU）				土地城镇化（LU）			
	X_1	X_2	X_3	X_4	X_5	X_6	X_7	X_8		X_1	X_2	X_3	X_4	X_5	X_6	X_7	X_8
舒兰	0.145	0.167	834.6	17926.4	28468.3	25.00	10.79	1.38	和龙	0.274	0.556	346.4	26393.6	31417.1	12.55	8.24	0.55
磐石	0.313	0.231	750.2	17425.8	47308.1	23.80	20.47	1.03	尚志	0.333	0.206	696.3	22209.0	17743.1	18.30	15.60	1.12
公主岭	0.205	0.246	993.7	22533.2	29124.9	32.58	17.79	0.73	五常	0.254	0.150	616.4	16560.2	23621.5	26.50	11.90	1.45
双辽	0.106	0.310	990.9	17709.3	23804.4	21.50	7.20	0.82	讷河	0.157	0.138	571.0	12676.8	12065.4	11.17	14.51	1.89
梅河口	0.215	0.302	766.7	30777.2	45368.3	25.40	3.60	0.49	虎林	0.113	0.458	938.8	81739.1	24452.6	10.78	14.86	1.54
集安	0.242	0.367	615.8	38430.6	52196.1	8.71	7.81	3.62	密山	0.224	0.352	803.9	39688.5	11149.9	19.36	15.15	1.01
临江	0.363	0.596	701.6	30954.7	56970.6	10.05	8.35	2.28	铁力	0.027	0.325	587.9	26879.6	5286.4	16.50	16.08	1.57

续表

县级市	人口城镇化(*PU*)				土地城镇化(*LU*)				县级市	人口城镇化(*PU*)				土地城镇化(*LU*)			
	X_1	X_2	X_3	X_4	X_5	X_6	X_7	X_8		X_1	X_2	X_3	X_4	X_5	X_6	X_7	X_8
扶余	0. 252	0. 128	830. 4	11432. 1	25502. 7	13. 57	17. 59	0. 65	同江	0. 223	0. 319	979. 2	32430. 0	62718. 9	10. 30	26. 08	1. 86
洮南	0. 206	0. 298	819. 6	13319. 1	33584. 2	23. 00	7. 70	0. 94	富锦	0. 142	0. 287	925. 2	25107. 8	22239. 4	16. 20	15. 70	0. 97
大安	0. 143	0. 353	536. 7	18159. 0	28743. 4	19. 19	15. 63	1. 83	绥芬河	0. 144	0. 908	1940. 3	122136. 7	128577. 9	27. 35	28. 24	2. 19
延吉	0. 645	0. 856	953. 8	74846. 2	45190. 9	35. 50	12. 03	1. 07	海林	0. 284	0. 357	369. 1	25376. 1	56046. 7	17. 34	28. 20	1. 12
图们	0. 325	0. 687	419. 0	38118. 6	37450. 2	11. 01	8. 73	1. 14	宁安	0. 304	0. 166	509. 0	22118. 8	44588. 1	11. 22	13. 99	1. 72
敦化	0. 321	0. 478	649. 3	33756. 1	32449. 9	30. 80	14. 82	2. 30	穆棱	0. 442	0. 268	661. 6	19130. 6	60432. 8	10. 44	13. 75	1. 64
珲春	0. 209	0. 775	683. 9	37402. 9	49630. 1	17. 89	17. 37	1. 03	北安	0. 307	0. 297	511. 0	25468. 0	18005. 7	23. 13	22. 37	1. 46
龙井	0. 181	0. 667	393. 1	35252. 1	27426. 8	12. 00	8. 30	1. 09	五大连池	0. 187	0. 116	453. 1	21909. 4	10808. 4	5. 62	8. 64	1. 60

附录 5-4　全国县级市人口城镇化与土地城镇化原始指标数据

县级市	人口城镇化(*PU*)				土地城镇化(*LU*)				县级市	人口城镇化(*PU*)				土地城镇化(*LU*)			
	X_1	X_2	X_3	X_4	X_5	X_6	X_7	X_8		X_1	X_2	X_3	X_4	X_5	X_6	X_7	X_8
安达	0. 052	0. 432	765. 8	19920. 4	29661. 3	25. 10	7. 95	0. 38	东台	0. 428	0. 266	592. 9	42592. 5	45300. 4	36. 40	22. 90	1. 44
肇东	0. 048	0. 335	767. 6	16677. 3	17976. 7	36. 00	9. 78	1. 34	仪征	0. 539	0. 352	769. 4	48355. 6	67807. 6	39. 27	18. 57	1. 08
海伦	0. 128	0. 189	550. 8	11364. 8	6903. 9	20. 56	8. 07	0. 50	高邮	0. 405	0. 263	686. 3	37972. 4	44179. 4	27. 00	17. 04	1. 05
江阴	0. 764	0. 275	1184. 4	82796. 7	90941. 8	125. 00	28. 93	1. 59	丹阳	0. 704	0. 380	990. 0	62610. 4	56371. 9	33. 76	23. 53	1. 17

续表

县级市	人口城镇化（*PU*）				土地城镇化（*LU*）				县级市	人口城镇化（*PU*）				土地城镇化（*LU*）			
	X_1	X_2	X_3	X_4	X_5	X_6	X_7	X_8		X_1	X_2	X_3	X_4	X_5	X_6	X_7	X_8
宜兴	0.606	0.443	943.1	84010.0	61269.9	80.87	27.10	1.61	扬中	0.717	0.505	836.7	92209.8	90848.3	14.33	24.91	1.19
新沂	0.273	0.281	1291.1	17090.2	42031.4	36.09	21.74	1.12	句容	0.494	0.266	691.8	44956.2	51850.9	27.01	21.73	1.29
邳州	0.244	0.188	1338.2	18952.0	34810.1	46.47	15.63	1.46	兴化	0.336	0.128	643.9	27216.9	22100.2	38.60	25.92	1.47
溧阳	0.476	0.268	824.2	58121.6	55577.3	29.00	20.93	1.31	靖江	0.513	0.316	798.5	65145.3	74452.8	33.62	28.34	1.31
常熟	0.943	0.385	1171.5	103427.0	58283.4	98.00	32.18	2.01	泰兴	0.402	0.214	791.3	35866.4	46914.0	28.70	22.43	1.22
张家港	0.790	0.397	1282.8	103875.2	79500.1	51.20	28.39	1.51	建德	0.338	0.231	793.5	38648.9	34552.3	10.60	12.65	1.46
昆山	1.453	0.516	2069.5	132913.1	101543.8	72.00	28.97	1.43	临安	0.606	0.328	953.4	44469.3	43706.1	19.60	15.77	2.26
太仓	0.900	0.421	1304.5	101351.7	100725.7	50.54	40.93	1.65	余姚	0.734	0.466	1271.0	81596.0	67349.7	50.54	27.70	1.35
启东	0.436	0.199	593.9	63857.9	48087.5	30.00	20.49	1.17	慈溪	0.692	0.399	1226.0	92552.4	68668.5	45.60	43.80	1.64
如皋	0.383	0.220	761.1	45239.6	35038.3	39.16	22.64	1.41	瑞安	0.649	0.172	1247.1	53748.8	40276.6	22.60	19.28	1.74
海门	0.485	0.285	805.0	69965.7	56531.8	27.68	21.82	1.20	乐清	0.512	0.261	1267.6	50226.3	43371.3	22.61	25.21	1.60

附录 5-5　全国县级市人口城镇化与土地城镇化原始指标数据

县级市	人口城镇化（*PU*）				土地城镇化（*LU*）				县级市	人口城镇化（*PU*）				土地城镇化（*LU*）			
	X_1	X_2	X_3	X_4	X_5	X_6	X_7	X_8		X_1	X_2	X_3	X_4	X_5	X_6	X_7	X_8
海宁	0.862	0.254	1045.8	87147.8	75995.0	50.50	39.15	2.03	天长	0.527	0.226	935.7	24940.1	46271.8	29.80	43.06	2.10
平湖	0.819	0.393	962.7	73563.9	73730.9	38.60	32.43	2.55	明光	0.288	0.230	974.0	17370.4	19441.7	25.40	33.87	1.86

续表

县级市	人口城镇化（*PU*）				土地城镇化（*LU*）				县级市	人口城镇化（*PU*）				土地城镇化（*LU*）			
	X_1	X_2	X_3	X_4	X_5	X_6	X_7	X_8		X_1	X_2	X_3	X_4	X_5	X_6	X_7	X_8
桐乡	0. 905	0. 328	1132. 1	82344. 2	62140. 1	48. 50	23. 11	1. 66	界首	0. 123	0. 223	1026. 1	17706. 5	10195. 4	20. 79	18. 62	1. 04
诸暨	0. 621	0. 218	1315. 6	59550. 5	60151. 5	43. 90	17. 37	1. 87	宁国	0. 473	0. 406	829. 4	28013. 8	73383. 9	26. 40	32. 19	1. 53
嵊州	0. 500	0. 320	891. 9	46545. 6	30508. 7	41. 40	22. 61	1. 43	福清	0. 379	0. 236	1294. 9	42693. 7	56955. 3	50. 00	13. 80	1. 59
兰溪	0. 375	0. 278	867. 8	31207. 0	26224. 3	36. 15	20. 26	1. 47	长乐	0. 378	0. 308	1086. 8	36725. 3	62724. 1	23. 10	7. 99	1. 54
义乌	1. 138	0. 584	1858. 0	160760. 6	66353. 0	103. 00	37. 13	2. 33	永安	0. 383	0. 409	1207. 1	28123. 5	77888. 2	24. 62	25. 62	1. 54
东阳	0. 520	0. 377	1367. 2	57575. 9	30407. 3	40. 02	27. 54	1. 44	石狮	1. 168	0. 431	2620. 8	127054. 1	124476. 8	37. 50	40. 05	3. 19
永康	0. 684	0. 286	1304. 4	87528. 7	34852. 5	37. 52	36. 65	1. 51	晋江	0. 934	0. 191	2192. 7	63845. 3	76252. 8	38. 00	41. 44	1. 76
江山	0. 281	0. 218	1008. 1	35818. 4	28227. 3	17. 50	26. 88	1. 41	南安	0. 555	0. 139	1077. 8	33176. 5	31322. 8	34. 81	19. 81	1. 53
温岭	0. 643	0. 208	1225. 2	60469. 8	30133. 7	35. 21	27. 53	1. 55	龙海	0. 488	0. 235	1145. 2	27287. 4	58149. 2	22. 85	14. 34	1. 58
临海	0. 382	0. 244	1191. 3	34221. 3	23960. 7	44. 82	22. 14	1. 59	邵武	0. 284	0. 311	993. 7	30009. 7	111552. 1	19. 50	17. 71	1. 89
龙泉	0. 322	0. 263	969. 0	28930. 8	30771. 1	14. 80	27. 15	1. 52	武夷山	0. 306	0. 376	1177. 2	32464. 4	124898. 8	10. 00	21. 39	1. 41
巢湖	0. 400	0. 361	923. 7	29340. 9	27845. 5	48. 00	22. 46	1. 37	建瓯	0. 250	0. 189	1053. 6	18451. 0	46227. 9	15. 00	14. 10	1. 48
桐城	0. 379	0. 218	721. 9	33304. 3	33914. 9	26. 70	20. 02	1. 38	漳平	0. 261	0. 420	925. 0	19530. 9	63326. 2	15. 00	10. 33	1. 27

附录 5-6　全国县级市人口城镇化与土地城镇化原始指标数据

县级市	人口城镇化（*PU*）				土地城镇化（*LU*）				县级市	人口城镇化（*PU*）				土地城镇化（*LU*）			
	X_1	X_2	X_3	X_4	X_5	X_6	X_7	X_8		X_1	X_2	X_3	X_4	X_5	X_6	X_7	X_8
福安	0.283	0.195	1212.6	16252.7	35112.9	14.79	10.43	1.67	莱西	0.282	0.404	994.0	33641.5	81337.8	34.29	27.97	1.56
福鼎	0.345	0.253	1000.0	17377.5	44886.4	19.20	13.90	1.13	滕州	0.424	0.212	1047.5	22925.7	35415.5	57.06	22.87	1.45
乐平	0.392	0.189	1387.1	19127.3	35248.9	24.88	12.84	1.83	龙口	0.511	0.423	956.0	70429.6	93519.7	43.00	28.28	1.60
瑞昌	0.450	0.396	1354.4	20322.0	49316.4	20.00	23.63	1.36	莱阳	0.306	0.418	810.5	30784.0	18382.7	42.15	10.60	1.34
共青城	0.462	0.343	2019.2	37958.9	200397.3	15.00	32.17	2.66	莱州	0.405	0.388	845.2	54382.8	51731.7	45.00	23.75	1.69
贵溪	0.386	0.188	1138.3	18736.4	51879.5	31.56	17.53	1.51	蓬莱	0.429	0.355	676.2	52914.8	89341.3	25.53	30.18	1.82
瑞金	0.344	0.506	1548.4	17514.0	9747.7	28.32	9.81	1.54	招远	0.293	0.340	868.8	52237.6	71112.9	32.50	23.82	1.88
井冈山	0.322	0.170	1349.5	28497.6	37294.6	8.90	41.47	7.44	栖霞	0.227	0.225	649.0	29168.8	23109.3	17.10	10.85	1.56
丰城	0.331	0.251	1235.1	19037.4	22807.2	51.30	19.81	1.31	海阳	0.445	0.372	760.5	35640.3	59281.7	34.44	18.72	1.57
樟树	0.389	0.412	1120.8	29785.5	40544.3	28.50	21.63	1.47	青州	0.354	0.336	1011.3	48508.4	52251.5	51.50	32.79	2.66
高安	0.339	0.276	1360.4	22881.0	22041.6	31.94	26.20	1.54	诸城	0.455	0.415	1213.4	32718.4	50979.9	50.40	23.62	2.39
德兴	0.073	0.198	1295.6	26229.9	39165.0	11.00	17.64	2.03	寿光	0.416	0.302	926.8	43579.1	53590.3	39.80	34.69	2.61
胶州	0.509	0.505	1268.5	43048.6	108455.6	56.09	23.32	1.51	安丘	0.158	0.362	1123.6	27544.4	28285.9	60.96	27.20	2.53
即墨	0.545	0.478	1204.7	41029.6	82498.2	59.69	22.16	1.38	高密	0.431	0.304	1259.1	30868.0	53877.7	52.75	31.35	2.41
平度	0.267	0.334	972.6	29224.4	48909.9	61.60	21.85	1.32	昌邑	0.403	0.252	1006.3	45647.9	55325.6	25.00	24.00	2.14

附录 5-7　全国县级市人口城镇化与土地城镇化原始指标数据

县级市	人口城镇化（*PU*）				土地城镇化（*LU*）				县级市	人口城镇化（*PU*）				土地城镇化（*LU*）			
	X_1	X_2	X_3	X_4	X_5	X_6	X_7	X_8		X_1	X_2	X_3	X_4	X_5	X_6	X_7	X_8
曲阜	0. 481	0. 290	849. 7	28005. 9	36947. 7	27. 00	27. 94	1. 71	舞钢	0. 097	0. 370	929. 6	20255. 9	42926. 0	16. 41	20. 32	1. 25
邹城	0. 521	0. 259	977. 4	27448. 4	35199. 8	48. 00	11. 15	1. 47	汝州	0. 290	0. 270	1448. 5	13888. 5	24653. 8	36. 83	12. 84	1. 53
新泰	0. 468	0. 364	1125. 7	26055. 8	41053. 9	69. 50	25. 65	1. 98	林州	0. 157	0. 165	1395. 4	28550. 6	46805. 1	23. 58	15. 62	1. 20
肥城	0. 362	0. 267	1195. 0	30708. 3	55284. 8	39. 84	26. 47	1. 94	卫辉	0. 317	0. 270	1510. 1	15565. 0	16120. 8	21. 49	11. 40	0. 83
荣成	0. 411	0. 525	839. 8	47820. 2	109826. 1	53. 10	35. 61	2. 89	辉县	0. 342	0. 224	1437. 2	21372. 5	32336. 4	21. 91	14. 10	0. 77
乳山	0. 187	0. 289	554. 5	35074. 0	85125. 4	33. 74	40. 16	2. 29	沁阳	0. 111	0. 257	1272. 6	22979. 7	57946. 8	19. 60	27. 54	0. 85
乐陵	0. 354	0. 352	1082. 7	19161. 9	29293. 0	33. 00	28. 39	1. 41	孟州	0. 408	0. 388	948. 9	22382. 6	76606. 2	16. 00	21. 87	1. 11
禹城	0. 417	0. 337	1101. 2	23985. 6	39657. 4	36. 00	23. 86	2. 59	禹州	0. 111	0. 220	1235. 2	17079. 2	39161. 5	45. 61	17. 72	1. 45
临清	0. 311	0. 389	1541. 6	27310. 1	33540. 1	28. 60	30. 74	1. 39	长葛	0. 493	0. 248	1306. 0	22088. 7	45076. 4	26. 00	19. 90	1. 48
巩义	0. 462	0. 374	1063. 8	26863. 4	56876. 7	31. 50	11. 22	1. 55	义马	0. 561	1. 000	976. 7	37400. 6	133710. 0	17. 72	17. 26	1. 16
荥阳	0. 448	0. 206	1105. 9	27254. 5	70752. 4	23. 45	24. 83	1. 20	灵宝	0. 162	0. 232	1122. 7	24650. 0	46339. 3	23. 00	13. 97	1. 12
新密	0. 475	0. 180	1280. 0	28411. 5	51149. 3	25. 60	19. 13	1. 27	邓州	0. 111	0. 176	1483. 8	12015. 9	15861. 1	33. 00	16. 46	0. 89
新郑	0. 228	0. 252	1824. 5	41022. 8	77693. 6	33. 20	20. 40	1. 59	永城	0. 437	0. 258	1390. 5	16205. 7	19500. 4	43. 80	17. 06	1. 45
登封	0. 156	0. 217	1882. 9	27387. 5	56140. 0	23. 50	22. 62	1. 47	项城	0. 371	0. 223	1353. 9	15980. 7	12977. 5	33. 00	12. 06	1. 13
偃师	0. 558	0. 194	1100. 2	31775. 0	46181. 0	19. 50	9. 00	0. 96	济源	0. 534	0. 270	1284. 2	29828. 2	67192. 1	55. 07	30. 98	1. 98

附录 5-8　全国县级市人口城镇化与土地城镇化原始指标数据

县级市	人口城镇化（*PU*）				土地城镇化（*LU*）				县级市	人口城镇化（*PU*）				土地城镇化（*LU*）			
	X_1	X_2	X_3	X_4	X_5	X_6	X_7	X_8		X_1	X_2	X_3	X_4	X_5	X_6	X_7	X_8
大冶	0.625	0.282	1000.8	19561.6	66278.4	32.45	18.26	0.99	麻城	0.388	0.209	823.9	18366.8	26672.3	36.38	28.15	1.18
丹江口	0.381	0.427	938.7	32026.1	40688.0	28.43	13.13	1.18	武穴	0.346	0.307	1116.4	21384.3	30269.3	30.00	23.90	2.25
宜都	0.619	0.425	642.6	32782.5	138659.2	24.70	25.53	1.32	赤壁	0.367	0.496	1104.3	21627.1	64344.6	27.00	17.08	1.02
当阳	0.372	0.354	699.3	33074.1	89806.5	23.12	19.16	1.00	广水	0.549	0.323	816.5	23905.1	30024.8	32.08	12.41	1.14
枝江	0.500	0.347	585.7	33470.4	90860.1	23.10	19.55	1.35	恩施	0.308	0.283	1157.9	21132.1	19575.3	36.00	9.93	1.09
老河口	0.494	0.467	1007.2	23886.7	49998.8	27.00	19.00	0.96	利川	0.344	0.206	1171.9	13131.0	11232.5	19.00	10.13	0.90
枣阳	0.443	0.263	951.9	21614.8	39443.4	49.30	24.29	1.59	仙桃	0.468	0.242	847.1	23072.4	28539.4	51.37	21.75	0.99
宜城	0.350	0.322	845.3	23959.4	44602.9	27.03	20.67	1.25	潜江	0.440	0.411	836.0	32323.2	43113.8	50.30	15.94	0.99
钟祥	0.389	0.243	749.8	28145.1	33821.0	26.00	20.87	1.11	天门	0.355	0.161	780.1	23396.2	24084.8	30.79	20.02	1.00
应城	0.443	0.263	675.7	24532.2	39392.4	17.04	14.23	1.26	浏阳	0.446	0.167	1112.4	22400.7	58475.5	27.90	10.83	0.68
安陆	0.365	0.288	784.7	25578.8	36376.2	19.85	24.14	1.02	醴陵	0.392	0.205	905.8	18305.9	33960.0	29.50	13.22	1.12
汉川	0.460	0.322	751.2	18263.9	32590.0	26.50	9.68	0.67	湘乡	0.305	0.242	876.2	19512.6	20731.5	21.40	14.93	0.88
石首	0.047	0.234	747.4	24399.9	28225.1	22.56	16.57	0.96	韶山	0.269	0.361	707.3	32879.1	74184.7	4.95	11.22	2.03
洪湖	0.046	0.336	762.4	16269.3	18126.4	24.00	8.65	0.42	耒阳	0.356	0.248	1316.4	16157.7	24749.1	44.80	20.08	0.93
松滋	0.050	0.149	708.6	24408.3	29767.1	16.95	17.13	1.19	常宁	0.293	0.227	1285.2	16823.0	16841.5	15.00	25.09	0.77

附录 5-9　全国县级市人口城镇化与土地城镇化原始指标数据

县级市	人口城镇化(*PU*)				土地城镇化(*LU*)				县级市	人口城镇化(*PU*)				土地城镇化(*LU*)			
	X_1	X_2	X_3	X_4	X_5	X_6	X_7	X_8		X_1	X_2	X_3	X_4	X_5	X_6	X_7	X_8
武冈	0. 318	0. 267	1326. 6	14163. 8	17034. 2	19. 85	16. 22	1. 02	恩平	0. 286	0. 359	1017. 7	30472. 0	20926. 1	38. 41	14. 09	1. 78
汨罗	0. 461	0. 187	961. 5	15249. 8	46776. 1	17. 00	27. 28	0. 97	廉江	0. 292	0. 171	1171. 2	13355. 8	25299. 5	46. 44	7. 33	1. 71
临湘	0. 231	0. 268	1071. 4	16101. 2	31434. 6	15. 50	13. 00	1. 57	雷州	0. 115	0. 114	1203. 6	9830. 9	3530. 6	28. 53	7. 89	0. 85
津市	0. 265	0. 446	614. 5	26941. 1	36703. 0	17. 02	13. 17	1. 04	吴川	0. 159	0. 220	1255. 8	14278. 6	14229. 4	25. 60	9. 02	0. 11
沅江	0. 326	0. 216	693. 4	16977. 0	27242. 7	17. 30	9. 33	0. 84	高州	0. 159	0. 157	1293. 7	18265. 8	10565. 9	33. 12	9. 30	2. 00
资兴	0. 435	0. 371	1053. 6	30981. 6	78173. 3	21. 16	14. 76	1. 16	化州	0. 145	0. 169	1444. 1	13309. 4	10477. 2	34. 80	4. 26	0. 35
洪江	0. 305	0. 115	819. 7	24163. 8	18844. 2	6. 60	211. 43	11. 99	信宜	0. 145	0. 176	1408. 6	15469. 7	13396. 8	26. 50	7. 05	1. 76
冷水江	0. 353	0. 499	1450. 2	30039. 2	53340. 3	24. 15	11. 78	1. 27	四会	0. 590	0. 412	1646. 1	46339. 0	96541. 8	28. 02	23. 38	1. 72
涟源	0. 220	0. 130	931. 7	9248. 9	16177. 6	15. 00	10. 29	0. 96	兴宁	0. 265	0. 213	895. 2	17253. 7	7188. 6	27. 97	14. 27	2. 40
吉首	0. 479	0. 756	1639. 4	44366. 0	31681. 4	37. 90	39. 32	2. 53	陆丰	0. 193	0. 122	1113. 6	5819. 9	8591. 1	20. 55	10. 54	0. 82
乐昌	0. 177	0. 223	1058. 7	19113. 8	6062. 7	18. 37	6. 59	1. 16	阳春	0. 212	0. 177	974. 4	15153. 0	11988. 5	25. 00	13. 72	1. 15
南雄	1. 216	0. 196	1035. 8	18121. 9	20474. 7	12. 54	9. 35	1. 23	英德	0. 168	0. 228	1100. 6	18642. 6	10685. 4	34. 46	13. 89	1. 79
台山	0. 250	0. 178	890. 7	37168. 7	21413. 0	30. 50	17. 95	2. 07	连州	0. 183	0. 262	834. 6	21157. 6	6503. 1	16. 90	29. 01	1. 39
开平	0. 409	0. 344	1404. 2	51052. 3	30616. 6	33. 46	10. 44	1. 66	普宁	0. 216	0. 226	1422. 3	17836. 8	15009. 3	65. 44	15. 70	0. 56
鹤山	0. 559	0. 314	1511. 8	59525. 8	41573. 2	26. 92	36. 29	2. 97	罗定	0. 304	0. 246	1203. 1	14419. 9	11376. 9	25. 26	5. 71	1. 15

附录 5-10　全国县级市人口城镇化与土地城镇化原始指标数据

县级市	人口城镇化（*PU*）				土地城镇化（*LU*）				县级市	人口城镇化（*PU*）				土地城镇化（*LU*）			
	X_1	X_2	X_3	X_4	X_5	X_6	X_7	X_8		X_1	X_2	X_3	X_4	X_5	X_6	X_7	X_8
岑溪	0. 279	0. 178	1268. 4	13536. 7	26962. 0	21. 88	22. 82	1. 14	邛崃	0. 408	0. 253	705. 4	32162. 9	31111. 7	24. 53	24. 30	2. 79
东兴	0. 180	0. 480	2017. 9	64064. 3	80537. 5	11. 90	39. 23	1. 39	崇州	0. 640	0. 195	752. 2	42682. 1	32262. 3	31. 07	31. 78	1. 56
桂平	0. 263	0. 098	1402. 7	12192. 1	10890. 0	35. 50	16. 70	0. 56	广汉	0. 393	0. 477	729. 6	44924. 6	25696. 0	52. 98	15. 04	0. 94
北流	0. 244	0. 138	1726. 9	14560. 5	14722. 5	25. 02	25. 44	1. 16	什邡	0. 375	0. 303	671. 3	36808. 9	34800. 5	16. 30	15. 03	1. 35
靖西	0. 209	0. 225	1128. 8	9794. 2	22588. 6	17. 60	15. 89	0. 67	绵竹	0. 370	0. 190	628. 9	31091. 4	31719. 2	12. 50	39. 79	1. 40
宜州	0. 200	0. 233	1208. 7	15087. 8	8802. 4	17. 13	25. 83	1. 04	江油	0. 385	0. 379	713. 0	32005. 1	18012. 3	35. 00	18. 54	1. 07
合山	0. 093	0. 419	814. 6	17415. 8	16132. 3	7. 47	15. 34	1. 11	峨眉山	0. 447	0. 347	784. 1	46854. 5	32681. 1	21. 20	15. 28	1. 62
凭祥	0. 355	0. 586	1280. 7	50277. 1	81336. 6	12. 36	21. 45	2. 67	阆中	0. 381	0. 303	883. 1	22953. 1	22042. 2	34. 00	17. 04	1. 27
五指山	0. 102	0. 435	1609. 9	26551. 6	30814. 8	5. 89	24. 90	0. 95	华蓥	0. 328	0. 303	1108. 3	29898. 5	44352. 1	14. 34	18. 04	1. 01
琼海	0. 269	0. 274	1406. 9	34726. 4	34166. 1	27. 20	26. 03	1. 46	万源	0. 294	0. 178	1098. 8	15379. 9	19767. 9	14. 80	5. 12	2. 52
文昌	0. 176	0. 214	1234. 7	29800. 6	27877. 5	15. 80	23. 78	1. 08	康定	0. 275	0. 374	1733. 3	42686. 4	92274. 5	3. 80	14. 02	0. 40
万宁	0. 211	0. 112	1108. 4	17496. 9	24774. 9	12. 00	25. 57	1. 42	西昌	0. 449	0. 540	2004. 2	35032. 8	44391. 0	42. 52	16. 32	1. 56
东方	0. 127	0. 297	1513. 6	14459. 2	10674. 0	28. 00	31. 92	1. 25	清镇	0. 340	0. 292	1228. 5	17350. 7	46832. 5	20. 96	13. 78	1. 37
都江堰	0. 591	0. 328	842. 1	53499. 6	29007. 8	37. 90	23. 97	1. 78	赤水	0. 362	0. 363	1122. 8	23116. 6	58168. 8	17. 00	13. 46	1. 58
彭州	0. 383	0. 314	734. 4	38524. 8	22334. 7	23. 33	13. 23	1. 16	仁怀	0. 336	0. 209	1388. 6	18701. 6	49514. 8	23. 31	9. 73	1. 47

附录 5-11　全国县级市人口城镇化与土地城镇化原始指标数据

县级市	人口城镇化(*PU*)				土地城镇化(*LU*)				县级市	人口城镇化(*PU*)				土地城镇化(*LU*)			
	X_1	X_2	X_3	X_4	X_5	X_6	X_7	X_8		X_1	X_2	X_3	X_4	X_5	X_6	X_7	X_8
兴义	0. 217	0. 375	1838. 3	22428. 8	42963. 8	44. 00	23. 94	0. 83	瑞丽	0. 328	0. 271	2063. 8	99578. 5	56199. 2	26. 00	88. 14	2. 28
凯里	0. 317	0. 688	1804. 3	31240. 4	79021. 2	67. 00	13. 05	1. 61	芒市	0. 246	0. 319	1242. 1	24472. 4	21899. 4	19. 19	21. 32	1. 68
都匀	0. 380	0. 428	1496. 3	31481. 6	46035. 1	32. 00	13. 71	0. 90	香格里拉	0. 250	0. 403	1204. 4	37164. 1	100619. 6	30. 00	14. 05	1. 70
福泉	0. 284	0. 236	922. 6	15394. 5	41860. 5	19. 80	24. 20	1. 71	兴平	0. 254	0. 304	1041. 0	24118. 3	40800. 6	22. 89	15. 42	1. 34
安宁	0. 521	0. 621	1506. 8	59933. 3	100695. 5	35. 39	14. 63	1. 90	韩城	0. 532	0. 400	1024. 0	42225. 6	78010. 2	18. 21	15. 83	0. 98
宣威	0. 155	0. 166	1482. 0	11412. 4	15897. 0	36. 97	18. 71	1. 07	华阴	0. 294	0. 432	839. 8	26403. 6	56619. 6	18. 00	14. 06	0. 97
腾冲	0. 160	0. 257	1497. 9	20859. 5	22606. 3	26. 46	14. 62	1. 19	玉门	0. 410	0. 516	1082. 6	32516. 7	163253. 3	10. 68	22. 89	2. 43
楚雄	0. 459	0. 465	1480. 4	31844. 1	49946. 3	43. 35	21. 97	1. 47	敦煌	0. 358	0. 465	1373. 7	90993. 7	119858. 9	15. 01	25. 22	1. 74
个旧	0. 338	0. 482	1395. 5	38389. 2	54769. 7	13. 16	4. 53	1. 18	临夏	0. 181	0. 622	1781. 7	3368. 7	24642. 1	24. 00	15. 59	0. 78
开远	0. 443	0. 627	1436. 1	35158. 6	74752. 9	21. 40	9. 27	1. 67	合作	0. 041	0. 625	1896. 7	27926. 2	40526. 2	11. 00	19. 51	0. 80
蒙自	0. 414	0. 428	1483. 2	35077. 0	54091. 7	31. 77	36. 03	1. 72	玉树	0. 047	0. 511	1867. 9	18565. 9	9187. 5	14. 00	12. 51	1. 27
弥勒	0. 064	0. 274	1355. 3	18703. 9	39836. 4	21. 98	13. 74	1. 53	格尔木	0. 106	0. 455	2264. 4	79801. 5	141938. 7	35. 63	40. 46	0. 92
文山	0. 259	0. 359	1660. 3	29658. 1	33984. 9	34. 70	21. 63	0. 96	德令哈	0. 193	0. 654	1447. 9	48958. 2	94393. 4	22. 00	66. 85	1. 64
景洪	0. 372	0. 241	1679. 0	42623. 5	56850. 0	27. 40	41. 44	2. 89	灵武	0. 203	0. 263	1298. 6	40466. 4	198538. 7	15. 40	37. 65	2. 70
大理	0. 339	0. 409	1353. 7	46798. 3	45756. 3	42. 51	20. 72	1. 27	青铜峡	0. 297	0. 473	1256. 1	27696. 3	40751. 8	32. 41	59. 12	1. 78

附录 5-12　全国县级市人口城镇化与土地城镇化原始指标数据

县级市	人口城镇化（*PU*）				土地城镇化（*LU*）			
	X_1	X_2	X_3	X_4	X_5	X_6	X_7	X_8
哈密	0. 351	0. 487	1266. 8	55586. 9	80625. 7	41. 39	22. 55	1. 33
昌吉	0. 279	0. 644	1591. 7	55478. 4	85682. 2	62. 06	26. 27	1. 73
阜康	0. 428	0. 426	999. 2	35047. 4	134790. 4	21. 60	36. 31	2. 55
博乐	0. 112	0. 615	976. 0	26728. 4	53565. 6	21. 40	18. 10	1. 50
库尔勒	0. 205	0. 687	1516. 9	67631. 2	83579. 3	75. 90	32. 25	1. 81
阿克苏	0. 131	0. 612	1573. 9	41806. 4	33327. 3	46. 50	18. 67	1. 40
阿图什	0. 135	0. 346	1760. 1	15477. 0	17256. 2	15. 00	24. 99	1. 02
喀什	0. 329	0. 395	1970. 2	28339. 2	25495. 2	69. 66	34. 32	3. 10
和田	0. 130	0. 550	1801. 1	25469. 0	23304. 7	34. 08	15. 62	0. 56
伊宁	0. 256	0. 616	1636. 8	37558. 5	33582. 4	36. 95	23. 84	1. 05
奎屯	0. 202	0. 988	1865. 4	76751. 6	44493. 0	24. 56	23. 54	1. 11
石河子	0. 260	0. 862	1292. 3	57431. 2	66213. 2	48. 49	34. 61	1. 08
阿拉尔	0. 545	0. 175	2079. 4	30302. 9	78239. 6	11. 21	27. 94	1. 56
图木舒克	0. 237	0. 169	1643. 0	14794. 4	51638. 2	12. 50	84. 77	4. 79
五家渠	0. 666	0. 773	1785. 6	62161. 7	149266. 5	17. 36	26. 01	1. 57
北屯	0. 377	0. 718	1869. 4	97214. 4	103298. 0	23. 97	48. 66	1. 80

续表

县级市	人口城镇化（*PU*）				土地城镇化（*LU*）				县级市	人口城镇化（*PU*）				土地城镇化（*LU*）			
	X_1	X_2	X_3	X_4	X_5	X_6	X_7	X_8		X_1	X_2	X_3	X_4	X_5	X_6	X_7	X_8
霍尔果斯	0.249	0.385	484.9	10724.6	36880.9	18.30	62.02	1.35									
塔城	0.146	0.509	1369.5	34664.5	36375.6	13.80	23.82	1.28									
乌苏	0.183	0.356	1287.2	29377.1	38250.7	23.35	16.86	1.49									
阿勒泰	0.181	0.361	1094.2	27596.9	2038.6	16.00	19.42	2.86									

附录 5-13　全国县级市人口城镇化与土地城镇化指标标准化数据

县级市	人口城镇化（*PU*）				土地城镇化（*LU*）				县级市	人口城镇化（*PU*）				土地城镇化（*LU*）			
	X_1	X_2	X_3	X_4	X_5	X_6	X_7	X_8		X_1	X_2	X_3	X_4	X_5	X_6	X_7	X_8
晋州	0.2355	0.1528	0.2980	0.1774	0.2300	0.0910	0.0794	0.0761	三河	0.2770	0.2245	0.4315	0.3530	0.3688	0.1280	0.1028	0.0901
新乐	0.2411	0.0833	0.4213	0.1192	0.2186	0.0831	0.1011	0.0730	深州	0.3205	0.2459	0.2684	0.1417	0.0698	0.1337	0.0833	0.0682
遵化	0.3045	0.1906	0.4112	0.2551	0.1691	0.1832	0.0922	0.0963	定州	0.3060	0.2364	0.3475	0.1455	0.0906	0.3218	0.0328	0.0346
迁安	0.3309	0.2453	0.3829	0.3812	0.3799	0.3276	0.0854	0.1736	辛集	0.3377	0.1728	0.4218	0.2560	0.1575	0.2177	0.1722	0.1801
武安	0.4089	0.2084	0.4674	0.2607	0.1820	0.2533	0.1070	0.1233	古交	0.0589	0.6770	0.4323	0.3407	0.1383	0.1061	0.0637	0.0795
南宫	0.2108	0.2004	0.3259	0.1347	0.0967	0.0984	0.0939	0.0971	潞城	0.1283	0.3381	0.3679	0.1601	0.3283	0.0553	0.0456	0.0601
沙河	0.2907	0.1214	0.4984	0.2234	0.2353	0.1101	0.1179	0.1130	高平	0.2063	0.1668	0.3547	0.2101	0.1459	0.1155	0.0744	0.1096

续表

县级市	人口城镇化（*PU*）				土地城镇化（*LU*）				县级市	人口城镇化（*PU*）				土地城镇化（*LU*）			
	X_1	X_2	X_3	X_4	X_5	X_6	X_7	X_8		X_1	X_2	X_3	X_4	X_5	X_6	X_7	X_8
涿州	0. 2633	0. 3448	0. 2867	0. 2281	0. 1360	0. 2460	0. 0978	0. 0820	介休	0. 1292	0. 3479	0. 3968	0. 2632	0. 1566	0. 1378	0. 0494	0. 0704
安国	0. 2108	0. 1688	0. 3439	0. 1880	0. 1111	0. 0769	0. 1231	0. 0723	永济	0. 1548	0. 3075	0. 2709	0. 1199	0. 1213	0. 1587	0. 0632	0. 1111
高碑店	0. 1954	0. 1384	0. 3247	0. 2627	0. 0983	0. 1384	0. 1655	0. 0665	河津	0. 1070	0. 4827	0. 4371	0. 1890	0. 1780	0. 2064	0. 1072	0. 1246
泊头	0. 2969	0. 1857	0. 4138	0. 1844	0. 1433	0. 1339	0. 1956	0. 0847	原平	0. 1984	0. 2440	0. 2930	0. 2142	0. 1584	0. 0932	0. 0302	0. 0867
任丘	0. 2504	0. 3274	0. 3981	0. 2536	0. 0872	0. 3585	0. 0187	0. 0819	侯马	0. 0092	0. 5925	0. 0000	0. 0110	0. 0070	0. 1372	0. 0704	0. 0990
黄骅	0. 2930	0. 1659	0. 3623	0. 2218	0. 2345	0. 2698	0. 1974	0. 1440	霍州	0. 2175	0. 3529	0. 3492	0. 1871	0. 2596	0. 0957	0. 0374	0. 0757
河间	0. 2517	0. 0939	0. 3444	0. 1913	0. 1054	0. 1411	0. 0840	0. 4082	孝义	0. 2059	0. 6112	0. 4598	0. 3401	0. 2621	0. 1898	0. 0744	0. 0988
霸州	0. 2993	0. 1325	0. 5028	0. 2816	0. 2133	0. 1139	0. 3182	0. 1111	汾阳	0. 1084	0. 3662	0. 3621	0. 1978	0. 0902	0. 1021	0. 0374	0. 0501

附录 5-14　全国县级市人口城镇化与土地城镇化指标标准化数据

县级市	人口城镇化（*PU*）				土地城镇化（*LU*）				县级市	人口城镇化（*PU*）				土地城镇化（*LU*）			
	X_1	X_2	X_3	X_4	X_5	X_6	X_7	X_8		X_1	X_2	X_3	X_4	X_5	X_6	X_7	X_8
霍林郭勒	0. 0288	1. 0000	0. 0228	0. 0130	0. 1032	0. 1089	0. 2521	0. 2424	东港	0. 1965	0. 1467	0. 2077	0. 2801	0. 1116	0. 1502	0. 1194	0. 1038
满洲里	0. 3990	1. 0000	0. 3601	0. 4392	0. 3144	0. 1919	0. 2045	0. 1242	凌海	0. 1473	0. 1561	0. 2237	0. 1487	0. 1608	0. 1422	0. 0545	0. 0963
牙克石	0. 3326	0. 3289	0. 1708	0. 1933	0. 1564	0. 1972	0. 0973	0. 1320	北镇	0. 0937	0. 2020	0. 2559	0. 1760	0. 1204	0. 0916	0. 0223	0. 0389

续表

县级市	人口城镇化(*PU*)				土地城镇化(*LU*)				县级市	人口城镇化(*PU*)				土地城镇化(*LU*)			
	X_1	X_2	X_3	X_4	X_5	X_6	X_7	X_8		X_1	X_2	X_3	X_4	X_5	X_6	X_7	X_8
扎兰屯	0. 1318	0. 2325	0. 2143	0. 0964	0. 1325	0. 1271	0. 1232	0. 1151	盖州	0. 1912	0. 2535	0. 1765	0. 1314	0. 0957	0. 2116	0. 0580	0. 0653
额尔古纳	0. 2464	0. 3921	0. 2313	0. 1960	0. 1681	0. 0543	0. 1036	0. 1261	大石桥	0. 1588	0. 3506	0. 2437	0. 2268	0. 0907	0. 3248	0. 0239	0. 0557
根河	0. 1944	1. 0000	0. 0659	0. 2112	0. 0993	0. 1130	0. 0708	0. 1434	灯塔	0. 1585	0. 1631	0. 2101	0. 1916	0. 1345	0. 0831	0. 0525	0. 1425
丰镇	0. 1453	0. 3465	0. 1601	0. 1030	0. 0998	0. 1749	0. 1089	0. 2502	调兵山	0. 2586	0. 8555	0. 1853	0. 3346	0. 0675	0. 1250	0. 0387	0. 0591
乌兰浩特	0. 2450	0. 7734	0. 4075	0. 0584	0. 1419	0. 2863	0. 0821	0. 1552	开原	0. 1378	0. 2397	0. 1886	0. 1294	0. 0402	0. 1989	0. 0518	0. 0646
阿尔山	0. 2020	0. 6604	0. 0779	0. 1815	0. 3866	0. 0627	0. 1560	0. 3670	北票	0. 1139	0. 2448	0. 2307	0. 1326	0. 0926	0. 1205	0. 0471	0. 0650
二连浩特	0. 8011	0. 9346	1. 0000	0. 8261	0. 6210	0. 1914	0. 4104	0. 4294	凌源	0. 1222	0. 2657	0. 3201	0. 1482	0. 0447	0. 1743	0. 0221	0. 0576
锡林浩特	0. 3820	0. 8546	0. 6719	0. 4623	0. 3985	0. 3238	0. 2074	0. 1832	兴城	0. 1103	0. 2669	0. 2397	0. 1846	0. 0408	0. 2162	0. 0766	0. 1092
新民	0. 1521	0. 2150	0. 2063	0. 1383	0. 2821	0. 1841	0. 0619	0. 0718	榆树	0. 1423	0. 0870	0. 2358	0. 0653	0. 0756	0. 1618	0. 0341	0. 0575
瓦房店	0. 2048	0. 2320	0. 2040	0. 2667	0. 3075	0. 2640	0. 0493	0. 1264	德惠	0. 1499	0. 1875	0. 2998	0. 1084	0. 1152	0. 2244	0. 0319	0. 0131
庄河	0. 1939	0. 3114	0. 1852	0. 2378	0. 2248	0. 3218	0. 0593	0. 1051	蛟河	0. 1957	0. 2319	0. 2163	0. 1253	0. 2249	0. 1329	0. 0346	0. 1703
海城	0. 3242	0. 1097	0. 2806	0. 2906	0. 2920	0. 2690	0. 1125	0. 1276	桦甸	0. 1834	0. 2746	0. 2781	0. 1185	0. 2331	0. 1295	0. 0389	0. 1483

附录 5-15　全国县级市人口城镇化与土地城镇化指标标准化数据

县级市	人口城镇化（*PU*）				土地城镇化（*LU*）				县级市	人口城镇化（*PU*）				土地城镇化（*LU*）			
	X_1	X_2	X_3	X_4	X_5	X_6	X_7	X_8		X_1	X_2	X_3	X_4	X_5	X_6	X_7	X_8
舒兰	0. 0828	0. 0759	0. 2488	0. 0925	0. 1332	0. 1749	0. 0345	0. 1068	和龙	0. 1734	0. 5071	0. 0832	0. 1463	0. 1481	0. 0722	0. 0223	0. 0364
磐石	0. 2006	0. 1473	0. 2201	0. 0893	0. 2282	0. 1650	0. 0812	0. 0769	尚志	0. 2149	0. 1192	0. 2019	0. 1197	0. 0792	0. 1196	0. 0577	0. 0844
公主岭	0. 1248	0. 1641	0. 3028	0. 1218	0. 1366	0. 2375	0. 0682	0. 0517	五常	0. 1592	0. 0573	0. 1748	0. 0838	0. 1088	0. 1873	0. 0399	0. 1126
双辽	0. 0552	0. 2348	0. 3018	0. 0911	0. 1097	0. 1460	0. 0173	0. 0592	讷河	0. 0910	0. 0437	0. 1593	0. 0591	0. 0505	0. 0608	0. 0525	0. 1497
梅河口	0. 1317	0. 2265	0. 2258	0. 1741	0. 2184	0. 1782	0. 0000	0. 0320	虎林	0. 0601	0. 3988	0. 2841	0. 4979	0. 1130	0. 0576	0. 0542	0. 1202
集安	0. 1508	0. 2979	0. 1746	0. 2228	0. 2529	0. 0405	0. 0202	0. 2948	密山	0. 1384	0. 2818	0. 2383	0. 2308	0. 0459	0. 1284	0. 0556	0. 0752
临江	0. 2359	0. 5520	0. 2036	0. 1753	0. 2769	0. 0516	0. 0228	0. 1821	铁力	0. 0000	0. 2520	0. 1651	0. 1494	0. 0164	0. 1048	0. 0600	0. 1224
扶余	0. 1580	0. 0327	0. 2473	0. 0512	0. 1183	0. 0806	0. 0673	0. 0449	同江	0. 1373	0. 2444	0. 2978	0. 1846	0. 3059	0. 0536	0. 1081	0. 1468
洮南	0. 1258	0. 2216	0. 2437	0. 0632	0. 1590	0. 1584	0. 0197	0. 0693	富锦	0. 0808	0. 2092	0. 2795	0. 1381	0. 1018	0. 1023	0. 0582	0. 0720
大安	0. 0816	0. 2827	0. 1477	0. 0940	0. 1346	0. 1270	0. 0579	0. 1446	绥芬河	0. 0817	0. 8980	0. 6238	0. 7546	0. 6379	0. 1943	0. 1185	0. 1746
延吉	0. 4335	0. 8401	0. 2892	0. 4541	0. 2175	0. 2616	0. 0405	0. 0801	海林	0. 1803	0. 2871	0. 0909	0. 1398	0. 2723	0. 1117	0. 1183	0. 0848
图们	0. 2086	0. 6526	0. 1078	0. 2208	0. 1785	0. 0595	0. 0247	0. 0864	宁安	0. 1945	0. 0747	0. 1383	0. 1191	0. 2145	0. 0612	0. 0500	0. 1352
敦化	0. 2058	0. 4213	0. 1859	0. 1931	0. 1533	0. 2228	0. 0540	0. 1840	穆棱	0. 2911	0. 1878	0. 1901	0. 1001	0. 2944	0. 0548	0. 0488	0. 1287
珲春	0. 1275	0. 7505	0. 1976	0. 2162	0. 2399	0. 1163	0. 0662	0. 0770	北安	0. 1962	0. 2208	0. 1390	0. 1404	0. 0805	0. 1595	0. 0903	0. 1131
龙井	0. 1079	0. 6303	0. 0990	0. 2026	0. 1280	0. 0677	0. 0226	0. 0823	五大连池	0. 1119	0. 0199	0. 1194	0. 1178	0. 0442	0. 0150	0. 0242	0. 1248

附录 5-16 全国县级市人口城镇化与土地城镇化指标标准化数据

县级市	人口城镇化(*PU*)				土地城镇化(*LU*)				县级市	人口城镇化(*PU*)				土地城镇化(*LU*)			
	X_1	X_2	X_3	X_4	X_5	X_6	X_7	X_8		X_1	X_2	X_3	X_4	X_5	X_6	X_7	X_8
安达	0. 0174	0. 3700	0. 2254	0. 1052	0. 1393	0. 1757	0. 0209	0. 0223	东台	0. 2813	0. 1857	0. 1668	0. 2492	0. 2181	0. 2690	0. 0928	0. 1119
肇东	0. 0148	0. 2627	0. 2260	0. 0846	0. 0803	0. 2657	0. 0297	0. 1035	仪征	0. 3594	0. 2818	0. 2266	0. 2858	0. 3316	0. 2927	0. 0720	0. 0810
海伦	0. 0709	0. 1006	0. 1525	0. 0508	0. 0245	0. 1383	0. 0215	0. 0326	高邮	0. 2653	0. 1828	0. 1985	0. 2199	0. 2124	0. 1914	0. 0646	0. 0791
江阴	0. 5166	0. 1963	0. 3674	0. 5047	0. 4482	1. 0000	0. 1219	0. 1247	丹阳	0. 4749	0. 3120	0. 3015	0. 3764	0. 2739	0. 2472	0. 0959	0. 0887
宜兴	0. 4060	0. 3820	0. 2856	0. 5124	0. 2986	0. 6359	0. 1130	0. 1257	扬中	0. 4837	0. 4510	0. 2495	0. 5645	0. 4477	0. 0869	0. 1025	0. 0906
新沂	0. 1723	0. 2031	0. 4036	0. 0872	0. 2016	0. 2664	0. 0873	0. 0844	句容	0. 3272	0. 1857	0. 2003	0. 2642	0. 2511	0. 1915	0. 0872	0. 0994
邳州	0. 1519	0. 0997	0. 4196	0. 0990	0. 1652	0. 3521	0. 0578	0. 1137	兴化	0. 2168	0. 0326	0. 1841	0. 1515	0. 1011	0. 2871	0. 1074	0. 1138
溧阳	0. 3146	0. 1885	0. 2452	0. 3479	0. 2699	0. 2079	0. 0834	0. 1007	靖江	0. 3411	0. 2415	0. 2365	0. 3925	0. 3651	0. 2460	0. 1190	0. 1011
常熟	0. 6425	0. 3182	0. 3630	0. 6357	0. 2836	0. 7772	0. 1375	0. 1600	泰兴	0. 2631	0. 1284	0. 2341	0. 2065	0. 2262	0. 2054	0. 0906	0. 0934
张家港	0. 5351	0. 3312	0. 4008	0. 6386	0. 3905	0. 3911	0. 1192	0. 1174	建德	0. 2178	0. 1469	0. 2348	0. 2242	0. 1639	0. 0561	0. 0435	0. 1136
昆山	1. 0000	0. 4635	0. 6676	0. 8231	0. 5016	0. 5627	0. 1221	0. 1112	临安	0. 4061	0. 2543	0. 2891	0. 2611	0. 2101	0. 1304	0. 0586	0. 1804
太仓	0. 6123	0. 3576	0. 4082	0. 6225	0. 4975	0. 3856	0. 1796	0. 1296	余姚	0. 4962	0. 4077	0. 3968	0. 4970	0. 3293	0. 3856	0. 1159	0. 1037
启东	0. 2870	0. 1119	0. 1671	0. 3843	0. 2321	0. 2162	0. 0813	0. 0889	慈溪	0. 4667	0. 3334	0. 3815	0. 5666	0. 3359	0. 3449	0. 1934	0. 1286
如皋	0. 2497	0. 1345	0. 2239	0. 2660	0. 1664	0. 2917	0. 0916	0. 1091	瑞安	0. 4361	0. 0816	0. 3887	0. 3201	0. 1928	0. 1551	0. 0754	0. 1368
海门	0. 3212	0. 2074	0. 2387	0. 4231	0. 2747	0. 1970	0. 0876	0. 0911	乐清	0. 3402	0. 1802	0. 3956	0. 2977	0. 2084	0. 1552	0. 1040	0. 1252

附录 5-17　全国县级市人口城镇化与土地城镇化指标标准化数据

县级市	人口城镇化（*PU*）				土地城镇化（*LU*）				县级市	人口城镇化（*PU*）				土地城镇化（*LU*）			
	X_1	X_2	X_3	X_4	X_5	X_6	X_7	X_8		X_1	X_2	X_3	X_4	X_5	X_6	X_7	X_8
海宁	0. 5855	0. 1722	0. 3204	0. 5323	0. 3728	0. 3853	0. 1710	0. 1613	天长	0. 3508	0. 1412	0. 2830	0. 1371	0. 2230	0. 2145	0. 1899	0. 1668
平湖	0. 5555	0. 3266	0. 2922	0. 4460	0. 3614	0. 2871	0. 1387	0. 2051	明光	0. 1830	0. 1458	0. 2960	0. 0890	0. 0877	0. 1782	0. 1456	0. 1470
桐乡	0. 6160	0. 2544	0. 3497	0. 5018	0. 3030	0. 3688	0. 0939	0. 1305	界首	0. 0673	0. 1384	0. 3137	0. 0911	0. 0411	0. 1402	0. 0723	0. 0776
诸暨	0. 4168	0. 1331	0. 4119	0. 3570	0. 2930	0. 3309	0. 0662	0. 1477	宁国	0. 3129	0. 3408	0. 2470	0. 1566	0. 3597	0. 1865	0. 1375	0. 1191
嵊州	0. 3320	0. 2461	0. 2682	0. 2743	0. 1435	0. 3102	0. 0915	0. 1111	福清	0. 2466	0. 1527	0. 4049	0. 2499	0. 2769	0. 3812	0. 0491	0. 1246
兰溪	0. 2441	0. 1997	0. 2600	0. 1769	0. 1219	0. 2669	0. 0802	0. 1142	长乐	0. 2465	0. 2331	0. 3343	0. 2119	0. 3059	0. 1592	0. 0211	0. 1203
义乌	0. 7789	0. 5385	0. 5959	1. 0000	0. 3242	0. 8185	0. 1613	0. 1863	永安	0. 2495	0. 3447	0. 3751	0. 1573	0. 3824	0. 1718	0. 1059	0. 1201
东阳	0. 3456	0. 3086	0. 4294	0. 3444	0. 1430	0. 2988	0. 1151	0. 1118	石狮	0. 8004	0. 3691	0. 8546	0. 7858	0. 6173	0. 2781	0. 1754	0. 2593
永康	0. 4610	0. 2077	0. 4081	0. 5347	0. 1654	0. 2782	0. 1590	0. 1176	晋江	0. 6358	0. 1030	0. 7094	0. 3842	0. 3741	0. 2822	0. 1820	0. 1388
江山	0. 1781	0. 1330	0. 3076	0. 2062	0. 1320	0. 1130	0. 1120	0. 1091	南安	0. 3704	0. 0450	0. 3313	0. 1894	0. 1476	0. 2559	0. 0780	0. 1193
温岭	0. 4317	0. 1212	0. 3813	0. 3628	0. 1416	0. 2592	0. 1151	0. 1211	龙海	0. 3236	0. 1520	0. 3541	0. 1520	0. 2829	0. 1572	0. 0517	0. 1238
临海	0. 2493	0. 1618	0. 3698	0. 1960	0. 1105	0. 3384	0. 0892	0. 1245	邵武	0. 1804	0. 2360	0. 3027	0. 1693	0. 5521	0. 1295	0. 0679	0. 1498
龙泉	0. 2067	0. 1825	0. 2943	0. 1624	0. 1449	0. 0908	0. 1133	0. 1182	武夷山	0. 1958	0. 3084	0. 3650	0. 1849	0. 6194	0. 0512	0. 0856	0. 1093
巢湖	0. 2617	0. 2914	0. 2790	0. 1650	0. 1301	0. 3647	0. 0907	0. 1058	建瓯	0. 1567	0. 1007	0. 3231	0. 0958	0. 2228	0. 0924	0. 0505	0. 1147
桐城	0. 2472	0. 1328	0. 2106	0. 1902	0. 1607	0. 1889	0. 0790	0. 1063	漳平	0. 1640	0. 3567	0. 2794	0. 1027	0. 3090	0. 0924	0. 0324	0. 0977

附录 5-18　全国县级市人口城镇化与土地城镇化指标标准化数据

县级市	人口城镇化（*PU*）				土地城镇化（*LU*）				县级市	人口城镇化（*PU*）				土地城镇化（*LU*）			
	X_1	X_2	X_3	X_4	X_5	X_6	X_7	X_8		X_1	X_2	X_3	X_4	X_5	X_6	X_7	X_8
福安	0. 1795	0. 1075	0. 3770	0. 0819	0. 1667	0. 0907	0. 0328	0. 1306	莱西	0. 1789	0. 3390	0. 3029	0. 1923	0. 3998	0. 2516	0. 1173	0. 1221
福鼎	0. 2233	0. 1713	0. 3049	0. 0890	0. 2160	0. 1271	0. 0495	0. 0858	滕州	0. 2783	0. 1266	0. 3210	0. 1243	0. 1683	0. 4394	0. 0927	0. 1129
乐平	0. 2557	0. 1002	0. 4362	0. 1001	0. 1674	0. 1739	0. 0445	0. 1441	龙口	0. 3397	0. 3597	0. 2899	0. 4261	0. 4612	0. 3234	0. 1187	0. 1250
瑞昌	0. 2964	0. 3299	0. 4251	0. 1077	0. 2383	0. 1337	0. 0963	0. 1053	莱阳	0. 1958	0. 3540	0. 2406	0. 1742	0. 0824	0. 3164	0. 0336	0. 1032
共青城	0. 3052	0. 2718	0. 6506	0. 2198	1. 0000	0. 0924	0. 1374	0. 2143	莱州	0. 2652	0. 3214	0. 2524	0. 3241	0. 2505	0. 3399	0. 0969	0. 1325
贵溪	0. 2515	0. 0995	0. 3518	0. 0976	0. 2513	0. 2290	0. 0670	0. 1178	蓬莱	0. 2818	0. 2849	0. 1950	0. 3148	0. 4401	0. 1793	0. 1278	0. 1439
瑞金	0. 2223	0. 4520	0. 4909	0. 0899	0. 0389	0. 2023	0. 0299	0. 1203	招远	0. 1866	0. 2685	0. 2604	0. 3105	0. 3482	0. 2368	0. 0973	0. 1488
井冈山	0. 2071	0. 0800	0. 4234	0. 1597	0. 1777	0. 0421	0. 1822	0. 6165	栖霞	0. 1404	0. 1411	0. 1858	0. 1639	0. 1062	0. 1097	0. 0349	0. 1220
丰城	0. 2135	0. 1695	0. 3846	0. 0996	0. 1047	0. 3919	0. 0780	0. 1010	海阳	0. 2935	0. 3030	0. 2236	0. 2050	0. 2886	0. 2528	0. 0727	0. 1230
樟树	0. 2539	0. 3479	0. 3458	0. 1678	0. 1941	0. 2038	0. 0867	0. 1140	青州	0. 2297	0. 2639	0. 3087	0. 2868	0. 2531	0. 3936	0. 1404	0. 2147
高安	0. 2189	0. 1972	0. 4271	0. 1240	0. 1008	0. 2322	0. 1087	0. 1196	诸城	0. 3003	0. 3510	0. 3773	0. 1865	0. 2467	0. 3845	0. 0963	0. 1915
德兴	0. 0320	0. 1106	0. 4051	0. 1453	0. 1872	0. 0594	0. 0675	0. 1611	寿光	0. 2725	0. 2262	0. 2800	0. 2555	0. 2599	0. 2970	0. 1496	0. 2100
胶州	0. 3378	0. 4507	0. 3960	0. 2521	0. 5365	0. 4314	0. 0949	0. 1176	安丘	0. 0915	0. 2923	0. 3468	0. 1536	0. 1323	0. 4716	0. 1135	0. 2032
即墨	0. 3631	0. 4206	0. 3743	0. 2393	0. 4056	0. 4611	0. 0893	0. 1066	高密	0. 2836	0. 2281	0. 3928	0. 1747	0. 2613	0. 4039	0. 1335	0. 1932
平度	0. 1684	0. 2614	0. 2956	0. 1643	0. 2363	0. 4769	0. 0878	0. 1013	昌邑	0. 2639	0. 1701	0. 3070	0. 2686	0. 2686	0. 1749	0. 0982	0. 1706

附录 5-19 全国县级市人口城镇化与土地城镇化指标标准化数据

县级市	人口城镇化(*PU*)				土地城镇化(*LU*)				县级市	人口城镇化(*PU*)				土地城镇化(*LU*)			
	X_1	X_2	X_3	X_4	X_5	X_6	X_7	X_8		X_1	X_2	X_3	X_4	X_5	X_6	X_7	X_8
曲阜	0. 3181	0. 2129	0. 2539	0. 1565	0. 1760	0. 1914	0. 1171	0. 1341	舞钢	0. 0492	0. 3014	0. 2810	0. 1073	0. 2061	0. 1040	0. 0804	0. 0954
邹城	0. 3467	0. 1784	0. 2972	0. 1530	0. 1672	0. 3647	0. 0363	0. 1140	汝州	0. 1841	0. 1902	0. 4570	0. 0668	0. 1140	0. 2725	0. 0444	0. 1192
新泰	0. 3096	0. 2948	0. 3475	0. 1441	0. 1967	0. 5421	0. 1061	0. 1575	林州	0. 0909	0. 0743	0. 4390	0. 1600	0. 2257	0. 1632	0. 0578	0. 0912
肥城	0. 2349	0. 1873	0. 3710	0. 1737	0. 2684	0. 2974	0. 1100	0. 1540	卫辉	0. 2032	0. 1907	0. 4779	0. 0775	0. 0710	0. 1460	0. 0375	0. 0606
荣成	0. 2693	0. 4737	0. 2505	0. 2824	0. 5434	0. 4068	0. 1540	0. 2333	辉县	0. 2212	0. 1390	0. 4532	0. 1144	0. 1527	0. 1494	0. 0505	0. 0556
乳山	0. 1122	0. 2110	0. 1538	0. 2014	0. 4189	0. 2470	0. 1759	0. 1831	沁阳	0. 0590	0. 1762	0. 3973	0. 1246	0. 2819	0. 1304	0. 1151	0. 0617
乐陵	0. 2294	0. 2809	0. 3329	0. 1003	0. 1374	0. 2409	0. 1192	0. 1089	孟州	0. 2669	0. 3210	0. 2875	0. 1208	0. 3759	0. 1007	0. 0879	0. 0841
禹城	0. 2735	0. 2644	0. 3392	0. 1310	0. 1897	0. 2657	0. 0975	0. 2081	禹州	0. 0590	0. 1354	0. 3847	0. 0871	0. 1872	0. 3450	0. 0679	0. 1128
临清	0. 1995	0. 3229	0. 4886	0. 1521	0. 1588	0. 2046	0. 1306	0. 1078	长葛	0. 3268	0. 1661	0. 4087	0. 1189	0. 2170	0. 1832	0. 0784	0. 1148
巩义	0. 3052	0. 3053	0. 3265	0. 1493	0. 2765	0. 2285	0. 0366	0. 1210	义马	0. 3749	1. 0000	0. 2970	0. 2162	0. 6638	0. 1149	0. 0657	0. 0883
荥阳	0. 2951	0. 1197	0. 3408	0. 1518	0. 3464	0. 1621	0. 1021	0. 0913	灵宝	0. 0948	0. 1480	0. 3465	0. 1352	0. 2233	0. 1584	0. 0499	0. 0845
新密	0. 3142	0. 0910	0. 3998	0. 1591	0. 2476	0. 1799	0. 0747	0. 0971	邓州	0. 0590	0. 0857	0. 4690	0. 0549	0. 0697	0. 2409	0. 0619	0. 0653
新郑	0. 1407	0. 1705	0. 5845	0. 2392	0. 3814	0. 2426	0. 0808	0. 1240	永城	0. 2873	0. 1770	0. 4373	0. 0816	0. 0880	0. 3300	0. 0647	0. 1121
登封	0. 0905	0. 1315	0. 6044	0. 1526	0. 2727	0. 1625	0. 0915	0. 1139	项城	0. 2415	0. 1388	0. 4249	0. 0801	0. 0551	0. 2409	0. 0407	0. 0857
偃师	0. 3724	0. 1064	0. 3389	0. 1805	0. 2225	0. 1295	0. 0260	0. 0713	济源	0. 3556	0. 1909	0. 4013	0. 1681	0. 3285	0. 4230	0. 1317	0. 1568

附录 5-20　全国县级市人口城镇化与土地城镇化指标标准化数据

县级市	人口城镇化(*PU*)				土地城镇化(*LU*)				县级市	人口城镇化(*PU*)				土地城镇化(*LU*)			
	X_1	X_2	X_3	X_4	X_5	X_6	X_7	X_8		X_1	X_2	X_3	X_4	X_5	X_6	X_7	X_8
大冶	0.4193	0.2037	0.3052	0.1029	0.3239	0.2364	0.0705	0.0734	麻城	0.2535	0.1224	0.2451	0.0953	0.1242	0.2688	0.1181	0.0899
丹江口	0.2484	0.3640	0.2841	0.1821	0.1948	0.2032	0.0458	0.0896	武穴	0.2238	0.2316	0.3444	0.1145	0.1423	0.2162	0.0977	0.1796
宜都	0.4150	0.3623	0.1836	0.1869	0.6888	0.1724	0.1055	0.1015	赤壁	0.2388	0.4410	0.3403	0.1160	0.3141	0.1914	0.0648	0.0765
当阳	0.2421	0.2832	0.2029	0.1887	0.4425	0.1594	0.0748	0.0748	广水	0.3660	0.2488	0.2426	0.1305	0.1411	0.2333	0.0424	0.0863
枝江	0.3320	0.2757	0.1643	0.1913	0.4478	0.1592	0.0767	0.1040	恩施	0.1971	0.2049	0.3584	0.1129	0.0884	0.2657	0.0304	0.0822
老河口	0.3276	0.4090	0.3073	0.1304	0.2418	0.1914	0.0741	0.0709	利川	0.2224	0.1192	0.3632	0.0620	0.0463	0.1254	0.0314	0.0659
枣阳	0.2918	0.1827	0.2885	0.1159	0.1886	0.3754	0.0995	0.1242	仙桃	0.3090	0.1589	0.2530	0.1252	0.1336	0.3925	0.0873	0.0741
宜城	0.2263	0.2483	0.2524	0.1308	0.2146	0.1917	0.0821	0.0953	潜江	0.2896	0.3466	0.2492	0.1840	0.2071	0.3837	0.0594	0.0741
钟祥	0.2538	0.1606	0.2200	0.1574	0.1602	0.1832	0.0831	0.0840	天门	0.2298	0.0701	0.2303	0.1272	0.1111	0.2227	0.0790	0.0742
应城	0.2917	0.1824	0.1949	0.1345	0.1883	0.1092	0.0511	0.0961	浏阳	0.2937	0.0758	0.3430	0.1209	0.2845	0.1988	0.0348	0.0475
安陆	0.2371	0.2105	0.2318	0.1411	0.1731	0.1324	0.0988	0.0764	醴陵	0.2559	0.1180	0.2729	0.0949	0.1609	0.2120	0.0463	0.0847
汉川	0.3035	0.2478	0.2205	0.0946	0.1540	0.1873	0.0292	0.0470	湘乡	0.1949	0.1596	0.2629	0.1026	0.0942	0.1452	0.0545	0.0644
石首	0.0139	0.1507	0.2192	0.1336	0.1320	0.1548	0.0624	0.0716	韶山	0.1700	0.2911	0.2056	0.1875	0.3637	0.0095	0.0367	0.1613
洪湖	0.0132	0.2639	0.2243	0.0820	0.0811	0.1667	0.0243	0.0259	耒阳	0.2305	0.1656	0.4122	0.0813	0.1145	0.3383	0.0793	0.0689
松滋	0.0163	0.0563	0.2060	0.1337	0.1398	0.1085	0.0651	0.0903	常宁	0.1864	0.1425	0.4016	0.0855	0.0746	0.0924	0.1034	0.0555

附录 5-21　全国县级市人口城镇化与土地城镇化指标标准化数据

县级市	人口城镇化(*PU*)				土地城镇化(*LU*)				县级市	人口城镇化(*PU*)				土地城镇化(*LU*)			
	X_1	X_2	X_3	X_4	X_5	X_6	X_7	X_8		X_1	X_2	X_3	X_4	X_5	X_6	X_7	X_8
武冈	0. 2039	0. 1874	0. 4156	0. 0686	0. 0756	0. 1324	0. 0607	0. 0759	恩平	0. 1817	0. 2896	0. 3109	0. 1722	0. 0952	0. 2856	0. 0505	0. 1403
汨罗	0. 3043	0. 0981	0. 2918	0. 0755	0. 2255	0. 1089	0. 1139	0. 0720	廉江	0. 1856	0. 0807	0. 3629	0. 0635	0. 1173	0. 3518	0. 0179	0. 1344
临湘	0. 1432	0. 1881	0. 3291	0. 0809	0. 1482	0. 0965	0. 0452	0. 1223	雷州	0. 0619	0. 0174	0. 3739	0. 0411	0. 0075	0. 2040	0. 0206	0. 0620
津市	0. 1670	0. 3854	0. 1741	0. 1498	0. 1748	0. 1091	0. 0460	0. 0781	吴川	0. 0923	0. 1346	0. 3916	0. 0693	0. 0615	0. 1799	0. 0260	0. 0000
沅江	0. 2095	0. 1306	0. 2009	0. 0865	0. 1271	0. 1114	0. 0276	0. 0614	高州	0. 0923	0. 0647	0. 4045	0. 0947	0. 0430	0. 2419	0. 0274	0. 1584
资兴	0. 2864	0. 3019	0. 3230	0. 1754	0. 3838	0. 1432	0. 0537	0. 0879	化州	0. 0830	0. 0788	0. 4555	0. 0632	0. 0425	0. 2558	0. 0031	0. 0197
洪江	0. 1951	0. 0187	0. 2437	0. 1321	0. 0847	0. 0231	1. 0000	1. 0000	信宜	0. 0827	0. 0866	0. 4435	0. 0769	0. 0573	0. 1873	0. 0166	0. 1383
冷水江	0. 2287	0. 4440	0. 4576	0. 1695	0. 2586	0. 1679	0. 0393	0. 0977	四会	0. 3951	0. 3481	0. 5240	0. 2730	0. 4764	0. 1998	0. 0952	0. 1350
涟源	0. 1351	0. 0355	0. 2817	0. 0374	0. 0713	0. 0924	0. 0321	0. 0711	兴宁	0. 1666	0. 1272	0. 2693	0. 0882	0. 0260	0. 1994	0. 0513	0. 1923
吉首	0. 3168	0. 7295	0. 5217	0. 2605	0. 1494	0. 2814	0. 1719	0. 2036	陆丰	0. 1166	0. 0268	0. 3434	0. 0156	0. 0330	0. 1382	0. 0334	0. 0593
乐昌	0. 1049	0. 1386	0. 3248	0. 1000	0. 0203	0. 1202	0. 0144	0. 0878	阳春	0. 1297	0. 0874	0. 2962	0. 0749	0. 0502	0. 1749	0. 0487	0. 0875
南雄	0. 8339	0. 1088	0. 3170	0. 0937	0. 0929	0. 0721	0. 0277	0. 0943	英德	0. 0991	0. 1435	0. 3390	0. 0970	0. 0436	0. 2530	0. 0495	0. 1412
台山	0. 1561	0. 0879	0. 2678	0. 2148	0. 0977	0. 2203	0. 0690	0. 1645	连州	0. 1095	0. 1812	0. 2488	0. 1130	0. 0225	0. 1081	0. 1223	0. 1074
开平	0. 2676	0. 2727	0. 4420	0. 3030	0. 1441	0. 2447	0. 0329	0. 1305	普宁	0. 1322	0. 1420	0. 4481	0. 0919	0. 0654	0. 5086	0. 0582	0. 0374
鹤山	0. 3728	0. 2397	0. 4785	0. 3568	0. 1993	0. 1908	0. 1572	0. 2406	罗定	0. 1941	0. 1635	0. 3737	0. 0702	0. 0471	0. 1771	0. 0101	0. 0876

附录 5-22　全国县级市人口城镇化与土地城镇化指标标准化数据

县级市	人口城镇化（PU）				土地城镇化（LU）				县级市	人口城镇化（PU）				土地城镇化（LU）			
	X_1	X_2	X_3	X_4	X_5	X_6	X_7	X_8		X_1	X_2	X_3	X_4	X_5	X_6	X_7	X_8
岑溪	0.1767	0.0885	0.3959	0.0646	0.1256	0.1492	0.0925	0.0860	邛崃	0.2671	0.1712	0.2049	0.1829	0.1466	0.1710	0.0996	0.2254
东兴	0.1075	0.4233	0.6501	0.3856	0.3957	0.0668	0.1714	0.1072	崇州	0.4298	0.1072	0.2208	0.2498	0.1524	0.2250	0.1356	0.1221
桂平	0.1652	0.0000	0.4415	0.0561	0.0446	0.2616	0.0630	0.0375	广汉	0.2570	0.4200	0.2131	0.2640	0.1193	0.4058	0.0550	0.0697
北流	0.1525	0.0436	0.5514	0.0711	0.0639	0.1751	0.1051	0.0877	什邡	0.2438	0.2276	0.1934	0.2125	0.1652	0.1031	0.0550	0.1044
靖西	0.1275	0.1408	0.3485	0.0408	0.1036	0.1139	0.0591	0.0471	绵竹	0.2403	0.1013	0.1790	0.1761	0.1496	0.0718	0.1741	0.1082
宜州	0.1214	0.1496	0.3757	0.0745	0.0341	0.1100	0.1069	0.0783	江油	0.2509	0.3115	0.2075	0.1819	0.0805	0.2574	0.0718	0.0807
合山	0.0461	0.3562	0.2420	0.0892	0.0711	0.0303	0.0565	0.0836	峨眉山	0.2949	0.2759	0.2316	0.2763	0.1545	0.1436	0.0562	0.1266
凭祥	0.2304	0.5408	0.4001	0.2980	0.3998	0.0706	0.0859	0.2154	阆中	0.2485	0.2266	0.2652	0.1244	0.1008	0.2492	0.0646	0.0973
五指山	0.0527	0.3732	0.5117	0.1473	0.1451	0.0172	0.1025	0.0700	华蓥	0.2114	0.2271	0.3416	0.1686	0.2133	0.0870	0.0694	0.0753
琼海	0.1699	0.1948	0.4429	0.1992	0.1620	0.1931	0.1079	0.1133	万源	0.1874	0.0882	0.3384	0.0763	0.0894	0.0908	0.0073	0.2024
文昌	0.1046	0.1287	0.3845	0.1679	0.1303	0.0990	0.0971	0.0810	康定	0.1738	0.3058	0.5536	0.2498	0.4549	0.0000	0.0501	0.0242
万宁	0.1293	0.0151	0.3417	0.0898	0.1146	0.0677	0.1057	0.1095	西昌	0.2959	0.4897	0.6455	0.2012	0.2135	0.3195	0.0612	0.1219
东方	0.0704	0.2199	0.4791	0.0705	0.0435	0.1997	0.1363	0.0959	清镇	0.2193	0.2152	0.3824	0.0888	0.2258	0.1416	0.0490	0.1061
都江堰	0.3958	0.2543	0.2513	0.3185	0.1360	0.2814	0.0980	0.1400	赤水	0.2351	0.2935	0.3465	0.1255	0.2830	0.1089	0.0474	0.1234
彭州	0.2493	0.2388	0.2148	0.2234	0.1023	0.1611	0.0463	0.0877	仁怀	0.2164	0.1225	0.4367	0.0974	0.2393	0.1610	0.0295	0.1137

附录 5-23　全国县级市人口城镇化与土地城镇化指标标准化数据

县级市	人口城镇化（*PU*）				土地城镇化（*LU*）				县级市	人口城镇化（*PU*）				土地城镇化（*LU*）			
	X_1	X_2	X_3	X_4	X_5	X_6	X_7	X_8		X_1	X_2	X_3	X_4	X_5	X_6	X_7	X_8
兴义	0. 1330	0. 3072	0. 5892	0. 1211	0. 2063	0. 3317	0. 0978	0. 0601	瑞丽	0. 2110	0. 1914	0. 6657	0. 6113	0. 2730	0. 1832	0. 4068	0. 1825
凯里	0. 2031	0. 6544	0. 5777	0. 1771	0. 3881	0. 5215	0. 0454	0. 1261	芒市	0. 1538	0. 2450	0. 3870	0. 1341	0. 1001	0. 1270	0. 0853	0. 1316
都匀	0. 2478	0. 3661	0. 4732	0. 1786	0. 2218	0. 2327	0. 0486	0. 0665	香格里拉	0. 1563	0. 3382	0. 3742	0. 2147	0. 4970	0. 2162	0. 0503	0. 1337
福泉	0. 1802	0. 1532	0. 2786	0. 0764	0. 2008	0. 1320	0. 0991	0. 1346	兴平	0. 1590	0. 2286	0. 3188	0. 1318	0. 1954	0. 1575	0. 0568	0. 1034
安宁	0. 3464	0. 5792	0. 4768	0. 3594	0. 4974	0. 2606	0. 0531	0. 1505	韩城	0. 3540	0. 3343	0. 3130	0. 2469	0. 3830	0. 1189	0. 0588	0. 0733
宣威	0. 0900	0. 0753	0. 4683	0. 0511	0. 0699	0. 2737	0. 0727	0. 0801	华阴	0. 1873	0. 3700	0. 2505	0. 1464	0. 2752	0. 1172	0. 0503	0. 0724
腾冲	0. 0930	0. 1764	0. 4737	0. 1111	0. 1037	0. 1870	0. 0530	0. 0904	玉门	0. 2685	0. 4636	0. 3329	0. 1852	0. 8127	0. 0568	0. 0928	0. 1947
楚雄	0. 3030	0. 4071	0. 4678	0. 1809	0. 2415	0. 3263	0. 0884	0. 1141	敦煌	0. 2319	0. 4070	0. 4316	0. 5567	0. 5940	0. 0925	0. 1040	0. 1371
个旧	0. 2183	0. 4252	0. 4390	0. 2225	0. 2658	0. 0772	0. 0045	0. 0900	临夏	0. 1079	0. 5812	0. 5700	0. 0000	0. 1140	0. 1667	0. 0577	0. 0558
开远	0. 2920	0. 5859	0. 4528	0. 2020	0. 3666	0. 1452	0. 0272	0. 1308	合作	0. 0099	0. 5843	0. 6090	0. 1560	0. 1940	0. 0594	0. 0765	0. 0581
蒙自	0. 2714	0. 3654	0. 4688	0. 2015	0. 2624	0. 2308	0. 1560	0. 1356	玉树	0. 0143	0. 4575	0. 5992	0. 0966	0. 0360	0. 0842	0. 0429	0. 0974
弥勒	0. 0259	0. 1949	0. 4254	0. 0974	0. 1906	0. 1500	0. 0488	0. 1194	格尔木	0. 0553	0. 3955	0. 7338	0. 4856	0. 7053	0. 2626	0. 1774	0. 0678
文山	0. 1625	0. 2893	0. 5288	0. 1670	0. 1611	0. 2550	0. 0867	0. 0714	德令哈	0. 1164	0. 6158	0. 4568	0. 2897	0. 4656	0. 1502	0. 3043	0. 1282
景洪	0. 2419	0. 1580	0. 5352	0. 2494	0. 2763	0. 1947	0. 1821	0. 2336	灵武	0. 1233	0. 1824	0. 4062	0. 2357	0. 9906	0. 0957	0. 1638	0. 2173
大理	0. 2191	0. 3443	0. 4249	0. 2759	0. 2204	0. 3194	0. 0823	0. 0975	青铜峡	0. 1893	0. 4151	0. 3918	0. 1546	0. 1952	0. 2361	0. 2671	0. 1399

附录 5-24　全国县级市人口城镇化与土地城镇化指标标准化数据

县级市	人口城镇化（*PU*）				土地城镇化（*LU*）				县级市	人口城镇化（*PU*）				土地城镇化（*LU*）			
	X_1	X_2	X_3	X_4	X_5	X_6	X_7	X_8		X_1	X_2	X_3	X_4	X_5	X_6	X_7	X_8
哈密	0. 2272	0. 4313	0. 3954	0. 3318	0. 3962	0. 3101	0. 0912	0. 1021	石河子	0. 1632	0. 8467	0. 4040	0. 3435	0. 3235	0. 3687	0. 1492	0. 0811
昌吉	0. 1770	0. 6048	0. 5056	0. 3311	0. 4217	0. 4807	0. 1090	0. 1357	阿拉尔	0. 3633	0. 0851	0. 6710	0. 1711	0. 3842	0. 0611	0. 1171	0. 1221
阜康	0. 2809	0. 3635	0. 3046	0. 2013	0. 6693	0. 1469	0. 1574	0. 2052	图木舒克	0. 1470	0. 0783	0. 5230	0. 0726	0. 2500	0. 0718	0. 3905	0. 3939
博乐	0. 0599	0. 5728	0. 2967	0. 1484	0. 2598	0. 1452	0. 0698	0. 1167	五家渠	0. 4484	0. 7487	0. 5713	0. 3735	0. 7422	0. 1119	0. 1078	0. 1224
库尔勒	0. 1246	0. 6525	0. 4802	0. 4083	0. 4111	0. 5949	0. 1379	0. 1429	北屯	0. 2456	0. 6876	0. 5998	0. 5963	0. 5105	0. 1664	0. 2168	0. 1422
阿克苏	0. 0726	0. 5697	0. 4995	0. 2442	0. 1577	0. 3523	0. 0725	0. 1084									
阿图什	0. 0758	0. 2743	0. 5627	0. 0769	0. 0767	0. 0924	0. 1029	0. 0761									
喀什	0. 2116	0. 3290	0. 6340	0. 1587	0. 1183	0. 5434	0. 1478	0. 2514									
和田	0. 0725	0. 5008	0. 5766	0. 1404	0. 1072	0. 2498	0. 0578	0. 0375									
伊宁	0. 1603	0. 5742	0. 5209	0. 2172	0. 1590	0. 2735	0. 0974	0. 0789									
奎屯	0. 1230	0. 9865	0. 5984	0. 4662	0. 2140	0. 1713	0. 0959	0. 0835									
霍尔果斯	0. 1557	0. 3175	0. 1302	0. 0467	0. 1757	0. 1196	0. 2811	0. 1041									
塔城	0. 0835	0. 4552	0. 4302	0. 1988	0. 1731	0. 0825	0. 0973	0. 0984									
乌苏	0. 1093	0. 2859	0. 4023	0. 1652	0. 1826	0. 1613	0. 0638	0. 1158									
阿勒泰	0. 1081	0. 2911	0. 3368	0. 1539	0. 0000	0. 1007	0. 0761	0. 2313									

附录 5-25 全国县级市人口城镇化与土地城镇化指标得分

县级市	人口城镇化(PU)				土地城镇化(LU)				县级市	人口城镇化(PU)				土地城镇化(LU)			
	X_1	X_2	X_3	X_4	X_5	X_6	X_7	X_8		X_1	X_2	X_3	X_4	X_5	X_6	X_7	X_8
晋州	0.0472	0.0593	0.0581	0.0384	0.1661	0.0783	0.0788	0.0489	三河	0.0555	0.0871	0.0842	0.0765	0.2302	0.0898	0.0814	0.0505
新乐	0.0483	0.0323	0.0822	0.0258	0.1609	0.0759	0.0812	0.0485	深州	0.0642	0.0954	0.0523	0.0307	0.0922	0.0916	0.0792	0.0480
遵化	0.0610	0.0739	0.0802	0.0553	0.1380	0.1070	0.0802	0.0512	定州	0.0613	0.0917	0.0678	0.0315	0.1018	0.1501	0.0736	0.0440
迁安	0.0663	0.0952	0.0747	0.0826	0.2353	0.1519	0.0795	0.0603	辛集	0.0677	0.0670	0.0822	0.0555	0.1327	0.1177	0.0891	0.0610
武安	0.0819	0.0809	0.0911	0.0565	0.1440	0.1288	0.0819	0.0544	古交	0.0118	0.2627	0.0843	0.0738	0.1238	0.0830	0.0771	0.0493
南宫	0.0422	0.0778	0.0635	0.0292	0.1046	0.0806	0.0804	0.0513	潞城	0.0257	0.1312	0.0717	0.0347	0.2115	0.0672	0.0751	0.0470
沙河	0.0582	0.0471	0.0972	0.0484	0.1686	0.0843	0.0831	0.0532	高平	0.0413	0.0647	0.0692	0.0455	0.1273	0.0859	0.0782	0.0528
涿州	0.0528	0.1338	0.0559	0.0494	0.1227	0.1265	0.0808	0.0496	介休	0.0259	0.1350	0.0774	0.0570	0.1323	0.0929	0.0755	0.0482
安国	0.0422	0.0655	0.0671	0.0407	0.1113	0.0739	0.0836	0.0484	永济	0.0310	0.1193	0.0528	0.0260	0.1160	0.0994	0.0770	0.0530
高碑店	0.0391	0.0537	0.0633	0.0569	0.1054	0.0931	0.0883	0.0478	河津	0.0214	0.1873	0.0852	0.0409	0.1421	0.1142	0.0819	0.0545
泊头	0.0595	0.0720	0.0807	0.0400	0.1261	0.0917	0.0917	0.0499	原平	0.0397	0.0947	0.0571	0.0464	0.1331	0.0790	0.0733	0.0501
任丘	0.0502	0.1270	0.0776	0.0549	0.1002	0.1615	0.0721	0.0496	侯马	0.0018	0.2299	0.0000	0.0024	0.0632	0.0927	0.0778	0.0516
黄骅	0.0587	0.0644	0.0707	0.0481	0.1682	0.1339	0.0919	0.0568	霍州	0.0436	0.1369	0.0681	0.0405	0.1798	0.0798	0.0741	0.0488
河间	0.0504	0.0364	0.0672	0.0414	0.1086	0.0939	0.0793	0.0876	孝义	0.0413	0.2371	0.0897	0.0737	0.1809	0.1090	0.0782	0.0515
霸州	0.0600	0.0514	0.0980	0.0610	0.1584	0.0854	0.1052	0.0530	汾阳	0.0217	0.1421	0.0706	0.0428	0.1016	0.0818	0.0741	0.0458

附录 5-26 全国县级市人口城镇化与土地城镇化指标得分

县级市	人口城镇化(*PU*)				土地城镇化(*LU*)				县级市	人口城镇化(*PU*)				土地城镇化(*LU*)			
	X_1	X_2	X_3	X_4	X_5	X_6	X_7	X_8		X_1	X_2	X_3	X_4	X_5	X_6	X_7	X_8
霍林郭勒	0.0058	0.3880	0.0044	0.0028	0.1076	0.0839	0.0979	0.0683	东港	0.0394	0.0569	0.0405	0.0607	0.1115	0.0967	0.0832	0.0521
满洲里	0.0799	0.3880	0.0702	0.0951	0.2051	0.1097	0.0926	0.0545	凌海	0.0295	0.0606	0.0436	0.0322	0.1342	0.0942	0.0760	0.0512
牙克石	0.0666	0.1276	0.0333	0.0419	0.1322	0.1114	0.0808	0.0554	北镇	0.0188	0.0784	0.0499	0.0381	0.1156	0.0785	0.0725	0.0445
扎兰屯	0.0264	0.0902	0.0418	0.0209	0.1211	0.0895	0.0836	0.0534	盖州	0.0383	0.0984	0.0344	0.0285	0.1041	0.1159	0.0764	0.0476
额尔古纳	0.0494	0.1521	0.0451	0.0425	0.1376	0.0669	0.0815	0.0547	大石桥	0.0318	0.1360	0.0475	0.0491	0.1019	0.1510	0.0726	0.0465
根河	0.0390	0.3880	0.0129	0.0458	0.1058	0.0852	0.0778	0.0567	灯塔	0.0318	0.0633	0.0410	0.0415	0.1221	0.0759	0.0758	0.0566
丰镇	0.0291	0.1344	0.0312	0.0223	0.1061	0.1044	0.0821	0.0692	调兵山	0.0518	0.3319	0.0361	0.0725	0.0912	0.0889	0.0743	0.0469
乌兰浩特	0.0491	0.3001	0.0795	0.0126	0.1255	0.1391	0.0791	0.0581	开原	0.0276	0.0930	0.0368	0.0280	0.0786	0.1119	0.0757	0.0475
阿尔山	0.0405	0.2562	0.0152	0.0393	0.2384	0.0695	0.0873	0.0828	北票	0.0228	0.0950	0.0450	0.0287	0.1027	0.0875	0.0752	0.0476
二连浩特	0.1605	0.3626	0.1950	0.1790	0.3465	0.1096	0.1155	0.0901	凌源	0.0245	0.1031	0.0624	0.0321	0.0806	0.1042	0.0725	0.0467
锡林浩特	0.0765	0.3316	0.1310	0.1002	0.2439	0.1508	0.0930	0.0614	兴城	0.0221	0.1035	0.0467	0.0400	0.0788	0.1173	0.0785	0.0527
新民	0.0305	0.0834	0.0402	0.0300	0.1902	0.1073	0.0769	0.0484	榆树	0.0285	0.0338	0.0460	0.0141	0.0949	0.1003	0.0738	0.0467
瓦房店	0.0410	0.0900	0.0398	0.0578	0.2019	0.1322	0.0755	0.0548	德惠	0.0300	0.0728	0.0585	0.0235	0.1131	0.1198	0.0735	0.0415
庄河	0.0389	0.1208	0.0361	0.0515	0.1637	0.1501	0.0766	0.0523	蛟河	0.0392	0.0900	0.0422	0.0271	0.1638	0.0914	0.0738	0.0599

续表

县级市	人口城镇化(*PU*)				土地城镇化(*LU*)				县级市	人口城镇化(*PU*)				土地城镇化(*LU*)			
	X_1	X_2	X_3	X_4	X_5	X_6	X_7	X_8		X_1	X_2	X_3	X_4	X_5	X_6	X_7	X_8
海城	0.0650	0.0426	0.0547	0.0630	0.1947	0.1337	0.0825	0.0549	桦甸	0.0367	0.1065	0.0542	0.0257	0.1675	0.0903	0.0743	0.0573

附录 5-27　全国县级市人口城镇化与土地城镇化指标得分

县级市	人口城镇化(*PU*)				土地城镇化(*LU*)				县级市	人口城镇化(*PU*)				土地城镇化(*LU*)			
	X_1	X_2	X_3	X_4	X_5	X_6	X_7	X_8		X_1	X_2	X_3	X_4	X_5	X_6	X_7	X_8
舒兰	0.0166	0.0295	0.0485	0.0200	0.1215	0.1044	0.0738	0.0525	和龙	0.0347	0.1968	0.0162	0.0317	0.1283	0.0725	0.0725	0.0442
磐石	0.0402	0.0571	0.0429	0.0194	0.1653	0.1013	0.0790	0.0490	尚志	0.0431	0.0463	0.0394	0.0259	0.0965	0.0872	0.0764	0.0499
公主岭	0.0250	0.0637	0.0590	0.0264	0.1230	0.1239	0.0776	0.0460	五常	0.0319	0.0222	0.0341	0.0182	0.1102	0.1083	0.0744	0.0531
双辽	0.0111	0.0911	0.0588	0.0197	0.1106	0.0954	0.0719	0.0469	讷河	0.0182	0.0169	0.0311	0.0128	0.0833	0.0689	0.0758	0.0575
梅河口	0.0264	0.0879	0.0440	0.0377	0.1608	0.1055	0.0700	0.0437	虎林	0.0120	0.1547	0.0554	0.1079	0.1121	0.0679	0.0760	0.0540
集安	0.0302	0.1156	0.0340	0.0483	0.1767	0.0626	0.0722	0.0744	密山	0.0277	0.1093	0.0465	0.0500	0.0812	0.0899	0.0762	0.0488
临江	0.0473	0.2142	0.0397	0.0380	0.1878	0.0660	0.0725	0.0613	铁力	0.0000	0.0978	0.0322	0.0324	0.0676	0.0826	0.0766	0.0543
扶余	0.0317	0.0127	0.0482	0.0111	0.1146	0.0751	0.0775	0.0452	同江	0.0275	0.0948	0.0581	0.0400	0.2011	0.0667	0.0820	0.0571
洮南	0.0252	0.0860	0.0475	0.0137	0.1334	0.0993	0.0722	0.0481	富锦	0.0162	0.0812	0.0545	0.0299	0.1070	0.0818	0.0764	0.0484
大安	0.0163	0.1097	0.0288	0.0204	0.1221	0.0895	0.0764	0.0569	绥芬河	0.0164	0.3484	0.1216	0.1635	0.3543	0.1105	0.0831	0.0604
延吉	0.0869	0.3259	0.0564	0.0984	0.1604	0.1314	0.0745	0.0493	海林	0.0361	0.1114	0.0177	0.0303	0.1856	0.0848	0.0831	0.0499
图们	0.0418	0.2532	0.0210	0.0478	0.1424	0.0685	0.0727	0.0501	宁安	0.0390	0.0290	0.0270	0.0258	0.1590	0.0690	0.0755	0.0558

续表

县级市	人口城镇化(PU)				土地城镇化(LU)				县级市	人口城镇化(PU)				土地城镇化(LU)			
	X_1	X_2	X_3	X_4	X_5	X_6	X_7	X_8		X_1	X_2	X_3	X_4	X_5	X_6	X_7	X_8
敦化	0.0412	0.1635	0.0363	0.0418	0.1307	0.1193	0.0760	0.0615	穆棱	0.0583	0.0729	0.0371	0.0217	0.1958	0.0670	0.0754	0.0550
珲春	0.0255	0.2912	0.0385	0.0469	0.1707	0.0862	0.0773	0.0490	北安	0.0393	0.0857	0.0271	0.0304	0.0971	0.0996	0.0800	0.0532
龙井	0.0216	0.2446	0.0193	0.0439	0.1191	0.0711	0.0725	0.0496	五大连池	0.0224	0.0077	0.0233	0.0255	0.0804	0.0547	0.0727	0.0546

附录 5-28　全国县级市人口城镇化与土地城镇化指标得分

县级市	人口城镇化(PU)				土地城镇化(LU)				县级市	人口城镇化(PU)				土地城镇化(LU)			
	X_1	X_2	X_3	X_4	X_5	X_6	X_7	X_8		X_1	X_2	X_3	X_4	X_5	X_6	X_7	X_8
安达	0.0035	0.1435	0.0440	0.0228	0.1242	0.1047	0.0723	0.0426	东台	0.0564	0.0720	0.0325	0.0540	0.1606	0.1337	0.0803	0.0531
肇东	0.0030	0.1019	0.0441	0.0183	0.0971	0.1327	0.0733	0.0521	仪征	0.0720	0.1093	0.0442	0.0619	0.2130	0.1411	0.0780	0.0494
海伦	0.0142	0.0390	0.0297	0.0110	0.0713	0.0930	0.0724	0.0438	高邮	0.0532	0.0709	0.0387	0.0476	0.1580	0.1096	0.0772	0.0492
江阴	0.1035	0.0761	0.0716	0.1093	0.2668	0.3612	0.0835	0.0546	丹阳	0.0951	0.1211	0.0588	0.0815	0.1864	0.1269	0.0806	0.0503
宜兴	0.0813	0.1482	0.0557	0.1110	0.1978	0.2479	0.0825	0.0547	扬中	0.0969	0.1750	0.0486	0.1223	0.2666	0.0770	0.0814	0.0506
新沂	0.0345	0.0788	0.0787	0.0189	0.1530	0.1329	0.0797	0.0499	句容	0.0656	0.0720	0.0391	0.0572	0.1759	0.1096	0.0797	0.0516
邳州	0.0304	0.0387	0.0818	0.0215	0.1362	0.1595	0.0764	0.0533	兴化	0.0434	0.0126	0.0359	0.0328	0.1067	0.1393	0.0819	0.0533
溧阳	0.0630	0.0731	0.0478	0.0754	0.1845	0.1147	0.0792	0.0517	靖江	0.0683	0.0937	0.0461	0.0850	0.2284	0.1266	0.0832	0.0518
常熟	0.1287	0.1234	0.0708	0.1377	0.1908	0.2918	0.0852	0.0587	泰兴	0.0527	0.0498	0.0456	0.0447	0.1644	0.1139	0.0800	0.0509

续表

县级市	人口城镇化(*PU*)				土地城镇化(*LU*)				县级市	人口城镇化(*PU*)				土地城镇化(*LU*)			
	X_1	X_2	X_3	X_4	X_5	X_6	X_7	X_8		X_1	X_2	X_3	X_4	X_5	X_6	X_7	X_8
张家港	0. 1072	0. 1285	0. 0782	0. 1384	0. 2402	0. 1717	0. 0832	0. 0537	建德	0. 0436	0. 0570	0. 0458	0. 0486	0. 1356	0. 0675	0. 0748	0. 0533
昆山	0. 2004	0. 1798	0. 1302	0. 1783	0. 2914	0. 2251	0. 0835	0. 0530	临安	0. 0814	0. 0987	0. 0564	0. 0566	0. 1569	0. 0906	0. 0765	0. 0611
太仓	0. 1227	0. 1387	0. 0796	0. 1349	0. 2895	0. 1700	0. 0899	0. 0551	余姚	0. 0994	0. 1582	0. 0774	0. 1077	0. 2119	0. 1700	0. 0828	0. 0521
启东	0. 0575	0. 0434	0. 0326	0. 0833	0. 1671	0. 1173	0. 0790	0. 0504	慈溪	0. 0935	0. 1293	0. 0744	0. 1228	0. 2150	0. 1573	0. 0914	0. 0550
如皋	0. 0500	0. 0522	0. 0437	0. 0576	0. 1368	0. 1408	0. 0801	0. 0527	瑞安	0. 0874	0. 0317	0. 0758	0. 0694	0. 1489	0. 0983	0. 0784	0. 0560
海门	0. 0644	0. 0805	0. 0466	0. 0917	0. 1867	0. 1113	0. 0797	0. 0506	乐清	0. 0682	0. 0699	0. 0771	0. 0645	0. 1561	0. 0983	0. 0815	0. 0546

附录 5-29　全国县级市人口城镇化与土地城镇化指标得分

县级市	人口城镇化(*PU*)				土地城镇化(*LU*)				县级市	人口城镇化(*PU*)				土地城镇化(*LU*)			
	X_1	X_2	X_3	X_4	X_5	X_6	X_7	X_8		X_1	X_2	X_3	X_4	X_5	X_6	X_7	X_8
海宁	0. 1173	0. 0668	0. 0625	0. 1153	0. 2320	0. 1699	0. 0889	0. 0588	天长	0. 0703	0. 0548	0. 0552	0. 0297	0. 1629	0. 1167	0. 0910	0. 0595
平湖	0. 1113	0. 1267	0. 0570	0. 0966	0. 2268	0. 1393	0. 0854	0. 0639	明光	0. 0367	0. 0566	0. 0577	0. 0193	0. 1005	0. 1055	0. 0861	0. 0572
桐乡	0. 1234	0. 0987	0. 0682	0. 1087	0. 1998	0. 1648	0. 0804	0. 0552	界首	0. 0135	0. 0537	0. 0612	0. 0197	0. 0790	0. 0936	0. 0780	0. 0491
诸暨	0. 0835	0. 0516	0. 0803	0. 0773	0. 1952	0. 1529	0. 0773	0. 0572	宁国	0. 0627	0. 1322	0. 0482	0. 0339	0. 2259	0. 1080	0. 0852	0. 0539
嵊州	0. 0665	0. 0955	0. 0523	0. 0594	0. 1262	0. 1465	0. 0801	0. 0530	福清	0. 0494	0. 0592	0. 0790	0. 0541	0. 1877	0. 1686	0. 0754	0. 0545
兰溪	0. 0489	0. 0775	0. 0507	0. 0383	0. 1163	0. 1331	0. 0789	0. 0533	长乐	0. 0494	0. 0904	0. 0652	0. 0459	0. 2012	0. 0995	0. 0723	0. 0540
义乌	0. 1561	0. 2089	0. 1162	0. 2167	0. 2096	0. 3047	0. 0879	0. 0617	永安	0. 0500	0. 1337	0. 0731	0. 0341	0. 2364	0. 1035	0. 0817	0. 0540

续表

县级市	人口城镇化(*PU*)				土地城镇化(*LU*)				县级市	人口城镇化(*PU*)				土地城镇化(*LU*)			
	X_1	X_2	X_3	X_4	X_5	X_6	X_7	X_8		X_1	X_2	X_3	X_4	X_5	X_6	X_7	X_8
东阳	0.0692	0.1197	0.0837	0.0746	0.1260	0.1430	0.0828	0.0530	石狮	0.1604	0.1432	0.1667	0.1703	0.3448	0.1365	0.0894	0.0703
永康	0.0924	0.0806	0.0796	0.1159	0.1363	0.1366	0.0876	0.0537	晋江	0.1274	0.0400	0.1383	0.0832	0.2326	0.1378	0.0902	0.0562
江山	0.0357	0.0516	0.0600	0.0447	0.1209	0.0852	0.0824	0.0527	南安	0.0742	0.0175	0.0646	0.0410	0.1281	0.1296	0.0786	0.0539
温岭	0.0865	0.0470	0.0743	0.0786	0.1253	0.1306	0.0827	0.0541	龙海	0.0648	0.0590	0.0691	0.0329	0.1905	0.0989	0.0757	0.0545
临海	0.0499	0.0628	0.0721	0.0425	0.1110	0.1553	0.0799	0.0545	邵武	0.0361	0.0916	0.0590	0.0367	0.3147	0.0903	0.0775	0.0575
龙泉	0.0414	0.0708	0.0574	0.0352	0.1268	0.0782	0.0825	0.0538	武夷山	0.0392	0.1196	0.0712	0.0401	0.3458	0.0659	0.0795	0.0528
巢湖	0.0524	0.1131	0.0544	0.0358	0.1200	0.1635	0.0800	0.0523	建瓯	0.0314	0.0391	0.0630	0.0208	0.1628	0.0788	0.0756	0.0534
桐城	0.0495	0.0515	0.0411	0.0412	0.1341	0.1088	0.0787	0.0524	漳平	0.0328	0.1384	0.0545	0.0222	0.2026	0.0788	0.0736	0.0514

附录 5-30　全国县级市人口城镇化与土地城镇化指标得分

县级市	人口城镇化(*PU*)				土地城镇化(*LU*)				县级市	人口城镇化(*PU*)				土地城镇化(*LU*)			
	X_1	X_2	X_3	X_4	X_5	X_6	X_7	X_8		X_1	X_2	X_3	X_4	X_5	X_6	X_7	X_8
福安	0.0360	0.0417	0.0735	0.0177	0.1369	0.0782	0.0736	0.0552	莱西	0.0358	0.1315	0.0591	0.0417	0.2444	0.1283	0.0830	0.0542
福鼎	0.0447	0.0665	0.0595	0.0193	0.1597	0.0895	0.0755	0.0500	滕州	0.0558	0.0491	0.0626	0.0269	0.1376	0.1867	0.0803	0.0532
乐平	0.0512	0.0389	0.0851	0.0217	0.1372	0.1041	0.0749	0.0568	龙口	0.0681	0.1396	0.0565	0.0923	0.2728	0.1506	0.0832	0.0546
瑞昌	0.0594	0.1280	0.0829	0.0233	0.1700	0.0916	0.0807	0.0523	莱阳	0.0392	0.1373	0.0469	0.0377	0.0980	0.1485	0.0737	0.0520
共青城	0.0612	0.1055	0.1269	0.0476	0.5214	0.0788	0.0852	0.0650	莱州	0.0531	0.1247	0.0492	0.0702	0.1756	0.1558	0.0807	0.0555

续表

县级市	人口城镇化(*PU*)				土地城镇化(*LU*)				县级市	人口城镇化(*PU*)				土地城镇化(*LU*)			
	X_1	X_2	X_3	X_4	X_5	X_6	X_7	X_8		X_1	X_2	X_3	X_4	X_5	X_6	X_7	X_8
贵溪	0. 0504	0. 0386	0. 0686	0. 0212	0. 1759	0. 1213	0. 0774	0. 0537	蓬莱	0. 0565	0. 1105	0. 0380	0. 0682	0. 2631	0. 1058	0. 0842	0. 0568
瑞金	0. 0445	0. 1754	0. 0957	0. 0195	0. 0779	0. 1129	0. 0733	0. 0540	招远	0. 0374	0. 1042	0. 0508	0. 0673	0. 2207	0. 1237	0. 0808	0. 0574
井冈山	0. 0415	0. 0310	0. 0826	0. 0346	0. 1420	0. 0631	0. 0902	0. 1120	栖霞	0. 0281	0. 0547	0. 0362	0. 0355	0. 1090	0. 0841	0. 0739	0. 0542
丰城	0. 0428	0. 0658	0. 0750	0. 0216	0. 1083	0. 1719	0. 0786	0. 0518	海阳	0. 0588	0. 1176	0. 0436	0. 0444	0. 1931	0. 1287	0. 0781	0. 0544
樟树	0. 0509	0. 1350	0. 0674	0. 0364	0. 1496	0. 1134	0. 0796	0. 0533	青州	0. 0460	0. 1024	0. 0602	0. 0621	0. 1768	0. 1725	0. 0856	0. 0651
高安	0. 0439	0. 0765	0. 0833	0. 0269	0. 1065	0. 1222	0. 0820	0. 0540	诸城	0. 0602	0. 1362	0. 0736	0. 0404	0. 1738	0. 1696	0. 0807	0. 0624
德兴	0. 0064	0. 0429	0. 0790	0. 0315	0. 1464	0. 0685	0. 0775	0. 0588	寿光	0. 0546	0. 0878	0. 0546	0. 0554	0. 1799	0. 1424	0. 0866	0. 0645
胶州	0. 0677	0. 1749	0. 0772	0. 0546	0. 3075	0. 1842	0. 0805	0. 0537	安丘	0. 0183	0. 1134	0. 0676	0. 0333	0. 1211	0. 1967	0. 0826	0. 0637
即墨	0. 0727	0. 1632	0. 0730	0. 0518	0. 2471	0. 1935	0. 0799	0. 0524	高密	0. 0568	0. 0885	0. 0766	0. 0379	0. 1806	0. 1757	0. 0848	0. 0625
平度	0. 0337	0. 1014	0. 0576	0. 0356	0. 1690	0. 1984	0. 0797	0. 0518	昌邑	0. 0529	0. 0660	0. 0599	0. 0582	0. 1839	0. 1044	0. 0809	0. 0599

附录 5-31　全国县级市人口城镇化与土地城镇化指标得分

县级市	人口城镇化(*PU*)				土地城镇化(*LU*)				县级市	人口城镇化(*PU*)				土地城镇化(*LU*)			
	X_1	X_2	X_3	X_4	X_5	X_6	X_7	X_8		X_1	X_2	X_3	X_4	X_5	X_6	X_7	X_8
曲阜	0. 0637	0. 0826	0. 0495	0. 0339	0. 1412	0. 1096	0. 0830	0. 0557	舞钢	0. 0098	0. 1169	0. 0548	0. 0232	0. 1551	0. 0824	0. 0789	0. 0511
邹城	0. 0695	0. 0692	0. 0580	0. 0331	0. 1371	0. 1635	0. 0740	0. 0533	汝州	0. 0369	0. 0738	0. 0891	0. 0145	0. 1126	0. 1348	0. 0749	0. 0539
新泰	0. 0620	0. 1144	0. 0678	0. 0312	0. 1507	0. 2187	0. 0818	0. 0584	林州	0. 0182	0. 0288	0. 0856	0. 0347	0. 1641	0. 1008	0. 0764	0. 0506
肥城	0. 0471	0. 0727	0. 0723	0. 0376	0. 1838	0. 1425	0. 0822	0. 0580	卫辉	0. 0407	0. 0740	0. 0932	0. 0168	0. 0928	0. 0954	0. 0742	0. 0471

续表

县级市	人口城镇化（*PU*）				土地城镇化（*LU*）				县级市	人口城镇化（*PU*）				土地城镇化（*LU*）			
	X_1	X_2	X_3	X_4	X_5	X_6	X_7	X_8		X_1	X_2	X_3	X_4	X_5	X_6	X_7	X_8
荣成	0. 0539	0. 1838	0. 0489	0. 0612	0. 3107	0. 1766	0. 0871	0. 0672	辉县	0. 0443	0. 0539	0. 0884	0. 0248	0. 1305	0. 0965	0. 0756	0. 0465
乳山	0. 0225	0. 0819	0. 0300	0. 0436	0. 2533	0. 1269	0. 0895	0. 0614	沁阳	0. 0118	0. 0684	0. 0775	0. 0270	0. 1900	0. 0906	0. 0828	0. 0472
乐陵	0. 0460	0. 1090	0. 0649	0. 0217	0. 1234	0. 1250	0. 0832	0. 0527	孟州	0. 0535	0. 1245	0. 0561	0. 0262	0. 2334	0. 0813	0. 0797	0. 0498
禹城	0. 0548	0. 1026	0. 0661	0. 0284	0. 1475	0. 1327	0. 0808	0. 0643	禹州	0. 0118	0. 0525	0. 0750	0. 0189	0. 1463	0. 1573	0. 0775	0. 0532
临清	0. 0400	0. 1253	0. 0953	0. 0330	0. 1333	0. 1137	0. 0845	0. 0526	长葛	0. 0655	0. 0644	0. 0797	0. 0258	0. 1601	0. 1070	0. 0787	0. 0534
巩义	0. 0611	0. 1184	0. 0637	0. 0323	0. 1876	0. 1211	0. 0741	0. 0541	义马	0. 0751	0. 3880	0. 0579	0. 0468	0. 3663	0. 0857	0. 0773	0. 0503
荥阳	0. 0591	0. 0464	0. 0665	0. 0329	0. 2198	0. 1004	0. 0813	0. 0507	灵宝	0. 0190	0. 0574	0. 0676	0. 0293	0. 1630	0. 0993	0. 0755	0. 0499
新密	0. 0629	0. 0353	0. 0780	0. 0345	0. 1742	0. 1060	0. 0783	0. 0513	邓州	0. 0118	0. 0332	0. 0915	0. 0119	0. 0922	0. 1250	0. 0769	0. 0476
新郑	0. 0282	0. 0661	0. 1140	0. 0518	0. 2360	0. 1255	0. 0789	0. 0545	永城	0. 0576	0. 0687	0. 0853	0. 0177	0. 1006	0. 1527	0. 0772	0. 0531
登封	0. 0181	0. 0510	0. 1179	0. 0331	0. 1858	0. 1006	0. 0801	0. 0533	项城	0. 0484	0. 0538	0. 0829	0. 0174	0. 0854	0. 1250	0. 0745	0. 0500
偃师	0. 0746	0. 0413	0. 0661	0. 0391	0. 1627	0. 0903	0. 0729	0. 0483	济源	0. 0713	0. 0741	0. 0782	0. 0364	0. 2115	0. 1816	0. 0846	0. 0583

附录 5-30　全国县级市人口城镇化与土地城镇化指标得分

县级市	人口城镇化（*PU*）				土地城镇化（*LU*）				县级市	人口城镇化（*PU*）				土地城镇化（*LU*）			
	X_1	X_2	X_3	X_4	X_5	X_6	X_7	X_8		X_1	X_2	X_3	X_4	X_5	X_6	X_7	X_8
大冶	0. 0840	0. 0790	0. 0595	0. 0223	0. 2094	0. 1236	0. 0778	0. 0486	麻城	0. 0508	0. 0475	0. 0478	0. 0206	0. 1173	0. 1336	0. 0831	0. 0505
丹江口	0. 0498	0. 1412	0. 0554	0. 0394	0. 1499	0. 1132	0. 0751	0. 0505	武穴	0. 0448	0. 0899	0. 0672	0. 0248	0. 1257	0. 1173	0. 0808	0. 0610
宜都	0. 0832	0. 1406	0. 0358	0. 0405	0. 3778	0. 1037	0. 0817	0. 0518	赤壁	0. 0478	0. 1711	0. 0664	0. 0251	0. 2049	0. 1096	0. 0772	0. 0489

续表

县级市	人口城镇化(*PU*)				土地城镇化(*LU*)				县级市	人口城镇化(*PU*)				土地城镇化(*LU*)			
	X_1	X_2	X_3	X_4	X_5	X_6	X_7	X_8		X_1	X_2	X_3	X_4	X_5	X_6	X_7	X_8
当阳	0.0485	0.1099	0.0396	0.0409	0.2641	0.0996	0.0783	0.0487	广水	0.0733	0.0965	0.0473	0.0283	0.1251	0.1226	0.0747	0.0501
枝江	0.0665	0.1070	0.0320	0.0414	0.2666	0.0995	0.0785	0.0521	恩施	0.0395	0.0795	0.0699	0.0245	0.1008	0.1327	0.0734	0.0496
老河口	0.0656	0.1587	0.0599	0.0282	0.1716	0.1096	0.0782	0.0483	利川	0.0446	0.0463	0.0708	0.0134	0.0814	0.0890	0.0735	0.0477
枣阳	0.0585	0.0709	0.0563	0.0251	0.1470	0.1668	0.0810	0.0545	仙桃	0.0619	0.0616	0.0493	0.0271	0.1216	0.1721	0.0797	0.0486
宜城	0.0453	0.0963	0.0492	0.0283	0.1590	0.1096	0.0791	0.0511	潜江	0.0580	0.1345	0.0486	0.0399	0.1555	0.1694	0.0766	0.0486
钟祥	0.0508	0.0623	0.0429	0.0341	0.1339	0.1070	0.0792	0.0498	天门	0.0460	0.0272	0.0449	0.0276	0.1113	0.1193	0.0787	0.0487
应城	0.0584	0.0708	0.0380	0.0291	0.1469	0.0840	0.0757	0.0512	浏阳	0.0588	0.0294	0.0669	0.0262	0.1913	0.1119	0.0738	0.0455
安陆	0.0475	0.0817	0.0452	0.0306	0.1399	0.0912	0.0809	0.0489	醴陵	0.0513	0.0458	0.0532	0.0206	0.1342	0.1160	0.0751	0.0499
汉川	0.0608	0.0961	0.0430	0.0205	0.1311	0.1083	0.0732	0.0455	湘乡	0.0390	0.0619	0.0513	0.0222	0.1035	0.0952	0.0760	0.0475
石首	0.0028	0.0585	0.0427	0.0290	0.1209	0.0982	0.0769	0.0484	韶山	0.0341	0.1130	0.0401	0.0406	0.2278	0.0530	0.0741	0.0588
洪湖	0.0027	0.1024	0.0437	0.0178	0.0974	0.1019	0.0727	0.0430	耒阳	0.0462	0.0642	0.0804	0.0176	0.1128	0.1553	0.0788	0.0480
松滋	0.0033	0.0219	0.0402	0.0290	0.1245	0.0838	0.0772	0.0505	常宁	0.0374	0.0553	0.0783	0.0185	0.0944	0.0788	0.0815	0.0465

附录 5-31　全国县级市人口城镇化与土地城镇化指标得分

县级市	人口城镇化(*PU*)				土地城镇化(*LU*)				县级市	人口城镇化(*PU*)				土地城镇化(*LU*)			
	X_1	X_2	X_3	X_4	X_5	X_6	X_7	X_8		X_1	X_2	X_3	X_4	X_5	X_6	X_7	X_8
武冈	0.0408	0.0727	0.0811	0.0149	0.0949	0.0912	0.0767	0.0489	恩平	0.0364	0.1124	0.0606	0.0373	0.1039	0.1389	0.0756	0.0564

续表

县级市	人口城镇化(*PU*)				土地城镇化(*LU*)				县级市	人口城镇化(*PU*)				土地城镇化(*LU*)			
	X_1	X_2	X_3	X_4	X_5	X_6	X_7	X_8		X_1	X_2	X_3	X_4	X_5	X_6	X_7	X_8
汨罗	0.0610	0.0381	0.0569	0.0164	0.1641	0.0839	0.0826	0.0484	廉江	0.0372	0.0313	0.0708	0.0137	0.1141	0.1595	0.0720	0.0557
临湘	0.0287	0.0730	0.0642	0.0175	0.1284	0.0800	0.0750	0.0543	雷州	0.0124	0.0068	0.0729	0.0089	0.0635	0.1135	0.0723	0.0472
津市	0.0335	0.1495	0.0339	0.0324	0.1406	0.0839	0.0751	0.0491	吴川	0.0185	0.0522	0.0764	0.0150	0.0884	0.1060	0.0729	0.0400
沅江	0.0420	0.0507	0.0392	0.0187	0.1186	0.0847	0.0731	0.0472	高州	0.0185	0.0251	0.0789	0.0205	0.0798	0.1253	0.0730	0.0585
资兴	0.0574	0.1171	0.0630	0.0380	0.2371	0.0946	0.0759	0.0503	化州	0.0166	0.0306	0.0888	0.0137	0.0796	0.1296	0.0703	0.0423
洪江	0.0391	0.0072	0.0475	0.0286	0.0991	0.0572	0.1808	0.1567	信宜	0.0166	0.0336	0.0865	0.0167	0.0864	0.1083	0.0718	0.0561
冷水江	0.0458	0.1723	0.0892	0.0367	0.1793	0.1022	0.0744	0.0514	四会	0.0792	0.1351	0.1022	0.0592	0.2798	0.1122	0.0805	0.0558
涟源	0.0271	0.0138	0.0549	0.0081	0.0929	0.0788	0.0736	0.0483	兴宁	0.0334	0.0494	0.0525	0.0191	0.0720	0.1121	0.0757	0.0625
吉首	0.0635	0.2830	0.1017	0.0564	0.1289	0.1375	0.0890	0.0638	陆丰	0.0234	0.0104	0.0670	0.0034	0.0752	0.0930	0.0737	0.0469
乐昌	0.0210	0.0538	0.0633	0.0217	0.0694	0.0874	0.0716	0.0502	阳春	0.0260	0.0339	0.0578	0.0162	0.0831	0.1044	0.0754	0.0502
南雄	0.1671	0.0422	0.0618	0.0203	0.1029	0.0724	0.0731	0.0510	英德	0.0199	0.0557	0.0661	0.0210	0.0801	0.1287	0.0755	0.0565
台山	0.0313	0.0341	0.0522	0.0465	0.1051	0.1185	0.0776	0.0592	连州	0.0219	0.0703	0.0485	0.0245	0.0704	0.0836	0.0835	0.0525
开平	0.0536	0.1058	0.0862	0.0656	0.1265	0.1261	0.0736	0.0552	普宁	0.0265	0.0551	0.0874	0.0199	0.0902	0.2082	0.0764	0.0444
鹤山	0.0747	0.0930	0.0933	0.0773	0.1520	0.1094	0.0874	0.0681	罗定	0.0389	0.0634	0.0729	0.0152	0.0817	0.1051	0.0711	0.0502

附录 5-32　全国县级市人口城镇化与土地城镇化指标得分

县级市	人口城镇化(*PU*)				土地城镇化(*LU*)				县级市	人口城镇化(*PU*)				土地城镇化(*LU*)			
	X_1	X_2	X_3	X_4	X_5	X_6	X_7	X_8		X_1	X_2	X_3	X_4	X_5	X_6	X_7	X_8
岑溪	0.0354	0.0343	0.0772	0.0140	0.1180	0.0964	0.0802	0.0500	邛崃	0.0535	0.0664	0.0400	0.0396	0.1276	0.1032	0.0810	0.0663
东兴	0.0215	0.1642	0.1268	0.0836	0.2426	0.0708	0.0890	0.0525	崇州	0.0861	0.0416	0.0431	0.0541	0.1303	0.1200	0.0850	0.0543
桂平	0.0331	0.0000	0.0861	0.0121	0.0806	0.1314	0.0770	0.0444	广汉	0.0515	0.1629	0.0416	0.0572	0.1150	0.1763	0.0761	0.0481
北流	0.0305	0.0169	0.1075	0.0154	0.0895	0.1045	0.0816	0.0502	什邡	0.0488	0.0883	0.0377	0.0460	0.1362	0.0821	0.0761	0.0522
靖西	0.0255	0.0546	0.0680	0.0088	0.1078	0.0854	0.0765	0.0455	绵竹	0.0481	0.0393	0.0349	0.0382	0.1290	0.0723	0.0893	0.0526
宜州	0.0243	0.0581	0.0733	0.0161	0.0757	0.0842	0.0818	0.0491	江油	0.0503	0.1209	0.0405	0.0394	0.0972	0.1301	0.0780	0.0494
合山	0.0092	0.1382	0.0472	0.0193	0.0928	0.0594	0.0763	0.0498	峨眉山	0.0591	0.1070	0.0452	0.0599	0.1313	0.0947	0.0762	0.0548
凭祥	0.0462	0.2098	0.0780	0.0646	0.2444	0.0720	0.0795	0.0651	阆中	0.0498	0.0879	0.0517	0.0270	0.1065	0.1275	0.0772	0.0514
五指山	0.0106	0.1448	0.0998	0.0319	0.1269	0.0554	0.0813	0.0482	华蓥	0.0424	0.0881	0.0666	0.0365	0.1584	0.0771	0.0777	0.0488
琼海	0.0340	0.0756	0.0864	0.0432	0.1347	0.1101	0.0820	0.0532	万源	0.0375	0.0342	0.0660	0.0165	0.1012	0.0782	0.0708	0.0636
文昌	0.0210	0.0499	0.0750	0.0364	0.1201	0.0808	0.0808	0.0495	康定	0.0348	0.1187	0.1080	0.0541	0.2699	0.0500	0.0756	0.0428
万宁	0.0259	0.0059	0.0666	0.0194	0.1129	0.0711	0.0817	0.0528	西昌	0.0593	0.1900	0.1259	0.0436	0.1585	0.1494	0.0768	0.0542
东方	0.0141	0.0853	0.0934	0.0153	0.0801	0.1121	0.0851	0.0512	清镇	0.0439	0.0835	0.0746	0.0192	0.1642	0.0941	0.0754	0.0524
都江堰	0.0793	0.0986	0.0490	0.0690	0.1227	0.1375	0.0809	0.0563	赤水	0.0471	0.1139	0.0676	0.0272	0.1906	0.0839	0.0753	0.0544
彭州	0.0500	0.0926	0.0419	0.0484	0.1072	0.1001	0.0751	0.0502	仁怀	0.0434	0.0475	0.0852	0.0211	0.1704	0.1001	0.0733	0.0533

附录 5-33 全国县级市人口城镇化与土地城镇化指标得分

县级市	人口城镇化(PU)				土地城镇化(LU)				县级市	人口城镇化(PU)				土地城镇化(LU)			
	X_1	X_2	X_3	X_4	X_5	X_6	X_7	X_8		X_1	X_2	X_3	X_4	X_5	X_6	X_7	X_8
兴义	0.0266	0.1192	0.1149	0.0262	0.1552	0.1532	0.0808	0.0470	瑞丽	0.0423	0.0743	0.1298	0.1324	0.1860	0.1070	0.1150	0.0613
凯里	0.0407	0.2539	0.1127	0.0384	0.2391	0.2123	0.0750	0.0547	芒市	0.0308	0.0951	0.0755	0.0291	0.1062	0.0895	0.0794	0.0554
都匀	0.0496	0.1420	0.0923	0.0387	0.1623	0.1224	0.0754	0.0478	香格里拉	0.0313	0.1312	0.0730	0.0465	0.2893	0.1173	0.0756	0.0556
福泉	0.0361	0.0594	0.0543	0.0166	0.1526	0.0911	0.0810	0.0557	兴平	0.0318	0.0887	0.0622	0.0286	0.1502	0.0990	0.0763	0.0521
安宁	0.0694	0.2247	0.0930	0.0779	0.2895	0.1311	0.0759	0.0576	韩城	0.0709	0.1297	0.0610	0.0535	0.2367	0.0870	0.0765	0.0486
宣威	0.0180	0.0292	0.0913	0.0111	0.0922	0.1352	0.0780	0.0494	华阴	0.0375	0.1435	0.0489	0.0317	0.1870	0.0865	0.0756	0.0485
腾冲	0.0186	0.0684	0.0924	0.0241	0.1078	0.1082	0.0759	0.0505	玉门	0.0538	0.1799	0.0649	0.0401	0.4350	0.0677	0.0803	0.0627
楚雄	0.0607	0.1580	0.0912	0.0392	0.1714	0.1515	0.0798	0.0533	敦煌	0.0465	0.1579	0.0842	0.1206	0.3340	0.0788	0.0815	0.0560
个旧	0.0437	0.1650	0.0856	0.0482	0.1827	0.0740	0.0705	0.0505	临夏	0.0216	0.2255	0.1112	0.0000	0.1126	0.1019	0.0764	0.0465
开远	0.0585	0.2273	0.0883	0.0438	0.2291	0.0952	0.0730	0.0553	合作	0.0020	0.2267	0.1188	0.0338	0.1495	0.0685	0.0785	0.0468
蒙自	0.0544	0.1418	0.0914	0.0436	0.1811	0.1218	0.0873	0.0558	玉树	0.0029	0.1775	0.1169	0.0209	0.0766	0.0762	0.0747	0.0514
弥勒	0.0052	0.0756	0.0829	0.0211	0.1479	0.0967	0.0754	0.0539	格尔木	0.0111	0.1535	0.1431	0.1052	0.3854	0.1317	0.0896	0.0479
文山	0.0326	0.1122	0.1031	0.0362	0.1343	0.1293	0.0796	0.0483	德令哈	0.0233	0.2389	0.0891	0.0628	0.2748	0.0967	0.1037	0.0550
景洪	0.0485	0.0613	0.1044	0.0540	0.1875	0.1106	0.0902	0.0673	灵武	0.0247	0.0708	0.0792	0.0511	0.5171	0.0798	0.0881	0.0654
大理	0.0439	0.1336	0.0828	0.0598	0.1617	0.1494	0.0791	0.0514	青铜峡	0.0379	0.1611	0.0764	0.0335	0.1500	0.1234	0.0996	0.0563

附录 5-34　全国县级市人口城镇化与土地城镇化指标得分

县级市	人口城镇化(PU)				土地城镇化(LU)				县级市	人口城镇化(PU)				土地城镇化(LU)			
	X_1	X_2	X_3	X_4	X_5	X_6	X_7	X_8		X_1	X_2	X_3	X_4	X_5	X_6	X_7	X_8
哈密	0.0455	0.1673	0.0771	0.0719	0.2428	0.1465	0.0801	0.0519	石河子	0.0327	0.3285	0.0788	0.0744	0.2093	0.1647	0.0865	0.0495
昌吉	0.0355	0.2346	0.0986	0.0717	0.2546	0.1996	0.0821	0.0558	阿拉尔	0.0728	0.0330	0.1308	0.0371	0.2372	0.0690	0.0830	0.0542
阜康	0.0563	0.1410	0.0594	0.0436	0.3688	0.0957	0.0874	0.0640	图木舒克	0.0295	0.0304	0.1020	0.0157	0.1754	0.0723	0.1133	0.0860
博乐	0.0120	0.2222	0.0579	0.0322	0.1799	0.0952	0.0777	0.0536	五家渠	0.0898	0.2905	0.1114	0.0809	0.4024	0.0848	0.0819	0.0543
库尔勒	0.0250	0.2532	0.0936	0.0885	0.2497	0.2351	0.0853	0.0567	北屯	0.0492	0.2668	0.1170	0.1292	0.2955	0.1018	0.0940	0.0566
阿克苏	0.0146	0.2210	0.0974	0.0529	0.1328	0.1596	0.0780	0.0526									
阿图什	0.0152	0.1064	0.1097	0.0167	0.0954	0.0788	0.0814	0.0489									
喀什	0.0424	0.1277	0.1236	0.0344	0.1146	0.2191	0.0864	0.0693									
和田	0.0145	0.1943	0.1124	0.0304	0.1095	0.1277	0.0764	0.0444									
伊宁	0.0321	0.2228	0.1016	0.0471	0.1334	0.1351	0.0808	0.0492									
奎屯	0.0247	0.3828	0.1167	0.1010	0.1587	0.1033	0.0806	0.0498									
霍尔果斯	0.0312	0.1232	0.0254	0.0101	0.1410	0.0872	0.1011	0.0521									
塔城	0.0167	0.1766	0.0839	0.0431	0.1399	0.0757	0.0808	0.0515									
乌苏	0.0219	0.1109	0.0785	0.0358	0.1442	0.1002	0.0771	0.0535									
阿勒泰	0.0217	0.1129	0.0657	0.0334	0.0600	0.0813	0.0784	0.0670									

附录 5-35　全国县级市人口城镇化与土地城镇化综合得分与耦合协调度值

县级市	*PU*	*LU*	*D*	县级市	*PU*	*LU*	*D*	县级市	*PU*	*LU*	*D*	县级市	*PU*	*LU*	*D*
晋州	0. 2030	0. 3721	0. 3707	三河	0. 3032	0. 4519	0. 4302	霍林郭勒	0. 4010	0. 3577	0. 4352	东港	0. 1975	0. 3435	0. 3609
新乐	0. 1886	0. 3664	0. 3626	深州	0. 2427	0. 3110	0. 3706	满洲里	0. 6333	0. 4619	0. 5200	凌海	0. 1659	0. 3557	0. 3485
遵化	0. 2704	0. 3765	0. 3994	定州	0. 2523	0. 3696	0. 3908	牙克石	0. 2694	0. 3797	0. 3999	北镇	0. 1852	0. 3111	0. 3464
迁安	0. 3187	0. 5269	0. 4527	辛集	0. 2724	0. 4005	0. 4064	扎兰屯	0. 1793	0. 3478	0. 3533	盖州	0. 1995	0. 3440	0. 3619
武安	0. 3104	0. 4090	0. 4221	古交	0. 4326	0. 3332	0. 4357	额尔古纳	0. 2891	0. 3406	0. 3961	大石桥	0. 2645	0. 3721	0. 3961
南宫	0. 2127	0. 3170	0. 3603	潞城	0. 2633	0. 4008	0. 4030	根河	0. 4855	0. 3256	0. 4459	灯塔	0. 1775	0. 3304	0. 3480
沙河	0. 2509	0. 3891	0. 3953	高平	0. 2207	0. 3443	0. 3713	丰镇	0. 2171	0. 3617	0. 3743	调兵山	0. 4924	0. 3012	0. 4388
涿州	0. 2918	0. 3797	0. 4080	介休	0. 2953	0. 3488	0. 4006	乌兰浩特	0. 4413	0. 4018	0. 4588	开原	0. 1854	0. 3137	0. 3473
安国	0. 2155	0. 3173	0. 3616	永济	0. 2291	0. 3453	0. 3750	阿尔山	0. 3512	0. 4780	0. 4526	北票	0. 1915	0. 3130	0. 3499
高碑店	0. 2131	0. 3345	0. 3654	河津	0. 3349	0. 3928	0. 4258	二连浩特	0. 4971	0. 6617	0. 5355	凌源	0. 2221	0. 3041	0. 3605
泊头	0. 2522	0. 3593	0. 3880	原平	0. 2380	0. 3355	0. 3759	锡林浩特	0. 6393	0. 5490	0. 5443	兴城	0. 2124	0. 3273	0. 3631
任丘	0. 3098	0. 3834	0. 4151	侯马	0. 2341	0. 2853	0. 3595	新民	0. 1841	0. 4227	0. 3734	榆树	0. 1224	0. 3157	0. 3135
黄骅	0. 2418	0. 4508	0. 4063	霍州	0. 2891	0. 3825	0. 4078	瓦房店	0. 2286	0. 4643	0. 4036	德惠	0. 1847	0. 3480	0. 3561
河间	0. 1954	0. 3695	0. 3666	孝义	0. 4417	0. 4198	0. 4640	庄河	0. 2473	0. 4427	0. 4067	蛟河	0. 1985	0. 3888	0. 3727
霸州	0. 2704	0. 4021	0. 4060	汾阳	0. 2773	0. 3033	0. 3808	海城	0. 2252	0. 4658	0. 4024	桦甸	0. 2232	0. 3895	0. 3839

附录 5-36　全国县级市人口城镇化与土地城镇化综合得分与耦合协调度值

县级市	*PU*	*LU*	*D*	县级市	*PU*	*LU*	*D*	县级市	*PU*	*LU*	*D*	县级市	*PU*	*LU*	*D*
舒兰	0. 1146	0. 3522	0. 3169	和龙	0. 2794	0. 3175	0. 3859	安达	0. 2138	0. 3439	0. 3682	东台	0. 2149	0. 4277	0. 3893
磐石	0. 1596	0. 3946	0. 3542	尚志	0. 1546	0. 3100	0. 3309	肇东	0. 1673	0. 3551	0. 3491	仪征	0. 2875	0. 4815	0. 4313
公主岭	0. 1741	0. 3705	0. 3563	五常	0. 1064	0. 3460	0. 3097	海伦	0. 0940	0. 2805	0. 2849	高邮	0. 2104	0. 3940	0. 3794
双辽	0. 1808	0. 3249	0. 3481	讷河	0. 0791	0. 2855	0. 2741	江阴	0. 3606	0. 7660	0. 5126	丹阳	0. 3566	0. 4443	0. 4461
梅河口	0. 1960	0. 3800	0. 3694	虎林	0. 3301	0. 3101	0. 3999	宜兴	0. 3962	0. 5828	0. 4902	扬中	0. 4428	0. 4755	0. 4790
集安	0. 2281	0. 3859	0. 3852	密山	0. 2335	0. 2961	0. 3626	新沂	0. 2109	0. 4154	0. 3847	句容	0. 2339	0. 4167	0. 3951
临江	0. 3391	0. 3876	0. 4258	铁力	0. 1623	0. 2811	0. 3268	邳州	0. 1724	0. 4254	0. 3680	兴化	0. 1248	0. 3812	0. 3302
扶余	0. 1037	0. 3124	0. 3000	同江	0. 2204	0. 4069	0. 3870	溧阳	0. 2594	0. 4302	0. 4087	靖江	0. 2932	0. 4900	0. 4353
洮南	0. 1724	0. 3529	0. 3512	富锦	0. 1818	0. 3137	0. 3455	常熟	0. 4607	0. 6266	0. 5183	泰兴	0. 1929	0. 4092	0. 3748
大安	0. 1752	0. 3449	0. 3506	绥芬河	0. 6499	0. 6083	0. 5607	张家港	0. 4522	0. 5488	0. 4991	建德	0. 1950	0. 3312	0. 3565
延吉	0. 5676	0. 4156	0. 4928	海林	0. 1955	0. 4034	0. 3747	昆山	0. 6887	0. 6530	0. 5791	临安	0. 2930	0. 3850	0. 4098
图们	0. 3639	0. 3337	0. 4174	宁安	0. 1207	0. 3593	0. 3227	太仓	0. 4759	0. 6046	0. 5179	余姚	0. 4426	0. 5169	0. 4890
敦化	0. 2828	0. 3875	0. 4068	穆棱	0. 1900	0. 3933	0. 3697	启东	0. 2168	0. 4138	0. 3870	慈溪	0. 4200	0. 5187	0. 4831
珲春	0. 4021	0. 3832	0. 4430	北安	0. 1825	0. 3300	0. 3503	如皋	0. 2035	0. 4104	0. 3801	瑞安	0. 2642	0. 3815	0. 3984
龙井	0. 3294	0. 3122	0. 4004	五大连池	0. 0790	0. 2623	0. 2683	海门	0. 2831	0. 4284	0. 4173	乐清	0. 2797	0. 3906	0. 4065

附录 5-37　全国县级市人口城镇化与土地城镇化综合得分与耦合协调度值

县级市	*PU*	*LU*	*D*	县级市	*PU*	*LU*	*D*	县级市	*PU*	*LU*	*D*	县级市	*PU*	*LU*	*D*
海宁	0. 3619	0. 5497	0. 4722	天长	0. 2100	0. 4301	0. 3876	福安	0. 1689	0. 3440	0. 3472	莱西	0. 2681	0. 5100	0. 4300
平湖	0. 3916	0. 5154	0. 4740	明光	0. 1702	0. 3492	0. 3492	福鼎	0. 1899	0. 3747	0. 3652	滕州	0. 1944	0. 4578	0. 3862
桐乡	0. 3990	0. 5002	0. 4726	界首	0. 1481	0. 2997	0. 3245	乐平	0. 1968	0. 3731	0. 3681	龙口	0. 3565	0. 5612	0. 4729
诸暨	0. 2928	0. 4827	0. 4336	宁国	0. 2770	0. 4731	0. 4254	瑞昌	0. 2936	0. 3945	0. 4125	莱阳	0. 2612	0. 3722	0. 3949
嵊州	0. 2737	0. 4058	0. 4082	福清	0. 2417	0. 4863	0. 4140	共青城	0. 3411	0. 7504	0. 5029	莱州	0. 2973	0. 4676	0. 4318
兰溪	0. 2154	0. 3815	0. 3786	长乐	0. 2509	0. 4271	0. 4046	贵溪	0. 1788	0. 4284	0. 3720	蓬莱	0. 2732	0. 5098	0. 4320
义乌	0. 6979	0. 6639	0. 5834	永安	0. 2909	0. 4756	0. 4313	瑞金	0. 3351	0. 3182	0. 4041	招远	0. 2596	0. 4825	0. 4207
东阳	0. 3473	0. 4048	0. 4330	石狮	0. 6405	0. 6410	0. 5660	井冈山	0. 1897	0. 4072	0. 3728	栖霞	0. 1546	0. 3213	0. 3338
永康	0. 3684	0. 4142	0. 4419	晋江	0. 3890	0. 5168	0. 4735	丰城	0. 2051	0. 4107	0. 3809	海阳	0. 2644	0. 4542	0. 4163
江山	0. 1920	0. 3412	0. 3577	南安	0. 1973	0. 3903	0. 3725	樟树	0. 2897	0. 3959	0. 4115	青州	0. 2707	0. 4999	0. 4289
温岭	0. 2865	0. 3929	0. 4096	龙海	0. 2258	0. 4196	0. 3923	高安	0. 2305	0. 3648	0. 3808	诸城	0. 3103	0. 4865	0. 4408
临海	0. 2273	0. 4007	0. 3885	邵武	0. 2234	0. 5400	0. 4167	德兴	0. 1598	0. 3511	0. 3442	寿光	0. 2523	0. 4734	0. 4157
龙泉	0. 2048	0. 3414	0. 3636	武夷山	0. 2701	0. 5439	0. 4378	胶州	0. 3744	0. 6260	0. 4920	安丘	0. 2327	0. 4641	0. 4053
巢湖	0. 2557	0. 4159	0. 4038	建瓯	0. 1542	0. 3705	0. 3457	即墨	0. 3608	0. 5730	0. 4768	高密	0. 2597	0. 5036	0. 4252
桐城	0. 1833	0. 3741	0. 3618	漳平	0. 2480	0. 4063	0. 3984	平度	0. 2284	0. 4990	0. 4108	昌邑	0. 2369	0. 4292	0. 3993

附录 5-38　全国县级市人口城镇化与土地城镇化综合得分与耦合协调度值

县级市	*PU*	*LU*	*D*	县级市	*PU*	*LU*	*D*	县级市	*PU*	*LU*	*D*	县级市	*PU*	*LU*	*D*
曲阜	0. 2298	0. 3894	0. 3867	舞钢	0. 2048	0. 3675	0. 3704	大冶	0. 2448	0. 4594	0. 4095	麻城	0. 1667	0. 3845	0. 3558
邹城	0. 2298	0. 4279	0. 3960	汝州	0. 2143	0. 3762	0. 3768	丹江口	0. 2858	0. 3887	0. 4082	武穴	0. 2266	0. 3847	0. 3842
新泰	0. 2754	0. 5095	0. 4328	林州	0. 1673	0. 3920	0. 3578	宜都	0. 3000	0. 6150	0. 4634	赤壁	0. 3104	0. 4406	0. 4300
肥城	0. 2297	0. 4665	0. 4046	卫辉	0. 2247	0. 3094	0. 3631	当阳	0. 2388	0. 4908	0. 4137	广水	0. 2454	0. 3725	0. 3888
荣成	0. 3478	0. 6416	0. 4860	辉县	0. 2114	0. 3490	0. 3685	枝江	0. 2470	0. 4968	0. 4185	恩施	0. 2133	0. 3564	0. 3713
乳山	0. 1780	0. 5310	0. 3921	沁阳	0. 1847	0. 4106	0. 3710	老河口	0. 3125	0. 4076	0. 4224	利川	0. 1751	0. 2916	0. 3361
乐陵	0. 2416	0. 3843	0. 3903	孟州	0. 2603	0. 4443	0. 4124	枣阳	0. 2107	0. 4493	0. 3922	仙桃	0. 2000	0. 4221	0. 3812
禹城	0. 2519	0. 4252	0. 4045	禹州	0. 1582	0. 4344	0. 3621	宜城	0. 2192	0. 3989	0. 3845	潜江	0. 2810	0. 4501	0. 4217
临清	0. 2935	0. 3840	0. 4097	长葛	0. 2354	0. 3992	0. 3915	钟祥	0. 1902	0. 3699	0. 3642	天门	0. 1457	0. 3580	0. 3379
巩义	0. 2756	0. 4368	0. 4165	义马	0. 5678	0. 5796	0. 5356	应城	0. 1964	0. 3577	0. 3640	浏阳	0. 1814	0. 4225	0. 3720
荥阳	0. 2049	0. 4522	0. 3901	灵宝	0. 1732	0. 3877	0. 3600	安陆	0. 2050	0. 3609	0. 3688	醴陵	0. 1708	0. 3752	0. 3558
新密	0. 2107	0. 4098	0. 3833	邓州	0. 1484	0. 3416	0. 3355	汉川	0. 2204	0. 3581	0. 3748	湘乡	0. 1744	0. 3222	0. 3443
新郑	0. 2601	0. 4949	0. 4236	永城	0. 2292	0. 3836	0. 3850	石首	0. 1330	0. 3443	0. 3271	韶山	0. 2277	0. 4136	0. 3917
登封	0. 2200	0. 4198	0. 3898	项城	0. 2024	0. 3349	0. 3608	洪湖	0. 1665	0. 3150	0. 3384	耒阳	0. 2084	0. 3949	0. 3787
偃师	0. 2211	0. 3742	0. 3792	济源	0. 2600	0. 5361	0. 4320	松滋	0. 0942	0. 3360	0. 2983	常宁	0. 1895	0. 3011	0. 3456

附录 5-39　全国县级市人口城镇化与土地城镇化综合得分与耦合协调度值

县级市	*PU*	*LU*	*D*	县级市	*PU*	*LU*	*D*	县级市	*PU*	*LU*	*D*	县级市	*PU*	*LU*	*D*
武冈	0. 2095	0. 3117	0. 3574	恩平	0. 2467	0. 3748	0. 3899	岑溪	0. 1609	0. 3447	0. 3432	邛崃	0. 1995	0. 3782	0. 3706

续表

县级市	*PU*	*LU*	*D*	县级市	*PU*	*LU*	*D*	县级市	*PU*	*LU*	*D*	县级市	*PU*	*LU*	*D*
汨罗	0. 1723	0. 3790	0. 3574	廉江	0. 1530	0. 4012	0. 3520	东兴	0. 3961	0. 4549	0. 4607	崇州	0. 2249	0. 3896	0. 3847
临湘	0. 1834	0. 3377	0. 3527	雷州	0. 1010	0. 2965	0. 2941	桂平	0. 1313	0. 3333	0. 3234	广汉	0. 3132	0. 4155	0. 4247
津市	0. 2494	0. 3488	0. 3840	吴川	0. 1621	0. 3072	0. 3340	北流	0. 1704	0. 3259	0. 3433	什邡	0. 2209	0. 3466	0. 3719
沅江	0. 1506	0. 3235	0. 3322	高州	0. 1430	0. 3366	0. 3312	靖西	0. 1570	0. 3153	0. 3335	绵竹	0. 1605	0. 3433	0. 3426
资兴	0. 2755	0. 4579	0. 4214	化州	0. 1497	0. 3219	0. 3313	宜州	0. 1718	0. 2909	0. 3343	江油	0. 2510	0. 3546	0. 3862
洪江	0. 1225	0. 4937	0. 3507	信宜	0. 1533	0. 3227	0. 3335	合山	0. 2139	0. 2782	0. 3493	峨眉山	0. 2711	0. 3569	0. 3944
冷水江	0. 3440	0. 4073	0. 4326	四会	0. 3756	0. 5283	0. 4719	凭祥	0. 3986	0. 4611	0. 4630	阆中	0. 2164	0. 3626	0. 3742
涟源	0. 1039	0. 2935	0. 2955	兴宁	0. 1544	0. 3222	0. 3339	五指山	0. 2871	0. 3118	0. 3868	华蓥	0. 2336	0. 3620	0. 3813
吉首	0. 5047	0. 4193	0. 4796	陆丰	0. 1041	0. 2889	0. 2945	琼海	0. 2391	0. 3800	0. 3882	万源	0. 1543	0. 3139	0. 3317
乐昌	0. 1598	0. 2786	0. 3248	阳春	0. 1339	0. 3132	0. 3200	文昌	0. 1822	0. 3311	0. 3505	康定	0. 3156	0. 4383	0. 4312
南雄	0. 2914	0. 2994	0. 3843	英德	0. 1627	0. 3408	0. 3431	万宁	0. 1178	0. 3184	0. 3112	西昌	0. 4187	0. 4389	0. 4630
台山	0. 1641	0. 3605	0. 3487	连州	0. 1652	0. 2901	0. 3309	东方	0. 2081	0. 3285	0. 3616	清镇	0. 2212	0. 3860	0. 3823
开平	0. 3112	0. 3815	0. 4151	普宁	0. 1889	0. 4192	0. 3751	都江堰	0. 2960	0. 3975	0. 4141	赤水	0. 2557	0. 4041	0. 4009
鹤山	0. 3383	0. 4168	0. 4333	罗定	0. 1904	0. 3082	0. 3480	彭州	0. 2329	0. 3327	0. 3731	仁怀	0. 1972	0. 3971	0. 3740

附录 5-40　全国县级市人口城镇化与土地城镇化综合得分与耦合协调度值

县级市	*PU*	*LU*	*D*	县级市	*PU*	*LU*	*D*	县级市	*PU*	*LU*	*D*	县级市	*PU*	*LU*	*D*
兴义	0. 2870	0. 4362	0. 4206	瑞丽	0. 3788	0. 4693	0. 4591	哈密	0. 3618	0. 5213	0. 4660	石河子	0. 5144	0. 5100	0. 5061

续表

县级市	PU	LU	D	县级市	PU	LU	D	县级市	PU	LU	D	县级市	PU	LU	D
凯里	0. 4456	0. 5811	0. 5044	芒市	0. 2304	0. 3305	0. 3714	昌吉	0. 4404	0. 5920	0. 5053	阿拉尔	0. 2737	0. 4435	0. 4174
都匀	0. 3226	0. 4079	0. 4259	香格里拉	0. 2820	0. 5377	0. 4413	阜康	0. 3003	0. 6159	0. 4637	图木舒克	0. 1775	0. 4469	0. 3753
福泉	0. 1664	0. 3804	0. 3547	兴平	0. 2113	0. 3775	0. 3758	博乐	0. 3243	0. 4064	0. 4260	五家渠	0. 5727	0. 6235	0. 5466
安宁	0. 4650	0. 5540	0. 5038	韩城	0. 3152	0. 4488	0. 4336	库尔勒	0. 4602	0. 6267	0. 5182	北屯	0. 5621	0. 5479	0. 5268
宣威	0. 1496	0. 3548	0. 3394	华阴	0. 2616	0. 3974	0. 4015	阿克苏	0. 3859	0. 4231	0. 4495				
腾冲	0. 2035	0. 3424	0. 3633	玉门	0. 3387	0. 6456	0. 4835	阿图什	0. 2480	0. 3044	0. 3707				
楚雄	0. 3491	0. 4561	0. 4467	敦煌	0. 4092	0. 5503	0. 4871	喀什	0. 3281	0. 4894	0. 4476				
个旧	0. 3425	0. 3777	0. 4241	临夏	0. 3583	0. 3373	0. 4169	和田	0. 3517	0. 3580	0. 4212				
开远	0. 4179	0. 4526	0. 4663	合作	0. 3813	0. 3433	0. 4253	伊宁	0. 4035	0. 3985	0. 4478				
蒙自	0. 3312	0. 4460	0. 4384	玉树	0. 3181	0. 2789	0. 3859	奎屯	0. 6251	0. 3924	0. 4976				
弥勒	0. 1849	0. 3739	0. 3626	格尔木	0. 4128	0. 6547	0. 5098	霍尔果斯	0. 1899	0. 3815	0. 3669				
文山	0. 2841	0. 3916	0. 4084	德令哈	0. 4141	0. 5302	0. 4840	塔城	0. 3203	0. 3478	0. 4085				
景洪	0. 2682	0. 4555	0. 4180	灵武	0. 2257	0. 7503	0. 4536	乌苏	0. 2471	0. 3750	0. 3901				
大理	0. 3201	0. 4416	0. 4336	青铜峡	0. 3089	0. 4294	0. 4267	阿勒泰	0. 2336	0. 2867	0. 3597				

后　　记

从硕士研究生入学以后，在导师冯维波教授的引领下开始关注重庆三峡库区城镇化的问题，到了博士阶段导师陈才教授让我还是笃定一个方向，继续关注城镇化问题，开始转向研究东北地区城镇化，陈老师讲到结合区域经济地理学理论，在城镇化理论上要有新的认识，将这个主题做实做深。由此笔者开始长期关注城镇化问题，这是我学术领域的关注的核心内容，直到能国家基金的结题。在此要感谢我的两位恩师对我长期的指导和关爱。可惜我的博导陈才教授在 2020 年 9 月 27 日仙逝，永远离开了我们，没有看到本专著的出版，此我要加倍努力做好科研，不能辜负陈才教授对我的期望。

本专著是在国家社科基金项目结题报告修改的基础上出版，在此感谢贵州大学旅游与文化产业学院李锦宏院长和笪玲老师的鼓励和帮助，感谢贵州大学洪名勇教授、陈爱东老师、徐丹老师、夏雪同学、王金晓同学的热情帮助。

在项目研究期间，我在 2017 年 2 月份作为上海第九批援疆干部人才，在喀什大学援助三年，在援疆期间由于工作忙，对国家社科基金项目研究不敢停歇，加强对理论的总结和凝练，回到内地到各地区调研。到 2020 年 1 月回到内地以后新冠疫情不请自来，趁此机会给自己鼓劲，经历多少次自我否定以后终于完成项目报告。在此期间上海对外经贸大学武增勇老师、全华老师、谈华老师、王春雷老师、何欢浪老师、刘少湃老师给了我无以言表的鼓励和帮助，在此向你们表达谢意。

在专著出版过程中,感谢人民出版社赵圣涛编辑的帮助。在完成论文写作时,笔者参考以往学者的研究成果,限于篇幅没有在文章之中全部标注,在此谨致谢忱。由于笔者水平有限,文章中不足之处在所难免,请各位读者给予斧正,在此先行谢意。

梁振民

2022 年 8 月 18 日于上海

责任编辑:赵圣涛
封面设计:胡欣欣
责任校对:吕　飞

图书在版编目(CIP)数据

我国人口城镇化与土地城镇化协调性研究/梁振民 著. —北京:人民出版社,2022.11
ISBN 978-7-01-024786-1

Ⅰ.①我…　Ⅱ.①梁…　Ⅲ.①城市化-研究-中国　Ⅳ.①F299.21

中国版本图书馆 CIP 数据核字(2022)第 084491 号

我国人口城镇化与土地城镇化协调性研究
WOGUO RENKOU CHENGZHENHUA YU TUDI CHENGZHENHUA XIETIAOXING YANJIU

梁振民　著

人民出版社 出版发行
(100706　北京市东城区隆福寺街 99 号)

中煤(北京)印务有限公司印刷　新华书店经销

2022 年 11 月第 1 版　2022 年 11 月北京第 1 次印刷
开本:710 毫米×1000 毫米 1/16　印张:23.5
字数:385 千字

ISBN 978-7-01-024786-1　定价:99.00 元

邮购地址 100706　北京市东城区隆福寺街 99 号
人民东方图书销售中心　电话 (010)65250042　65289539